EL COLOR DE LA JUSTICIA

La nueva segregación racial en Estados Unidos

MICHELLE ALEXANDER

Traducción de
Carmen Valle y Ethel Odriozola

Introducción a la edición en español
Juan Cartagena

THE NEW PRESS

25 YEARS

NEW YORK
LONDON

Si necesita reproducir algún fragmento de esta obra, diríjase a:
Permissions Department, The New Press, 120 Wall Street, 31st floor, New York, NY 10005.

Publicado por primera vez en Estados Unidos como The New Jim Crow: Mass Incarceration in
the Age of Colorblindness por The New Press, New York, 2010
Publicado por primera vez en español por Capitán Swing Libros, S. L., 2014
Esta edición de bolsillo fue publicada por The New Press, 2017
Distribuido por Perseus Distribution

ISBN 978-1-62097-274-8 (libro de bolsillo)
ISBN 978-1-62097-275-5 (libro electrónico)
Los datos sobre el Programa de Catalogación en Publicación (CIP) se encuentran disponibles.

The New Press publica libros que promueven y enriquecen el análisis y la comprensión de
asuntos vitales para nuestra democracia y para un mundo más equitativo. Estos libros han
sido posibles gracias al entusiasmo de nuestros lectores; el apoyo de un grupo comprometido
de donantes, grandes y pequeños; la colaboración de nuestros numerosos socios en los
medios independientes y el sector sin fines de lucro; los libreros que ofrecen los títulos de The
New Press; los bibliotecarios; y, sobre todo, a nuestros autores.

www.thenewpress.com

Impreso en Estados Unidos

10 9 8 7 6 5 4 3 2 1

ÍNDICE

PRÓLOGO A LA EDICIÓN EN ESPAÑOL

MICHELLE ALEXANDER

Millones de personas entran y salen cada año de las cárceles estadounidenses, y muchas de ellas hablan español como lengua materna, así que yo llevaba mucho tiempo esperando que se publicase una edición en español de mi libro *The New Jim Crow* para que otros colectivos y comunidades perjudicados por la encarcelación masiva tuvieran la oportunidad de acceder, en su propio idioma, a la historia, las historias, los datos y la información que contiene.

Se da la circunstancia de que esta versión sale en el momento perfecto, una coyuntura en la historia de nuestro país en la que las mismas divisiones raciales, los mismos resentimientos y las mismas preocupaciones que dieron lugar a la encarcelación masiva se han explotado, una vez más, con fines políticos. En esta ocasión, los inmigrantes latinos y musulmanes son el blanco principal de la retórica racista y la política punitiva. Hace algunas décadas, los presidentes demócratas y republicanos llegaron al poder prometiendo la restauración de «la ley y el orden» y jurando «mano dura» con los afroamericanos empobrecidos de los barrios marginales de Estados Unidos, donde el trabajo se había evaporado por la desindustrialización y la globalización, y donde la desesperación invadía los guetos racialmente segregados. Los programas de discriminación positiva desplazaron a muy pocos estudiantes o trabajadores de raza blanca, pero en las décadas de 1980 y 1990 los políticos conservadores —entre ellos algunos antiguos segregacionistas— insistieron en que los blancos se estaban viendo perjudicados económicamente porque los negros se quedaban de manera injusta con sus trabajos y sus títulos universitarios; si no, argumentaban que los negros eran demasiado vagos para trabajar y dependían de la asistencia social sin necesitarla. Reacios a admitir abierta y honestamente la verdadera causa de la creciente desesperación y la precariedad económica de muchos ciudadanos de todos los colores, los políticos recurrieron a un viejo manual, según el cual los políticos se van anotando tantos al utilizar estereotipos raciales inquietantes, filtrar noticias falsas o sensacionalistas y sugerir que los problemas de nuestro país se pueden resolver mediante complejos sistemas de control racial y social. Como se explica en el primer capítulo del libro, esta estrategia política de dividir, demonizar y conquistar ha funcionado durante siglos en Estados Unidos, desde los días de la esclavitud, para mantener a las clases pobres y trabajadoras enfrentadas entre sí y temerosas las unas de las otras, en lugar de unirlas para desafiar los sistemas políticos y económicos injustos. En las décadas de 1980 y 1990, estas tácticas políticas contribuyeron a crear un sistema penitenciario sin parangón en la historia mundial: el sistema de encarcelación masiva.

Durante nuestras últimas elecciones presidenciales, Donald Trump utilizó el mismo viejo manual: lo desempolvó y demostró que a día de hoy sigue siendo perfectamente válido. Sus predecesores se habían apoyado mucho en los estereotipos raciales de «adictos al crac», «hijos del crac», «superdepredadores» y «reinas de los subsidios» para movilizar el apoyo público para una guerra contra la droga y un *boom* en la construcción de prisiones. Pero los tiempos cambian y el enemigo público número uno en las elecciones de 2016 fue el inmigrante de piel oscura que quiere quitarte el trabajo, violar a tu hija o cometer un acto terrorista. Como declaró Trump, «cuando México manda a su gente, no nos manda a los mejores; manda a gente que tiene muchos problemas y que trae sus problemas consigo. Traen drogas; traen delincuencia; son violadores». Trump prometió resolver esta crisis imaginaria mediante la deportación masiva y la construcción de un muro entre Estados Unidos y México. Insistió además en que su rival política, Hillary Clinton, quería que «millones de inmigrantes ilegales vinieran a quitar su empleo a todo el mundo». Y culpó de los ataques terroristas en Nueva Jersey y Nueva York a «nuestro sistema de inmigración extremadamente abierto», que, según él, permite que entren terroristas musulmanes en nuestro país.

El hecho de que las declaraciones de Trump fueran claramente engañosas o falsas no impidió su ascenso, del mismo modo que los hechos resultaron en el fondo irrelevantes al comienzo de la Guerra contra la Droga. No importaba que los estudios demostraran de forma sistemática que la gente de color y los blancos tenían las mismas probabilidades de consumir y vender drogas ilegales: los hombres de raza negra seguían estando considerados como el enemigo. Tampoco importaba, cuando la Guerra contra la Droga comenzó a cuajar, que prácticamente todas las declaraciones sensacionalistas según las cuales el crac era un tipo de «droga demoniaca» mucho más dañina que la cocaína en polvo fueran falsas o engañosas: los negros acusados de posesión de crac en los distritos marginales eran sancionados con mucha mayor dureza que los blancos acusados de posesión de cocaína en polvo en los barrios residenciales. Y no importaba que la teoría sobre los jóvenes negros «superdepredadores», difundida a bombo y platillo, tuviera una base más ficticia que real. No importaba que la mayoría de los beneficiarios de la asistencia social fueran blancos, no negros, y que en términos cuantitativos fuera insignificante el número de empleos o plazas universitarias que los afroamericanos estaban quitando a los blancos mediante los programas de acción afirmativa. La mano dura con «ellos» —los definidos en términos raciales como «los otros», a los que era fácil utilizar como chivos expiatorios y definir como el enemigo— era todo lo que importaba. En aquella época los hechos se consideraban irrelevantes. Igual que ahora. La historia sugiere, pues, que no deberíamos subestimar los peligros del momento político en que nos encontramos.

Uno de los retos reales que tenemos por delante en los próximos meses y años es encontrar el modo de entablar un diálogo productivo acerca de los graves problemas y las alternativas a los que nos enfrentamos respecto a la inmigración, la delincuencia, el terrorismo, las drogas y la creciente desigualdad económica cuando el clima político se encuentra tan polarizado, envenenado y saturado de mentiras y desinformación. Tiempo atrás, cuando los políticos declararon la Guerra contra la Droga y la delincuencia, prometiendo «mano dura» con las comunidades de color empobrecidas, en muchos guetos racialmente segregados existían problemas muy serios, problemas que necesitaban soluciones reales. La gente de aquellas comunidades necesitaba desesperadamente ayuda para responder a los delitos violentos, tratar la drogadicción, mantener sus comunidades seguras y reconstruir vecindarios devastados por la globalización y la desindustrialización. Necesitaban buenos trabajos, educación de calidad, tratamientos de desintoxicación para quienes los solicitaran y atención sanitaria para todos. Sin embargo, lo que recibieron fue una fuerza policial militarizada, duras condenas mínimas obligatorias y un nuevo macrosistema de control racial y social que se llevó por delante a millones de personas entre los más pobres y de piel más oscura, que acabaron metidos en jaulas. Tras su liberación, quedaron despojados de sus derechos humanos y civiles básicos, incluyendo el derecho a votar, el derecho a formar parte de un jurado y el derecho a no ser discriminados en su búsqueda de empleo, vivienda, acceso a la educación y prestaciones públicas básicas. Quedaron relegados en masa a un estatus permanente de ciudadanos de segunda, avergonzados y culpados por su difícil situación.

Algunos políticos negros apoyaron estas políticas de «mano dura», desesperados por resolver los problemas reales de delincuencia y drogas que asolaban sus comunidades. Pensaban que en los momentos desesperados eran necesarias medidas desesperadas, pero pocos imaginaron que, décadas después, se malgastaría un billón de dólares en librar una guerra contra la droga y en construir prisiones, y que millones de personas perderían los mismos derechos que habían obtenido en el Movimiento de Derechos Civiles. A pesar de que el enojo y la frustración que aquellos activistas y políticos negros sentían por la delincuencia y las drogas en sus comunidades eran comprensibles, y de que su sentido de la urgencia era admirable y estaba plenamente justificado, se encontraron apoyando de forma involuntaria el nacimiento de un sistema de control racial y social sin precedentes.

Espero que este libro ayude a los latinos dentro y fuera de Estados Unidos a entender las políticas y la historia racial que han creado las condiciones del momento político actual, particularmente en lo que se refiere a la encarcelación y la deportación masivas, y la guerra actual contra los inmigrantes. Como Juan Cartagena explica en su contundente introducción, la comunidad latina en su conjunto ha sido lenta en oponerse a la encarcelación y la deportación masivas, a pesar de su devastador impacto, igual que muchas comunidades afroamericanas han tardado en despertar a la realidad del nuevo Jim Crow. Ojalá este libro ayude a subrayar la urgencia del momento presente y las nefastas consecuencias que tendría quedarnos de brazos cruzados o negar la situación.

Estoy especialmente agradecida con Juan Cartagena por escribir la introducción para esta edición en español, porque añade un contexto histórico fundamental con relación a la experiencia de los latinos en Estados Unidos, incluyendo la profunda discriminación racial y la segregación que han sufrido, ya fueran inmigrantes o ciudadanos, desde que se fundó nuestro país. Cartagena pone en duda la dicotomía blanco-negro que condiciona el modo en el que suele contarse la historia americana (también la forma en que yo la he contado). Además, identifica muchos de los efectos que, pese a no mencionarse habitualmente, han provocado en las comunidades latinas la Guerra contra la Droga y el sistema de encarcelamiento masivo, replanteando la situación no como una mera guerra contra las comunidades pobres de raza negra, sino como una guerra contra los inmigrantes que ha culminado en una deportación y una encarcelación masivas.

Por desgracia, el verdadero impacto de nuestro sistema de injusticia criminal en las comunidades latinas es imposible de medir, debido a que los gobiernos federales y estatales se siguen negando a recabar datos fiables. Lo que sí sabemos con certeza es que millones de latinos, igual que sus hermanos afroamericanos, han sido tratados como desechables; encerrados, excluidos y despojados de sus derechos humanos y civiles básicos por razones que tienen su origen en buena medida en dinámicas políticas predecibles y recurrentes arraigadas en nuestra historia racial. Una y otra vez, las élites políticas y económicas han explotado las divisiones, los estereotipos, los miedos y las preocupaciones raciales en beneficio de una relativa minoría. Mientras, han creado extraordinarios sistemas de control racial y social que aseguran que los límites entre «nosotros» y «ellos» estarán continuamente vigilados y que se seguirán levantando muros visibles e invisibles a lo largo de las fronteras de nuestras comunidades, pero también dentro de nuestros propios corazones y mentes.

Espero que esta edición en español de *The New Jim Crow* no solo se lea, sino que se comparta y se comente con familiares y amigos, en escuelas, comunidades religiosas, prisiones y centros de detención. Aunque el libro se centra fundamentalmente en las experiencias de los hombres de raza negra en la era de la encarcelación masiva, la nueva introducción permite conectarlo con el caso de los latinos en Estados Unidos. En el fondo, este libro cuenta una historia plenamente americana de raza, política, búsqueda de la dignidad, sentido de pertenencia y el continuo resurgir de sistemas basados en la división racial, la exclusión, el control y la explotación.

Espero que, al leer, tengas en cuenta los paralelos entre las políticas que dieron lugar a la esclavitud, Jim Crow, la Guerra contra la Droga, la encarcelación masiva, la actual guerra contra los inmigrantes y las deportaciones masivas. Las compañías privadas y con fines de lucro que ahora encierran a los supuestos «inmigrantes ilegales» en centros de detención no existirían hoy si no fuera por la Guerra contra la Droga y el sistema de encarcelación masiva, ambos creados pensando en la gente de raza negra. En esta época de creciente desigualdad económica e inseguridad en Estados Unidos y en todo el mundo, debemos construir con valentía un movimiento de movimientos para terminar con la encarcelación masiva, la deportación masiva y la criminalización masiva de aquellos de nosotros que son más pobres y de piel más oscura. Para llevar a cabo esta valiente tarea es necesario entender cada vez mejor cómo hemos llegado a este momento de la historia, pero también mantener un diálogo profundo y honesto acerca del tipo de país en que queremos convertirnos. Está en nuestra mano reivindicar el futuro, pero primero debemos saber de dónde venimos.

INTRODUCCIÓN A LA EDICIÓN EN ESPAÑOL

LATINOS Y EL NUEVO JIM CROW: DESENMARAÑANDO LAS CONVERGENCIAS

JUAN CARTAGENA, LatinoJustice PRLDEF

Excepcionalismo americano es un concepto que atrae de manera instintiva a cualquier líder nacional que crea ciegamente que Estados Unidos siempre ha sido, es y será el mejor país del mundo. Aunque es evidente que esta afirmación es muy cuestionable en muchos aspectos de nuestras vidas, hay sin embargo un punto en el que es incontrovertible: la sed insaciable de castigar y encarcelar a su población más desfavorecida. Ningún otro país encierra a más personas, dicta condenas tan excesivas ni niega sus derechos a los antiguos reclusos como Estados Unidos.

Al principio se llamaba «encarcelación masiva», utilizando una terminología académica y neutra. Durante décadas, quienes observaban este fenómeno bajo un prisma racial reconocieron que servía para subordinar a la comunidad afroamericana. Sin embargo, no fue hasta que Michelle Alexander publicó *The New Jim Crow*, un libro conciso y accesible, cuando el país pudo ver que la encarcelación masiva de hombres de raza negra no solo es producto del legado nefario de la esclavitud del siglo XIX y los códigos segregacionistas Jim Crow del siglo XX, sino que ha venido a reemplazarlos. La situación actual para los reclusos y ex reclusos es tan perniciosa que a día de hoy hay más afroamericanos encarcelados que negros bajo el yugo de la esclavitud en el siglo XIX, y más afroamericanos privados del derecho al voto ahora que en 1870, cuando se hizo una enmienda a la Constitución para otorgar el voto a los negros que antes habían sido esclavos. Alexander planteó la existencia de un sistema racial de castas en Estados Unidos pese a que, al elegir al presidente Obama, el país ansiaba celebrar la supuesta materialización de un estado en el que el color de la piel no importaba.

The New Jim Crow tuvo un impacto en los medios, los círculos académicos y las calles. Cornel West lo calificó como «la biblia secular de un nuevo movimiento social en los Estados Unidos de comienzos del siglo XXI». Para dar una idea de la influencia de los postulados de Michelle Alexander, basta señalar que las comparaciones que establecía entre épocas de desigualdades tan flagrantes tuvieron un éxito tal que pronto el país empezó a llamar al sistema penal en su conjunto el «nuevo Jim Crow». Al haberse publicado durante una legislatura histórica —en el curso de la cual el primer presidente afroamericano afirmó que sabía en primera persona el daño que se deriva de estar sujeto al perfil racial y lo incómodo que es tener la inevitable charla con tus hijos para advertirles de que cualquiera de sus encuentros con un agente de la policía puede terminar en violencia racial—, *The New Jim Crow* encontró un público favorable, y las reformas llevadas a cabo durante la presidencia de Obama son el primer paso para desmantelar el nuevo Jim Crow.

Sin restar importancia a la excelente acogida que tuvo entre los medios de comunicación y el gobierno, el efecto más inmediato de *The New Jim Crow* se dejó sentir en la comunidad afroamericana. En ella existían ya movimientos de protesta que denunciaban categóricamente cómo las distintas instancias del sistema penal operaban para impedir el progreso de sus hombres. Pero Alexander, después de diez años de investigación, llegó a una conclusión contundente y sencilla a la vez: el sistema racial de castas en Estados Unidos nunca había llegado a eliminarse del todo; simplemente, se había rediseñado. Los códigos segregacionistas del Jim Crow de ayer, con todas sus limitaciones para la sociedad civil afroamericana, pueden verse todavía hoy en las distintas vertientes de la encarcelación masiva. Alexander formuló estas conclusiones con una concisión que tuvo enorme eco en la misma comunidad que vivía este drama en su día a día. Ella no fue la primera ni será la última, pero su mensaje caló hondo: resultó ser una confirmación rotunda de cuanto se hablaba en esa comunidad. Fue una llamada de atención en toda regla.

La comunidad latina tiene mucho que aprender de *El color de la justicia*, igual que el país tiene mucho que aprender de la discriminación, histórica y actual, que sufren aquí los latinos. Gracias a su agudo análisis de la subordinación racial, el libro de Alexander constituye una valiosa ayuda porque rescata estas experiencias del olvido. Los latinos, hombres y mujeres, sufren a diario las peores manifestaciones del sistema penal en Estados Unidos. La gravedad de esta situación solo queda eclipsada por el modo en que el país trata a los afroamericanos. Como ya hemos señalado, ese trato tan profundamente devastador es un legado de la esclavitud y los códigos segregacionistas Jim Crow: el equivalente en términos latinos es el legado de la dominación racial, la conquista, el imperialismo y el colonialismo, o lo que Juan González denomina «la cosecha del imperio estadounidense».

Al denunciar los efectos discriminatorios de la encarcelación masiva, *El color de la justicia* nos obliga a buscar los paralelismos con las consecuencias que esta política ha tenido para los latinos y otras comunidades marginadas. Y ahí encontramos la primera enseñanza clave que *El color de la justicia* encierra para los primeros: la dicotomía racial blanco / negro es insuficiente para analizar el trato racista por el cual los latinos también se ven relegados en este país. Durante años, Juan Perea ha retado a sus colegas académicos a completar el análisis y el discurso del racismo en Estados Unidos para que dé cuenta de cómo, jurídica, social, histórica y políticamente, los mexicanos —y, por extensión, otros latinos— han sufrido la virulencia del racismo americano precisamente por pertenecer a una raza distinta y odiada por la mayoría del país. Sin quitar a la comprensión cabal de esa dicotomía la importancia que merece para profundizar en los aspectos del racismo blanco en Estados Unidos, Perea insiste en que ese análisis es insuficiente porque no da cabida a las voces, las historias y las experiencias de los latinos. El racismo estadounidense se manifiesta en la comunidad latina de maneras concretas, a la vez distintas y similares; no reconocerlo hace invisible su historia.

Esta invisibilidad es especialmente palpable en el debate actual sobre los efectos perniciosos del sistema penal estadounidense. Las estadísticas gubernamentales sobre arrestos y encarcelaciones se rigen por la dicotomía blanco / negro; de hecho, el FBI no incluyó la categoría «hispano» en sus informes sobre delincuencia nacional hasta 2013. En 2016 el Urban Institute (Instituto Urbano) denunció que todavía no es posible saber cuántos latinos se encuentran arrestados o encarcelados ni cuántos están en libertad condicional o bajo fianza, porque no todos los estados distinguen en sus datos más allá de blanco o negro. Según su informe, solamente el 75% de los estados ofrecen cifras sobre la cantidad de latinos que integran su población reclusa; del mismo modo, solo el 70% de los estados hacen lo mismo con sus informes sobre arrestos. Por ejemplo, según el Instituto Urbano, Florida —el estado con la tercera población de latinos más numerosa del país— no ofrece datos en los que se especifique cuántos de ellos se encuentran arrestados o encarcelados ni cuántos están en libertad condicional o bajo fianza. La ausencia de datos sobre hasta qué punto el sistema penal perjudica a la población latina llega a los estudios académicos de más alto nivel. Así, el National Research Council (Consejo Nacional de Investigación) publicó un volumen exhaustivo sobre la situación de las cárceles en Estados Unidos a cargo de una serie de investigadores y académicos de reconocido prestigio. Al explicar por qué habían preferido fundamentar sus conclusiones solo en las diferencias entre blancos y negros, los autores ofrecían tres razones: que la desigualdad era más acusada en el caso de los afroamericanos; que la historia de esclavitud y Jim Crow acentuaban esas diferencias; y que había una abundante bibliografía dedicada a las desigualdades que sufrían los afroamericanos. Estas justificaciones son comprensibles, pero perpetúan la impresión de que, en Estados Unidos, los latinos nunca han estado sujetos a la violencia del estado o la violencia de los justicieros alimentados por el estado, que no sufrieron la segregación *de iure* y que las desigualdades en el sistema penal actual no hunden sus raíces en esa historia.

En *El color de la justicia*, Michelle Alexander tuvo la clarividencia de advertirlo al lanzar otro aviso e invitarnos a explorar los efectos que tiene la encarcelación masiva en nuestras comunidades. «No se puede escribir un libro relativamente breve que aborde todos los aspectos del fenómeno de la encarcelación masiva y de sus implicaciones para la justicia racial. [. . .] Por ejemplo, se dice relativamente poco sobre la experiencia específica de las mujeres, los latinos y los inmigrantes en el sistema penal, a pesar de que estos grupos son particularmente vulnerables a los peores abusos y sufren considerablemente y de muchas maneras. [...] Espero que otros defensores y juristas recojan sus testimonios y desarrollen una crítica de forma más completa o apliquen los temas esbozados aquí a otros grupos y contextos».

En este ensayo recogemos, pues, ese guante para detallar brevemente cuatro conclusiones de *El color de la justicia* que arrojan luz sobre la convergencia de los efectos negativos que sufren ambas comunidades —la afroamericana y la latina— por esa compulsión tan estadounidense de promover y alimentar la encarcelación masiva.

El nuevo Jim Crow y su significado para los latinos

A lo largo y ancho del continente existen sistemas económicos, jurídicos y sociales que operan para subordinar a los descendientes de los africanos esclavizados. Así pues, comprender el modo en que Latinoamérica se enfrenta a su propio legado en lo que a la condición de sus ciudadanos de raza negra se refiere nos ayudará a entender cómo responden los latinoamericanos a la marginalización racial en Estados Unidos. Latinoamérica y el Caribe recibieron el 90% de los casi diez millones de africanos esclavizados traídos al Nuevo Mundo; en cambio, se calcula que a Estados Unidos solo llegó aproximadamente un 5%. En la actualidad hay unos 150 millones de personas de ascendencia africana en Latinoamérica, pero algunas encuestas recientes reflejan que un sector significativo de esta región opina que el racismo allí no existe. Estos hechos llevaron a Tanya Katerí Hernández a señalar que esta negación del racismo deriva del mito de la democracia racial en Latinoamérica. El mestizaje o *mestiçagem* de las razas en la zona es sinónimo de armonía racial, ya que todos sus ciudadanos son indígenas, criollos o mestizos. Al comparar los sistemas de esclavitud en los países de Latinoamérica con el de Estados Unidos, especialmente la supuesta ausencia de códigos raciales, su población recurre, según Hernández, a la retórica de la inocencia racial.

Sin embargo, la vida para los afrolatinos no era ni mucho menos tan inocente ni tan idílica. Tras la abolición de la esclavitud hubo en

Latinoamérica una red de leyes, normas, políticas y costumbres encaminadas a reforzar la segregación de los negros y establecer normas de inmigración basadas en preferencias raciales. El mestizaje en Latinoamérica no fue considerado degenerativo como en Estados Unidos y en Europa, y lo que José Vasconcelos llamaba «raza cósmica» enaltecía los beneficios del mestizaje después de la Revolución mexicana, que terminó en 1920. Vasconcelos desarrolló el concepto de *indigenismo* para contrarrestar las preferencias por los europeos blancos bajo el mandato del presidente Porfirio Díaz. Aun así, el indigenismo nunca aceptó a los indios de México como iguales, ya que en el fondo existían dudas sobre su lealtad al país. En cuanto a los negros, el indigenismo de Vasconcelos perseguía sistemáticamente devaluar su raza a causa de las características negativas que se asociaban a ella por el legado de la esclavitud.

Según esta tesis, en México —igual que en el resto de Latinoamérica— la raza blanca tenía la suerte de poseer un material genético dominante y, al mezclarse con la negra, sus atributos positivos acabarían imponiéndose. El mestizaje en Latinoamérica coexistió con políticas y leyes de blanqueamiento, leyes que favorecían la inmigración de europeos blancos. Hernández señala que, dependiendo de su porcentaje de población indígena, los países latinoamericanos pusieron en marcha políticas de blanqueamiento (Argentina, Uruguay, Chile, Brasil); políticas de mestizaje, que incluían a los descendientes de negros (Colombia, Cuba, Venezuela), o políticas de mestizaje de blancos y poblaciones indígenas que excluían a los negros (Ecuador, México). Lo que sí tenían en común estas opciones era un sentimiento antiafricano. A partir de 1880, en el transcurso de veinte años casi un millón de europeos emigraron a Argentina aprovechando las leyes que promovían la inmigración (la segunda más numerosa de europeos al continente después de Estados Unidos). Los afrouruguayos fueron sistemáticamente excluidos de los hoteles, teatros, restaurantes y cafés hasta mediados del siglo XX. En Venezuela, la inmigración de descendientes de africanos estuvo prohibida durante décadas, igual que en Costa Rica, Colombia, México y Perú. En Cuba, la guerra racial de 1912 fue una masacre contra los afrocubanos, y se utilizó abiertamente la fuerza para implementar la política de blanqueamiento. Del mismo modo, el dictador dominicano Rafael Leónidas Trujillo ordenó la masacre de más de veinte mil inmigrantes haitianos al tiempo que promovía la inmigración de europeos y el uso del término *indio* para describir a los dominicanos mestizos. En Puerto Rico, el blanqueamiento se implementó en un primer momento a través del censo estadounidense, que reclasificó a los mulatos como blancos a principios del siglo xx.

En Estados Unidos, los latinos viven en un marco racial distinto y semejante a la vez. Los primeros descendientes de africanos en pisar Norteamérica y el actual territorio de Estados Unidos llegaron con los españoles para conquistar el continente: primero fundaron la ciudad de San Agustín, Florida, y luego se establecieron en lo que hoy es Arizona, California, Nuevo México y Texas. En sí, las poblaciones afrolatinas del país son esencialmente caribeñas (Cuba, Puerto Rico, República Dominicana y las áreas costeras de Panamá, Honduras, Colombia y Venezuela) desde antes de la formación de Estados Unidos. Su huella en los acontecimientos importantes dentro de la comunidad afroamericana se advierte primero en los tabacaleros afrocubanos de Key West y Tampa, Florida, y luego en los afrocubanos y afropuertorriqueños de Nueva York. El Renacimiento de Harlem, el jazz y el jazz afrocubano, así como los esfuerzos realizados tras la Segunda Guerra Mundial para acabar con la segregación en los deportes profesionales y el servicio militar, tienen la impronta afrolatina. Sin embargo, los afrolatinos tuvieron que vivir en el mundo segregacionista de Jim Crow como el resto de los negros, ya fuera en el servicio militar, los espacios públicos, las ligas deportivas, las escuelas o en el mundo laboral. Hubo atletas de la talla de los jugadores de béisbol puertorriqueños Víctor Pellot y Roberto Clemente que tuvieron que aguantar los insultos que recibían como tantos otros compañeros antes de alzar la voz contra ellos. Pellot tenía fama de actuar de forma muy distinta a los conformistas que se callaban ante las limitaciones impuestas por los códigos Jim Crow. Es muy conocido el incidente que protagonizó una vez que se encontraba con algunos miembros blancos de su equipo en un restaurante del sur de Estados Unidos esperando para pedir. «No servimos a negros», le dijo la camarera. «Por mí perfecto», contestó Pellot, «porque yo no como negros. ¡Tráeme un plato de arroz y habichuelas!». Los afrolatinos aguantaron estos insultos y limitaciones en muchos ámbitos de la vida civil, igual que los afroamericanos. El más famoso de ellos fue el afropuertorriqueño Arturo Alfonso Schomburg, reconocido como el principal historiador y bibliófilo afroamericano, y considerado como el afrolatino más ilustre y consciente del país. Hoy, el movimiento activista digital llamado «Black Lives Matter» (Las vidas negras importan) está recibiendo cada vez mayor atención de la comunidad latina porque, al fin y al cabo, los latinos también son negros. Del mismo modo, la afrolatinidad en Estados Unidos, igual que en Latinoamérica, refleja un rechazo transnacional al racismo que existe en nuestras propias comunidades latinas y en países que explotan la subordinación de los negros. La sucesión de esfuerzos como el panafricanismo del siglo pasado, la celebración de la cultura negra en el Renacimiento de Harlem, el movimiento literario negritud y la corriente multidisciplinar del afrocubanismo ayudan a situar Black Lives Matter en un contexto más amplio y certifican la importancia de esa encarnación de la militancia para los latinos en Estados Unidos.

Por otro lado, los mexicanos y los puertorriqueños (nacionalidades a las que pertenece la gran mayoría de los latinos en Estados Unidos) vivieron lo peor de los sistemas de subordinación racial, que pasaron de ejercer su control solamente sobre los afroamericanos para extenderlo a todos aquellos que no fueran «blancos». Las primeras y más profundas manifestaciones de odio racial fueron dirigidas contra los mexicanos del suroeste y oeste del país. De hecho, los historiadores William Carrigan y Clive Webb encontraron numerosa documentación que prueba que la forma de violencia racial más aterradora de la era de los códigos Jim Crow —los linchamientos— se utilizó también para asesinar a mexicanos. Basándose en documentos, periódicos hispanos y otro tipo de pruebas, Carrigan y Webb calcularon que en estos actos terroristas fueron asesinados miles de mexicanos. Aunque no es fácil obtener documentos fiables, puesto que las noticias solo merecían la atención de los pocos periódicos hispanos que existían, lograron confirmar mediante pruebas concluyentes un mínimo de 547 víctimas desde 1848, año de la derrota de México en la guerra y la cesión de buena parte de su territorio al suroeste de Estados Unidos, hasta 1928, cuando Rafael Benavides resultó víctima del que tal vez fuese el último linchamiento mexicano en contra de la ley. Los linchamientos se produjeron de forma reiterada en Texas, California, Arizona y Nuevo México, pero llegaron a Colorado, Nevada, Nebraska, Oklahoma, Oregón, Kentucky, Louisiana, Montana y Wyoming. Si bien la gran mayoría de las víctimas eran hombres mexicanos, el famoso caso de Josefa (Loaiza) Segovia en Downieville, California, fue una excepción y su ahorcamiento atrajo a dos mil entusiasmados testigos. Josefa fue condenada por la «justicia» rápida tras matar a un hombre blanco que trató de violarla en estado de embriaguez. Frederick Douglass —ex esclavo e icono del movimiento abolicionista— señaló que, si no hubiese sido por su «casta y sangre mexicana», Loaiza habría sido exculpada por actuar en defensa propia. Los linchamientos en sí son producto del odio, la histeria y el caos, pero también pueden ocurrir con el consentimiento tácito del estado. En este caso, los *sheriffs* y los funcionarios del gobierno daban alas a los justicieros hasta convertirse cómplices de la violencia, de modo que los blancos casi nunca eran condenados por delitos de linchamiento. La banda de justicieros más atroz en todos los sentidos fue la de los Texas Rangers, que cometieron actos de intimidación, desplazamientos, asesinatos y centenares de linchamientos. La invisibilidad del trato racista y violento que sufrieron los mexicanos en los siglos XIX y XX es tal, que a día de hoy un equipo profesional de béisbol pasea con orgullo el nombre de los Texas Rangers por las grandes ligas.

Los mexicanos —y, por extensión, los latinos— sufrieron los efectos de la segregación *de jure* en todo lo relacionado con las escuelas y los servicios públicos en un sistema jurídico inspirado en Jim Crow. Al no ser negros ni blancos a ojos de la ley, los mexicanos fueron marginados, excluidos y vilipendiados. Ian Haney López documenta en sus investigaciones que el régimen racial estadounidense operaba para favorecer a la raza blanca en todo lo que tenía que ver con la ciudadanía, la naturalización y la inmigración. La Constitución limitaba el derecho a la ciudadanía mediante la naturalización exclusivamente a los blancos, principio constitucional que llevó a numerosos inmigrantes de varios continentes a conseguir declaraciones de los tribunales certificando que eran blancos. En 1935 hubo un caso concreto, la «Solicitud de ciudadanía de Timoteo Andrade», que provocó una ruptura diplomática entre Estados Unidos y México, porque un tribunal concluyó de forma preliminar que los mexicanos, al ser mestizos, no eran blancos. Para los mexicanos, la clasificación blanco / no blanco se complicaba con el Tratado de Guadalupe-Hidalgo de 1848, en virtud del cual tenía derecho a la nacionalidad estadounidense cualquier mexicano que residiera en el suroeste u oeste del país y lo deseara. Lo que sí estaba claro era que no ser blanco a ojos de la ley acarreaba graves consecuencias, y así se reflejaba en la extendida idea de que una gota de sangre negra bastaba para convertir a cualquiera en negro y someterlo al estado.

Como estos códigos raciales se habían creado a partir de la dicotomía blanco / negro, su aplicación a las comunidades mexicanas y latinas acabó llegando a los tribunales. Sylvia Mendez, activista y educadora, hija de padre mexicano y madre puertorriqueña, ha hablado en primera persona del sistema escolar y la importancia de la educación para las comunidades latinas en la actualidad. Conversar con Sylvia Mendez es dialogar con la historia latina; de pequeños, ella y sus hermanos tenían prohibido matricularse en las escuelas públicas de Westminster, California, con niños blancos, de modo que tuvieron que asistir a la llamada escuela mexicana. Su padre, Gonzalo Méndez, se unió a los padres de otros niños para interponer una demanda en nombre de cinco mil estudiantes de ascendencia mexicana a quienes las leyes estatales de California impedían asistir a las escuelas blancas por su raza y su color. Dos de los abogados de derechos civiles más famosos del país, Thurgood Marshall y Robert Carter, apoyaron a los abogados de Méndez y alegaron ante el tribunal el sentimiento de inferioridad que la segregación escolar infunde en los niños marginados. Los tribunales federales les dieron la razón y determinaron que el sistema de segregación escolar era inconstitucional. Aquello ocurrió en 1947, siete años antes que el Tribunal Supremo emitiera un fallo similar en el caso que desmanteló el sistema de segregación racial en las escuelas públicas en todo el país: Brown contra la Junta de Educación.

En San Bernardino, California, un comité que representaba a ocho mil mexicanos y puertorriqueños acudió a los tribunales para denunciar su exclusión de un parque público con piscina solo por su ascendencia latina, en Lopez contra Seccombe. La segregación en las piscinas públicas, exclusivas para blancos, era común en California;

si acaso, se abrían para ellos una vez a la semana en el llamado «día de los mexicanos». En el litigio de San Bernardino, el juez que ordenó poner fin a la segregación en el parque se sintió obligado a abordar la cuestión de los hábitos de higiene de mexicanos y puertorriqueños. Los demandantes, según el juez, «son de hábitos limpios y morales, y no sufren de ninguna discapacidad, infección o enfermedad, y tampoco tienen defectos físicos o mentales».

Sin embargo, fue en 1954 cuando, a raíz del caso Hernández contra Texas, el Tribunal Supremo dictaminó por primera vez que había una base legal para rechazar el trato racial que recibían los mexicanos en el país en virtud de las garantías de igualdad que proporcionaba la decimocuarta enmienda de la Constitución. En los tribunales de Texas, los oficiales encargados de seleccionar a los miembros de los jurados que determinaban la culpabilidad o la inocencia en los juicios penales se negaban sin más a seleccionar a mexicanoamericanos. Más de seis mil personas participaron en los jurados durante veinticinco años, y a ningún mexicanoamericano se le ofreció la oportunidad de ejercer este deber civil. Pete Hernández fue condenado por homicidio y recusó la constitucionalidad de la composición de su jurado. El derecho constitucional al trato igualitario nació a finales de la Guerra Civil del siglo XIX —en la misma época en que se abolió la esclavitud—, pero el Tribunal Supremo nunca le dio una interpretación que protegiera a los latinos. Salvo raras excepciones en las que los tribunales federales protegieron los derechos de los ciudadanos chinos, a mediados del siglo XX el sistema jurídico en todas sus manifestaciones solo reconocía dos razas: la blanca y la negra. Sin embargo, el caso de Hernández rompió esa dicotomía. El Tribunal Supremo dio varios ejemplos de la vida mexicana en Texas que estaban sujetos al protocolo segregacionista: sondeos realizados entre los residentes del condado que confirmaban la creencia popular de que los mexicanos no eran blancos, escuelas segregadas, restaurantes con letreros que proclamaban «No servimos a mexicanos». Ni siquiera el juzgado en el que condenaron a Hernández se salvó, porque los baños se separaban bajo el mismo principio. Había uno sin ningún cartel y otro con dos: uno decía *Colored Men* (hombres de color) y en el otro, escrito en español, podía leerse *Hombres aquí*. En ese contexto, fue fácil para el tribunal concluir que los mexicanos eran personas «distintas» a los blancos y brindarles amparo constitucional.

Distintos. Extranjeros. Inmigrantes. Jurídicamente «otros». Los latinos conocen de primera mano esta realidad racista en Estados Unidos y, por lo tanto, la condena que hace Michelle Alexander en *El color de la justicia* también a ellos los toca de cerca.

Los latinos y la justicia penal

El racismo institucional es una herencia de actos abiertamente racistas, lo cual explica la situación en que se encuentra el sistema penal estadounidense, corrupto y desligado de la búsqueda de la verdad o la justicia. El sistema está anclado en la parcialidad, puesto que de manera sistemática da lugar a resultados racialmente distorsionados cada vez que se topa con sospechosos y acusados latinos o afroamericanos. Estados Unidos ocupa de largo el primer lugar en el *ranking* mundial, tanto en número total de personas encarceladas (2.240.000) como en porcentaje de población reclusa (716 por cada 100.000 habitantes). El país cuenta con cerca del 5% de la población mundial, pero tiene casi el 25% de los presos. Tras los muros de las cárceles, el número de latinos es desproporcionadamente alto: las tasas nacionales de internamiento muestran que hay un preso por cada 245 blancos, frente a uno de cada 96 latinos y uno de cada 41 afroamericanos.

Las observaciones de *El color de la justicia* sobre la marginalización institucional también se aplican a los barrios de comunidades latinas, como veremos a continuación.

Tolerancia policial cero

Las tácticas policiales para garantizar la seguridad pública han estado en el punto de mira nacional durante los últimos diez años. La generalización de la tecnología móvil de los teléfonos inteligentes ha contribuido al debate sobre el trato justo que han de recibir los civiles por parte de la policía. Décadas atrás nuestras comunidades recibieron cierto alivio gracias a las demandas que permitieron a afroamericanos y latinos incorporarse a las filas de la policía. Los mecanismos para establecer vínculos entre la policía y la comunidad que por fin vieron la luz son uno de los pocos elementos positivos de aquellos años.

Ahora, décadas después de la destrucción causada por la Guerra contra la Droga del presidente Richard Nixon, la policía de las ciudades se escuda en un programa de prevención llamado *Stop and Frisk* (dar el alto y registrar), que consiste en dar el alto y registrar a civiles sin causa probable ni sospecha razonable de que se haya producido algún hecho delictivo.

Este programa se caracteriza por las detenciones masivas y frecuentes, de modo que los jóvenes que se reúnen en las esquinas automáticamente adoptan «la posición» al ver acercarse un vehículo de la policía secreta: se vuelven contra una pared con los brazos sobre la cabeza y las piernas separadas para facilitar el cacheo que sigue a continuación. Ser detenido, registrado y obligado a identificarse a solo unos metros de distancia de sus hogares era tan común que algunos jóvenes lo vivían cinco o seis veces al mes. La gran mayoría de las detenciones, que continúan hoy día, están sujetas a un formulario especial que la policía cumplimenta indicando las circunstancias de la detención y su resultado.

Stop and Frisk es parte de una estrategia policial conocida como *Zero Tolerance* (tolerancia cero) y su derivada *Broken Windows* (ventanas rotas). La tolerancia cero consiste en centrarse en cualquier delito menor, porque —según la teoría— eso permitirá detectar a delincuentes con antecedentes graves y violentos, o con órdenes de arresto que nunca hayan llegado a cumplirse. La lista de delitos menores es casi infinita: escupir en el suelo, subir al metro sin billete, ir en bicicleta por la acera, beber alcohol en público, pedir limosna, cruzar la calle de manera indebida, pasear al perro sin correa, merodear, etcétera. Puesto que la implantación de la tolerancia cero coincidió con las mejoras tecnológicas en las comisarías y en las dependencias policiales, que permitieron empezar a analizar el trabajo con la ayuda de estadísticas, se tomaron muchas medidas para aumentar la productividad. El objetivo de este modelo de seguridad pública era prevenir la delincuencia con detenciones breves pero frecuentes. En la mayoría de los casos, la policía interpretaba esta productividad como un sistema de cuotas, ya que incumplirla entrañaba consecuencias disciplinarias.

La ciudad de Nueva York es un ejemplo clásico: de hecho, es el centro mundial de la vigilancia excesiva. En el año 2002, alrededor de 97.000 personas fueron detenidas mediante el sistema de *Stop and Frisk*. En 2011 la cifra superó los 685.000 arrestos. La justificación principal para un elevadísimo número de detenciones, según la documentación policial, es incomprensible: el «movimiento furtivo». Por este comportamiento ambiguo, cientos de miles de neoyorquinos residentes en distintos barrios de la ciudad eran detenidos y acosados a diario por la policía.

Los latinos, desde luego, sintieron el impacto de *Stop and Frisk*. El primer estudio serio sobre esta política fue realizado por el entonces fiscal general Eliot Spitzer, cuyo informe pionero de 1999 analizó más de 175.000 incidentes y confirmó que las detenciones de afroamericanos y latinos tenían menos probabilidades de terminar en arrestos que las detenciones de blancos. Es decir, que las detenciones de blancos eran más eficaces porque había más probabilidades de encontrar armas o drogas. Sin embargo, la policía continuaba deteniendo a latinos y afroamericanos para cumplir con sus cuotas. Años después, un informe de *Stop and Frisk* realizado por la Unión de las Libertades Civiles de Nueva York (NYCLU) concluyó que casi el 90% de los negros y los latinos detenidos eran inocentes de cualquier acción delictiva.

Gracias a un exitoso capítulo de activismo, presión, liderazgo y demandas judiciales, los afroamericanos y los latinos lograron frenar el *Stop and Frisk* en Nueva York. Los medios tuvieron que cubrir la letanía de abusos cometidos contra las comunidades de color. La juventud participó utilizando las redes sociales, el arte, la música, la poesía y el vídeo para documentar el abuso cotidiano. Unos abogados de derechos civiles presentaron tres demandas distintas para terminar con esta práctica. Los miembros del Ayuntamiento que representaban a las comunidades más afectadas exigieron cambios legislativos para supervisar al comisario general de la policía. El Tribunal Federal declaró el programa *Stop and Frisk*, tal y como había sido aplicado por la policía neoyorquina, claramente inconstitucional..., y la ciudad apeló. El calendario político brindó una excelente oportunidad a los candidatos a la alcaldía para hacer campaña a favor o en contra del *Stop and Frisk*. El nuevo alcalde, Bill de Blasio, desestimó la apelación como había prometido, pero más satisfactoria aún resultó la confirmación de que no había riesgo para la seguridad pública: las estadísticas demostraron que el número de detenciones había disminuido de manera significativa al mismo tiempo que los delitos violentos seguían bajando. Los latinos de Nueva York tuvieron una participación activa en cada fase de este exitoso proceso, junto con las comunidades afroamericanas, musulmanas, asiáticas, gay y transexuales.

El perfil racial

Después que la guerra entre Estados Unidos y México terminase en 1848, el trato racial dispensado a los mexicanos como extranjeros en su propia tierra dentro la zona del país que pasó al gobierno estadounidense continuó sin restricciones. El hecho de que el Tratado de Guadalupe Hidalgo permitiese a casi 75.000 mexicanos escoger la ciudadanía americana no cambió en nada el menosprecio de los estadounidenses hacia los mexicanos. En 1929, al comienzo de la Gran Depresión, el perfil racial que se trazó de los mexicanos no distinguía entre ciudadanos y no ciudadanos cuando el presidente Hoover ordenó la repatriación forzosa de casi dos millones de mexicanos, la mayoría de los cuales tenían la nacionalidad estadounidense. Esta deportación masiva e ilegal se repitió en la década de 1950 durante un programa federal que recibió el desafortunado nombre de *Operation Wetback* (operación espaldas mojadas) y desplazó a México a más de tres millones de mexicanos, cientos de miles de los cuales eran ciudadanos americanos perseguidos y castigados por su perfil racial.

Hoy en día, el perfil racial es un rasgo que caracteriza la vigilancia policial, pese a las restricciones impuestas por un modelo constitucional que marca lo contrario: la sospecha fundada. Pese a encontrarse a miles de kilómetros de distancia, el conservador estado de Arizona y el baluarte del liberalismo, Nueva York, tuvieron algo en común en 2013: el *sheriff* Joe Arpaio del condado de Maricopa se hizo famoso en todo el país por acosar a los latinos simplemente por su aspecto; en Nueva York, el comisario general de la policía Ray Kelly dirigió su acoso contra los negros y latinos mediante cuatro millones (!) de detenciones *Stop and Frisk*, el 88% de las cuales se resolvieron sin arrestos, citaciones judiciales ni multas. Ese año, los sistemas policiales de ambos estados fueron llevados a los tribunales por jueces federales. En Arizona, el juez G. Murray Snow dictaminó que «la política de considerar la apariencia hispana como elemento probativo de si una persona está legalmente en el país» es inconstitucional. En Nueva York, la jueza Shira Scheindlin fue aún más concisa: «La Cláusula de Protección Igualitaria [de la decimocuarta enmienda de la Constitución] no permite las sospechas basadas en criterios raciales».

Los latinos quedan siempre atrapados en esta telaraña por «conducir siendo morenos» o «caminar siendo morenos». En uno de los primeros casos relacionados con el perfil racial a lo largo de la frontera sur de Estados Unidos (Estados Unidos contra Mallides), un tribunal federal desestimó los cargos criminales contra los acusados después de que un policía admitiese que lo que le había llamado la atención había sido un vehículo en el que varios «hombres de aspecto mexicanoamericanos» iban «sentados muy erguidos» y no habían vuelto la cabeza para mirar el coche patrulla. En otro caso distinto, el respetado juez conservador Richard Posner desinfló estos sofismas policiales observando que «la policía describirá tu comportamiento como sospechoso cuando quiera detenerte o arrestarte, ya te quedes quieto o te muevas, ya conduzcas por encima, por debajo o al límite de velocidad. Este acto subjetivo e indiscriminado de apelar a una inefable intuición no merece ningún crédito».

Los latinos han acudido a los tribunales como último recurso para detener la vigilancia policial excesiva. En el condado de Frederick, Maryland, una trabajadora salvadoreña, Roxana Orellana Santos, fue abordada por unos policías simplemente por estar tomando el almuerzo en público. En East Haven, Connecticut, algunos trabajadores latinos fueron hostigados con acusaciones fabricadas e incluso arrestados por invadir la propiedad privada, aun encontrándose frente a sus propios apartamentos.

El litigio es solo una de las vías para combatir los abusos, y el reciente debate sobre la militarización de la policía local es un buen ejemplo de ello. En agosto de 2014, días después de que unos tanques financiados por el gobierno federal recorrieran las calles de Ferguson, Missouri, para dispersar a los manifestantes afroamericanos que protestaban contra los abusos policiales, un tanque MRAP (resistente a las minas y protegido contra emboscadas, cuyo precio ascendía a 689.000 dólares) fue utilizado en Rochester, Nueva York, para dispersar a un grupo de puertorriqueños «rebeldes» después de su desfile nacional. Una vez más, la sospecha basada en la pertenencia a un determinado grupo (la base del perfil racial) dictó la reacción de la policía local en un barrio latino. Se necesita mucho más que una demanda en los tribunales para revertir una reacción tan desproporcionada.

El mito de la criminalidad inherente y la correspondiente criminalización de la inmigración latina

La inmigración en Estados Unidos es en la actualidad un fenómeno plenamente criminalizado, con todas las lacras que esto conlleva, incluidas las instalaciones correccionales privatizadas donde el maltrato está a la orden del día. Los agricultores, las empresas de construcción y las empresas de comestibles atraen mano de obra latina porque la necesitan para realizar trabajos que los propios estadounidenses, simple y llanamente, no quieren hacer. Esta realidad es el motor que ha impulsado la criminalización de los inmigrantes mexicanos y latinos, así como la proliferación de acusados latinos en los tribunales federales. La Comisión de Derechos y Responsabilidades Legales de los Hispanos del Colegio de Abogados de Estados Unidos ha documentado que la tasa de arrestos de inmigrantes latinos ha superado la tasa de crecimiento general en el sistema federal, llegando en el año 2009 al 46% del total en dichos tribunales.

Dos fenómenos interrelacionados alimentan esta nueva criminalización. El primero es la deportación masiva llevada a cabo durante el mandato de Barack Obama, con una cifra que se calcula en más de 2,5 millones de deportaciones y que supera a la de cualquier otro presidente. El mantra «delincuentes, no familias» para describir este fenómeno durante la presidencia de Obama resulta particularmente cruel, porque es engañoso en muchos sentidos. Solo en el año 2014 fueron deportadas 137.983 personas sin ningún antecedente penal. Desde 1996 el gobierno ha coordinado los procesos de dos sistemas distintos: el cumplimiento de las leyes de inmigración y el sistema penal. La combinación de ambos se conoce como «crimigración». Sin ninguna duda, son las familias latinas —incluidos niños con la nacionalidad estadounidense— quienes más han sufrido los devastadores efectos de este récord de deportaciones. Hay 4,5 millones de niños que son ciudadanos estadounidenses y tienen un padre o una madre (cuando no ambos) indocumentados, y la gran mayoría de ellos son latinos. Aproximadamente el 70% de los deportados durante la presidencia de Obama eran de origen hispano, y casi el 96% de ellos eran mexicanos. No sin razón, Janet Murguía, presidenta del Consejo Nacional de La Raza, acusó al presidente Obama de ser «deportador en jefe».

El segundo fenómeno que alienta la criminalización de los inmigrantes es la ola de leyes dictadas contra ellos que se han ido promulgando desde 2006, primero en Hazleton, Pensilvania, y luego en Alabama, Arizona, Georgia, Illinois, Carolina del Sur y otros lugares. Estas medidas estatales criminalizan la «presencia» de inmigrantes indocumentados y promueven su «autodeportación» en nombre de la soberanía de los estados y en contra de la autoridad federal.

Aunque los tribunales han anulado muchos de los aspectos más salvajes de estas leyes, el daño ya está hecho: se da por sentado que ser indocumentado es un delito. Sin embargo, técnicamente se trata de una infracción civil sin consecuencias penales, aunque al resultar en dolorosas encarcelaciones no lo parezca. Al mismo tiempo, el estereotipo de que los inmigrantes son delincuentes por naturaleza no ha surgido ni mucho menos con las barbaridades del candidato y ahora presidente electo Donald Trump, y lo más probable es que siga ahí cuando él deje la Casa Blanca. Según esta teoría, los indocumentados son forzosamente delincuentes: el problema es que los hechos demuestran todo lo contrario. En el caso de los hombres latinos con edades comprendidas entre los 18 y los 39 años, la probabilidad de que cometan un delito es siete veces menor si son nacidos en el extranjero que si son nacidos en Estados Unidos, patrón que se repite para los mexicanos y otros centroamericanos. Algunas investigaciones recientes sobre la asimilación de los inmigrantes reflejan que los de primera generación (nacidos en el extranjero) no son propensos a delinquir, pero que las generaciones siguientes muestran unos patrones de comportamiento criminal similares a los de los nacidos en Estados Unidos. Aun así, el país da por bueno el mito y se deja llevar por los estereotipos.

Detención lucrativa

El sistema penitenciario es otro ejemplo del racismo institucional en Estados Unidos con efectos concretos sobre los latinos. A día de hoy, hay una red de cárceles gestionadas por corporaciones privadas que especulan con sus ganancias en bolsa. Sin embargo, para empeorar aún más las cosas, el gobierno federal garantiza un mínimo de 34.000 reclusos diarios con sanciones fijas si no se alcanza esta cuota, cuyo cumplimiento —parece obvio— va de la mano de una vigilancia excesiva. Este afán de lucro en los sistemas de reclusión es incompatible con el respeto a los derechos humanos de los reclusos y, sin embargo, es lo que caracteriza a los centros de detención en el sistema que gestiona el Departamento de Inmigración y Aduanas, donde miles de hombres, mujeres y niños se encuentran internados por razones, y en condiciones, que atentan contra los derechos humanos. Desde 2010 la policía del Departamento de Inmigración y Aduanas —la llamada «migra»— está obligada por ley a cumplir con esa cuota de 34.000 detenidos diarios a la que acabamos de aludir, pero ningún otro cuerpo de seguridad está sujeto a un dictamen semejante.

Las empresas privadas que contratan con el gobierno federal la gestión de los centros de detención han sido la parte más beneficiada por este acuerdo perverso. La Corrections Corporation of America (Compañía de Correccionales de América) y GEO Group (Grupo GEO) dominan ahora un sector que gestiona más del 62% de las plazas reservadas para los inmigrantes detenidos. El aumento de los beneficios de estas dos corporaciones ha alcanzado el 68%, con 195.000 millones de dólares en el caso de CCA, y el 244%, con 144.000 millones de dólares en el de GEO Group, para deleite de sus accionistas. Las condiciones en estos centros y en las cárceles gestionadas por el Departamento de Prisiones, donde los inmigrantes son apartados del resto de la población reclusa, son muy duras: están masificados, están sucios y son peligrosos. Sabiendo que los detenidos acabarán por ser deportados, estas prisiones no ofrecen acceso a los programas de rehabilitación y educación, y la tasa de confinamiento solitario supera la media. En los centros de procesamiento las condiciones son peores aún: los internos las llaman «hieleras», porque los agentes mantienen el aire acondicionado al máximo, les quitan los abrigos y nunca apagan las luces para desorientarlos.

En agosto de 2016 el Departamento de Justicia anunció su plan de eliminar todos los contratos con las empresas privadas que gestionan cárceles porque la tasa de maltrato y violencia contra los reclusos en esos centros es más alta que en las cárceles gestionadas por el gobierno. Entonces, las dos empresas contraatacaron: es que los prisioneros son oriundos de México, y los mexicanos están predispuestos a la violencia, dijo el Grupo GEO (hasta ese extremo llega el estereotipo del delincuente sin pruebas). Los activistas comunitarios de Texas demostraron lo contrario, es decir, que la mayoría de los inmigrantes encarcelados por el Departamento de Prisiones no han sido acusados de ningún delito violento ni de pertenecer a ninguna banda. Se enfrentan a un solo cargo: la entrada ilegal en Estados Unidos.

Con tanto dinero sobre la mesa, el afán de lucro y la falta de veracidad dominan este acuerdo inmoral entre instituciones públicas y corporaciones privadas.

El silencio de los medios

En los últimos años, la reforma del sistema penal estadounidense ha recibido atención en todo el país. Los esfuerzos del gobierno de Obama marcaron el inicio del desmantelamiento del nuevo Jim Crow, y la visita del presidente a una cárcel federal —la primera en la historia— fue un indicador de la importancia que concedía a la reforma de la encarcelación masiva. Los líderes políticos de ambos partidos han logrado propuestas legislativas para aliviar las condenas excesivas en los tribunales federales. La legalización de la marihuana para uso recreativo en ocho estados, más Washington ha contribuido de manera inmediata a reducir el número de detenciones y encarcelaciones de personas de todas las razas. Sin embargo, la tragedia de los numerosos afroamericanos tiroteados por la policía cuyas muertes han sido grabadas para que el mundo pueda verlas, todavía exige reformas en el uso de la fuerza, investigaciones por parte de los fiscales y el empeño de los tribunales para equilibrar riesgos y derechos.

En todo este debate, las experiencias de la comunidad latina son casi invisibles, especialmente en los medios. La escasez de reporteros, editores o directores latinos en las redacciones estadounidenses ha fomentado una simplificación que conviene a la prensa, al reducir y clasificar los intereses colectivos de afroamericanos y latinos en dos categorías estancas. Así, el maltrato a los inmigrantes es un problema exclusivamente latino, mientras que los abusos policiales son una cuestión exclusivamente afroamericana. De esta forma, en julio de 2016 los medios nacionales informaron en solo cinco días de la muerte de dos afroamericanos abatidos a tiros por la policía, Alton Sterling en Louisiana y Philando Castile en Minnesota. Sin embargo, aunque seis latinos fueron asesinados de manera similar, sus casos no recibieron prácticamente ninguna atención por parte de los periodistas: Raul Saavedra-Vargas en Nevada; Pedro Villanueva, Anthony Núñez, Fermín Vincent Valenzuela y Vinson Ramos en California, y Melissa Ventura en Arizona. De los tres que supuestamente iban armados, parece ser que dos tenían navajas; otros dos solamente iban conduciendo y uno no llevaba armas de ningún tipo. No importa. Los medios optaron por la vía más cómoda y el uso de la fuerza policial en las comunidades latinas quedó relegado al olvido. Sin embargo, esta falta de cobertura es fatal. Se estima que, solo en 2015, 195 latinos murieron a manos de la policía, aunque la cifra sin duda no refleja el total por el mero hecho de que la información no es del todo fiable en lo que afecta a los latinos. Entre 2007 y 2014, la mitad de las personas que murieron en el condado de Los Ángeles en enfrentamientos con la policía eran latinos, pero ni siquiera el hecho de que algunos de esos asesinatos a tiros fueran grabados en vídeo aumentó su cobertura en las noticias. Antonio Zambrano-Montes lanzó piedras contra unos vehículos policiales en Pasco, Washington, pero la grabación lo muestra huyendo de los agentes y volviéndose con los brazos en alto en el momento en que le dispararon. Su muerte fue denunciada por el cónsul mexicano, pero nunca se presentaron cargos contra la policía por su muerte. El resultado es que el nombre de Zambrano-Montes es casi desconocido para los medios.

Existen varios factores que contribuyen a esta falta de cobertura. Por un lado, hay un vacío en el liderazgo nacional latino, pues nadie posee el nivel de popularidad del que gozan varios líderes afroamericanos. Además, la tradición de las iglesias afroamericanas como sedes de movilización por la justicia social y el trato justo no tiene equivalente en la comunidad latina. Por ejemplo, no es habitual que la Iglesia católica adopte ese papel. Una cuarta parte de la comunidad latina no tiene la nacionalidad estadounidense; dentro de ese porcentaje, los indocumentados se muestran muy cautelosos al testificar —si es que llegan a hacerlo— cuando cooperan en investigaciones contra los abusos policiales. Además, como señalamos antes, los datos sobre arrestos y encarcelaciones de latinos no se recaban de manera universal, ni la burocracia policial los exige, lo que contribuye a que no se ponga el foco de atención en las víctimas latinas.

Lo que no falta desde luego es resistencia por parte de los latinos ante estos episodios violentos. En la actualidad, la violencia del Estado puede tomar muchas formas, desde la pena de muerte (una sentencia que es producto de prejuicios determinados por las razas del acusado y de la víctima) hasta los disparos de la policía contra jóvenes desarmados. Estos últimos, sin embargo, provocan su propia reacción, puesto que la violencia del Estado invita a la violencia en las calles, como saben muy bien en las comunidades latinas, desde los motines de los Zoot Suits en Los Ángeles en 1943 hasta la represión policial tras los incendios de basura orquestados por los Young Lords de Nueva York en los años sesenta, o los motines provocados por la policía en esa misma década en la zona este de Los Ángeles cuando un grupo de mexicanoamericanos protestaron por la tasa de muertos latinos en Vietnam, pasando por protestas en Newark, Nueva Jersey, en 1974, donde la policía montada atacó a varios puertorriqueños que jugaban al dominó. La lista de disturbios iniciados por las comunidades latinas para oponerse a los abusos incluye los de Coachella, California, en 1970; Albuquerque, Nuevo México, en 1971; Camden, Nueva Jersey, en 1971; Miami, Florida, en 1990; Washington DC, en 1991; o Anaheim, California, en 2012. Un estudio calcula que dos tercios de las revueltas latinas desde los años sesenta se produjeron en comunidades puertorriqueñas y que Nueva Jersey batió el récord con diecisiete.

Estos disturbios no llegan a la opinión pública porque, de nuevo, la dicotomía blanco / negro eclipsa el discurso específico de los latinos en Estados Unidos y porque, en general, los medios rehúsan investigar a fondo este tipo de sucesos. Los disturbios más importantes, sin embargo, se produjeron en 1992 en el área centro-sur de Los Ángeles, y se conocen como la peor revuelta urbana del siglo XX. Cuatro policías blancos fueron absueltos en un juicio criminal tras apalear brutalmente a un afroamericano, Rodney King, en un enfrentamiento que quedó grabado en vídeo. Este fue el incidente que provocó los disturbios en los que cincuenta personas murieron y más de dos mil resultaron heridas. Todos los medios, a excepción de algunos periódicos locales, informaron de los disturbios como exclusivamente afroamericanos, junto con imágenes de tensos enfrentamientos entre afroamericanos y coreanos. Lo que no se dijo fue que, en una ciudad donde el 40% de la población es latina, la mitad de los arrestados eran latinos, un tercio de los muertos eran latinos y varios negocios latinos sufrieron daños. Se puede decir que los disturbios de Los Ángeles de 1992 no fueron una cuestión de negros contra blancos, sino que se trató más bien de una revuelta latina. Hubo quienes atribuyeron la participación latina a la casualidad, aprovechando el caos desatado por la absolución de los policías blancos. Otros señalaron sin embargo que el veredicto dejó al descubierto algunas profundas inquietudes en el seno de la comunidad latina (formada en buena parte por centroamericanos), que sufrían las mismas condiciones que lastraban a las comunidades afroamericanas.

Al fin y al cabo, la ausencia de los latinos de la cobertura y el análisis mediático tiene menos que ver con la lógica reacción de protesta contra los abusos que la dicotomía blanco / negro que permea todo lo que concierne al sistema penal.

Robar el voto

La privación del voto por la comisión de delitos graves es el resultado de una amalgama de leyes que a veces tienen siglos de vigencia y que despojan a una parte del pueblo de la esencia de la ciudadanía: el derecho al voto. Aunque en teoría siguen siendo ciudadanos, quienes cuentan con un historial de delitos graves se hacen más invisibles aún. En Estados Unidos, la privación del voto por la comisión de delitos graves se reconoce en 48 de los 50 estados. Vermont y Maine permiten a sus reclusos ejercer su derecho al voto, igual que Puerto Rico al sur y Canadá al norte, Sudáfrica o Israel. En la gran mayoría de esos 48 estados que privan del voto a los reclusos, se les sigue impidiendo ejercer ese derecho cuando se encuentran ya en libertad provisional o condicional. Se calcula que en 2016 las leyes estatales prohibieron votar a más de seis millones de ciudadanos, lo cual significa que hay cientos de miles de votos latinos perdidos.

En el caso de los ciudadanos latinos, como en el de los afroamericanos, la privación del voto por la comisión de delitos graves acalla la voz de los reclusos y los ex convictos, de forma que se diluye su poder colectivo en el ámbito político.

Ningún país del mundo tiene leyes tan punitivas y retrógradas en este aspecto como Estados Unidos, único país del continente que permite la privación permanente del derecho al voto en varios estados. Sea cual sea, cada delito que suponga una condena de un año o más podrá resultar en la pérdida permanente del voto. Puerto Rico y Canadá son excepciones en el continente americano, ya que la privación del voto en prisión es común en América Central y del Sur. En Chile, Costa Rica, Cuba, República Dominicana, México y Uruguay también se amplía la prohibición tras la salida de la cárcel. En cambio, Panamá, Paraguay, Perú y Venezuela limitan la pérdida de ese derecho al periodo de internamiento.

Los efectos negativos de estas leyes recaen de manera desproporcionada sobre la comunidad afroamericana, pero la pérdida de votos y poder político es una lacra también para la latina. Los números no llegan a las cifras desorbitadas que registran los afroamericanos, pero la pérdida de votos latinos llega a medio millón en los estados de California, Texas, Florida, Nueva York, Nebraska, Carolina del Norte, Virginia y Washington.

Desde Abran Ramírez en los años setenta, los latinos, solos o en coalición con los afroamericanos, han desafiado la constitucionalidad de la privación del voto por la comisión de delitos graves. Ramírez lo hizo en California en el caso de Richardson contra Ramírez, que llegó al Tribunal Supremo, que rechazó la demanda concluyendo que el texto de la decimocuarta enmienda de la Constitución permite una forma de privación del voto por la comisión de delitos graves. En Florida, Washington, Nueva York, Massachusetts y Nueva Jersey se abrieron otros procesos a instancias de demandantes latinos. Hasta la fecha, los tribunales no se han mostrado favorables a estas causas, pero en el ámbito legislativo se han logrado pequeños avances.

No obstante, el interés de varias instituciones del gobierno por mantener la privación del derecho al voto sigue mermando el poder colectivo de las comunidades afroamericanas y latinas.

Los latinos y la Guerra contra la Droga

«No tengo miedo a morir, no me veo muerta de enfermedad, agónica. No tengo garantías en la vida. Aunque este proceso me ha golpeado y sé que algo malo podría sucederme, no me van a callar. Ya no pueden silenciarme y tampoco cambiar los logros que hemos conseguido. Mi peor enemigo hoy en día es el tiempo, que nuestra historia se olvide, que se torne un expediente más en el archivo.» Estas palabras son de la mexicana María Herrera, madre de Jesús Salvador y Raúl, unos pequeños empresarios a los que se hizo desaparecer en Guerrero (México) en 2008, secuestrados junto con otras tres personas más. Su familia los buscó sin éxito, haciéndose cargo de una investigación que las autoridades tardaron en empezar. Con el tiempo, otros dos hijos de María, Gustavo y Luis Armando, volvieron a atender el negocio familiar, pero en 2010 ambos fueron detenidos en un retén militar en Veracruz por tener matrículas de Michoacán en su vehículo. Así se lo contaron a su madre en la última llamada telefónica que hicieron. Nunca regresaron, y todo a consecuencia de la extorsión y el terrorismo contra los inocentes que genera la Guerra contra la Droga. La señora Herrera y su quinto hijo, Juan Carlos Trujillo, siguen la búsqueda y hoy ayudan a otras familias mexicanas a encontrar a sus seres queridos a través de su organización, Familias en Búsqueda. Frente a la Organización de las Naciones Unidas (ONU) en 2016, adonde acababa de llegar con la Caravana para la

Paz, la Vida y la Justicia, la señora Herrera insistió con voz firme en que sus cuatro hijos no desaparecieron, «fueron desaparecidos».

Desde la perspectiva latina, la historia de la Guerra contra la Droga debería empezar en América Central y del Sur para que se pueda entender en toda su magnitud el horror de la devastación que provoca, la pérdida de tanto potencial humano, los daños causados al tejido social y el apetito insaciable y desaforado que existe en Estados Unidos por el consumo de drogas. No hay ley, fuerza militar o muro fronterizo que pueda impedir el transporte de un producto natural que crece en un país con un coste mínimo y que después se puede vender en el norte por un valor mil veces más alto. Son las fuerzas económicas de la oferta y la demanda las que en la actualidad rigen el negocio. A día de hoy, las voces más claras y concisas que se alzan en favor de una verdadera reforma en la política de drogas —desde madres y activistas hasta ex presidentes— vienen de América Central y del Sur. Ya es hora de que les prestemos atención.

La Comisión Global de Política de Drogas, en la que participan los ex presidentes de Chile, Colombia, México y Brasil, publicó en 2014 un informe muy crítico en el que se detalla el fracaso colosal de la Guerra contra la Droga. Estos mismos líderes señalaron que la última convención de la ONU sobre las drogas, celebrada en 1998, había terminado en un clima de armonía absolutamente irreal, pidiendo un mundo libre de drogas. Ese plan utópico desmiente la existencia de las drogas en el mundo, comentó el ex presidente colombiano César Gaviria. Ahora, al igual que en 2011, cuando la Comisión rompió el tabú al plantear la posibilidad de la despenalización de las drogas, el debate es diferente y las muertes, la delincuencia y el desperdicio de fondos no justifican que se vuelva a la estrategia fracasada de prohibición, encarcelación y penalización.

Según la Comisión, la realidad hoy es que la producción y el consumo de drogas siguen aumentando, pese a la cantidad de recursos que se han invertido en este paradigma prohibicionista. Al contrario, la situación actual entraña graves riesgos para la salud y la seguridad mundial. Esto se debe al hecho de que los consumidores son castigados en vez de recibir tratamiento médico, mientras la seguridad pública sufre el azote de organizaciones criminales que controlan la producción, el transporte y la venta de drogas. La política actual socava los derechos humanos y promueve la discriminación sobre todo de las mujeres, los jóvenes y las minorías étnicas. La pena de muerte por delitos de drogas es contraria a la ley internacional, pero aun así 33 países siguen aplicándola y más de mil personas son ejecutadas por eso cada año. Las mujeres sufren de manera desproporcionada al ser procesadas por delitos de drogas, que representan para ellas el 66% de las condenas en Perú, el 68% en Argentina y el 70% en Costa Rica. En vez de reducir la criminalidad, el modelo prohibicionista fomenta unos aumentos desorbitados de los precios para los consumidores adictos. El valor del tráfico minorista de drogas alcanza los 332.000 millones de dólares, más que el mercado del cereal, el vino, la cerveza, el café y el tabaco juntos. La política actual también socava el desarrollo de algunos países y pone en riesgo a comunidades vulnerables a la corrupción y la violencia. Los recursos gubernamentales alimentan a los sectores militares de estos países, pero a costa de desviarlos de otras partidas básicas como la salud, la educación y los servicios sociales.

Estos líderes extranjeros, a diferencia de sus homólogos estadounidenses, reconocen que el problema requiere soluciones drásticas e innovadoras. El ex presidente mexicano Ernesto Zedillo afirmó que no basta con centrarse en la demanda de los consumidores: hay que centrarse en la producción y es necesario permitir la experimentación y la evolución en la regulación del mercado, como hizo Uruguay con el cannabis. En Portugal existe otro ejemplo y es todo un éxito, concluyó el ex presidente de aquel país Jorge Sampaio. Al trasladar el foco a la salud de los consumidores, Portugal eliminó las consecuencias penales, reduciendo el número de adictos, aumentando los tratamientos médicos para la adicción y disminuyendo los casos de SIDA y la tasa de mortalidad por consumo de drogas.

La marihuana ocupa un lugar especial en Estados Unidos y en el resto del continente. En México, donde la marihuana se podía encontrar, como todo, en las boticas antes de la Revolución, el régimen prohibicionista no llegó hasta 1926. El modelo fue Estados Unidos, que empezó a exportar sus doctrinas de mano dura contra la droga para cumplir su latente deseo de moralidad puritano. La marihuana en Estados Unidos siempre se asoció a los mexicanos. Esa planta de efectos beneficiosos que crecía silvestre en el campo de Durango,

Sinaloa, Chihuahua y Sonora, llegó al sureste de Estados Unidos con la migración mexicana posrevolucionaria. Su prohibición en Estados Unidos no tenía nada que ver con la planta en sí, o con sus propiedades para alterar la consciencia o aliviar malestares: al contrario, tenía todo que ver con las personas que lo consumían. Es muy curioso cómo en Estados Unidos se cambió la palabra *cannabis* por *marihuana*. Como la palabra *mariguana* era común en México, las nuevas leyes penales la adoptaron, empezando por El Paso, Texas —el primer lugar que aprobó una ley que prohibía su consumo—. Sin embargo, la asociación interesadamente negativa entre la hierba y los mexicanos no terminó ahí. El líder de la Oficina Federal de Narcóticos, Harry Anslinger, se obsesionó con la eliminación de la marihuana. Pensó que sería más fácil convencer al Congreso de los peligros de la marihuana si invocaba imágenes alarmantes. La palabra *marihuana* evocaba algo extraño, invasor y mexicano a la vez mucho mejor que la palabra *cannabis*, utilizada en el mundo entero. «La marihuana causa más violencia que cualquier otra droga», afirmó Anslinger. «La mayoría de los fumadores son negros, hispanos, filipinos y músicos», concluyó. Hoy día esa posición es absurda, pero en 1937 vencieron el temor y la xenofobia: el Congreso incluyó la marihuana en la misma categoría que otras drogas ilegales como la heroína y la cocaína, y con penas a la misma altura.

Con el tiempo, el consumo de marihuana en Estados Unidos llegó a niveles históricos en los años sesenta y setenta, hasta hoy, cuando hay informes fiables que confirman que, en Estados Unidos, los blancos consumen y venden más marihuana que los latinos o los afroamericanos. El ex presidente Clinton admitió haber fumado pero, inexplicablemente, sin tragarse el humo. El presidente Obama dijo que lo hizo de joven. El descarado ex alcalde de Nueva York, Michael Bloomberg, admitió que no solo fumaba, sino que le gustaba, y después ejerció como cabeza de la capital mundial de los arrestos relacionados con la marihuana. En California, la tasa de arrestos de latinos por posesión entre 2006 y 2008 triplicó aproximadamente la de los blancos, lo que indica que el enfoque selectivo de la mano dura contra la droga se daba en todo el país.

La Guerra contra la Droga es también una guerra contra los inmigrantes. Según el Proyecto de Defensa del Inmigrante (Immigrant

Defense Project), una de cada cuatro deportaciones causadas por un delito —es decir, más de 250.000 deportaciones anuales— afectan a personas cuyo delito más grave era una condena por infracciones relacionadas con las drogas. El año pasado, Human Rights Watch presentó un informe sobre las deportaciones, señalando que «durante los últimos años, las detenciones y las deportaciones causadas por delitos relacionados con las drogas han destrozado miles de familias en Estados Unidos», la inmensa mayoría de las cuales son latinas. Los cambios positivos que últimamente han mejorado la política antidroga han de afectar también a cualquier reforma migratoria que venga en el futuro: no tiene sentido deportar a miles de personas por delitos relacionados con las drogas, máxime cuando algunos de los más graves son por posesión de marihuana, ya legalizada en ocho estados desde las elecciones de 2016. Las nuevas leyes tienen que tomar en consideración las nuevas realidades, pero habrá que esperar la reforma migratoria . . ., la misma que el presidente Obama no pudo llevar a cabo. Mientras tanto, se siguen produciendo historias como la de Raúl Valdez, que se mudó con su familia de México a un suburbio de Chicago cuando tenía un año. A pesar de residir en el país de manera legal, Raúl fue deportado en 2014 por un delito relacionado con las drogas: posesión de marihuana con fines de venta, lo que constituía un delito grave. Pese a haber permanecido en la cárcel sesenta días nada más, fue deportado rápidamente a México. La historia del señor Valdez, sin embargo, no es única, pues los delitos relacionados con la posesión de droga representan la cuarta causa de deportación más frecuente.

El hecho de que muchas personas lleguen a Estados Unidos huyendo de la terrible guerra contra la droga que existe en sus países ilustra hasta qué punto están entrelazadas las políticas de inmigración y drogas. México en particular ha sufrido las espantosas consecuencias de compartir una frontera con Estados Unidos y de tener que aceptar lo peor del terror de los cárteles, así como la corrupción y la violencia del gobierno. En 2006 México decidió utilizar sus fuerzas militares para combatir el narcotráfico, y la violencia aumentó tan drásticamente que el número de muertos a manos de los cárteles, la policía o los militares se sitúa entre las 60.000 y las 100.000 personas. Los cárteles ya no se limitan al narcotráfico, sino que su control permea de distintas maneras la industria y el crimen. Pemex, la compañía petrolera estatal, ha denunciado pérdidas del 40% de su producción por los robos de los cárteles. Los ranchos en Michoacán tienen que pedir permiso a los narcos antes de llevar sus reses al mercado. Lo mismo les sucede a los negocios de piezas para automóviles en Guerrero. Los centroamericanos que cruzan México para llegar a la frontera sufren su acoso diario, y la Comisión de Derechos Humanos de México declaró que 11.000 de ellos fueron secuestrados por los cárteles en solo un año. La brutalidad y la violencia son constantes y se producen a plena luz del día: 72 centroamericanos obligados a bajarse por la fuerza de los autobuses en los que viajaban y después asesinados en Tamaulipas; 300 cadáveres en fosas comunes en Durango; 52 muertos en el incendio de un casino en Monterrey; 43 estudiantes «desaparecidos» en Ayotzinapa; 35 cadáveres depositados en pleno día en una carretera cercana a un centro comercial en Veracruz; una tasa de asesinatos extremadamente alta en Juárez. Además, la violencia también ha forzado el desplazamiento en el interior del país de más de 281.000 personas.

Por estas razones el pueblo mexicano ha exigido reformas drásticas de las políticas estadounidenses, unas veces desde México y otras en suelo americano. El ex presidente Vicente Fox pidió el fin de la Guerra contra la Droga, y presagió que un día la humanidad rechazaría el paradigma prohibicionista como la mejor alternativa. En 2012 una delegación popular de México llegó a Estados Unidos para hacerse eco de esa llamada. Fue la Caravana por la Paz y la Justicia, que unió a activistas y a las familias de las víctimas de la violencia causada por el narcotráfico. En Estados Unidos, los latinos tienen la tasa más alta de encarcelación por delitos de narcotráfico no violentos. Miles de años de vidas latinas se desperdician en la encarcelación masiva y la industria penitenciaria que se nutre de esta guerra selectiva y discriminatoria contra la droga. En América Central y del Sur, así como en el Caribe, las cifras de muertos ascienden a cotas inconcebibles. Miles y miles de armas fabricadas en este país cruzan a México para exacerbar un ambiente saturado ya por una violencia inadmisible que casi nunca llama la atención de los medios estadounidenses. Es obvio que la destrucción fomentada por la Guerra contra la Droga no conoce fronteras.

«Vinimos para civilizar a los grandes», apuntó el poeta y activista Javier Sicilia, renombrado poeta y líder de la Caravana por la Paz y la Justicia que también perdió a un hijo por la violencia sin sentido del narcotráfico. La caravana recorrió casi 10.000 kilómetros y llegó a más de veinte ciudades antes de culminar su viaje en el Capitolio de Estados Unidos. En Nueva York, la capital mundial de los arrestos relacionados con la marihuana, la caravana de México no logró una audiencia con el alcalde. La administración cerró los ojos y ni siquiera contestó sus cartas. A la recepción oficial en el Ayuntamiento asistió un solo cargo electo, la concejal Melissa Mark-Viverito, junto a un nutrido grupo de activistas que había cuestionado la lógica de la política americana en este asunto. En la escalinata del Ayuntamiento era imposible no sentir la emoción palpable de las madres mexicanas mientras narraban sus experiencias. Los muertos exigen que les demos una oportunidad por la paz, nos contaron. Son ellos, los inocentes, quienes piden el fin de esta guerra. Tras aquellas mujeres, las imágenes de sus seres queridos nos llenaban la vista, junto con detalles de sus últimos días en este mundo. También había pancartas llamativas e impactantes con frases que decían «Necesitamos poetas, no metralletas» y «Hasta que la justicia y la paz se besen».

Encarnando lo mejor que une a un movimiento de solidaridad transnacional, la Caravana por la Paz, la Vida y la Justicia de 2016 de Centroamérica, que reunió a sus homólogos del Caribe, de Sudamérica y de comunidades afroamericanas y latinas en Estados Unidos, llegó a Nueva York para presenciar los debates en la ONU. Aquellos hombres y mujeres encarnaban la auténtica voz que reclama un cambio y una reforma completa. Y esa llamada empieza con los luchadores de la resistencia en las comunidades de color de cada uno de esos lugares. Estos activistas saben que la Guerra contra la Droga es una guerra contra las personas de color y contra otras comunidades marginadas. Ellos conocen de cerca las disparidades que existen en la aplicación de las leyes antidroga cuando se trata de afroamericanos y latinos por igual. En Estados Unidos, el uso de drogas ilegales también se mide por la continuidad en el uso en cualquier momento de la vida de los ciudadanos. Estas encuestas gubernamentales indican que el consumo continuado en el caso de los latinos (38%) es inferior al de los blancos (51%). Sin embargo, los latinos, que solo representan el 17% de la población estadounidense, suponen más del 48% de los procesados por casos de drogas en los tribunales federales y más del 20% de los reos encarcelados por drogas en las prisiones estatales. En los tribunales penales, los latinos tienen más probabilidades de recibir fianzas más elevadas o de ver denegada la posibilidad de salir en libertad condicional bajo fianza a causa de la asociación que se realiza entre los latinos y los cárteles del narcotráfico. Cuando se inauguró la sesión especial de la ONU (la UNGASS) dedicada a la política global para el consumo de drogas que empezó en abril de 2016, más de mil líderes de Latinoamérica y del resto del mundo firmaron una carta dirigida al secretario general de la ONU, Ban Ki-moon, en la que exigían el fin de las políticas prohibicionistas y el inicio de verdaderas reformas: «El régimen internacional de control de drogas, surgido durante el siglo pasado, ha demostrado ser desastroso para la salud global, la seguridad y los derechos humanos. Centrado exclusivamente en la criminalización y el castigo, el sistema creó un mercado ilícito extenso, responsable por el enriquecimiento de organizaciones criminales, la corrupción de gobiernos, el crecimiento de una violencia explosiva, la distorsión de mercados económicos y el debilitamiento de valores morales básicos. [. . .] La humanidad no puede permitirse continuar apoyando una política de drogas tan inefectiva y contraproducente en el siglo XXI como lo hizo a lo largo del siglo pasado. Se necesita una nueva respuesta global para las drogas, basada en la ciencia, la compasión, la salud y los derechos humanos».

Es lícito preguntarse en Estados Unidos cuándo vamos a escuchar estas voces que claman por una reforma. Si nos guiamos por la campaña de la presidencia americana de 2016, no será pronto. El problema no es lo que se dijo, sino lo que se dejó de decir. Ninguno de los candidatos, ni tampoco el presidente electo Donald Trump, hablaron de esta inversión de miles de millones de dólares en la Guerra contra la Droga, que ha sido con mucho uno de los más programas nacionales más desastrosos que hemos visto en los últimos tiempos. Su silencio lo dice todo. Pero es un silencio que no puede ni acercarse a la magnitud del silencio de nuestros muertos ni de las miles de vidas afroamericanas y latinas de este país que se han perdido. Sus voces reclaman atención.

El papel de las organizaciones para los derechos latinos

Es penoso admitir que «el movimiento de derechos civiles en su totalidad nunca saltó los muros de las cárceles de este país», por citar las palabras de Joseph Hayden, uno de mis clientes en un litigio para devolver el derecho al voto a los presos de Nueva York. Tenía razón. Son pocos los abogados que se dedican a mejorar las condiciones en las que tienen que vivir nuestros semejantes, encarcelados en números nunca antes vistos en la historia. Michelle Alexander traza un esbozo de distintas prioridades de nuestras respetadas instituciones de derechos civiles en los últimos veinte años, y las cuestiones relacionadas con la Guerra contra la Droga, la privación del voto por delitos graves, la obsesión por las condenas excesivas y la disfunción de los sistemas policial, fiscal, penitenciario y penal brillan por su ausencia.

Lo cierto es que todo cuanto *El color de la justicia* revela sobre la comunidad afroamericana se puede aplicar doblemente a la comunidad latina, que ha tardado el poner su atención en las reformas necesarias del sistema penal, las estrategias policiales y la política antidroga. En los últimos diez años la reforma migratoria se ha vuelto una de las máximas prioridades de los latinos, y no es de extrañar. El inmigrante latino se ha convertido en el nuevo enemigo público, y muchos estados y municipios han adoptado leyes excesivamente intolerantes con un sector de la nación que solamente ha venido a trabajar y sobrevivir en las sombras.

Últimamente, las reformas del sistema penal han atraído la atención del núcleo institucional de la comunidad latina y sus líderes: la National Hispanic Leadership Agenda (Agenda Nacional de Liderazgo Hispano), una coalición compuesta por cuarenta organizaciones claves en la comunidad hispana. Esta dio a conocer sus prioridades en el terreno de las políticas públicas para la comunidad latina en 2016, algo que ocurre una vez cada cuatro años. En este caso, las prioridades de esta influyente coalición incluían una serie de reformas clave en el ámbito de los derechos civiles y el sistema penal. Casi todos los temas que se abordan en *El color de la justicia* figuran allí, y a ellos se suman varias cuestiones más que se encuentran a caballo de las políticas de inmigración y la justicia penal.

La elección de Donald Trump a la presidencia supone un desafío enorme para el desmantelamiento de lo peor del nuevo Jim Crow para todos los grupos marginados del país. Es difícil adivinar qué tiene preparado el presidente electo en el área de la justicia penal, ya que durante la campaña siempre hablaba en términos generales, evitando en todo momento ofrecer medidas concretas. Para la comunidad latina, mantener su adhesión a los principios constitucionales será todo un reto durante los primeros años del mandato de Trump, quien ha repetido hasta la saciedad que deportará a los «delincuentes» que, según él, ascienden a entre dos y tres millones de indocumentados. La cuestión aquí es determinar qué constituye un delito, ya que la administración de Obama ya ha arraigado esa premisa. Lo único cierto es que a las corporaciones que gestionan las cárceles para el gobierno les va muy bien: de hecho, el valor de sus acciones ha subido desde que se conoció la victoria de Trump. Otra promesa alarmante de su campaña fue la de convertirse en un presidente de ley y de orden. Además, defendió injustamente la política de *Stop and Frisk* como un método eficaz para garantizar la seguridad pública. En resumen, todos los indicios apuntan a una legislatura que apoyará el uso de la fuerza policial, las alianzas con las corporaciones privadas, la detención preventiva y la lealtad hacia la burocracia policial, y que desdeñará los formidables recursos del gobierno federal para poner freno a la violación de los derechos civiles en este ámbito. Es decir, entramos en un periodo de recorte y de consolidación de las pocas reformas que se han llevado hasta ahora.

La postura de la Agenda Nacional de Liderazgo Hispano es clave para poder desarrollar políticas nacionales en cualquier administración federal, especialmente en el nuevo gobierno de Donald Trump, de modo que el hecho de que esta organización presentara su programa de forma pública y concreta ayudará a cristalizar distintas iniciativas en el Capitolio.

Sin embargo, el impulso necesario para reformar el sistema penal ya tenía antecedentes en las calles, en las comunidades, en los motines y en los espacios de un activismo latino que no esperó a que sus colegas en las instituciones despertaran de su sonambulismo.

Ese activismo, esa resistencia, no necesita invitaciones formales. Existe orgánicamente. Respira y se engrandece de forma natural para combatir la injusticia. Y mientras lees la aguda síntesis de Michelle Alexander en *El color de la justicia* y te das cuenta de cómo sus conclusiones conectan con las inquietudes y las batallas de la comunidad latina, ese activismo seguirá su marcha hacia una justicia inclusiva.

Bibliografía:

American Bar Association Commission on Hispanic Legal Rights & Responsibilities. «Latinos in the United States: Overcoming Legal Obstacles, Engaging in Civic Life». American Bar Association, 2013.

Anslinger, Harry. Statement on H.R. 6385 (Marihuana Tax Act of 1937). Schaffer Drug Library, abril de 1937. Disponible en: www.druglibrary.org/schaffer/hemp/taxact/anslng1.htm.

Baum, Dan. «Legalize It All: How to Win the War on Drugs». *Harper's Magazine*, abril de 2016.

Carrigan, William D. y Clive Webb. *Forgotten Dead: Mob Violence against Mexicans in the United States, 1848-1928*. Oxford University Press, 2013.

———. «Mob Violence against Mexicans in the United States: The Strangest Fruit in Historical Context». En The Strangest Fruit Exhibition Catalogue. Staniar Art Gallery, Washington and Lee University, abril de 2015.

Carson, Betheny y Eleana Diaz. «Payoff: How Congress Ensures Private Prison Profit with an Immigration Detention Quota». Grassroots Leadership, abril de 2015. Disponible en: http://grassrootsleadership.org/reports/payoff-how-congress-ensures-private-prison-profit-immigrant-detention-quota.

Comisión Mexicana de Defensa y Promoción de los Derechos Humanos. «En México 281 mil 418 personas son víctimas del desplazamiento interno forzado por la violencia». 26 de febrero de 2015. Disponible en: https://cmdpdh.org/2015/02/en-mexico-281-mil-418-personas-son-victimas-del-desplazamiento-interno-forzado-por-la-violencia/.

Delgado, Richard. «The Law of the Noose: A History of Latino Lynching». *Harvard Civil Rights–Civil Liberties Law Review*, vol. 44, núm. 2, 2009, pp. 297-312.

Delgado, Richard, Juan Perea, y Jean Stefancic. *Latinos and the Law: Cases and Materials*. St. Paul, MN, Thomson West, 2008.

Demeo, Marisa y Steven Ochoa. «Diminished Voting Power in the Latino Community: The Impact of Felony Disenfranchisement in Ten Targeted States». Mexican American Legal Defense & Education Fund, 2003.

Drug Policy Alliance. «Leaders from Around the World Call on UN to End the Drug War». Carta al Sr. Ban Ki-moon, Secretario General, Naciones Unidas, 20 de abril de 2016. Disponible en: www.drugpolicy.org/sites/default/files/UNGASS_PostProhibitionTimes.pdf.

Eppler-Epstein, Sarah. «We Don't Know How Many Latinos Are Affected by the Criminal Justice System». Urban Institute, 17 de octubre de 2016. Disponible en:

www.urban.org/urban-wire/we-dont-know-how-many-latinos-are-affected
-criminal-justice-system.

Farrakhan v. Washington, 338 F.3d 1009 (9th Cir. 2003).

Floyd v. City of New York, 959_F.Supp.2d 540 (S.D.N.Y. 2013).

Forbes, Jack. «Black Pioneers: The Spanish-Speaking Afro-Americans of the Southwest». En Jiménez Román, Miriam, y Juan Flores, *The Afro-Latin@ Reader: History and Culture in the United States*. Durham, NC, Duke University Press, 2010.

Fountain, Aaron. «Forgotten Latino Urban Riots and Why They Could Happen Again». Latino Rebels, 2 de mayo de 2016. Disponible en: www.latinorebels.com /2016/05/02/forgotten-latino-urban-riots-and-why-they-can-happen-again/.

Global Commission on Drug Policy. *Taking Control: Pathways to Drug Policies That Work*. 2014. Disponible en: www.globalcommissionondrugs.org/reports/taking -control-pathways-to-drug-policies-that-work/.

González, Juan. *Harvest of Empire: A History of Latinos in America*. Nueva York, Penguin Books, 2011.

Grassroots Leadership. «Shadow Report of Grassroots Leadership and Justice Strategies to the International Convention on the Elimination of All Forms of Racial Discrimination Regarding Criminal Prosecutions of Migrants for Immigration Offenses and Substandard Privately-Operated Segregated Prisons». Julio de 2014. Disponible en: http://grassrootsleadership.org/shadow-report-grassroots -leadership-and-justice-strategies-international-convention-elimination-all.

Haney López, Ian. *White by Law: The Legal Construction of Race*. Nueva York, New York University Press, 2006.

Hayden v. Pataki, 449 F.3d 305 (2d Cir. 2006).

Hernández, Tanya Katerí. *Racial Subordination in Latin America: The Role of the State, Customary Law, and the New Civil Rights Response*. Cambridge, RU, Cambridge University Press, 2013.

Herrera, María. «Haz que se vean». Disponible en: www.hazquesevean.org.

Hinojosa, María. «20 Years after the Mt. Pleasant Riots». *Latino USA*, 6 de mayo de 2011. Disponible en: http://latinousa.org/2011/05/06/20-years-after-the-mt -pleasant-riots/.

Holder, Eric. «Remarks at the Fourth Meeting of Ministers Responsible for Public Security in the Americas», *Medellín, Colombia. U.S. Department of Justice*, 21 de noviembre de 2013. Disponible en: www.justice.gov/opa/speech/attorney-general -eric-holder-delivers-remarks-fourth-meeting-ministers-responsible-public.

Human Rights Watch. «A Price Too High: U.S. Families Torn Apart by Deportations for Drug Offenses». 16 de junio de 2015. Disponible en: https://www.hrw.org/ report/2015/06/16/price-too-high/us-families-torn-apart-deportations-drug -offenses.

Immigrant Defense Project. «Deportation and Drug Convictions». 2015. Disponible en: www.immdefense.org.

Jiménez Román, Miriam, y Juan Flores. *The Afro-Latin@ Reader: History and Culture in the United States*. Durham, NC, Duke University Press, 2010.

Johnson v. Governor of Florida, 405 F.3d 1214 (11th Cir. 2005).

Khachatryan, Zora. «The Dream 9: Immigrant Youth Challenge the U.S. Government and Win». En University of California, Los Angeles Center for Labor Research and Education. *Dreams Deported: Immigrant Youth and Families Resist Deportation*. UCLA Center of Labor Research and Education, 2015.

Levine, Harry, Jon Gettman, y Loren Siegal. *Arresting Latinos for Marijuana in California: Possession Arrests in 33 Cities, 2006-2008*. Drug Policy Alliance y William C. Velázquez Institute, 2008. Disponible en: www.drugpolicy.org/resource/arresting-latinos-marijuana-california-possession-arrests-33-cities-2006-08.

López v. Seccombe, 71 F.Supp. 769 (S.D. Cal. 1944).

Lukens, Patrick. *A Quiet Victory for Latino Rights: FDR and the Controversy over Whiteness*. Tucson, University of Arizona Press, 2012.

Montejano, David. *Anglos and Mexicans in the Making of Texas, 1836-1986*. Austin, University of Texas Press, 1987.

Morín, José Luis (ed.). *Latinos and Criminal Justice: An Encyclopedia*. Santa Barbara, CA, Greenwood, 2016.

National Hispanic Leadership Agenda. *2016 Hispanic Public Policy Agenda: Quadrennial Blueprint for Advancing the Latino Community*. Disponible en: https://nationalhispanicleadership.org/images/Agenda/NHLA_2016_Hispanic_Policy_Agenda.pdf.

National Research Council of the National Academies. *The Growth of Incarceration in the United States: Exploring Causes and Consequences*. Washington, DC, National Academies Press, 2014.

New Jersey State Conference NAACP v. Harvey, 885 A.2d 445 (N.J. Super. A.D. 2005).

Newman, Maria. «After the Riots: Riots Put Focus on Hispanic Growth in South-Central Area». *The New York Times*, 11 de mayo de 1992.

Olivas, Michael. «*Colored Men*» and «*Hombres Aquí*»: Hernández v. Texas *and the Emergence of Mexican American Lawyering*. Houston, TX, Arte Público Press, 2006.

Olson, Joy. «Organized Crime as Human Rights Issue: Where Is the Outrage?». En *Revista, Harvard Review of Latin America*. Cambridge, MA, David Rockefeller Center for Latin America, Harvard University, 2012.

Ortega Melendres v. Arpaio, 989 F.Supp.2d 822 (D. AZ 2013).

Panner, Morris. «Latin American Organized Crime's New Business Model». En *Revista, Harvard Review of Latin America*. Cambridge, MA, David Rockefeller Center for Latin America, Harvard University, 2012.

Perea, Juan. «The Black/White Binary Paradigm of Race: The 'Normal Science' of American Racial Thought». *California Law Review*, vol. 85, núm. 5, 1997, pp. 1213-1258.

Perez, Maritza. «*Los Lazos Viven:* California's Death Row and Systematic Latino Lynching». *Whittier Law Review*, vol. 37, núm. 3, 2015-2016, pp. 377-400.

Pew Center on the States. *One in 100: Behind Bars in America 2008*. Public Safety Performance Project, Table A-6, Washington, DC, febrero de 2008.

ReverdeSer Colectivo. «Legalizar el verde pan de cada día. Doña Yerba y el fuego de la razón». 21 de diciembre de 2015. Disponible en: https://reverdeser.wordpress.com/2015/12/21/legalizar-el-verde-pan-de-cada-dia-dona-yerba-y-el-fuego-de-la-razon/.

Rumbaut, Rubén, y Walter Ewing. *The Myth of Immigrant Criminality and the Paradox of Assimilation*. Washington, DC, Immigration Policy Center, American Immigration Law Foundation, 2007.

Sánchez, William. New Jersey Hispanic Research and Information Center, Latino Oral History Collection: Justice. The Newark Public Library. Disponible en: www.npl.org/Pages/Collections/njhric.html.

Sentencing Project. «6 Million Lost Voters: State-Level Estimates of Felony Disfranchisement, 2016». Octubre de 2016. Disponible en: www.sentencingproject.org/publications/6-million-lost-voters-state-level-estimates-felony-disenfranchisement-2016/.

Sentencing Project y International Human Rights Clinic, Washington College of Law, American University. «Barriers to Democracy: A Petition to the Inter-American Commission on Human Rights for a Thematic Hearing on Felony Disenfranchisement Practices in the United States and the Americas». 2007. Disponible en: www.sentencingproject.org.

Simmons v. Galvin, 575 F.3d 24 (1st Cir. 2009).

Substance Abuse and Mental Health Services Administration. «National Survey on Drug Use and Health: Detailed Tables». 2011. Disponible en: www.samhsa.gov.

Summaries of Scholarly Research Studies on Racial and Ethnic Disparities in Bail and Pretrial Detention, Pretrial Racial Justice Initiative, American University, 12 de noviembre de 2015 (en los archivos del autor).

Szalavitz, Maia. «Don't Believe the (Marijuana) Hype». *The Fix*, 13 de enero de 2014. Disponible en: https://www.thefix.com/content/Maia-Szalavitz-pot-addiction-health2100.

Turkewitz, Julie, y Richard Oppell. «Killing in Washington State Offers 'Ferguson' Moment for Hispanics». *The New York Times*, 16 de febrero de 2015.

United States Census Bureau. «Facts for Features, Hispanic Heritage Month 2016». 12 de octubre de 2016. Disponible en: www.census.gov/newsroom/facts-for-features/2016/cb16-ff16.html.

United States v. Broomfield, 417 F.3d 654 (7th Cir. 2005).

University of California, Los Angeles Center for Labor Research and Education. *Dreams Deported: Immigrant Youth and Families Resist Deportation*. UCLA Center of Labor Research and Education, 2015.

United States v. Mallides, 473 F.2d 859 (9th Cir. 1973).

Vasconcelos, José. *The Cosmic Race*. Baltimore, MD, John Hopkins University Press, 1997.

Walker, Nancy, J. Michael Senger, Francisco Villarruel, y Angela Arboleda. *Lost Opportunities: The Reality of Latinos in the U.S. Criminal Justice System*. Washington, DC, National Council of La Raza, 2004.

Waters, Mary. «Crime and Immigration: New Forms of Exclusion and Discrimination». *Issues in Science and Technology*, vol. 23, núm. 1, otoño de 2016.

Weiss, Jessica. «Where's the Outrage over Latinos Killed by Police?». Univision News, 21 de julio de 2016. Disponible en: www.univision.com/univision-news/united-states/wheres-the-outrage-over-latinos-killed-by-police.

West, Cornel. Prólogo a *The New Jim Crow: Mass Incarceration in the Age of Colorblindness*. Nueva York, The New Press, 2012.

Wood, Peter. «The Earliest Africans in North America». En Jiménez Román, Miriam, y Juan Flores. *The Afro-Latin@ Reader: History and Culture in the United States*. Durham, NC, Duke University Press, 2010.

Younge, Gary. «In Ferguson the Violence of the State Created the Violence of the Street». *The Guardian*, 18 de agosto de 2014. Disponible en: https://www.theguardian.com/commentisfree/2014/aug/18/ferguson-violence-martin-luther-king-michael-brown.

PRÓLOGO

Este libro no es para cualquiera. Tengo en mente un público concreto, gente a la que le importa mucho la justicia racial pero que, por una serie de razones, aún no se da cuenta de la magnitud de la crisis a la que se enfrentan las comunidades de color como resultado del encarcelamiento en masa al que están sometidas. En otras palabras, escribo este libro para gente como yo, para gente que es como era yo hace diez años.

También escribo para otro tipo de público, para quienes luchan a fin de persuadir a sus amigos, vecinos, parientes, profesores, compañeros de trabajo o representantes políticos de que hay algo espeluznantemente familiar en la forma en que opera nuestro sistema de justicia penal, algo que se parece y que transmite una sensación muy parecida a la de una época que supuestamente habíamos dejado atrás. A estas personas les faltaban los hechos y los datos para respaldar sus alegaciones. Espero que este libro os empodere y os permita proclamar la verdad con mayor convicción, credibilidad y valentía. Rezo por que sea así.

Y por último, pero claramente no por ello menos importante, escribo este libro para todos aquellos que están atrapados en el interior del último sistema de castas de Estados Unidos. Puede que estéis encerrados o aislados de la sociedad en su conjunto, pero no habéis sido olvidados.

AGRADECIMIENTOS

Se dice a menudo: «Hace falta un pueblo para criar a un niño». En mi caso, ha hecho falta un pueblo para escribir este libro. Di a luz a tres hijos en cuatro años y, en mitad de ese estallido de gozosa actividad en nuestra casa, decidí escribir este libro. Se escribió mientras alimentaba a bebés y en ratos de siesta. Se escribió a horas raras y a menudo cuando yo (y todos los demás de la casa) habíamos dormido muy poco. Abandonar la empresa era tentador, pues escribirlo resultó un desafío bastante mayor de lo que yo esperaba. Pero justo cuando me parecía que era demasiado o demasiado arduo, una persona querida me sorprendía con su generosidad y apoyo incondicional; y justo cuando empezaba a pensar que no valía la pena tanto esfuerzo, recibía, como caída del cielo, una carta de alguien que estaba entre rejas y que me recordaba todas las razones por las cuales no podía abandonar y la enorme suerte que tenía de estar sentada cómodamente en mi casa o en mi despacho, en vez de estar en una celda de una cárcel. Mis compañeros de trabajo y mi editor también apoyaron este esfuerzo, de formas que iban mucho más allá de su obligación. Así que quiero empezar dando las gracias a todas las personas que consiguieron que no me diera por vencida, a la gente que consiguió que esta importante historia fuera contada.

La primera en esta lista es Nancy Rogers, que fue decana de la Facultad de Derecho Moritz en la Universidad Estatal de Ohio hasta 2008. Nancy ejemplifica un liderazgo sobresaliente. Siempre recordaré su firme apoyo y ánimo, así como su flexibilidad, mientras yo luchaba para compaginar las obligaciones de mi trabajo y mi vida familiar. Gracias, Nancy, por tu fe en mí. A este respecto, también quiero dar las gracias a John Powell, director del Instituto Kirwan para la Raza y la Etnicidad. Él comprendió al momento lo que yo esperaba conseguir con este libro y me proporcionó un apoyo institucional inapreciable.

Mi marido, Carter Stewart, ha sido mi roca. Sin soltar ni una sola palabra de queja, ha leído y vuelto a leer borradores y ha cambiado sus horarios en numerosas ocasiones para ocuparse de nuestros hijos, con el fin de que yo pudiera avanzar con mi escritura. Como fiscal federal, no comparte mis opiniones sobre el sistema de justicia penal, pero el hecho de que yo mantenga una postura distinta no ha puesto en peligro en ningún momento su capacidad para apoyar amorosamente mis esfuerzos por compartir mi verdad. La mejor decisión de mi vida ha sido casarme con él.

Mi madre y mi hermana también han sido una bendición en mi vida. Empeñadas en que yo pudiera acabar este libro, se agotaron corriendo tras la gente menuda de mi casa, que son un regalito del cielo pero pueden resultar agotadores. Su amor y su buen humor han nutrido mi espíritu.

Debo también un agradecimiento especial a Nicole Hanft, cuya cariñosa amabilidad en el cuidado de nuestros hijos será apreciada siempre.

Lamento profundamente el hecho de que quizá nunca pueda llegar a dar las gracias en persona a Timothy Demetrius Johnson, Tawan Childs, Jacob McNary, Timothy Anderson y Larry Brown-Austin, que están encarcelados en la actualidad. Sus amables cartas y expresiones de gratitud por mi trabajo me motivaron más de lo que ellos pueden imaginar, al recordarme que no podía descansar hasta que el libro estuviera concluido.

También agradezco el apoyo del Open Society Institute de la Fundación Soros, además de la generosidad de las muchas personas que han revisado y comentado partes del manuscrito original o aportado sus contribuciones de alguna manera, incluyendo a Sharon Davies, Andrew Grant-Thomas, Eavon Mobley, Marc Mauer, Elaine Elinson, Johanna Wu, Steve Menendian, Hiram José Irizarry Osorio, Ruth Peterson, Hasan Jeffries, Shauna Marshall y Tobias Wolff. Le debo un agradecimiento especial a mi querida amiga

Maya Harris por leer múltiples versiones de varios capítulos, sin cansarse nunca de revisarlos.

Por fortuna para mí, mi hermana Leslie Alexander es profesora de Historia Afroamericana, así que me he beneficiado de su conocimiento y perspectiva crítica en relación con la historia racial de nuestra nación. Cualquier error de juicio o relativo a los hechos es totalmente responsabilidad mía, por supuesto.

También quiero transmitir mi aprecio a mi excepcional editora, Diane Wachtell, de New Press, que creyó en este libro antes de que yo hubiera escrito ni una palabra (y esperó pacientemente hasta que la última estuvo escrita).

Algunos de mis antiguos alumnos han contribuido de forma importante a este libro, entre ellos Guylando Moreno, Monica Ramirez, Stephanie Beckstrom, Lacy Sales, Yolanda Miller, Rashida Edmonson, Tanisha Wilburn, Ryan King, Allison Lammers, Danny Goldman, Stephen Kane, Anu Menon y Lenza McElrath. Muchos de ellos trabajaron de forma no remunerada, simplemente por el deseo de contribuir de algún modo a este esfuerzo.

No puedo terminar sin reconocer los valiosos regalos que he recibido de mis padres, que en último término hicieron posible este libro al criarme. He heredado la determinación de mi madre, Sandy Alexander, que me asombra por su habilidad para superar obstáculos extraordinarios y enfrentarse a cada uno con optimismo renovado. Debo mi visión de justicia social a mi padre, John Alexander, que fue un soñador y nunca dejó de desafiarme para que profundizara más, para que buscara verdades más grandes. Ojalá estuviera vivo para ver este libro, aunque sospecho que algo le habrá llegado de todos modos. Este libro es también para ti, papá. Descansa en paz.

INTRODUCCIÓN

J arvious Cotton no puede votar. Como a su padre, abuelo, bisabuelo y tatarabuelo, se le ha negado el derecho a participar en nuestra democracia electoral. El árbol genealógico de Cotton nos cuenta la historia de varias generaciones de hombres negros que nacieron en Estados Unidos, pero a los que se negó la libertad más elemental que promete la democracia: la libertad de votar por quienes harán las normas y leyes que gobiernan la vida de todos. El tatarabuelo de Cotton no pudo votar porque era esclavo. Su bisabuelo murió de una paliza que le propinó el Ku-Klux Klan por intentar ejercer su derecho al voto. A su abuelo, el Klan le impidió votar por medio de amenazas. Su padre no pudo votar por los impuestos municipales y las pruebas de alfabetización. Hoy en día, Jarvious Cotton no puede votar porque, como a muchos hombres negros en Estados Unidos, se le ha puesto la etiqueta de delincuente convicto y está en situación de libertad condicional.[1]

Su historia pone de manifiesto, en muchos aspectos, el viejo refrán: «Cuanto más cambian las cosas, más sigue todo como siempre». En cada generación, se han usado tácticas nuevas para alcanzar los mismos objetivos, objetivos compartidos por los Padres Fundadores. Negar a los afroamericanos el derecho a la ciudadanía se consideró

---

[1] Jarvious Cotton era el demandante en el caso *Cotton v. Fordice*, 157 F.3d 388 (5th Cir.1998), en que se alegaba que la norma de pérdida de derechos civiles por delincuencia de Misisipi había perdido su sesgo de discriminación racial. La información relacionada con el árbol de familia de Cotton fue obtenida por Emily Bolton el 29 de marzo de 1999, cuando entrevistó a Cotton en la cárcel del estado de Misisipi. Jarvious Cotton fue puesto en libertad condicional en Misisipi, un estado que deniega derechos de voto a las personas en libertad condicional.

esencial en la creación de la primera unión de estados. Cientos de años después, Estados Unidos sigue sin ser una democracia igualitaria. Los argumentos y racionalizaciones que se han sacado a relucir en apoyo de la exclusión racial y la discriminación en sus distintas formas han ido cambiando y evolucionando, pero el resultado se ha mantenido invariable en gran medida. En la actualidad, un elevado porcentaje de hombres negros en Estados Unidos tiene vedado legalmente el derecho al voto, al igual que ha sucedido durante la mayor parte de la historia del país. Esos hombres también están sujetos a una discriminación legalizada en cuanto a empleo, vivienda, educación, acceso a los servicios sociales y participación en jurados, al igual que les pasó a sus padres, abuelos, bisabuelos y tatarabuelos.

Lo que ha cambiado desde el final de la legislación segregacionista que imperó en los estados del Sur desde poco después del final de la guerra de Secesión hasta el movimiento por los derechos civiles en la década de los sesenta del siglo XX tiene menos que ver con la estructura fundamental de nuestra sociedad que con el lenguaje que se usa para justificar esa segregación. En una época donde el color racial es en apariencia invisible, ya no resulta aceptable socialmente usar la raza, de forma explícita, para justificar la discriminación, exclusión y el desprecio social. Así que no la usamos. Mejor que aludir a la raza, usamos a nuestro sistema de justicia penal para etiquetar a la gente de color como «delincuentes» y de esa forma mantenemos todas las prácticas que supuestamente habíamos dejado atrás. Hoy es perfectamente legal discriminar a los delincuentes de casi todas las formas en que antes era legal discriminar a los afroamericanos. Una vez se etiqueta a una persona como delincuente convicto, las antiguas formas de discriminación (en el empleo, en la vivienda, en la privación del derecho al voto, en la negación de las oportunidades educativas, de los cupones de alimentación y de otros subsidios públicos y en la exclusión de formar parte en jurados) de repente se vuelven legales. Como delincuente, apenas se tienen más derechos, y se podría decir que se recibe menos respeto, que cualquier negro que viviera en Alabama en el momento álgido de la segregación racial. No es que hayamos acabado con el sistema de castas por razón de raza, solo lo hemos rediseñado.

Llegué a las conclusiones que presento en este libro a regañadientes. Hace diez años habría cuestionado con vehemencia el argumento central de la obra, es decir que en Estados Unidos existe en la actualidad algo similar a una estructura de castas racial. De hecho, si Barack Obama hubiera sido elegido presidente en aquel momento, yo habría alegado que su elección marcaba el triunfo de la nación sobre las castas raciales, que se había puesto el último clavo en el ataúd de la legislación segregacionista que se conoce como Jim Crow. Mi alegría se habría visto atemperada por la distancia que aún quedaba por recorrer hasta alcanzar la tierra prometida de la justicia racial en Estados Unidos, pero mi convicción de que no existía en mi país nada remotamente similar al sistema Jim Crow habría sido firme.

Hoy mi entusiasmo por la elección de Obama se ve atemperado por una conciencia mucho más desalentadora. Como mujer afroamericana, con tres niños pequeños que nunca conocerán un mundo en que un hombre negro no podía ser presidente de Estados Unidos, yo daba saltos de alegría la noche de las elecciones. Sin embargo, cuando salí de la fiesta electoral, llena de esperanza y entusiasmo, me volví a acordar enseguida de la dura realidad del nuevo Jim Crow. Un hombre negro estaba de rodillas en la acera, con las manos esposadas a la espalda, mientras varios policías hablaban de pie a su alrededor, bromeando e ignorando su existencia como ser humano. La gente salía en manada del edificio, muchos se quedaban mirando por un momento al hombre negro, encogido de miedo en la calle, y luego apartaban la vista. ¿Qué significaba para ese hombre negro la elección de Barack Obama?

Como muchos abogados de derechos civiles, lo que me inspiró para estudiar Derecho fueron las victorias en temas de derechos civiles conseguidas en los años cincuenta y sesenta del siglo pasado. Incluso ante la creciente oposición política y social a políticas reparadoras como la acción afirmativa, yo me aferraba a la idea de que los males de la era de la segregación eran algo del pasado y a la idea de que, aunque nos quedaba un largo camino hasta hacer realidad el sueño de una democracia igualitaria y multirracial, habíamos conseguido avances reales y seguíamos luchando por preservar los logros del pasado. Pensaba que mi trabajo como abogada de derechos civiles consistía en unirme a los aliados del progreso racial para resistir los ataques contra los programas de acción afirmativa y para eliminar los vestigios de la segregación de la época Jim Crow, incluyendo nuestro sistema educativo, que sigue caracterizándose por la separación y la desigualdad. Pensaba que los problemas que abrumaban a las comunidades pobres de color, incluyendo los relacionados con la delincuencia y los crecientes índices de encarcelamiento, eran una consecuencia de la pobreza y la falta de acceso a una educación de calidad, el legado persistente de la esclavitud y la segregación. Nunca me planteé seriamente la posibilidad de que en el país estuviera operando un nuevo modelo de castas raciales. Ese nuevo sistema se había desarrollado y aplicado con celeridad y resultaba en gran medida invisible, incluso para la gente, como yo, que se pasaba la mayor parte de sus horas de vigilia luchando por la justicia.

La idea de una nueva estructura de castas raciales la encontré hace más de una década, cuando captó mi atención un llamativo póster naranja. Yo iba corriendo para coger el autobús y vi un letrero grapado a un poste de teléfonos que proclamaba con grandes letras audaces: ¡La Guerra contra la Droga es el nuevo sistema de segregación racial! Me detuve por un momento y leí el texto del póster. Algún grupo radical había convocado una charla sobre la brutalidad policial, la ley *Three strikes and you are out* (Ley de las Tres Condenas)[2] en California y la expansión del sistema estadounidense de prisiones. La reunión tenía lugar en una pequeña iglesia situada a pocas manzanas de distancia, donde no cabían más de cincuenta personas. Suspiré y musité para mí algo como: «Sí, el sistema de justicia criminal es racista en muchos aspectos, pero la verdad es que hacer esas comparaciones tan absurdas no ayuda. La gente solo pensará que estáis locos». Así que crucé la calle y subí al autobús. Me dirigía a mi nuevo trabajo como directora de Proyectos de Justicia Racial del Sindicato Estadounidense de Libertades Civiles (ACLU por sus siglas en inglés) en el norte de California.

Cuando comencé mi trabajo en el ACLU, asumía que el sistema de justicia criminal tenía problemas de prejuicios racistas, del mismo

---

[2] Eslogan que usó el presidente Clinton en su discurso sobre el Estado de la Unión en 1994 y que alude a la aplicación de sentencias mínimas obligatorias que condenan a cadena perpetua por un tercer delito. (*N. de las TT.*)

modo que todas las instituciones principales de nuestra sociedad están infestadas de problemas asociados con el prejuicio, consciente o inconsciente. Como abogada que había participado como acusación popular en numerosos casos de discriminación laboral, comprendía bien las múltiples formas en que los estereotipos raciales pueden permear los procesos subjetivos de toma de decisiones a todos los niveles de una organización, con consecuencias devastadoras. Me resultaban familiares los desafíos asociados a la reforma de instituciones en las que la estratificación racial se considera normal, un resultado natural de las diferencias en educación, cultura, motivación y, como algunas personas siguen creyendo, habilidad innata. Durante mi etapa en ACLU, fui cambiando mi enfoque desde la discriminación laboral a la reforma en el sistema penal, y me dediqué a la tarea de trabajar con otras personas con el fin de identificar y eliminar los prejuicios raciales donde fuera y cuando fuera que alzaran su fea cabeza.

Para cuando abandoné ACLU, había llegado a sospechar que me equivocaba en cuanto al sistema penal. No es que fuera otra institución más infectada de prejuicios raciales, sino que se trataba de harina de otro costal muy distinto. Los activistas que habían colocado el cartel en el poste telefónico no estaban locos, como no lo estaba el grupillo de abogados y defensores por todo el país que estaban empezando a conectar los puntos de unión entre nuestro modelo actual de encarcelamiento masivo y formas anteriores de control social. Con bastante retraso, llegué a darme cuenta de que, de hecho, el internamiento masivo en Estados Unidos había surgido como una estructura asombrosamente amplia y muy bien disfrazada de control social racializado que funciona de una manera llamativamente similar a la legislación que fundamentaba la era de la segregación.

Por lo que yo he visto, a la gente que ha estado en la cárcel raramente le cuesta identificar los paralelismos entre estas dos formas de control social. Cuando son puestos en libertad, a menudo se les niega el derecho a votar, se les excluye de los jurados y se les relega a una existencia racialmente segregada y subordinada. Por medio de una red de leyes, regulaciones y normas informales, todas las cuales se ven poderosamente reforzadas por el estigma social, esas personas se ven confinadas a los márgenes de la sociedad y contemplan cómo se les veda el acceso a la economía general. Se les niega de forma legal la capacidad de obtener un trabajo, acceder a una vivienda y a subsidios públicos, del mismo modo en que a los afroamericanos se les obligó a ser ciudadanos de segunda clase en la era de las leyes segregadoras Jim Crow.

Aquellos de nosotros que hemos visto ese mundo desde una cómoda distancia, y sin embargo simpatizamos con la causa de la llamada clase inferior, tendemos a interpretar la experiencia de esas personas que se ven atrapadas en el sistema penal principalmente a través de la lente de las ciencias sociales populares, atribuyendo el mareante aumento en la tasa de internamiento en las comunidades de color a las consecuencias predecibles, aunque desafortunadas, de la pobreza, la segregación racial, la desigualdad en oportunidades educativas y las realidades imaginadas del mercado de la droga, incluyendo la creencia errónea de que la mayoría de los traficantes de drogas son negros o de piel oscura. Ocasionalmente, en el transcurso de mi trabajo, alguien comentaba algo en el sentido de que la Guerra contra la Droga pudiera ser una conspiración racista para devolver a los negros a su sitio. Este tipo de comentario iba acompañado inevitablemente por una risita nerviosa, para transmitir la sensación de que, aunque la idea se le había pasado a esa persona por la cabeza, no era algo que alguien razonable pudiera tomar en serio.

La mayor parte de la gente asume que la Guerra contra la Droga se lanzó en respuesta a la crisis causada por el efecto del crac en las barriadas pobres del centro, donde suelen vivir las minorías. Esta postura mantiene que las disparidades raciales en condenas y sentencias por delitos de drogas, al igual que la veloz explosión en las cifras de la población reclusa, solo reflejan los esfuerzos del Gobierno, entusiasta pero benevolente, para enfrentarse a la galopante delincuencia relacionada con las drogas en los barrios pobres de las minorías. Esta postura, aunque comprensible dada la sensacionalista cobertura mediática del crac en los años ochenta y noventa del siglo xx, es sencillamente errónea.

Aunque es cierto que la publicidad que ha rodeado al crac llevó a un aumento dramático en la provisión de fondos para la guerra contra las drogas, al igual que a una política de sentencias que exacerbó muchísimo las disparidades raciales en tasas de reclusión, no es cierto que la Guerra contra la Droga se lanzara como respuesta al problema del crac. El presidente Reagan anunció oficialmente el inicio de la actual guerra contra el narco en 1982, antes de que el crac se convirtiera en un problema en los medios o en una crisis en los vecindarios negros pobres. Pocos años después de que se declarara la Guerra contra la Droga, el crac empezó a extenderse rápidamente por los barrios negros pobres de Los Ángeles y luego comenzó a aparecer en otras ciudades de todo el país.[3] La Administración Reagan contrató a personal para publicitar la aparición del crac en 1985 como parte de un esfuerzo estratégico para conseguir apoyo público y legislativo para la guerra.[4] La campaña mediática tuvo un éxito extraordinario. Casi de la noche a la mañana, los medios se vieron saturados de imágenes de «putas de crac» negras, «camellos de crac» y «bebés de crac», imágenes que parecían confirmar los estereotipos raciales más negativos sobre los residentes empobrecidos de los barrios bajos del centro. El frenesí mediático en torno a la «nueva droga del diablo» ayudó a catapultar la Guerra contra la Droga: de ser una ambiciosa política federal pasó a convertirse en una guerra real.

El momento en que se produjo la crisis del crac contribuyó a alimentar teorías de la conspiración, y en las comunidades negras pobres se especuló sobre si la Guerra contra la Droga formaba parte de un plan genocida del Gobierno para acabar con la gente negra. Desde el comienzo, circularon historias en la calle, aludiendo a que el crac y otras drogas estaban siendo introducidas en los barrios negros por la CIA. Al final, incluso la *Urban League*[5] llegó a tomarse en serio las alegaciones de genocidio. En su informe de 1990 «El estado de los

---

[3] *The New York Times* hizo la primera referencia específica al crac en la prensa nacional, en una noticia publicada a finales de 1985. El crac empezó a aparecer en algunos barrios pobres de Los Ángeles, Nueva York y Miami a principios de 1986. Véase Craig Reinarman y Harry Levine, «The Crack Attack: America's Latest Drug Scare, 1986–1992», en *Images of Issues: Typifying Contemporary Social Problems,* Nueva York, Aldine De Gruyter, 1995, p. 152.

[4] La decision del Gobierno de Reagan de publicar «historias de terror» relacionadas con el crac está desarrollada más profundamente en el capítulo 1.

[5] Organización no partidista de derechos civiles con sede en Nueva York y que defiende los derechos de los afroamericanos en contra de la discriminación racial. (*N. de las TT.*)

Estados Unidos negros» se afirmaba: «Hay por lo menos un concepto que ha de ser reconocido si se quiere entender la extendida e insidiosa naturaleza del problema de la droga para la comunidad afroamericana. Aunque resulta difícil de aceptar, es el concepto de genocidio».[6] A pesar de que las teorías conspiratorias fueron rechazadas al principio por descabelladas, si no directamente chifladas, la voz de la calle resultó tener razón, al menos hasta cierto punto. La CIA admitió en 1998 que la guerrilla a la que apoyaba activamente en Nicaragua estaba introduciendo drogas ilegales en Estados Unidos, drogas que estaban llegando a las calles de los barrios negros pobres del centro en forma de crac. La CIA admitió también que, en mitad de la Guerra contra la Droga, bloqueó los esfuerzos de las fuerzas del orden por investigar a redes de narcotraficantes que les estaban ayudando a pagar su guerra encubierta en Nicaragua.[7]

Hay que resaltar que la CIA nunca ha admitido (ni se ha revelado ninguna evidencia que fundamente tal alegación) que, al permitir que se introdujeran drogas en el país de forma ilegal, buscara de manera intencionada la destrucción de la comunidad negra. Sin embargo, seguramente se puede perdonar a los teóricos de la conspiración su audaz acusación de genocidio, si tenemos en cuenta la brutal devastación provocada por el crac y la guerra contra las drogas y la extraña coincidencia de que una crisis relacionada con una sustancia ilegal surgiera de repente en la comunidad negra después, no antes, de que se declarara la guerra contra las drogas. De hecho, la Guerra contra la Droga se inició en un momento en que el uso de drogas ilegales estaba en declive.[8] Durante ese mismo periodo de tiempo,

---

[6] Clarence Page, «The Plan: A Paranoid View of Black Problems», *Dover* (Delaware) *Herald*, 23 de febrero de 1990. Véase también Manning Marable, *Race, Reform, and Rebellion: The Second Reconstruction in Black America, 1945–1990*, Jackson, University Press of Mississippi, 1991, pp. 212-213.

[7] Véase Alexander Cockburn y Jeffrey St. Clair, *Whiteout: The CIA, Drugs, and the Press*, Nueva York, Verso, 1999. Véase también Nick Shou, «The Truth in "Dark Alliance"», *Los Angeles Times*, 18 de agosto de 2006; Peter Kornbluh, «CIA's Challenge in South Central», *Los Angeles Times*, edición de Washington, 15 de noviembre de 1996; y Alexander Cockburn, «Why They Hated Gary Webb», *The Nation*, 16 de diciembre de 2004.

[8] Katherine Beckett y Theodore Sasson, *The Politics of Injustice: Crime and Punishment in America*, Thousand Oaks, CA, SAGE Publications, 2004, p. 163.

sin embargo, se declaró una guerra, lo que provocó que se dispararan las detenciones y las condenas por delitos relacionados con la droga, en particular entre la gente de color. El impacto de esta guerra ha sido pasmoso. En menos de treinta años, la población reclusa de EEUU ha pasado de alrededor de 300.000 a más de 2.000.000 de personas y las condenas por drogas son responsables de la mayor parte de ese aumento.[9] EEUU tiene en este momento la tasa de internamiento más alta del mundo, con lo que deja muy pequeños los índices de casi todos los países desarrollados y llega hasta sobrepasar los de regímenes altamente represivos como Rusia, China e Irán. En Alemania, se encuentran en prisión 93 de cada 100.000 adultos y niños. En EEUU, esa proporción es casi ocho veces superior: 750 por cada 100.000.[10]

La dimensión racial del confinamiento masivo es su rasgo más distintivo. Ningún otro país en el mundo encarcela a tantos miembros de sus minorías raciales o étnicas. Estados Unidos recluye a un porcentaje más amplio de su población negra de lo que lo hizo Sudáfrica en el punto álgido de la era del *apartheid*. En Washington DC, la capital de la nación, se estima que tres de cada cuatro jóvenes negros (casi todos de los barrios más bajos) pueden esperar pasar tiempo en prisión.[11] Tasas similares de internamiento se pueden encontrar en comunidades negras a lo largo y ancho de todo el país.

Estas descarnadas disparidades raciales no se pueden explicar en función de las tasas de delincuencia relacionada con la droga. Los estudios demuestran que gente de todos los colores *consume* y *vende* drogas ilegales en proporciones notablemente similares.[12] Si se

---

[9] Marc Mauer, *Race to Incarcerate*, edición revisada, Nueva York, The New Press, 2006, p. 33.

[10] PEW Center on the States, *One in 100: Behind Bars in America 2008*, Washington DC, PEW Charitable Trusts, 2008, p. 5.

[11] Donald Braman, *Doing Time on the Outside: Incarceration and Family Life in Urban America*, Ann Arbor, University of Michigan Press, 2004, p. 3, cita de D.C. Department of Corrections data para 2000.

[12] Véase por ejemplo, U.S. Department of Health and Human Services, Substance Abuse and Mental Health Services Administration, *Summary of Findings from the 2000 National Household Survey on Drug Abuse*, NHSDA serie H-13, DHHS núm. pub. SMA 01-3549, Rockville, MD, 2001, en el que se informa de que el 6,4% de los blancos, el 6,4% de los negros y el 5,3% de los latinos

encuentran diferencias sustanciales en las estadísticas, a menudo permiten concluir que es más probable que los blancos, en especial los blancos jóvenes, cometan delitos relacionados con las drogas que la gente de color.[13] Eso no es lo que uno sospecharía, sin embargo, al entrar en las prisiones y centros de internamiento de nuestro país, que están llenos a rebosar de delincuentes por asuntos de drogas que son negros o de piel oscura. En algunos estados, los hombres negros ingresan en prisión por delitos de drogas en proporciones que son entre veinte y cincuenta veces más altas que las de los hombres

---

consumía drogas ilegales en el año 2000; *Results from the 2002 National Survey on Drug Use and Health: National Findings*, NHSDA serie H-22, DHHS núm de pub. SMA 03-3836 (2003), revela índices de consumo de drogas ilegales prácticamente idénticos entre blancos y negros, con un solo punto porcentual de diferencia entre ellos; y *Results from the 2007 National Survey on Drug Use and Health: National Findings*, NSDUH serie H-34, DHHS núm de pub. SMA 08-4343 (2007), que muestra básicamente lo mismo. Véase también Marc Mauer y Ryan S. King, *A 25-Year Quagmire: The War on Drugs and Its Impact on American Society*, Washington DC, The Sentencing Project, 2007, p. 19, cita un estudio que muestra que el consumo de drogas ilegales de los afroamericanos está muy levemente por encima del de los blancos.

[13] Véase por ejemplo Howard N. Snyder y Melissa Sickman, *Juvenile Offenders and Victims: 2006 National Report*, U.S. Department of Justice, Office of Justice Programs, Office of Juvenile Justice and Delinquency Prevention, Washington DC, U.S. Department of Justice, 2006, que informa de que los jóvenes blancos tienen más posibilidades de implicarse en la venta de drogas ilegales que los jóvenes negros. Véase también Lloyd D. Johnson, Patrick M. O'Malley, Jerald G. Bachman, y John E. Schulenberg, *Monitoring the Future, National Survey Results on Drug Use, 1975–2006*, vol. 1, *Secondary School Students*, U.S. Department of Health and Human Services, National Institute on Drug Abuse, NIH núm de pub. 07-6205, Bethesda, MD, 2007, p. 32, «Los índices de consumo de casi todas las drogas, legales o ilegales de alumnos afroamericanos de ultimo año de enseñanza secundaria han sido, de manera constante, menores que los de los alumnos blancos del mismo año»; y Lloyd D. Johnston, Patrick M. O'Malley y Jerald G. Bachman, *Monitoring the Future: National Results on Adolescent Drug Use: Overview of Key Findings 2002*, U.S. Department of Health and Human Services, National Institute on Drug Abuse, NIH pub. núm. 03-5374, Bethesda, MD, 2003, que documenta que los adolescentes afroamericanos tienen índices ligeramente inferiores de consumo de drogas ilegales que sus homólogos blancos.

blancos.[14] Y en las principales ciudades asoladas por la guerra contra las drogas, hasta el 80% de los jóvenes afroamericanos tiene antecedentes penales y están por lo tanto sujetos a una discriminación legalizada para el resto de su vida.[15] Esos jóvenes forman parte de una creciente casta inferior, permanentemente confinada y aislada de la sociedad general.

Para algunas personas puede resultar sorprendente que la delincuencia por drogas estuviera en declive, no en alza, cuando se declaró la Guerra contra la Droga. Desde una perspectiva histórica, sin embargo, la falta de correlación entre delincuencia y castigo no es nada nuevo. Los sociólogos han observado a menudo que los gobiernos usan el castigo en primer lugar como una herramienta de control social, de lo que se deduce que la extensión o la severidad del castigo a menudo carecen de relación con los patrones reales de delincuencia. Michael Tonry explica en *Thinking about Crime*: «Los gobiernos deciden cuánto castigo quieren y esas decisiones están relacionadas con las tasas de delincuencia de formas complejas».[16] Este hecho, apunta, se puede observar de foma más clara al colocar la delincuencia y el castigo en una perspectiva comparativa. Aunque las tasas de delincuencia en Estados Unidos no han sido marcadamente superiores a las de otros países occidentales, en este país la tasa de reclusión se ha disparado, mientras que en otros países se ha mantenido estable o se ha reducido. Entre 1960 y 1990, por ejemplo, los índices oficiales de delincuencia en Finlandia, Alemania y Estados Unidos eran casi idénticos. Sin embargo, la tasa de internamiento de EEUU se multiplicó por cuatro, la finesa cayó en un 60% y la alemana se mantuvo estable en ese periodo.[17] A pesar de tener tasas de delincuencia similares, cada gobierno eligió imponer distintos niveles de castigo.

---

[14] Human Rights Watch, *Punishment and Prejudice: Racial Disparities in the War on Drugs*, HRW Reports, vol. 12, núm. 2, Nueva York, 2000.

[15] Véase por ejemplo, Paul Street, *The Vicious Circle: Race, Prison, Jobs, and Community in Chicago, Illinois, and the Nation*, Chicago, Chicago Urban League, Department of Research and Planning, 2002.

[16] Michael Tonry, *Thinking About Crime: Sense and Sensibility in American Penal Culture*, Nueva York, Oxford University Press, 2004, p. 14.

[17] *Ibid.*

Hoy día, debido a reducciones recientes, los índices estadounidenses han descendido por debajo de la norma internacional. Sin embargo, en la actualidad Estados Unidos presume de tener una tasa de encarcelamiento que es entre seis y diez veces superior a la de otros países industrializados,[18] un hecho directamente vinculado con la guerra contra las drogas. El único país en el mundo que se acerca al índice de reclusión de EEUU es Rusia, y ningún otro país en el mundo encarcela a un porcentaje tan asombroso de sus minorías raciales o étnicas.

La grave y descarnada realidad es que, por razones que en gran medida no tienen nada que ver con las tendencias reales de la delincuencia, el sistema penal estadounidense se ha ido configurando como un modelo de control social sin paralelo en la historia mundial. Y aunque solo el tamaño del sistema pudiera sugerir que afectaría la vida de casi todos los habitantes, los objetivos principales de su control se pueden definir mayoritariamente por la raza. Esto constituye una novedad asombrosa, en especial dado que a mitad de los años setenta del siglo pasado los más respetados criminólogos predecían que el sistema de prisiones pronto iría perdiendo terreno. La prisión no reducía la delincuencia de forma significativa, concluían los expertos. Los que poseían importantes oportunidades económicas y sociales era improbable que cometieran delitos fuera cual fuera el castigo, mientras que los que iban a la cárcel era más probable que volvieran a cometer delitos en el futuro. El consenso creciente entre los expertos se reflejaba quizá de la mejor forma en la Comisión Consultora Nacional sobre los Estándares y Objetivos de Justicia Penal, que emitió una recomendación en 1973 donde se afirmaba que «no se deberían construir más instituciones penales para adultos y las ya existentes para delincuentes juveniles deberían ser cerradas».[19] Esta recomendación se basaba en su conclusión de que «la cárcel, el reformatorio y la prisión solo han logrado un nivel asombroso de

---

[18] *Ibid.*, p. 20.
[19] National Advisory Commission on Criminal Justice Standards and Goals, *Task Force Report on Corrections,* Washington DC, Government Printing Office, 1973, p. 358.

fracaso. Existe una evidencia abrumadora para afirmar que estas instituciones provocan más delitos de los que previenen».[20]

En la actualidad, los activistas que defienden «un mundo sin prisiones» a menudo son despreciados por chalados, pero hace solo unas décadas la idea de que nuestra sociedad estaría mucho mejor sin cárceles y que su final era más o menos inevitable, no solo dominaba el discurso académico general en el campo de la criminología, sino que inspiró una campaña nacional por parte de los reformistas que exigían una moratoria en la construcción de prisiones. Marc Mauer, el director ejecutivo de *The Sentencing Project* (organización dedicada al trabajo en pro de la reforma del sistema penal), hace notar que, en retrospectiva, lo que más llama la atención de la campaña de moratoria es el contexto de encarcelamiento en aquel momento. En 1972, había menos de 350.000 personas internadas en cárceles en todo el país, comparadas con los más de dos millones de hoy en día. La tasa de reclusión de aquella época se situaba a un nivel tan bajo que ya no parece ni siquiera posible, pero para quienes apoyaban la moratoria, aquel porcentaje de reclusión era indignantemente elevado. «A quienes apoyaban el esfuerzo de la moratoria se les puede perdonar por ser tan inocentes», comenta Mauer, «dado que la expansión de instituciones penitenciarias que habría de tener lugar posteriormente carecía de precedentes en la historia humana».[21] Nadie imaginaba que la población reclusa se iba a quintuplicar durante su vida. En aquel momento parecía mucho más probable que las prisiones fueran desapareciendo.

En lugar de eso, parece que las prisiones están aquí para quedarse. Y a pesar de los niveles inéditos de confinamiento en la comunidad afroamericana, la comunidad de derechos civiles permanece extrañamente silenciosa. Si se mantienen las tendencias actuales, uno de cada tres jóvenes afroamericanos cumplirá condena, y en algunas ciudades más de la mitad de todos los adultos negros jóvenes está en la actualidad bajo control correccional: en cárcel o en prisión,

[20] *Ibid.*, p. 597.
[21] Mauer, *Race to Incarcerate*, pp. 17-18.

en libertad provisional o condicional.[22] Y sin embargo se tiende a clasificar el encarcelamiento en masa como un tema de justicia penal, en lugar de considerarlo un tema de justicia racial o un asunto (o crisis) de derechos civiles.

La atención de los defensores de los derechos civiles se ha centrado en gran medida en otros temas, como la acción afirmativa. Durante los últimos veinte años, prácticamente cada organización progresista nacional de derechos civiles en el país se ha movilizado y se ha unido en defensa de estos programas. La lucha por preservar la acción afirmativa en la educación superior, y de ese modo mantener la diversidad en las universidades y escuelas más elitistas del país, ha consumido casi toda la atención y recursos de la comunidad de derechos civiles y ha dominado el discurso de la justicia racial en los medios de masas, lo que ha hecho que el público en general crea que la acción afirmativa es el mayor frente de batalla en las relaciones interraciales en EEUU, incluso en el momento en que nuestras prisiones se llenan de hombres negros y de piel oscura.

Mi propia experiencia refleja esta dinámica. Cuando me uní al ACLU, nadie imaginaba que el Proyecto de Justicia Racial centraría su atención en la reforma de la justicia penal. El ACLU estaba implicado en un importante trabajo de reforma del sistema de justicia penal, pero nadie sospechaba que esa tarea se convertiría en un elemento fundamental en la agenda del Proyecto de Justicia Racial. Se asumía que el proyecto centraría sus esfuerzos en la defensa de la acción afirmativa. Poco después de dejar el ACLU, me uní a la Junta directiva del Comité de Abogados por los Derechos Civiles de la zona de la bahía de San Francisco. Aunque la organización incluía la justicia racial entre sus prioridades fundamentales, la reforma del sistema de

---

[22] La estimación de que uno de cada tres hombres negros pasará por la cárcel en algún momento de su vida está tomada de Thomas P. Boncszar, «Prevalence of Imprisonment in the U.S. Population, 1974–2001», U.S. Department of Justice, Bureau of Justice Statistics, agosto de 2003. En Baltimore, como en otras zonas urbanas, la mayoría de los hombres jóvenes afroamericanos se encuentran actualmente bajo la vigilancia del sistema penal. Véase Eric Lotke y Jason Ziedenberg, «Tipping Point: Maryland's Overuse of Incarceration and the Impact on Community Safety», Justice Policy Institute, marzo de 2005, p. 3.

justicia penal no era un componente muy importante de su trabajo por la justicia racial. No era la única en ese aspecto.

En enero de 2008, el Congreso de Liderazgo en Derechos Civiles, una organización compuesta por los líderes de más de 180 organizaciones de derechos civiles, envió una carta a sus aliados y simpatizante informándoles de una importante iniciativa para documentar la trayectoria de voto de los congresistas. La carta explicaba que su siguiente informe mostraría «cómo votaba cada representante y senador en algunos de los temas de derechos civiles más importantes del año 2007, incluyendo derechos de voto, acción afirmativa, inmigración, nominaciones, educación, delitos de odio, empleo, salud, vivienda y pobreza. Los asuntos de justicia penal ni siquiera aparecían en la lista». Esa misma coalición amplia organizó un gran congreso en octubre de 2007, llamado «Por qué no podemos esperar: revertir la retirada en derechos civiles», que incluía paneles que discutían la integración escolar, la discriminación en empleo, vivienda y acceso al crédito, la justicia económica, la justicia medioambiental, los derechos de discapacidad, la discriminación por razón de edad y los derechos de los inmigrantes. Ni un solo panel se dedicó a la reforma del sistema de justicia penal.

Los líderes electos de la comunidad afroamericana disfrutan de un mandato mucho más amplio que los grupos de derechos civiles, pero con frecuencia ellos también pasan por alto la justicia criminal. En enero de 2009, por ejemplo, el Caucus Congresional Negro envió una carta a cientos de líderes comunitarios y de organizaciones que llevaban años trabajando con el Caucus, pidiéndoles información general sobre ellos mismos y que identificaran sus prioridades. Se hacía una lista de más de treinta y cinco temas como áreas de interés específico potencial, incluyendo impuestos, defensa, inmigración, agricultura, vivienda, banca, educación superior, multimedia, transporte e infraestructura, mujeres, tercera edad, nutrición, iniciativas religiosas, derechos civiles, censos, seguridad económica y líderes emergentes. No se hacía ninguna mención de la justicia penal. En la lista aparecía «Reinserción», pero si un líder comunitario estaba interesado en la reforma penal tenía que marcar la casilla llamada «Otros».

Esto no significa que no se haya llevado a cabo una labor importante en el campo de la reforma penal. Los defensores de derechos civiles han puesto en marcha vigorosos desafíos a aspectos concretos del nuevo sistema de castas. Un ejemplo notable es el éxito de una campaña legal liderada por el Fondo de Defensa de la NAACP[23] contra un operativo de vigilancia de drogas en Tulia, Texas. El asalto de 1999 llevó a la cárcel a casi el 15% de la población negra de la ciudad y estaba basado exclusivamente en el falso testimonio no contrastado de un informante contratado por el sheriff local. Más recientemente, grupos de derechos civiles por todo el país han ayudado a lanzar ataques legales y vibrantes campañas desde el activismo de base contra las leyes de privación del sufragio a delincuentes convictos. También se han opuesto enérgicamente a las leyes y orientaciones discriminatorias sobre cómo sentenciar por delitos de crac, al igual que a las políticas de «tolerancia cero», cuyo resultado en realidad es transferir a jóvenes de color desde los centros educativos a las prisiones. El ACLU nacional lanzó recientemente un programa de justicia racial que incluye temas de justicia penal entre sus prioridades esenciales y ha diseñado un proyecto muy prometedor de Reforma de las Leyes sobre Drogas. Y, gracias a la dinámica defensa de ACLU, NAACP y otras organizaciones de derechos civiles por todo el país, se condena ampliamente el uso de perfiles raciales, incluso por parte de miembros de la fuerzas del orden que antes apoyaban abiertamente esta práctica.

Con todo, a pesar de estos avances significativos, parece que no se aprecia el enorme calibre de la crisis que se avecina. No se está forjando un movimiento de base amplia para acabar con el internamiento masivo y no existe un esfuerzo de defensa legal que se aproxime en escala a la lucha por preservar los programas de acción afirmativa. También persiste la tendencia en la comunidad de derechos civiles a abordar el sistema penal como una institución más infectada por persistentes prejuicios raciales. La página web de NAACP ofrece otro ejemplo: incluso en fecha tan reciente como mayo de 2008, se podía encontrar una breve introducción a la labor de la organización en materia de justicia penal en el apartado llamado Departamento Legal. La introducción explicaba que «a pesar de las victorias pasadas

---

[23] Asociación Nacional para el Progreso de la Gente de Color, asociación de derechos civiles fundada en 1909. (*N. de las TT.*)

en temas de derechos civiles, el prejuicio racial aún preside el sistema de justicia penal». Se urgía a quienes visitaban la página web a que se unieran a la NAACP para «proteger los avances en material de derechos civiles tan duramente conseguidos en las últimas tres décadas». Nadie que entrara en la página web se enteraría de que el encarcelamiento en masa de afroamericanos ya había destruido muchos de los avances duramente logrados, avances que se urgía a que los miembros protegieran.

Imaginemos que las organizaciones de derechos civiles y los líderes afroamericanos de los años cuarenta no hubieran colocado la segregación Jim Crow en el centro de su agenda de justicia racial. Habría parecido absurdo, dado que la segregación racial era el vehículo principal para el control social racializado en Estados Unidos durante ese periodo. Este libro argumenta que el confinamiento en masa es, metafóricamente, un nuevo sistema Jim Crow y que a cualquiera que le importe la justicia social debería comprometerse de lleno con el desmantelamiento de este nuevo sistema de castas raciales. El internamiento masivo, no los ataques contra los programas de acción afirmativo o el hecho de que los derechos civiles se apliquen de forma laxa, representa la manifestación más dañina del contragolpe contra el Movimiento de Derechos Civiles. La narrativa popular que hace hincapié en la muerte de la esclavitud y de la legislación Jim Crow, y celebra el «triunfo de la nación sobre la raza» con la elección de Barack Obama, está peligrosamente desencaminada. El consenso general en torno a la invisibilidad de los colores raciales que domina hoy día en Estados Unidos, es decir la extendida creencia de que la raza ya no importa, nos ha cegado a las realidades del tema racial en nuestra sociedad y ha facilitado la aparición de una nueva estructura de castas.

Claramente mucho ha cambiado en mi pensamiento en torno al sistema de justicia penal desde que pasé junto a aquel llamativo póster naranja que estaba pegado a un poste de teléfono hace diez años. Para mí, el nuevo modelo de castas resulta tan obvio en este momento como mi propia cara en el espejo. Como una ilusión óptica, una en que la imagen incrustada es imposible de ver hasta que se identifica la silueta, la nueva estructura de castas acecha invisible en el interior del laberinto de racionalizaciones que hemos generado para la persistente desigualdad racial. Es posible, de hecho resulta bastante fácil, no llegar a ver nunca esa imagen encastrada. Solo tras años de trabajar en la reforma del sistema penal por fin cambió mi propio centro de atención, y en ese momento apareció lentamente a la vista el rígido sistema de castas. Finalmente se hizo evidente. Ahora me parece raro no haber sido capaz de verlo antes.

Sabiendo como sé lo difícil que es advertir lo que casi todo el mundo insiste en que no existe, me imagino que este libro será recibido con escepticismo o algo peor. Para algunas personas, llamar al encarcelamiento masivo un «sistema racial de castas» puede parecer una enorme exageración, si no una hipérbole. Sí, puede que tengamos «clases» en Estados Unidos: clases alta, media y baja vagamente definidas, y puede que tengamos una «clase inferior»: un grupo tan alejado de la sociedad general que ya no tiene al alcance la mítica escalera de las oportunidades, pero no tenemos, como insistirán muchos, nada en este país que se parezca a una «casta».

El objetivo de este libro no es adentrarse en el largo y vehemente debate de la literatura académica sobre lo que constituye o no un sistema de castas. Yo utilizo en este libro el término *casta racial* de la forma en que se usa en el habla común, para referirse a un grupo racial estigmatizado bloqueado en una posición inferior por la ley y la costumbre. El sistema Jim Crow y la esclavitud eran modelos de castas. Y también lo es nuestra estructura actual de internamiento masivo.

Al tratar de comprender la naturaleza esencial del nuevo sistema de castas, puede que sea útil pensar en el sistema de justicia criminal, la colección completa de instituciones y prácticas que comprende, no como un sistema independiente sino como una *puerta* a un modelo mucho más amplio de estigmatización racial y de marginalización permanente. Esta estructura más amplia, a la que me refiero aquí con el nombre de *encarcelamiento masivo*, es un sistema que encierra a la gente no solo entre rejas de verdad en prisiones de verdad, sino también entre rejas virtuales y muros virtuales, muros que son invisibles al ojo normal pero que funcionan de un modo casi tan efectivo como lo hacían las leyes Jim Crow a la hora de encerrar a gente de color en una ciudadanía de segunda clase permanente. El término *encarcelamiento masivo* se refiere no solo al sistema de justicia penal, sino también a la red más amplia de leyes, normas, políticas y costumbres que controlan a quienes se etiqueta como delincuentes dentro y fuera de prisión. Cuando son puestos en libertad, los ex convictos entran en un mundo subterráneo oculto de discriminación legalizada y de exclusión social permanente. Pasan a integrar la nueva clase inferior de Estados Unidos.

A algunas personas les puede resultar rara la palabra casta y sus connotaciones, como de otro país. Los debates públicos sobre las castas raciales en Estados Unidos son relativamente poco frecuentes. Evitamos hablar de castas en nuestra sociedad porque nos avergüenza nuestra historia racial. También evitamos hablar de raza. Incluso evitamos hablar de clases sociales. Nos resistimos a las conversaciones sobre clase, en parte porque existe una tendencia a imaginar que la clase a la que pertenece una persona se refleja en su carácter. Lo que constituye un elemento clave para cómo el país entiende las clases sociales es la creencia persistente, a pesar de todas las pruebas en contrario, de que cualquiera, con la disciplina e impulso apropiados, puede ascender de una clase inferior a una clase superior. Reconocemos que la movilidad puede ser difícil, pero la clave para nuestra imagen colectiva de nosotros mismos es la premisa de que es siempre posible, así que el fracaso a la hora de ascender es un reflejo de nuestra personalidad. Por extensión, el fracaso de una raza o un grupo étnico para ascender socialmente proyecta una sombra negativa sobre ese grupo en su conjunto.

Lo que se pasa totalmente por alto en los escasos debates públicos que tienen lugar hoy en día sobre la grave situación de los afroamericanos es que un alto porcentaje de ellos no son libres en absoluto para ascender. No es solo que carezcan de oportunidades, asistan a escuelas carentes de recursos o estén abrumados por la pobreza, es que se les excluye de esa ascensión por ley. Y las principales instituciones con las que entran en contacto están diseñadas para impedir su movilidad. Para decirlo claramente: el actual sistema de control excluye permanentemente a un amplio porcentaje de la comunidad afroamericana hasta dejarlos fuera de la economía y de la sociedad en su conjunto. El modelo opera por medio de nuestras instituciones de justicia penal, pero funciona más como una estructura de castas que como un sistema de control de la delincuencia. Vista desde esta perspectiva, la llamada clase inferior se comprende mejor como una *casta inferior*, una casta de individuos a quienes la ley y la costumbre impiden permanentemente incorporarse a la sociedad en general. Aunque este nuevo sistema de control social racializado pretende ser indiferente a las distinciones de color, crea y mantiene la jerarquía social al igual que hicieron los otros sistemas anteriores de control. Como la legislación Jim Crow (y la esclavitud), el encarcelamiento masivo funciona como un entramado de leyes, políticas, procedimientos e instituciones que actúan de forma interconectada para asegurar el estatus subordinado de un grupo definido en gran medida por la raza.

Este argumento puede ser particularmente difícil de aceptar dada la elección de Barack Obama. Muchos se preguntarán cómo es posible que una nación que acaba de elegir a su primer presidente negro pueda tener un sistema racial de castas. Es una pregunta pertinente. Pero como veremos en el capítulo 6, no hay ninguna incoherencia entre la elección de Barack Obama para el cargo más alto de la nación y la existencia de una estructura de castas raciales en la era de la invisibilidad del color racial. El modelo actual de control depende del excepcionalismo negro y ese excepcionalismo no anula la validez del modelo ni lo mina. Tal vez otros se pregunten cómo puede existir un sistema racial de castas cuando la mayoría de los estadounidenses, de todos los colores, se oponen a la discriminación racial y apoyan la neutralidad en temas de raza. Y sin embargo, como veremos en las páginas que siguen, los sistemas de castas raciales no requieren hostilidad entre las razas ni una intolerancia abierta para florecer. Solo se necesita indiferencia racial, como advirtió Martin Luther King Jr. hace más de cuarenta y cinco años.

Las recientes decisiones por parte de algunas legislaturas estatales, sobre todo la de Nueva York, para rechazar o reducir las leyes de sentencias obligatorias en casos de drogas han hecho que algunas personas crean que el sistema de control racial descrito en este libro ya se está mitigando. Tal conclusión, desde mi punto de vista, es un craso error. Muchos de los estados que han reconsiderado sus crueles sistemas de sentencias lo han hecho no por la preocupación por la vida y por las familias que se han visto destrozadas por estas leyes o por las dimensiones raciales de la guerra contra la droga, sino por la preocupación por los presupuestos estatales, que están a punto de estallar en un momento de recesión económica. En otras palabras, la ideología racial que dio origen a esas leyes se mantiene prácticamente intacta. Un cambio en las condiciones económicas o un crecimiento en las tasas de delincuencia fácilmente podrían tener como resultado un cambio de suerte para aquellos que cometen delitos de drogas, en especial si a esos delincuentes se les percibe como negros o de piel oscura. Igualmente importante para compreder es esto: simplemente reducir la longitud de las condenas, por sí solo, no afecta a la estructura básica del Nuevo Jim Crow. Mientras se siga deteniendo a gran cantidad de afroamericanos y se les siga tachando de delincuentes por delitos relacionados con la droga, seguirán siendo relegados a un estatus permanente de segunda clase cuando salgan en libertad, al margen del tiempo que hayan pasado entre rejas. El sistema de encarcelamiento masivo se basa en la impronta de la cárcel, no en el tiempo que se pasa en ella.

El escepticismo sobre los argumentos que se formulan aquí está justificado. Hay diferencias importantes, claramente, entre el internamiento en masa, el sistema Jim Crow y la esclavitud, los tres principales modelos racializados de control social adoptados en Estados Unidos hasta la fecha. No reconocer las diferencias pertinentes, al igual que sus implicaciones, no le haría ningún favor al discurso en pro de la justicia racial. Sin embargo, muchas de esas disparidades no son tan dramáticas como parecen inicialmente, y otras sirven para ilustrar las formas en que los sistemas de control social racializado han conseguido transformarse, evolucionar y adaptarse a los cambios en el contexto político, social y legal a lo largo del tiempo. En último caso, creo que las similitudes entre estas estructuras de control superan con mucho a las diferencias y que el internamiento masivo, como sus predecesores, se ha visto en gran medida inmunizado contra desafíos legales. Si esta alegación es básicamente cierta, las implicaciones para quienes defienden las justicia racial son profundas.

En retrospectiva, sin duda podemos ver que una estrategia de pequeñas reformas en ciertas políticas o de demandas concretas habría sido un enfoque inútil para desmantelar la segregación llamada Jim Crow. Aunque esas tácticas tenían su papel, desde luego, la *Civil*

Rights Act (Ley de Derechos Civiles) de 1964 y el cambio cultural que promovió nunca habrían tenido lugar si no se hubiera cultivado una conciencia política crítica en la comunidad afroamericana y el activismo estratégico amplio que surgió de ella. Igualmente, la idea de que el Nuevo Jim Crow se puede desmontar por medio de la lucha en los tribunales y por estrategias de reforma de políticas que estén totalmente desconectadas de un gran movimiento social parece profundamente equivocada.

Sin embargo, tal movimiento es imposible si las personas que están más comprometidas con la abolición de la jerarquía racial siguen hablando y comportándose como si ya no existiera un sistema de castas raciales. Si seguimos contándonos a nosotros mismos los mitos populares sobre el progreso racial o, lo que es peor aún, si nos decimos a nosotros mismos que el problema del encarcelamiento en masa es demasiado grande, o demasiado abrumador para que podamos hacer nada al respecto, y que deberíamos dirigir nuestras energías hacia batallas que se puedan ganar con mayor facilidad, la historia nos juzgará con severidad. En este momento en que la responsabilidad es nuestra, está teniendo lugar una pesadilla de derechos humanos.

Si queremos poder llegar algún día a abolir el nuevo Jim Crow, hay que forjar un nuevo consenso en torno al tema de la raza y su papel a la hora de definir la estructura fundamental de nuestra sociedad. Este nuevo consenso debe comenzar con diálogo, con una conversación que fomente la creación de una conciencia crítica, un requisito previo clave para una acción social efectiva. Este libro constituye un intento de asegurar que esa conversación no concluya con una risa nerviosa.

No se puede escribir un libro relativamente breve que aborde todos los aspectos del fenómeno del encarcelamiento masivo y de sus implicaciones para la justicia racial. No se ha intentado hacer eso con este libro, que hace una descripción general. En consecuencia, algunos temas no reciben la atención que merecen. Por ejemplo, se dice relativamente poco sobre la experiencia específica de las mujeres, los latinos y los inmigrantes en el sistema de justicia penal, a pesar de que estos grupos son particularmente vulnerables a los peores abusos y sufren considerablemente y de muchas maneras. Este libro se centra en la experiencia de los hombres afroamericanos en el nuevo sistema de castas. Espero que otros defensores y juristas recojan el testigo y desarrollen una crítica de forma más completa o apliquen los temas esbozados aquí a otros grupos y contextos.

Lo que este libro quiere hacer, lo único que persigue, es estimular una conversación muy urgente sobre el papel del sistema de justicia penal en la creación y perpetuación de la jerarquía racial en Estados Unidos. El destino de millones de personas, en realidad el futuro de la propia comunidad negra, puede depender de la voluntad de aquellos a quienes les importa la justicia racial de volver a analizar sus premisas fundamentales sobre el papel del sistema de justicia penal en nuestra sociedad. El hecho de que más de la mitad de los jóvenes negros en muchas grandes ciudades esté actualmente bajo el control del sistema de control penal (o lastrados con antecedentes penales) no es, como alegan muchas personas, solo un síntoma de pobreza o de no haber sabido elegir en la vida, sino que es la prueba del funcionamiento de una nueva estructura de castas raciales.

El capítulo 1 comienza nuestro viaje, que recorre brevemente la historia del control social racializado en Estados Unidos y contesta a la pregunta básica: ¿cómo hemos llegado hasta aquí? Este capítulo describe el control de los afroamericanos a través de los sistemas de control raciales, como la esclavitud y el Jim Crow, que parecen morir pero vuelven a nacer con una nueva forma, adaptada a las necesidades y restricciones del momento. Como veremos, se repite un cierto patrón en los nacimientos y muertes de las castas raciales en Estados Unidos. Una y otra vez, los más ardientes defensores de la jerarquía racial han conseguido crear nuevos modelos de castas provocando un colapso de la resistencia en todo el espectro político. Esta hazaña ha sido lograda en gran medida apelando al racismo y la vulnerabilidad de los blancos de clase baja, un grupo de gente que lógicamente se esfuerza por conseguir no encontrarse atrapados en la parte más baja de la escala social. Este patrón, que se remonta a la esclavitud, ha dado a luz a otro sistema de castas raciales en el país, el encarcelamiento masivo.

La estructura del internamiento en masa se describe con detalle en el capítulo 2, en especial la Guerra contra la Droga. Hay pocas normas legales que restrinjan de forma significativa la actuación de la policía en las guerras contra las drogas y además se han concedido enormes incentivos financieros a las fuerzas del orden para que lleven a cabo redadas masivas por temas de drogas mediante tácticas de corte militar. Una vez que una persona es absorbida por el sistema, las posibilidades de que vuelva a ser totalmente libre son escasas, a menudo casi inexistentes. A los acusados habitualmente se les deniega una representación legal en condiciones, se les presiona con la amenaza de largas condenas para que se declaren culpables y luego se les coloca bajo control formal, en prisión o en la cárcel, en libertad condicional o provisional.[24] Una vez en libertad, se discrimina a los ex convictos, de forma legal, durante el resto de su vida, y la mayoría acabará volviendo a prisión. Han pasado a integrar la nueva casta inferior de Estados Unidos.

El capítulo 3 centra nuestra atención en el papel de la raza en el sistema de justicia penal. Describe el camino hacia la locura: cómo un sistema que formalmente es neutral en cuanto a la raza puede conseguir hacer redadas, detener y meter en prisión a un número extraordinariamente alto de hombres negros y de piel oscura, cuando en realidad no es más probable que la gente de color sea culpable de tenencia, consumo y tráfico de drogas que los blancos. Este capítulo deconstruye la idea de que las tasas de encarcelamiento de negros se pueden explicar por los índices de delincuencia e identifica enormes disparidades raciales en cada paso del proceso de justicia penal, desde que se da el alto a una persona, se la registra y detiene, hasta que se declara culpable y es sentenciada. Para resumir, el capítulo explica cómo las normas legales que estructuran el sistema garantizan resultados discriminatorios. Estas normas legales consiguen que la casta inferior sea abrumadoramente negra y de piel oscura.

El capítulo 4 aborda cómo opera el sistema de castas cuando la gente sale de la cárcel. En muchos aspectos, la liberación de prisión no representa el inicio de la libertad, sino que por el contrario marca una nueva fase cruel de control y estigmatización. Existen numerosas leyes, normas y regulaciones que discriminan a los antiguos delincuentes y efectivamente previenen su reinserción significativa en la economía y la sociedad en su conjunto. Yo alego que la vergüenza y el estigma de la «marca carcelaria» son, en muchos aspectos, más dañinos para la comunidad afroamericana que la vergüenza y el estigma asociados

---

[24] Libertad provisional es una alternativa a la prisión, en tanto que la libertad condicional es la última fase de una condena de privación de libertad. (*N. de las TT.*)

con la era de la segregación. La criminalización y demonización de los hombres negros ha vuelto a la comunidad negra contra sí misma, deshaciendo relaciones familiares y comunitarias, diezmando las redes de apoyo mutuo y exacerbando la vergüenza y el odio hacia sí misma que siente la actual casta de parias.

Los numerosos paralelismos entre la reclusión masiva y la era segregacionista se exploran en el capítulo 5. El más obvio es la discriminación legalizada. Como en la era segregacionista, la reclusión masiva marginaliza a amplios sectores de la comunidad afroamericana, los segrega físicamente (en cárceles, prisiones y guetos) y luego valida la discriminación contra ellos en el acceso al voto, el empleo, la vivienda, la educación, los servicios sociales y la prestación de servicio como jurados. El sistema de tribunales federales ha inmunizado de facto al actual sistema ante desafíos legales que aleguen prejuicio racial, al igual que estructuras anteriores de control contaban con la protección y el respaldo del Tribunal Supremo[25] de EEUU. Con todo, los paralelismos no terminan ahí. La reclusión masiva, al igual que el sistema Jim Crow, ayuda a definir el significado y el alcance de la raza en Estados Unidos. De hecho, el estigma de la delincuencia funciona casi de forma similar a como funcionó antes el de la raza. Justifica una barrera legal, social y económica entre «nosotros» y «ellos». El capítulo 5 explora también algunas de las diferencias entre la esclavitud, el sistema Jim Crow y el encarcelamiento masivo, más significativamente el hecho de que la reclusión en masa está diseñada para estabular a una población a la que se considera prescindible, innecesaria para el funcionamiento de la nueva economía global, en tanto que anteriores modelos de control estaban destinados a explotar y controlar el trabajo negro. Además, el capítulo describe la experiencia de los blancos en este nuevo sistema de castas: aunque ellos no son el objetivo primordial en la guerra contra las drogas, han sufrido los daños que se han derivado de ella, lo que ilustra poderosamente cómo un estado racial puede hacer daño a personas de todos los colores. Por último, este capítulo contesta a los escépticos que alegan que el

---

[25] Entre las funciones del Tribunal Supremo de Estados Unidos está la de crear jurisprudencia, o incluso derogar leyes, como sucedió con la ley de discriminación racial en la educación pública. (*N. de las TT.*)

encarcelamiento masivo no se puede entender como un sistema de castas raciales porque muchas políticas de tipo «mano dura con el delito» son apoyadas por los afroamericanos. Muchas de estas alegaciones, respondo yo, no tienen más valor persuasivo hoy día que los argumentos que se daban hace cien años por parte de negros y blancos que decían que la segregación racial simplemente reflejaba la «realidad», no una voluntad racial, y que a los afroamericanos les iría mejor no desafiando el modelo Jim Crow sino centrándose en mejorarse a sí mismos dentro de él. A lo largo de nuestra historia ha habido afroamericanos que, por una serie de razones, han defendido el sistema de control dominante o han sido cómplices de él.

El capítulo 6 reflexiona sobre lo que significa para los defensores de derechos civiles reconocer la existencia del Nuevo Jim Crow. Yo defiendo que solo un gran movimiento social puede conseguir el desmantelamiento de la nueva estructura de castas. Sin un movimiento de ese calibre se pueden conseguir reformas significativas, pero a menos que se dé la vuelta por completo al consenso general que apoya el actual modelo, la estructura fundamental del nuevo sistema de castas permanecerá intacta. Sin embargo, construir un movimiento social de base amplia no basta. No es suficiente persuadir a los votantes de posturas mayoritarias de que hemos dependido demasiado de la reclusión y que el consumo de drogas es un problema de salud pública, no un delito. Si el movimiento que surja para desafiar el encarcelamiento masivo no consigue afrontar de manera inequívoca el papel crucial que desempeña la raza en la estructura básica de nuestra sociedad, y si no consigue cultivar una ética de cuidado verdadero, de compasión y de preocupación por todos los seres humanos de todas las clases, razas y nacionalidades dentro de las fronteras de nuestro país, incluyendo a los blancos pobres, (a quien a menudo se enfrenta con los negros pobres), el colapso del encarcelamiento masivo no llevará consigo la muerte de las castas raciales en nuestro país. Inevitablemente emergerá un nuevo sistema de control social racializado, un modelo que no podemos prever, igual que nadie pudo prever hacer treinta años el actual modelo de reclusión en masa. No hay tarea más urgente para los defensores de la justicia racial hoy en día que asegurarse de que el actual sistema de castas raciales de Estados Unidos sea el último.

1
EL REGRESO DE LAS CASTAS

*«El esclavo se hizo libre, se mantuvo de pie al sol un breve
instante y luego volvió de nuevo hacia la esclavitud.»*
W. E. B. Du Bois,
Black Reconstruction in America

D urante más de cien años, los expertos han escrito sobre
el carácter ilusorio de la *Proclamación de Emancipación*. El
presidente Abraham Lincolm lanzó una declaración que pretendía
liberar a quienes se mantenía como esclavos en los Estados Confederados del Sur, pero en realidad ni un solo esclavo negro en esos
estados pudo alejarse libremente de su dueño como resultado de ese
documento. Primero hubo que ganar una guerra civil, se perdieron
cientos de miles de vidas y entonces, solo entonces, se liberó a los
esclavos en el Sur. Sin embargo, incluso esa libertad demostró ser
engañosa. Como W. E. B. Du Bois nos recuerda elocuentemente, los
antiguos esclavos disfrutaron de «un breve instante al sol» antes de
que se les devolviera a un estatus similar a la esclavitud. Las enmiendas constitucionales que garantizaban a los afroamericanos «igual
protección de las leyes» y el derecho al voto resultaron ser tan impo-
tentes como la *Proclamación de Emancipación* una vez ganó ímpetu
el movimiento de revancha blanco. Los negros se encontraron una
vez más indefensos y relegados a los campos de préstamo de
convictos,[1] que eran, en muchos casos, peores que la esclavitud. La
luz del sol dio paso a la oscuridad y surgió el sistema de segregación basado en las leyes Jim Crow, una estructura que colocaba a los

---

[1] Institución de trabajo penal que existió en el sur de EEUU desde el final de
la Guerra de Secesión hasta prácticamente la Segunda Guerra Mundial, por la
cual se prestaba a los convictos, mayoritariamente negros, a empresas privadas
y plantadores. Sistema de gran crueldad y explotación. (*N. de las TT.*)

negros de vuelta donde habían empezado, como casta racial subordinada.

A pocos les sorprende que este sistema Jim Crow surgiera tras el colapso del modelo esclavista. Este hecho es descrito en los libros de historia como lamentable, pero predecible, dado el virulento racismo que dominaba el Sur y las dinámicas políticas de la época. Lo que es llamativo es que casi nadie parece imaginar que dinámicas políticas similares puedan haber generado otro modelo de castas en los años que siguieron al colapso de la legislación Jim Crow, un sistema que sigue existiendo hoy en día. La historia que se cuenta durante el Mes de la Historia Negra es una historia de triunfo, el sistema de castas raciales está oficialmente muerto y enterrado. Las sugerencias en sentido contrario son recibidas con una incredulidad indignada. La respuesta habitual es: «¿Cómo puedes decir que existe hoy en día un sistema de castas raciales? Pero mira a Barack Obama. ¿Y qué me dices de Oprah Winfrey?».

El hecho de que algunos afroamericanos hayan alcanzado un gran éxito en los últimos años no significa que ya no exista algo parecido a un sistema de castas raciales. Ninguna estructura de castas en Estados Unidos ha doblegado a todos los negros, siempre ha habido «negros libres» y hasta historias de éxito negro, incluso en la época de la esclavitud y de la legislación Jim Crow. La naturaleza superlativa de los logros individuales negros en la actualidad en terrenos anteriormente blancos es un buen indicador de que el viejo sistema Jim Crow está muerto, pero no implica necesariamente el fin de las castas raciales. Si nos guiamos por la historia, puede que sencillamente haya adoptado otra forma.

Cualquier observador honesto de la historia racial de EEUU debe reconocer que el racismo es extremadamente adaptable. Las reglas y razones que el sistema político emplea para aplicar relaciones de estatus de cualquier tipo, incluyendo la jerarquía racial, evolucionan y cambian a medida que se las desafía. Los bravos esfuerzos por abolir la esclavitud y la legislación segregacionista y para lograr una mayor igualdad entre las razas han traído consigo cambios significativos en el marco legal de la sociedad estadounidense, nuevas «reglas del juego», por así decir. Estas nuevas reglas se han justificado por medio de una nueva retórica, un nuevo lenguaje y un nuevo consenso social, al tiempo que seguían generando en gran medida los mismos resultados que antes. Esta dinámica, que la jurista Reva Siegel ha denominado «preservación por medio de la transformación», es el proceso mediante el cual se mantiene el privilegio blanco, aunque cambien las reglas y el discurso.[2]

Este proceso, aunque resulta difícil de reconocer en un momento dado, se observa más fácilmente al mirar hacia atrás. Desde que se fundó la nación, los afroamericanos han sido controlados de manera continuada por medio de instituciones tales como la esclavitud y la legislación segregacionista, que parecen morir para luego volver a nacer con una nueva forma, a la medida de las necesidades y restricciones de cada momento histórico. Como se describe en las páginas que siguen, en este ciclo se repite un cierto patrón. Tras el colapso de cada estructura de control, se produce un periodo de confusión, una transición, una coyuntura en la que quienes están más comprometidos con la jerarquía racial buscan nuevos medios de lograr sus fines dentro de las reglas del juego tal como estén definidas en ese momento. Es en ese periodo de incertidumbre cuando se intensifica el contragolpe y se empieza a implantar una nueva forma de control social racializado. La adopción del nuevo sistema de control nunca es inevitable, pero hasta la fecha nunca se ha evitado. Los más ardientes defensores de la jerarquía racial siempre han conseguido aplicar nuevos sistemas de castas raciales provocando el colapso de la resistencia en todo el espectro político. Esta gesta se ha logrado básicamente apelando al racismo y la vulnerabilidad de los blancos de clases inferiores, un grupo de gente que lógicamente desea asegurarse fervientemente que nunca se va a encontrar atrapado en la parte inferior de la jerarquía social.

El surgimiento de cada nueva estructura de control puede parecer repentino, pero la historia muestra que las semillas se plantan mucho antes de que cada nueva institución comience a expandirse.

---

[2] Reva Siegel, «Why Equal Protection No Longer Protects: The Evolving Forms of Status-Enforcing Action», *Stanford Law Review,* vol. 49, 1997, p. 1111; véase también Michael Omi y Howard Winant, *Racial Formation in the United States: From the 1960s to the 1990s,* Nueva York, Routledge, 1996, pp. 84-91.

Por ejemplo, aunque normalmente se piensa que el régimen Jim Crow siguió inmediatamente a la Reconstrucción,[3] la verdad es más complicada. Y aunque la impresión generalizada es que la reacción contra el Movimiento de Derechos Civiles se define fundamentalmente por la retirada de los programas de acción afirmativa y el socavamiento de la legislación de derechos civiles por parte de un poder judicial hostil, las semillas del nuevo sistema de control, el internamiento masivo, fueron plantadas durante el propio Movimiento de Derechos Civiles, cuando se vio claramente que el antiguo modelo de castas se estaba derrumbando y que uno nuevo habría de ocupar su lugar.

Con cada nueva reencarnación de las castas raciales, el nuevo sistema, como expresa el sociólogo Loïc Wacquant, «es menos total, menos capaz de controlar a toda la raza entera».[4] Sin embargo, cualquier idea de que esta evolución pudiera suponer un cierto progreso lineal sería errónea, pues no está claro en absoluto que sea mejor estar encarcelado de por vida por un delito menor de drogas de lo que podría ser vivir con la propia familia y ganar un salario honrado bajo el régimen de la legislación Jim Crow (dejando a un lado la amenaza siempre presente del Ku Klux Klan). Es más, a medida que los sistemas de control han evolucionado, se han ido perfeccionando, se podría decir que se han hecho más resistentes al cambio y por lo tanto son más cpaces de resistir durante generaciones y generaciones. La historia de los puntales políticos y económicos de la fundación de la nación arroja cierta luz sobre estos temas recurrentes en nuestra historia y las razones por las cuales siguen surgiendo nuevas estructuras de castas raciales.

---

[3] Periodo histórico en Estados Unidos que va aproximadamente desde finales de la Guerra de Secesión (1861-1865) hasta 1877, en que, como resultado de la derrota de la Confederación y de la presencia de tropas federales, los negros pudieron educarse, votar y participar en política. La resistencia blanca se manifestó en acusaciones de corrupción y fue logrando recuperar el poder en un proceso liderado por los llamados Redentores (*Redeemers*). (*N. de las TT.*)

[4] Loïc Wacquant, «America's New 'Peculiar Institution': On the Prison as Surrogate Ghetto», *Theoretical Criminology*, vol. 4, núm. 3, 2000, p. 380.

El nacimiento de la esclavitud

«Por aquel entonces, antes de la legislación segregadora Jim Crow,
antes de que se inventaran las nociones de hombre negro o de hombre
blanco y las palabras y conceptos para describirlos, la población
colonial consistía básicamente en una gran masa de siervos blancos
y negros, que ocupaban más o menos la misma categoría económica
y que eran tratados con igual desprecio por los dueños de las
plantaciones y la judicatura. Curiosamente despreocupados por el color
de su piel, estas personas trabajaban juntas y se relajaban juntas.»[5]
LERONE BENNETT JR.

El concepto de raza es un acontecimiento relativamente reciente.
Solo en los últimos siglos, gracias en gran medida al imperialismo
europeo, se ha clasificado a las gentes del mundo de acuerdo a criterios raciales.[6] En Estados Unidos, la idea de raza surgió como un
medio de reconciliar la esclavitud, en la cual seres humanos eran
equivalentes a posesiones materiales, al igual que el exterminio de
los indios americanos, con los ideales de libertad que predicaban los
blancos en las nuevas colonias.

A comienzos del periodo colonial, cuando los asentamientos seguían siendo relativamente pequeños, la servidumbre temporal de
quienes no habían podido costearse el pasaje desde Europa era la
forma habitual de conseguir mano de obra barata.[7] En este sistema,
los blancos y los negros luchaban por sobrevivir frente a un enemigo
común, lo que el historiador Lerone Bennett Jr. describe como «el
aparato de los grandes plantadores y una estructura social que lega-
lizaba el terror contra los siervos blancos y negros».[8] Inicialmente,
no todos los negros que fueron llevados a Estados Unidos fueron

---

[5] Lerone Bennett Jr., *The Shaping of Black America*, Chicago, Johnson, 1975, p. 62.

[6] Para un excelente análisis del desarrollo de la raza como construcción
social en Estados Unidos y en el mundo entero, véase Howard Winant, *The
World Is a Ghetto: Race and Democracy Since World War II*, Nueva York, Basic
Books, 2001.

[7] Este sistema se llama en inglés *indenture*, y quienes participaban en él eran
indentured servants. (*N. de las TT.*)

[8] Bennett, *Shaping of Black America*, p. 62.

sometidos a la esclavitud, muchos fueron tratados como siervos temporales. A medida que se expandieron las plantaciones, en particular de tabaco y de algodón, se incrementó notablemente la demanda tanto de tierra como de mano de obra.

La necesidad de tierra se vió satisfecha por medio de la invasión y conquista de extensiones cada vez más amplias de terreno. Los indios americanos se convirtieron en un impedimento creciente para el «progreso» de los blancos europeos, y durante ese periodo la imagen de los indios que se presentaba en libros, periódicos y revistas se fue haciendo cada vez más negativa. Como han observado los sociólogos Keith Kilty y Eric Swank, eliminar a «salvajes» es un problema moral menor que eliminar a seres humanos y por lo tanto los indios americanos fueron conceptualizados como una raza inferior, salvajes sin civilizar, algo que proporcionaba una justificación para el exterminio de los pueblos originarios.[9]

La creciente demanda de mano de obra en las plantaciones se satisfizo por medio de la esclavitud. Los indios americanos se consideraban poco idóneos como esclavos, en gran medida porque las tribus autóctonas estaban claramente en situación de devolver el golpe. El miedo a los ataques de las tribus indias llevó a los dueños de plantaciones a buscar una fuente alternativa de mano de obra gratuita. Los inmigrantes europeos tampoco eran considerados buenos candidatos para la esclavitud, no por su raza, sino más bien porque no eran numerosos y su esclavizamiento, naturalmente, interferiría con la inmigración voluntaria a las nuevas colonias. Así, los plantadores vieron a los africanos, que relativamente carecían de poder, como los esclavos ideales. La esclavización sistemática de africanos, y la cría de sus hijos en condiciones de esclavitud, emergieron con deliberada velocidad, aceleradas por hechos como la Rebelión de Bacon.

Nathaniel Bacon era un dueño de tierras blanco de Jamestown, Virginia, que consiguió unir a esclavos, siervos temporales y blancos pobres en un esfuerzo revolucionario para derribar a la élite de plantadores. Aunque los esclavos claramente ocupaban la posición inferior

---

[9] Keith Kilty y Eric Swank, «Institutional Racism and Media Representations: Depictions of Violent Criminals and Welfare Recipients», *Sociological Imagination*, vol. 34, núm. 2-3, 1997, p. 106.

en la jerarquía social y eran quienes más sufrían en el sistema de plantaciones, la condición de los siervos temporales blancos era apenas mejor y la mayoría de los blancos libres vivía en situación de pobreza extrema. Como explica el historiador Edmund Morgan, en colonias como Virginia la élite de dueños de plantaciones, con enormes concesiones de tierras, ocupaba una posición enormemente superior a la de los trabajadores de todos los colores.[10] Las colonias sureñas no dudaron en inventar formas de alargar los plazos de servidumbre y la clase de los plantadores acumuló tierras sin cultivar para restringir las opciones de los trabajadores libres. El resentimiento creciente contra esa élite generó condiciones que favorecieron la revuelta.

Sobre la rebelión de Bacon abundan relatos que difieren en los detalles, pero los hechos básicos son estos: Bacon elaboró planes en 1875 para apoderarse de tierras de nativos americanos, con el fin de hacerse con más propiedades para sí mismo y para otros y de acabar con la amenaza de los ataques indios. Cuando la élite de plantadores de Virginia se negó a proporcionarle el apoyo de sus milicias para sus planes, Bacon les devolvió el golpe encabezando un ataque contra ellos, sus casas y sus propiedades. Condenó abiertamente a los ricos por oprimir a los pobres e inspiró una alianza entre siervos blancos y negros, además de esclavos que exigían el fin de su servidumbre. El intento de revolución fue abortado por la fuerza y por falsas promesas de amnistía. Algunas de las personas que participaron fueron colgadas. Los hechos ocurridos en Jamestown alarmaron a la élite de dueños de plantaciones, quienes temían profundamente la alianza multirracial entre siervos y esclavos. Las noticias de la Rebelón de Bacon se extendieron mucho y se produjeron varios levantamientos más del mismo tipo.

En un esfuerzo por proteger su estatus superior y su posición económica, los plantadores cambiaron su estrategia para mantener su dominación. Abandonaron su dependencia de los siervos temporales en favor de la importación de más esclavos negros. En lugar de importar esclavos desde las Indias Occidentales que hablaran inglés, que con mayor probablilidad conocieran idiomas europeos y la

<hr>

[10] Edmund Morgan, *American Slavery, American Freedom: The Ordeal of Colonial Virginia*, Nueva York, Norton, 1975.

cultura de ese continente, se importaron muchos más esclavos directamente desde África. Estos serían mucho más fáciles de controlar y era mucho menos probable que forjaran alianzas con los blancos pobres.

Temerosos de que tales medidas no bastaran para proteger sus intereres, los plantadores tomaron una medida adicional, que más tarde habría de conocerse como «un soborno racial». De forma deliberada y estratégica, los plantadores concedieron privilegios especiales a los blancos pobres en un esfuerzo por abrir una brecha entre ellos y los esclavos negros. A los colonos blancos se les concedió más acceso a terrenos de los indios americanos, a los siervos blancos se les permitió vigilar a los esclavos por medio de patrullas de esclavos y milicias, y se instituyeron barreras de forma que la mano de obra libre no entrara en competencia con la mano de obra esclava. Estas medidas eliminaron de forma efectiva el riesgo de futuras alianzas entre esclavos negros y blancos pobres. De pronto, los blancos pobres pasaron a tener un interés directo y personal en la existencia de un sistema de esclavitud basado en la raza. Su propia situación no había mejorado mucho, pero al menos no eran esclavos. Cuando los dueños de plantaciones dividieron en dos la fuerza de trabajo, los blancos pobres respondieron a la lógica de su situación y buscaron formas de expandir su posición racial privilegiada.[11]

Para mitad de la década de 1770, el sistema de servidumbre temporal había sido transformado por completo en un modelo de castas raciales basado en la esclavitud. El estatus degradado de los africanos se justificaba sobre la base de que los negros, como los indios, eran una raza inferior sin civilizar, incluso con una inteligencia menor y con menos cualidades humanas admirables que los nativos pieles rojas. La idea de la supremacía blanca racionalizaba el esclavizamiento de los africanos, en el mismo momento en que los blancos se esforzaban por crear una nueva nación basada en los ideales de igualdad, libertad y justicia para todos. El régimen de esclavitud, en que algunas personas contaban como meras propiedades, nació en Estados Unidos antes que la democracia.

---

[11] *Ibid.*; véase también Leslie Carr, *Colorblind Racism,* Thousand Oaks, CA, SAGE Publications, 1997, pp. 14-16.

Seguramente es imposible exagerar la importancia de la raza en la definición de la estructura fundamental de la sociedad estadounidense. La estructura y contenido de la primera Constitución se basaban en gran medida en el esfuerzo por mantener un sistema de castas raciales, la esclavitud, al tiempo que se garantizaban derechos económicos y políticos a los ricos, en especial a quienes poseían tierras. Las colonias esclavistas del Sur solo aceptarían integrarse en una unión con la condición de que el Gobierno Federal no tuviera la capacidad de interferir en el derecho a poseer esclavos. Las élites blancas del Norte simpatizaban con la demanda de que se respetaran los «derechos de propiedad», pues ellos también querían que la Constitución protegiera sus intereses materiales. Como afirma James Madison, la nación debería constituirse para «proteger a la minoría de opulentos de la mayoría».[12] Por tanto, la Constitución fue diseñada de modo que el Gobierno Federal fuese débil, no solo en su relación con la propiedad privada, sino también en relación con el derecho de los estados a dirigir sus propios asuntos. El lenguaje de la Constitución misma era deliberadamente neutro en relación con el color de la piel (las palabras *esclavo* o *negro* no se usaron nunca), pero el documento estaba construido sobre un acuerdo en cuanto al sistema racial de castas dominante. El federalismo, la división de poderes entre los estados y el Gobierno Federal, fue el mecanismo que se usó para proteger la institución de la esclavitud y el poder político de los estados esclavistas. Incluso el método para determinar la representación proporcional en el Congreso y para identificar al ganador en una elección presidencial, el Colegio Electoral, se diseñó teniendo en mente los intereses de los esclavistas. Según las condiciones del documento fundador de Estados Unidos, los esclavos se definían como tres quintos de hombre, no como un ser humano real y completo. Sobre esta ficción racista se basa toda la estructura de la democracia estadounidense.

---

[12] Gerald Fresia, *Toward an American Revolution: Exposing the Constitution and Other Illusions,* Boston, South End Press, 1998, p. 55.

La muerte de la esclavitud

La historia de las castas raciales en Estados Unidos habría acabado con la Guerra de Secesión, llamada en Estados Unidos la Guerra Civil, si la idea de raza y de diferencia racial hubieran muerto cuando se acabó con la institución de la esclavitud. Pero durante los cuatro siglos en que floreció la esclavitud, también lo hizo la idea de raza. De hecho, el concepto de diferencia racial, en concreto la idea de supremacía blanca, ha demostrado ser bastante más duradera que la institución que la originó.

A lo largo del tiempo, la supremacía blanca se ha convertido en una especie de religión. La fe en la idea de que la gente de raza africana son animales, que los blancos eran inherentemente superiores y que en realidad la esclavitud buscaba el propio bien de los negros servían para tranquilizar la conciencia de los blancos y para reconciliar la tensión entre la esclavitud y las ideas democráticas defendidas por los blancos en el llamado Nuevo Mundo. No había contradicción entre la audaz proclamación de Thomas Jefferson en la Declaración de Independencia de que «todos los hombres son creados iguales» si los africanos no eran seres humanos de verdad. El racismo operaba como un sistema de creencias muy arraigadas basado en «verdades» que se hallaban más allá de toda duda o cuestionamiento. Esta fe profunda en la supremacía blanca no solo justificaba un sistema económico y político en que los dueños de plantaciones adquirieron tierras y grandes riquezas por medio de la brutalidad, tortura y coacción de otros seres humanos; también resistió, como la mayor parte de artículos de fe, mucho después de que hubieran cambiado las circunstancias históricas que dieron lugar a esa religión. En palabras de Wacquant: «La división racial fue una consecuencia, no una condición previa a la esclavitud, pero una vez se instituyó, se fue separando de su función inicial y adquirió una potencia social propia».[13] Tras la desaparición de la esclavitud, la idea de raza siguió viva.

Uno de los relatos más conmovedores del periodo posterior a la Emancipación es *The Strange Career of Jim Crow*, escrito por C. Vann

---

[13] Wacquant, «America's New Peculiar Institution», p. 380.

Woodward, en 1955.[14] Este libro sigue siendo tema central de estudio y debate por parte de expertos y conocedores y fue descrito en una ocasión por Martin Luther King Jr. como «la Biblia histórica del Movimiento de Derechos Civiles». Según cuenta Woodward, el fin de la esclavitud creó un serio dilema para la sociedad blanca del Sur. Sin la mano de obra de los antiguos esclavos, la economía de la zona estaba destinada al colapso y sin la institución de la esclavitud ya no existía un mecanismo formal para mantener la jerarquía racial e impedir la mezcla (*amalgamation*) con un grupo de gente considerada vil e intrínsecamente inferior. Esta situación provocó una situación temporal de anarquía y un estado psicológico cercano a la histeria, en particular entre la élite de plantadores. Pero incluso entre los blancos pobres, el fin de la esclavitud fue un trago amargo. En el Sur anterior a la guerra, la persona blanca más inferior poseía al menos su piel blanca, una enseña de superioridad incluso ante los esclavos más cualificados o los afroamericanos libres prósperos.

Aunque los blancos del Sur, tanto pobres como ricos, se indignaron profundamente cuando se proclamó la Emancipación, no se veía una solución clara para el dilema al que se enfrentaban. Tras la Guerra Civil, la infraestructura política y económica del Sur estaba en un estado de caos. Los dueños de plantaciones se vieron de repente en la indigencia y los gobiernos estatales, encadenados por las deudas, estaban en la miseria. Durante la guerra se habían destrozado gran cantidad de propiedades inmobiliarias y de otro tipo, la industria estaba desorganizada y cientos de miles de hombres habían muerto o estaban mutilados. Asociado a esto estaba el efecto desmoralizador de una guerra fallida y el extraordinario desafío que entrañaba la construcción de nuevos gobiernos locales y estatales. Si se suma a esto la presencia repentina de cuatro millones de esclavos recientemente liberados, la situación se vuelve aún más complicada. Según explica Woodward, los blancos del Sur tenían la firme convicción de que se requería un nuevo sistema de control racial, pero en aquel momento no veían claramente la forma que debería adoptar.

---

[14] C. Vann Woodward, *The Strange Career of Jim Crow*, 1955, Nueva York, Oxford University Press, 2001, p. 266.

Bajo el régimen esclavista, el orden racial se mantenía de forma más efectiva mediante un alto grado de contacto entre dueños de esclavos y esclavos, lo que aumentaba las oportunidades de supervisión y disciplina y reducía la posibilidad de resistencia activa o de rebelión. La separación estricta de las razas habría amenazado el interés inmediato de los esclavistas y además era totalmente innecesaria como forma de crear una distancia social o de marcar el estatus inferior de los esclavos.

Tras la guerra, no estaba claro qué instituciones, leyes o costumbres serían necesarias para mantener el control blanco en ese momento en que ya no existía la esclavitud. Sin embargo, como han demostrado numerosos historiadores, la creación de un nuevo orden racial se convirtió en una pasión arrolladora para la mayor parte de los blancos sureños. Les aterrorizaban los rumores de que se iba a producir una gran insurrección, y los negros pasaron a ser vistos cada vez más como una amenaza peligrosa. De hecho, el origen de los actuales estereotipos de los hombres negros como depredadores agresivos y rebeldes se puede rastrear hasta ese periodo, cuando los blancos temían que una masa airada de hombres negros pudiera alzarse y atacarlos o violar a sus mujeres.

Igualmente preocupante era el estado de la economía. Los antiguos esclavos literalmente abandonaban las plantaciones, lo que causaba el pánico y provocaba la indignación de los dueños. En los primeros años posteriores a la guerra, grandes grupos de antiguos esclavos vagaban por las carreteras. Algunos acababan en pueblos y ciudades, otros se unieron a la milicia federal. La mayor parte de los blancos pensaba que los afroamericanos carecían de una motivación apropiada para trabajar, lo que hizo que los parlamentos provisionales del Sur adoptaran los tristemente célebres Códigos Negros. Como lo expresó un dueño de plantación de Alabama: «Tenemos el poder de aprobar leyes estrictas para dominar a los negros y esto es una bendición pues deben ser controlados de algún modo, o las personas blancas no podrán vivir entre ellos».[15] Aunque algunas de estas leyes tenían como finalidad establecer sistemas de peonaje que se parecían

---

[15] William Cohen, *At Freedom's Edge: Black Mobility and the Southern White Quest for Racial Control*, Baton Rouge, Louisiana State University Press, 1991, p. 28.

a la esclavitud, otras prefiguraban las leyes Jim Crow, al prohibir, entre otras cosas, asientos interraciales en la primera clase de los trenes e imponiendo la segregación en las escuelas.

Aunque las leyes de convictos promulgadas durante este periodo casi nunca se consideran parte de los Códigos Negros, eso es un error. Como explica el historiador William Cohen, «el propósito principal de los códigos era controlar a los hombres libres y la cuestión de cómo manejar a los infractores convictos negros estaba en el núcleo mismo del tema del control».[16] Nueve estados del Sur adoptaron leyes de vagos y maleantes, que esencialmente convertían en un delito el no trabajar y que se aplicaron de forma selectiva a los negros. Ocho de esos estados promulgaron leyes de convictos que permitían ofrecer temporalmente los servicios de los presos del condado a dueños de plantaciones y empresas privadas. A los reclusos se les obligaba a trabajar por una paga escasa o por nada. Una de las leyes de vagos y maleantes especificaba que «todos los negros y mulatos libres por encima de la edad de dieciocho años» debían poder acreditar por escrito que tenían trabajo al comienzo de cada año. A quienes se comprobaba que no tenían un empleo decente, se les consideraba vagabundos y eran condenados. Claramente, la finalidad de los Códigos Negros en general, y de las leyes de vagos y maleantes en particular, era la de establecer otro sistema de trabajos forzados. En palabras de W. E. B. Du Bois: «Los Códigos hablaban por sí mismos Nadie puede leerlos con mente abierta sin convencerse de que implicaban nada más y nada menos que la esclavitud en el trabajo cotidiano».[17]

Finalmente, los Códigos Negros fueron anulados y se aprobó cuantiosa legislación federal de derechos civiles que protegía a los esclavos recién liberados durante el periodo relativamente breve pero de extraordinario avance negro que se conoció como la Era de la Reconstrucción. Los impresionantes logros legislativos de esta época incluyen la Decimotercera Enmienda, que abole la esclavitud; la Ley de Derechos Civiles de 1866, que concede plenos derechos de ciudadanía a los afroamericanos; la Decimocuarta Enmienda, que prohíbe a los estados

---

[16] *Ibid.*, p. 33.
[17] W. E. B. Du Bois, «Reconstruction and Its Benefits», *American Historical Review*, vol. 15, núm. 4, 1910, p. 784.

el negar a los ciudadanos un juicio justo y prescribe la «igualdad ante la ley»; la Decimoquinta Enmienda, que establece que el derecho al voto no se puede negar por motivo de raza; y las leyes del Ku Klux Klan, que, entre otras cosas, y las leyes sobre el Ku Klux Klan, que entre otras cosas declaraban que era un delito federal interferir en el derecho de voto, al igual que la vulneración violenta de los derechos civiles. La nueva legislación también proporcionaba supervisión federal para las votaciones y autorizaba al presidente a enviar al ejército y a suspender el procedimiento de hábeas corpus en distritos donde se hubiera declarado el estado de insurrección contra el Gobierno Federal.

Además de la legislación federal en materia de derechos civiles, la Era de la Reconstrucción trajo la expansión de la Oficina de Hombres Liberados, la agencia gubernamental encargada de proporcionar ropa, alimento, combustible y otras formas de asistencia a antiguos esclavos en situación de indigencia. Surgió en el Sur un sistema público de educación, que proporcionó a muchos negros (y blancos pobres) la primera oportunidad para aprender a leer y escribir.

Aunque la Era de la Reconstrucción estuvo plagada de corrupción y se alega que estaba condenada por la ausencia de una reforma agraria, la envergadura de los cambios políticos y económicos durante ese periodo pareció, al menos por un tiempo, que tenía el potencial de minar de forma efectiva, si no de erradicar por completo, el sistema de castas raciales en el Sur. Con la protección de tropas federales, los afroamericanos comenzaron a votar en gran número y a hacerse con el control, en ciertas zonas, del aparato político local. Se incrementaron las tasas de alfabetización, y los negros cultos empezaron a engrosar los parlamentos estatales, a abrir escuelas y a emprender negocios con éxito. En 1867, al comienzo de la Era de la Reconstrucción, no había ningún negro que ocupara un cargo político en el Sur, pero tres años más tarde al menos el 15% de todos los cargos electos en el Sur eran negros. Esto resulta particularmente extraordinario si tenemos en cuenta el hecho de que quince años después de aprobar la ley *Voting Rights Act* (Ley de Derecho al Voto) de 1965, el punto culminante del Movimiento de Derechos Civiles, menos del 8% de todos los cargos electos en el Sur eran negros.[18]

---

[18] James McPherson, «Comparing the Two Reconstructions», *Princeton Alumni Weekly*, 26 de febrero 1979, p. 17.

Al mismo tiempo, sin embargo, se estaba poniendo de manifiesto que muchas de las nuevas leyes de derechos civiles eran en gran medida meramente simbólicas.[19] En la Decimoquinta Enmienda brillaba por su ausencia, por ejemplo, prohibir a los estados que impusieran restricciones educativas, residenciales o de otro tipo para votar, lo que dejaba la puerta abierta a que los estados establecieran impuestos locales, pruebas de alfabetización y otros mecanismos para impedir que los negros votaran. Otras leyes demostraron ser más una declaración de intenciones que una intervención federal directa en los asuntos del Sur, porque aplicarlas requería que los afroamericanos llevaran su caso a tribunales federales, un procedimiento costoso y que requería mucho tiempo, hasta el punto de que en la práctica era una imposibilidad para la amplia mayoría de quienes habían presentado denuncias. La mayoría de los negros eran demasiado pobres para presentar una demanda con el fin de poder ejercer sus derechos civiles, y aún no existía una organización como la NAACP para compartir los riesgos y costes de una demanda legal. Es más, a menudo la amenaza de violencia hacía que los negros desistieran de presentar demandar legítimas, haciendo que los «derechos civiles» de antiguos esclavos fueran algo en gran medida ilusorio, que podía existir sobre el papel pero raramente se materializaba en la vida real.

Al mismo tiempo, la separación entre las razas había comenzado a emerger como un patrón exhaustivo por todo el Sur, dirigido en gran parte por la retórica de la élite de plantadores, que esperaba restablecer un sistema de control que les asegurara una mano de obra sumisa y mal pagada. De hecho, la segregación racial había empezado años antes en el Norte, en un esfuerzo por impedir la mezcla racial con el fin de mantener la jerarquía racial tras la abolición de la esclavitud en esa parte del país. Sin embargo, nunca llegó a ser un sistema completo, sino que operaba en gran medida como una cuestión de costumbre, que se aplicaba con grados variables de sistematicidad. Incluso entre las personas más hostiles a la Reconstrucción, pocos podrían haber predicho que la segregación racial evolucionaría pronto

---

[19] Véase Michael Klarman, *From Jim Crow to Civil Rights: The Supreme Court and the Struggle for Racial Equality*, Nueva York, Oxford University Press, 2004, pp. 49, 52-53.

hasta convertirse en una nueva estructura de castas raciales tan asombrosamente sistemática y represiva como la que llegó a ser conocida simplemente como Jim Crow.

El nacimiento del sistema Jim Crow

El rechazo contra los avances de los afroamericanos y la Era de la Reconstrucción fue rápido y severo. A medida que los afroamericanos obtuvieron poder político y comenzaron la larga marcha hacia una mayor igualdad social y económica, los blancos reaccionaron con pánico e indignación. Los conservadores sureños juraron revertir la Reconstrucción y buscaron la «abolición de la Oficina de Hombres Liberados y todas las herramientas políticas destinadas a conseguir la supremacía negra».[20] Su campaña para «redimir» al Sur se vio reforzada por el resurgimiento del Ku Klux Klan, que llevó a cabo una campaña terrorista contra los gobiernos de la Reconstrucción y los líderes locales, por medio de atentados con bombas, linchamientos y muchedumbres violentas.

Esta campaña de terror demostró tener un gran éxito. La «Redención» tuvo como consecuencia la retirada de las tropas federales del Sur y el abandono de facto de los afroamericanos y de todos aquellos que habían luchado por un orden racial igualitario o lo habían apoyado. El Gobierno Federal dejó de hacer ningún esfuerzo por aplicar la legislación federal en materia de derechos civiles y se redujeron los fondos para la Agencia de Hombres Liberados hasta tal punto que la oficina prácticamente falleció.

De nuevo, las leyes de vagos y maleantes y otras que definían como delito actividades tales como «travesuras» y «gestos insultantes» fueron aplicadas de forma entusiasta contra los negros. Esa aplicación agresiva de esos delitos penales abrió enormemente el mercado para prestar a los convictos, de forma que los reclusos eran

---

[20] John Hope Franklin y Alfred A. Moss, *From Slavery to Freedom: A History of African Americans*, 8ª ed., Nueva York, Knopf, 2000, p. 82; y Eric Foner, *Reconstruction: America's Unfinished Revolution, 1863-1877*, Nueva York, Harper & Row, 1988, p. 425.

contratados por el mejor postor particular. Douglas Blackmon, en *Slavery by Another Name*, describe cómo durante este periodo se arrestó de manera arbitraria a decenas de miles de afroamericanos, muchos de los cuales tuvieron que cargar con multas y costas judiciales, que tenían que pagar con trabajo antes de poder conseguir su liberación.[21] Sin medios para pagar sus «deudas», se vendía a los presos como mano de obra cautiva a campamentos madereros, fábricas de ladrillos, empresas de ferrocarriles, granjas, plantaciones y decenas de corporaciones por todo el Sur. La tasa de mortalidad era escandalosamente alta, pues los contratistas privados no tenían ningún interés en la salud y el bienestar de sus trabajadores, a diferencia de los antiguos dueños de esclavos, que necesitaban, como mínimo, que sus esclavos estuvieran en un estado lo suficientemente saludable como para sobrevivir al trabajo duro. A los trabajadores se los sometía casi continuamente a azotes con largos látigos de caballo, y a quienes caían a causa del agotamiento o las heridas, a menudo se les abandonaba para que murieran.

En esta época, los convictos carecían de derechos legales significativos y de cualquier posibilidad real de reparación. Se entendía que eran esclavos del Estado, de forma bastante literal. La Decimotercera Enmienda de la Constitución de EEUU había abolido la esclavitud con una importante excepción: la esclavitud seguía siendo apropiada como castigo por un delito. En un importante dictamen judicial, el Tribunal Supremo de Virginia en el caso Ruffin contra Commonwealth aclaró cualquier duda en el sentido de que los convictos eran legalmente idénticos a los esclavos:

Durante un tiempo, durante su servicio en la penitenciaría, se encuentra en un estado de servidumbre penal hacia el Estado. Como resultado de su delito, no solo ha renunciado a su libertad, sino también a todos sus derechos personales, excepto los que la ley en su humanidad decide permitirle. Durante ese periodo, es un esclavo del

---

[21] Douglas Blackmon, *Slavery by Another Name: The Re-enslavement of Black People in America from the Civil War to World War II*, Nueva York, Doubleday, 2008.

Estado. Es un *civiliter mortus* y sus propiedades, de tener alguna, son administradas como las de un hombre muerto.[22]

Finalmente, el estado de Misisipi evolucionó de ceder la mano de obra reclusa por un precio a organizar su propio campo de trabajo convicto, conocido como Granja Parchman. No fue el único. Durante la década que siguió a la Redención, la población convicta aumentó diez veces más rápido que la población en general: «Los reclusos eran cada vez más jóvenes y más negros y la duración de sus sentencias se disparó».[23] Fue el primer *boom* de prisiones en la nación y, al igual que en la actualidad, los presos eran desproporcionadamente negros. Tras un breve periodo de progreso durante la Reconstrucción, los afroamericnos se encontraron, una vez más, prácticamente indefensos. Se utilizó estratégicamente el sistema penal de justicia para obligar a los afroamericanos a volver a un modelo de represión y control extremos, una táctica que habría de demostrar su éxito durante muchas más generaciones. Incluso cuando fue desapareciendo la subcontrata de convictos, aparecieron nuevas formas estratégicas de explotación y represión. Como comenta Blackmon: «La aparente desaparición de la costumbre de alquilar a los reclusos parecía anunciar la llegada de un nuevo día. Pero la nueva realidad del Sur era más cruel, la nueva neoesclavitud de la posguerra no terminaba, solo cambiaba».[24]

La Redención fue un punto de inflexión en la búsqueda por parte de los blancos de un nuevo equilibrio racial, un orden racial que protegiera sus intereses económicos, políticos y sociales en un mundo sin esclavitud. No obstante, aún no se había llegado a un consenso claro sobre cómo debería ser ese nuevo orden racial. Los Redentores que acabaron con la Reconstrucción se inclinaban por mantener prácticas segregacionistas como las que ya habían surgido, pero en

---

[22] *Ruffin v. Commonwealth*, 62 Va. 790, 796 (1871).

[23] David M. Oshinsky, *Worse Than Slavery: Parchman Farm and the Ordeal of Jim Crow Justice*, Nueva York, Free Press Paperbacks, 1996, p. 63.

[24] Véase Douglas Blackmon, «A Different Kind of Slavery», *Wall Street Journal Online*, 29 de marzo de 2008.

apariencia no mostraban una disposición hacia la expansión o universalización del sistema.

Surgieron tres filosofías distintas de las relaciones raciales para competir por el apoyo en el Sur, y todas rechazaban las doctrinas de racismo extremo que promovían algunos Redentores: liberalismo, conservadurismo y radicalismo.[25] La filosofía liberal de las relaciones raciales hacía hincapié en el estigma de la segregación y en la hipocresía de un gobierno que celebraba la libertad y la igualdad pero negaba ambas por razones de raza. Esta filosofía, nacida en el Norte, nunca obtuvo mucho apoyo entre los blancos o negros del Sur.

Por el contrario, la filosofía conservadora consiguió un amplio apoyo y se aplicó en varios contextos a lo largo de un periodo de tiempo considerable. Los conservadores culpaban a los liberales por empujar a los negros a salirse del papel que les correspondía en la vida y por colocar a los negros en cargos para los que no estaban preparados, una circunstancia que supuestamente había contribuido a su caída. Advertían a los negros de que algunos Redentores no estaban satisfechos con haber obstaculizado la Reconstrucción y estaban preparados para lanzar una guerra de agresión contra los negros por todo el Sur. Con cierto éxito, los conservadores se dirigieron también a los votantes afroamericanos, recordándoles que ellos también tenían algo que perder, no solo que ganar, y que el interés de los liberales por la igualdad política y económica entrañaba el riesgo de que los negros perdieran todo lo que habían conseguido hasta aquel momento.

La filosofía radical ofrecía, para muchos afroamericanos, la mayor promesa. Se basaba en una crítica feroz de las grandes empresas, en concreto de los ferrocarriles, y de la élite acaudalada del Norte y del Sur. Los radicales de finales del siglo XIX, que más tarde formaron el Partido Populista, consideraban que las clases privilegiadas conspiraban para mantener a los blancos pobres y a los negros anclados en una posición política y económica de subordinación. Para muchos votantes afroamericanos, el enfoque populista era preferible al paternalismo de los liberales. Los populistas predicaban «un igualitarismo de necesidad y pobreza, la afinidad de los agravios compartidos

---

[25] Woodward, *Strange Career of Jim Crow*, pp. 45-64.

y de un opresor común».[26] Como describe Tom Watson, un prominente líder populista, en un discurso en el que defendía una unión
entre agricultores blancos y negros: «Se os mantiene separados para
que se os pueda despojar de vuestras ganancias de forma separada.
Se procura que os odiéis los unos a los otros porque sobre ese odio
descansa la piedra angular del arco de despotismo financieron que
os esclaviza a ambos. Se os engaña y se os ciega para que no veais
cómo ese antagonismo de raza perpetúa un sistema monetario que
os hace mendigos a ambos».[27]

En un esfuerzo por demostrar su compromiso con un movimiento
auténticamente multiracial y de clase obrera contra las élites de raza
blanca, los populistas dieron pasos hacia la integración racial, un símbolo de su compromiso con la unidad de clase. Los afroamericanos
por todo el Sur reaccionaron con gran esperanza y entusiasmo, ansiosos de ser verdaderos participantes en una lucha por la justicia
social. Según Woodward, «Es claramente probable que durante el
breve levantamiento populista en los años noventa del siglo XIX, los
Negros y los blancos nativos lograran mayor unidad de mente y armonía de finalidad politica que nunca antes o después en el Sur».[28]

Los desafíos inherentes a construir esa alianza que perseguían los
populistas eran enormes, pues el prejuicio de raza alcanzaba su grado
máximo entre las propias poblaciones blancas a las que se dirigía la
llamada populista, las clases bajas económicamente deprimidas. Sin
embargo, el movimiento populista inicialmente consiguió un éxito
notable en el Sur, alimentado por una ola de descontento por la severa depresión agraria de las décadas de 1880 y 1890. Los populistas
atacaban directamente a los conservadores, que eran conocidos por
ser un partido de privilegio, y alcanzaron una serie asombrosa de
victorias políticas por la zona. Alarmados por el éxito de los populistas y por la aparente potencia de la alianza entre los blancos pobres
de clase trabajadora y los afroamericanos, los conservadores alzaron

---

[26] *Ibid.*, p. 61.

[27] Tom Watson, «The Negro Question in the South» cita a Stokely Carmi-
chael y Charles V. Hamilton, *Black Power: The Politics of Liberation in America*,
Nueva York, Random House, 1967.

[28] Woodward, *Strange Career of Jim Crow*, p. 64

el grito de la supremacía blanca y recurrieron a las tácticas que habían empleado en su búsqueda de la Redención, incluyendo el fraude, la intimidación, el soborno y el terror.

Las leyes segregadoras se propusieron como parte de un esfuerzo deliberado por introducir una cuña divisoria entre los blancos pobres y los afroamericanos. Estas barreras discriminatorias estaban diseñadas con el fin de animar a los blancos de clases inferiores para que mantuvieran un sentimiento de superioridad sobre los negros, lo que hacía mucho más improbable que generaran alianzas políticas interraciales dirigidas a derrocar a la élite blanca. Las leyes fueron, en efecto, otro soborno racial. Como ha hecho notar William Julius Wilson: «Mientras los blancos pobres dirigieran su odio y frustración contra el competidor negro, los plantadores estaban a salvo de la hostilidad de clase que pudiera dirigirse contra ellos».[29] De hecho, con el objetivo de superar las sospechas bien fundadas de los blancos pobres y analfabetos en el sentido de que ellos, al igual que los negros, corrían el peligro de perder el derecho al voto, los líderes del movimiento mantuvieron una agresiva campaña de supremacía blanca en cada estado antes de que se privara a los negros del derecho al voto.

Finalmente los populistas cedieron a la presión y abandonaron a sus antiguos aliados. «Mientras el movimiento [populista] se encontraba en el punto máximo de su celo», observó Woodward, «las dos razas se sorprendieron la una a la otra y asombraron a sus oponentes por la armonía que lograron y la buena voluntad con que cooperaron».[30] Pero cuando fue quedando claro que los conservadores no se detendrían ante nada con tal de acabar con esa alianza, la unión entre las dos razas se disolvió y los líderes populistas volvieron a alinearse con los conservadores. Incluso Tom Wason, que había estado entre los defensores más enérgicos de una alianza interracial de granjeros, concluyó que los principios populistas nunca serían abrazados del todo por el Sur hasta que se expulsara a los negros de la política.

La depresión agraria, junto con una serie de reformas fallidas y de promesas políticas rotas, había contribuido a provocar un clímax

---

[29] William Julius Wilson, *The Declining Significance of Race: Blacks and Changing American Institutions*, Chicago, University of Chicago Press, 1978, p. 54.
[30] Woodward, *Strange Career of Jim Crow*, p. 80.

de tensiones sociales. Los blancos dominantes llegaron a la conclusión de que les convenía desde el punto de vista político y económico usar a los negros como chivo expiatorio, y el «permiso para odiar» vino de lugares que anteriormente lo habían negado, incluyendo a los liberales del Norte que estaban ansiosos por reconciliarse con el Sur, conservadores sureños que antes habían prometido a los negros protección contra el extremismo racial, y populistas que dejaron a un lado a sus aliados de piel oscura cuando la alianza se vio sitiada.[31]

Parecía que la historia se repetía. Al igual que la élite blanca había conseguido dividir a los negros y a los blancos pobres tras la Rebelión de Bacon al crear la institución de la esclavitud negra, otro sistema racial de castas estaba emergiendo casi dos siglos después, debido en parte a los esfuerzos de las élites blancas para acabar con una alianza multiracial de pobres. Para cuando llegó el siglo xx, todos los estados del Sur contaban con leyes que impedían el voto a los negros y los discriminaban casi en todos los aspectos de la vida, lo que sancionaba un ostracismo racial que se extendía a las escuelas, iglesias, vivienda, empleos, uso de baños públicos, hoteles, restaurantes, hospitales, orfanatos, cárceles, funerarias, depósitos de cadáveres y cementerios. Los políticos competían entre sí para proponer y aprobar leyes cada vez más severas, opresivas y claramente ridículas (como, por ejemplo, la de prohibir a negros y blancos que jugaran juntos al ajedrez). Los símbolos públicos y los recordatorios constantes de la subyugación negra fueron apoyados por blancos de todo el espectro político, aunque la grave situación de los blancos pobres se mantuvo en gran medida sin cambios. Para ellos, el soborno racial era sobre todo ideológico.

El nuevo orden racial, conocido como Jim Crow (un término que al parecer procede de un personaje de un entretenimiento anterior al *vaudeville* en que los artistas se pintaban la cara de negro con una función caricaturesca), se consideró el acuerdo «definitivo», «el regreso a la cordura», y el «sistema permanente».[32] Por supuesto, el modelo anterior de control racializado, la esclavitud, también se había considerado una solución definitiva, cuerda y permanente por

---

[31] *Ibid.*, p. 81.
[32] *Ibid.*, p. 7.

parte de quienes lo apoyaban. Como la estructura anterior, el Jim Crow parecía «natural» y se fue haciendo difícil recordar que en algún momento no solo habían existido otros caminos alternativos, sino que casi habían llegado a imponerse.

La muerte de Jim Crow

Los historiadores llevan mucho tiempo debatiendo en qué momento comenzó y terminó la Reconstrucción, al igual que cuándo concluyó exactamente la etapa de legislación segregacionista Jim Crow y empezó el Movimiento de Derechos Civiles o «Segunda Reconstrucción». La Reconstrucción se define habitualmente como el periodo que se extiende desde 1863, cuando el Norte liberó a los esclavos, hasta 1877, en que los abandonó y retiró las tropas federales del Sur. No existe tanta certeza en absoluto para el comienzo y el final del periodo Jim Crow.

El público en general marca el final de esa etapa con el caso de Brown contra la Junta de Educación, aunque el modelo segregacionista mostraba síntomas de debilidad desde hacía años. Para 1945, un número creciente de blancos en el Norte había llegado a la conclusión de que debía modificarse el sistema Jim Crow, si no acabar con él por completo. Este consenso obedecía a numerosos factores, entre ellos el creciente poder político de los negros debido a que emigraban al Norte y el tamaño e influencia crecientes de NAACP, en particular su enorme éxito en la campaña legal para denunciar las leyes Jim Crow en los tribunales federales. Sin embargo, para muchos expertos es más importante la influencia de la Segunda Guerra Mundial. La flagrante contradicción entre la oposición del país a los crímenes del Tercer Reich contra los judíos europeos y la existencia continuada de un sistema de castas raciales en los Estados Unidos resultaba embarazosa, con lo que se dañaba seriamente la credibilidad de la nación como líder del «mundo libre». También se había incrementado la preocupación por el hecho de que, sin una mayor igualdad para los afroamericanos, los negros serían más susceptibles a la influencia comunista, dado el compromiso de Rusia con la igualdad tanto racial como económica. En el libro de Gunnar Myrdal, de gran influencia, titulado *The American Dilemma*, publicado en 1944, el autor hacía una defensa apasionada de la integración, basada en la teoría de que la contradicción inherente entre el «credo estadounidense» de libertad e igualdad y el tratamiento que se daba a los afroamericanos no solo era inmoral y profundamente injusta, sino que también era contraria a los intereses económicos y de política exterior de Estados Unidos.[33]

El Tribunal Supremo pareció estar de acuerdo. En 1944, en el caso Smith contra Allwright, el Tribunal Supremo acabó con el uso de las elecciones primarias solo para blancos, y en 1946 el Tribunal decretó que las leyes estatales que exigían la segregación en los autobuses interestatales eran anticonstitucionales. Dos años más tarde, la Corte Suprema declaró carente de validez cualquier acuerdo inmobiliario que discriminara a los compradores por raza, y en 1949 la Corte decretó que la Facultad de Derecho segregada, solo para negros, de Texas era inherentemente desigual e inferior en todos los aspectos a la Facultad de Derecho solo para blancos. En 1950, en el caso McLaurin contra Oklahoma, se dictaminó que el estado de Oklahoma tenía que desegregar su Facultad de Derecho. Es decir, incluso antes del caso de Brown, el Tribunal Supremo ya había comenzado a poner en movimiento un patrón espectacular de desegregación.

Con todo, Brown contra la Junta de Educación fue extraordinario. Marcó el final de la «autonomía» del Sur en temas raciales. Veredictos anteriores habían erosionado la doctrina de «iguales pero separados» y sin embargo la legislación Jim Crow había conseguido adaptarse a un entorno legal cambiante y la mayor parte de la población del Sur confiaba en que el sistema se mantendría. Brown amenazó no solo con abolir la segregación en las escuelas públicas, sino también, por implicación, todo el sistema de discriminación legalizada en el Sur. Tras más de cincuenta años de casi total deferencia ante los estados del Sur y de no interferencia en sus asuntos raciales, Brown sugería un cambio de curso.

Una ola de indignación y desafío barrió el Sur, no muy distinta de la reacción ante la Emancipación y la Reconstrucción tras la Guerra

---

[33] Gunnar Myrdal, *An American Dilemma: The Negro Problem and Modern Democracy*, Nueva York, Harper & Brothers, 1944.

de Secesión. Una vez más, el Gobierno Federal forzaba al Sur a la igualdad, y para 1956 la oposición de los blancos sureños a la desegregación se había convertido en un contragolpe peligroso. En el Congreso, el senador de Carolina del Norte Sam Erwin Jr. redactó una polémica racista, el «Manifiesto Sureño», que prometía luchar para mantener el sistema Jim Crow por todos los medios legales. Erwin consiguió obtener el apoyo de 101 congresistas, de los 128 de los once estados confederados originales.

Una nueva ola de terror blanco se lanzó contra quienes apoyaban el desmantelamiento del sistema Jim Crow. En casi todas las ciudades y pueblos del Sur se formaron Concilios de Ciudadanos Blancos, formados en su gran mayoría por blancos de clase media o alta del sector de los negocios y del clero. Al igual que las legislaturas del Sur habían aprobado los Códigos Negros como respuesta a los primeros pasos de la Reconstrucción, en los años posteriores al caso Brown, cinco legislaturas sureñas aprobaron casi cincuenta nuevas leyes Jim Crow. En las calles, la resistencia se volvió violenta. El Ku Klux Klan se reafirmó como una poderosa organización terrorista, cometiendo castraciones, asesinatos y atentados con bombas contra hogares e iglesias negros. Los líderes de la NAACP fueron víctimas de palizas, disparos y de golpes con pistolas. Tan rápido como había comenzado, la desegregación en el Sur se detuvo. En 1958, se desegregaron trece sistemas educativos; en 1960, solo diecisiete.[34]

De no haber sido por la existencia de un movimiento masivo de base que desafiaba directamente el modelo de castas raciales, Jim Crow podría seguir vivito y coleando hoy en día. Sin embargo, en la década de 1950 del siglo xx, se estaba formando un movimiento de derechos civiles, animado por los veredictos del Tribunal Supremo y por un contexto político que estaba cambiando tanto en la escena doméstica como en la internacional. Con extraordinaria valentía, los líderes de derechos civiles, los activistas y el clero liberal hicieron boicots, marchas y sentadas en protesta contra el sistema Jim Crow.

---

[34] Manning Marable, *Race, Reform and Rebellion: The Second Reconstruction in Black America, 1945-1990,* Jackson, University Press of Mississippi, 1991, p. 44; véase también Michael Klarman, «Brown, Racial Change, and the Civil Rights Movement», *Virginia Law Review* vol. 80, 1994, pp. 7 y 9.

Soportaron que les atacaran con mangueras y perros policía y fueron víctimas de atentados con bombas y de palizas por parte de la policía y de grupos de blancos. Una vez más, las tropas federales fueron enviadas al Sur para proporcionar protección a los negros que intentaban ejercer sus derechos civiles, y la violenta reacción de los blancos racistas fue observada con horror desde el Norte.

El clímax dramático del Movimiento de Derechos Civiles tuvo lugar en 1963. La lucha en el Sur había crecido desde ser solo un modesto grupo de estudiantes negros que se manifestaban pacíficamente en la cafetería de algún centro comercial[35] hasta formar el mayor movimiento de masas para la reforma racial y los derechos civiles en el siglo XX. Entre el otoño de 1961 y la primavera de 1963, veinte mil hombres, mujeres y niños habían sido arrestados. Solo en 1963 otros quince mil fueron encarcelados y se produjeron más de mil manifestaciones en pro de la desegregación por todo el Sur, en más de cien ciudades.[36]

El 12 de junio de 1963, el presidente Kennedy anunció que enviaría al Congreso una potente ley de derechos civiles, una declaración que lo transformó en un aliado muy reconocido del Movimiento de Derechos Civiles. Tras su asesinato, el presidente Johnson manifestó su compromiso con el objetivo de lograr «la total asimilación de más de veinte millones de negros en la vida estadounidense» y garantizó la aprobación de una legislación exhaustiva en materia de derechos civiles. La Ley de Derechos Civiles de 1964 desmanteló formalmente la estructura Jim Crow de discriminación en alojamientos públicos, empleo, voto, educación y actividades financiadas con fondos federales. La Ley de Derecho al Voto de 1965 en teoría tenía incluso mayor alcance, pues ilegalizaba numerosas barreras discriminatorias a la participación efectiva de los afroamericanos y comisionaba una revisión federal de todas las nuevas regulaciones en materia de voto,

---

[35] *Lunch counter sit-ins*: se alude a las sentadas que comenzaron en la barra segregada de la cafetería de los grandes almacenes Woolworth de Greensboro, Carolina del Norte, y que se repitieron a diario, cada día con más participantes. Se fueron extendiendo a otros lugares. Finalmente, los grandes almacenes de esa ciudad cambiaron su política varios meses después.

[36] Marable, *Race, Reform and Rebellion*, p. 69.

para poder determinar si su uso podría perpetuar la discriminación en la participación electoral.

En un plazo de cinco años, los efectos de la revolución de derechos civiles eran innegables. Entre 1964 y 1969, el porcentaje de adultos afroamericanos que se registraron para votar en el Sur se multiplicó. En Alabama el porcentaje ascendió del 19,3 al 61,3%; en Georgia, del 27,4 al 60,4%; en Luisiana, del 31,6 al 60,8%, y en Misisipi, del 6,7 al 66,5%.[37] De repente, los niños negros podían comprar en grandes almacenes, comer en restaurantes, beber de las fuentes e ir a parques de atracciones que antes habían estado fuera de su alcance. Las leyes de segregación fueron declaradas anticonstitucionales y la tasa de matrimonios interraciales se elevó.

Aunque se fue evidenciando un progreso espectacular en los ámbitos políticos y sociales, a los activistas de derechos civiles les preocupaba cada vez más que, sin reformas económicas fundamentales, la gran mayoría de los negros siguiera anclada en la pobreza. Así, en el momento culminante del Movimiento de Derechos Civiles, activistas y otros comenzaron a centrar su atención en los problemas económicos, alegando que la desigualdad socioeconómica se combinaba con el racismo para generar una pobreza paralizante y problemas sociales asociados. Los temas económicos emergían como un foco principal de descontento. Como han descrito los politólogos Frances Fox Piven y Richard Cloward, «los negros se indignaron más por su situación, no solo como una minoría racial oprimida en una sociedad blanca sino como gente pobre en una sociedad próspera».[38] Los militantes organizaron boicots, piquetes y manifestaciones para combatir la discriminación en el acceso al trabajo y el que se les negaran oportunidades económicas.

Quizá la manifestación más famosa en apoyo de la justicia económica fue la Marcha sobre Washington por el Empleo y la Libertad Económica que tuvo lugar en agosto de 1963. La ola de activismo relacionado con la justicia económica contribuyó a que el presidente

---

[37] Stephen F. Lawson, *Black Ballots: Voting Rights in the South, 1944-1969*, Nueva York, Columbia University Press, 1976, pp. 300, 321, 329 y 331.

[38] Frances Fox Piven y Richard A. Cloward, *Poor People's Movements: Why They Succeed, How They Fail*, Nueva York, Pantheon, 1977, p. 269.

Kennedy se fijara en la pobreza y el desempleo negros. En el verano de 1963 encargó una serie de estudios sobre estos temas. A finales de ese verano, declaró su intención de hacer de la erradicación de la pobreza un objetivo legislativo clave en el periodo de 1964.[39] Tras su asesinato, el presidente Lyndon Johnson se unió al discurso contra la pobreza con gran apasionamiento, haciendo un llamamiento a una «guerra incondicional contra la pobreza» en su Discurso del Estado de la Unión en enero de 1964. Semanas más tarde propuso al Congreso el proyecto de ley de Oportunidades Económicas de 1964.

El cambio de prioridad sirvió para alinear los objetivos del Movimiento de Derechos Civiles con objetivos políticos esenciales de los blancos pobres y de clase trabajadora, que también exigían reformas económicas. A medida que el Movimiento de Derechos Civiles comenzó a evolucionar hacia un «Movimiento de Gente Pobre», prometió abordar no solo la pobreza negra sino también la pobreza blanca, con lo que alzaba el espectro de ser un movimiento de personas pobres y de clase trabajadora que no se veía limitado por barreras raciales. Martin Luther King Jr. y otros líderes de derechos civiles dejaron muy claro que consideraban la erradicación de la desigualdad económica el siguiente frente de acción del «movimiento de derechos humanos» y trabajaron mucho para construir coaliciones multiraciales que buscaban la justicia económica para todos. Según Luther King, la verdadera igualdad para la gente negra exigía una reestructuración radical de la sociedad, una que satisficiera las necesidades de los pobres tanto negros como blancos por todo el país. Poco antes de su asesinato, concibió la idea de llevar a la capital a miles de los desposeídos del país en una alianza interracial que aunaría a negros rurales y de los guetos, a blancos de los Apalaches, a mexicanoamericanos, puertorriqueños y nativos americanos para reivindicar trabajo y renta, en resumen el derecho a vivir. En un discurso que dio en 1968 reconoció que se habían logrados ciertos avances para los negros desde la aprobación de la Ley de Derechos Civiles de 1964, pero insistió en que los desafíos de ese momento exigían una resolución aún mayor y que el país entero se transformara para que la justicia económica fuera algo más que un sueño para los pobres

---

[39] John Donovan, *The Politics of Poverty*, Indianapolis, Pegasus, 1973, p. 23.

de todos los colores. Como comenta el historiador Gerald McKnight: «Luther King proponía nada menos que una transformación radical del Movimiento de Derechos Civiles para convertirse en una cruzada populista que llamara a la redistribución del poder económico y político. El único líder de los derechos civiles del país se centraba en ese momento en temas de clase y planeaba caer sobre Washington con un ejército de pobres para sacudir los fundamentos de la estructura de poder y obligar al Gobierno a responder a las necesidades de la clase inferior ignorada».[40]

Con el éxito del Movimiento de Derechos Civiles y el lanzamiento del Movimiento de los Pobres, parecía claro para todos que se había producido una importante ruptura en el equilibrio racial de la nación. Y sin embargo, como veremos más abajo, los negros solo «disfrutaron de un breve momento al sol». Los blancos conservadores empezaron, una vez más, a buscar un nuevo orden racial que se adaptara a las necesidades y limitaciones del momento. Este proceso se llevó a cabo con la condición de que, fuera como fuera el nuevo modelo, en apariencia tendría que ser neutral en cuanto a la raza, es decir no podía implicar una discriminación racial explícita o claramente intencionada. Un fenómeno similar se había producido tras la era de la esclavitud y la Reconstrucción, cuando las élites blancas lucharon por definir una nueva estructura racial sabiendo que, fuese como fuese aquel nuevo orden, no podría incluir la esclavitud. Al final, la legislación Jim Crow sustituyó a la esclavitud, pero ese sistema ya había muerto y aún no estaba claro qué habría de sustituirlo. Con el impedimento legal de no poder invocar explícitamente la raza, quienes estaban comprometidos con la jerarquía racial se vieron obligados a buscar nuevos medios de lograr sus objetivos según las nuevas reglas de la democracia estadounidense.

La historia revela que las semillas del nuevo sistema de control estaban plantadas bastante antes de que terminara el Movimiento de Derechos Civiles. Se creó un nuevo lenguaje neutral en cuanto a la raza para apelar a los viejos sentimientos racistas, un lenguaje acompañado por un movimiento político que consiguió colocar a la amplia

---

[40] Gerald McKnight, *The Last Crusade: Martin Luther King, Jr., the FBI, and the Poor People's Campaign*, Nueva York, Westview Press, 1998, pp. 21-22.

mayoría de los negros de vuelta a su lugar. Quienes proponían una jerarquía racial se dieron cuenta de que podían establecer una nueva estructura de castas raciales sin violar la ley ni los límites del discurso político aceptable, simplemente exigiendo «ley y orden» en lugar de «segregación para siempre».

El nacimiento del encarcelamiento masivo

La retórica de «la ley y el orden» se usó por primera vez a finales de los años cincuenta, cuando los gobernadores y las fuerzas del orden sureños intentaron generar y movilizar una oposición blanca al Movimiento de los Derechos Civiles. En los años posteriores al caso Brown contra la Junta de Educación, los activistas de derechos civiles utilizaron tácticas de acción directa en un esfuerzo por obligar a los estados sureños que se resistían a desegregar las instalaciones públicas. Los gobernadores y fuerzas del orden del Sur a menudo describían esas tácticas como delincuencia y argumentaban que el ascenso del Movimiento de Derechos Civiles era indicativo de una ruptura de la ley y el orden. El apoyo a la legislación de derechos civiles fue despreciado por los conservadores del Sur, que lo calificaban sencillamente como «premiar a quienes violan la ley».

Durante más de una década, desde mediados de los años cincuenta hasta finales de los sesenta, los conservadores vincularon de manera sistemática y estratégica la oposición a la legislación de derechos civiles con llamadas a la ley y el orden, argumentando que la filosofía de desobediencia civil de Martin Luther King Jr. era una de las causas principales de la delincuencia. A menudo se describían las manifestaciones por los derechos civiles como actos de naturaleza delincuente más que política y se acusaba a los tribunales federales de excesiva «tolerancia» hacia quienes infringían la ley, con lo que contribuían a expandir la delincuencia. En palabras del entonces vicepresidente Richard Nixon, el origen de la creciente tasa de delincuencia «puede rastrearse directamente hasta la corrosiva doctrina de que cada ciudadano posee un derecho inherente de decidir por sí mismo qué leyes obedecer y cuándo desobedecerlas».[41] Algunos segregacionistas fueron más lejos aún, insistiendo en que la integración provocaba delincuencia, citando los índices de criminalidad más bajos en los estados del Sur como prueba de que la segregación era necesaria. En palabras del congresista John Bell Williams: «Este éxodo de negros desde el Sur y su afluencia a las grandes zonas metropolitanas de otras regiones se han visto acompañados por una oleada de delincuencia. ¿Qué han conseguido los derechos civiles para estas regiones? La segregación es la única respuesta, como la mayoría de los norteamericanos, no los políticos, saben desde hace cientos de años».[42]

Por desgracia, en ese mismo momento en que se identificaban los derechos civiles como una amenaza contra la ley y el orden, el FBI informaba de un aumento bastante dramático en los índices nacionales de delincuencia. Desde los años sesenta, las tasas de criminalidad ascendieron durante un periodo de unos diez años. Los delitos callejeros denunciados se cuadruplicaron y la tasa de homicidios casi se multiplicó por dos. A pesar de una importante polémica sobre la exactitud de las estadísticas de delitos en esta época (los métodos del FBI de contabilizar delitos estaban en proceso de cambio), los sociólogos y criminólogos coinciden en que la tasa de delincuencia se incrementó, en algunos casos de forma bastante pronunciada. Las razones para una oleada de delincuencia son complejas, pero se pueden explicar en gran parte por el crecimiento de la generación del *baby boom*, el aumento en el número de hombres jóvenes en edades comprendidas entre los quince y los veinte años, que históricamente ha sido el tramo de edad con mayor número de delitos. Este incremento en el número de chicos se estaba produciendo en el mismo momento en que las tasas de desempleo para hombres negros aumentaban de forma aguda, pero en los medios de comunicación no se exploraban los factores económicos y demográficos que contribuían al aumento de la delincuencia. Por el contrario, se sensacionalizaban

[41] Richard Nixon, «If Mob Rule Takes Hold in U.S.», *U.S. News & World Report*, 15 de agosto de 1966, p. 64.
[42] U.S. House, «Northern Congressmen Want Civil Rights but Their Constituents Do Not Want Negroes» *Congressional Record,* 86° Cong., 2ª sesión, 1960, p. 106, parte 4, pp. 5062-5063.

los informes sobre criminalidad y se presentaban como prueba de que, como consecuencia del Movimiento de Derechos Civiles, se había producido una ruptura en el cumplimiento de la ley, en la moralidad y en la estabilidad social.[43]

Para empeorar las cosas, en el verano de 1964 estallaron disturbios en Harlem y Rochester, seguidos de una serie de levantamientos que barrieron el país a raíz del asesinato de Martin Luther King Jr. en 1968. El imaginario racial asociado a los disturbios alimentó el argumento de que los derechos civiles para los negros provocaban una escalada de delincuencia. Ciudades como Filadelfia o Rochester fueron descritas como víctimas de su propia generosidad. Los conservadores alegaban que, al haber dado la bienvenida a los negros que emigraban desde el Sur, estas ciudades «recibieron como pago barrios bajos llenos de delincuencia y descontento negros».[44]

Barry Goldwater, en su campaña presidencial del año 1964, explotó de forma agresiva los disturbios raciales y el miedo a la delincuencia negra, lo que sentó las bases para el movimiento «Mano Dura con la Delincuencia» que surgiría años más tarde. En un discurso que se ha citado a menudo, Goldwater advertía a los votantes: «Si elegís el camino de la Administración [del presidente Johnson], tendréis a las multitudes en la calle».[45] Los activistas de derechos civiles que alegaban que los disturbios estaban directamente relacionados con los extendidos abusos y acosos policiales recibían el desprecio sin miramientos de los conservadores. «Si [los negros] se comportan de forma ordenada, no tendrán que preocuparse por la brutalidad policial», alegaba el senador de Virginia Occidental Robert Byrd.[46]

---

[43] Katherine Beckett, *Making Crime Pay: Law and Order in Contemporary American Politics*, Nueva York, Oxford University Press, 1997, p. 32; Marc Mauer, «Two-Tiered Justice: Race, Class and Crime Policy», *The Integration Debate: Competing Futures for American Cities*, Chester Hartman y Gregory Squires (eds.), Nueva York, Routledge, 2005, p. 171.

[44] Vesla M. Weaver, «Frontlash: Race and the Development of Punitive Crime Policy», *Studies in American Political Development*, vol. 21, otoño de 2007, p. 242.

[45] Barry Goldwater, «Peace Through Strength», *Vital Speeches of the Day*, vol. 30, Nueva York, City News, 1964, p. 744.

[46] «Poverty: Phony Excuse for Riots? Yes, Says a Key Senator», *U.S. News & World Report*, 31 de Julio de 1967, p. 14.

Aunque muchos abogados defensores de derechos civiles de este periodo resistieron de forma activa el intento por parte de los conservadores de usar el delito como una excusa para aplicar mano dura a las comunidades blancas empobrecidas, algunos activistas negros empezaron a unirse a los llamamientos a «la ley y el orden» y mostraron su apoyo a respuestas duras contra los infractores. Como explica Vanessa Barker en *The Politics of Imprisonment*, los activistas negros de Harlem, alarmados por las crecientes tasas de delincuencia, hicieron una campaña activa por lo que habrían de ser las tristemente célebres leyes Rockefeller contra las drogas, así como otras medidas como condenas severas.[47] Queriendo o sin querer, se encontraron siendo cómplices en el surgimiento de un sistema penal sin precedentes en la historia mundial. El apoyo negro a la respuesta dura ante la delincuencia urbana, un apoyo nacido de la desesperación y de la preocupación legítima por la descomposición de la seguridad elemental en las comunidades de los barrios deprimidos del centro, contribuyó a proporcionar cobertura a los político conservadores que vieron la oportunidad de dar marcha atrás en cuanto a progreso racial. Los conservadores mencionaban el apoyo negro a los enfoques más punitivos a la hora de abordar los problemas de los pobres urbanos como «prueba» de que la raza no tenía nada que ver con su agenda en pro de «la ley y el orden».

Al inicio, no se molestaron en disfrazar las motivaciones raciales que subyacían a la retórica a favor de la ley y el orden y a la dura legislación en materia de justicia penal propuesta en el Congreso. Los oponentes más vehementes a la legislación de derechos civiles y a la desegregación fueron los más activos en el tema de la escalada de delincuencia. El conocido segregacionista George Wallace, por ejemplo, alegaba que «la misma Corte Suprema que había ordenado la integración racial y animado la legislación de derechos civiles» ahora «se desvivía por ayudar a los delincuentes».[48] Otros tres segregacionistas

---

[47] Véase Vanessa Barker, *The Politics of Imprisonment: How the Democratic Process Shapes the Way America Punishes Offenders*, Nueva York, Oxford University Press, 2009, p. 151.

[48] Joel Rosch, «Crime as an Issue in American Politics», *The Politics of Crime and Criminal Justice*, Beverley Hills, SAGE Publications, 1985.

prominentes, los senadores McClellan, Erwin y Thurmond, lideraron la batalla legislativa para limitar los derechos de los acusados.[49]

Sin embargo, a medida que las reglas del discurso aceptable cambiaban, los segregacionistas se distanciaron de un programa explícitamente racista. Al contrario, fueron inventando la retórica racialmente desinfectada de «mano dura contra la delincuencia», un discurso que ahora usan libremente políticos de todo tipo. Los políticos conservadores que se apuntaban a este discurso evitaban deliberadamente distinguir entre las tácticas de acción directa de los activistas de derechos civiles, las revueltas violentas de los barrios bajos del centro de las ciudades y los delitos típicos de carácter violento o económico. Al contrario, como apunta Marc Mauer, de *The Sentencing Project*: «todos estos hechos se clasificaban como "delitos callejeros"».[50]

Tras la aprobación de la Ley de Derechos Civiles, el debate público pasó de centrarse en la segregación a centrarse en la delincuencia. Sin embargo, las líneas de batalla siguieron siendo las mismas en gran medida. Las posturas sobre las políticas en cuanto a la delincuencia en general eran coherentes con la línea en cuanto a ideología racial. La politóloga Vera Weaver explica: «Los votos emitidos en contra del acceso igualitario a la vivienda, el transporte de alumnos a escuelas públicas fuera de su barrio, la Ley de Derechos Civiles y otras medidas demostraban una y otra vez la misma división que en votaciones sobre enmiendas en proyectos de ley sobre delincuencia Los Congresistas que se oponían a las medidas de los derechos civiles proponían de forma muy activa legislación penal y luchaban de forma enérgica por sus propuestas».[51]

Aunque la retórica de la ley y el orden finalmente no pudo impedir el desmantelamiento formal del sistema de legislación Jim Crow, sí demostró su enorme eficacia al apelar a los blancos pobres y de clase trabajadora, en especial los del Sur, que se oponían a la integración y se sentían frustrados por el aparente apoyo del Partido Demócrata al Movimiento de Derechos Civiles. Como apunta Weaver, «más que

---

[49] Beckett, *Making Crime Pay*, p. 32.
[50] Marc Mauer, *Race to Incarcerate*, Nueva York, The New Press, 1999, p. 52.
[51] Weaver, «Frontlash», p. 262.

desaparecer, el argumento delincuencia-raza de los segregacionistas se colocó en un nuevo marco, con un matiz ligeramente distinto», y finalmente se convirtió en la base de la nueva agenda conservadora en el tema de la criminalidad.[52] De hecho, la retórica de la ley y el orden, usada en primer lugar por los segregacionistas, al final contribuyó a un importante realineamiento de los partidos políticos en Estados Unidos.

Tras la Guerra Civil, la alineación de partidos era regional casi por completo. El Sur era sólidamente demócrata, estaba amargado por la guerra y firmemente comprometido con la preservación de un sistema racial de castas, y se mostraba extremadamente hostil a una intervención federal a favor de los afroamericanos. El Norte era abrumadoramente republicano, y aunque los republicanos mantenían una postura ambivalente en torno a la igualdad para los afroamericanos, se sentían más inclinados a adoptar y aplicar reformas en pro de la justicia racial que sus homólogos demócratas de debajo de la línea Mason-Dixon, una línea que forma parte de la frontera de los estados de Pennsylvania, Maryland, Delaware y Virginia Occidental y que en la cultura popular marca la separación simbólica, que no real, entre abolicionistas y esclavistas.

La Gran Depresión provocó una enorme transformación en las relaciones de raza y en la alineación partidista. El programa llamado *New Deal*, liderado por el Partido Demócrata del presidente Franklyn D. Roosevelt, estaba diseñado para aliviar el sufrimiento de los pobres en medio de la Depresión, y los negros, que eran los más pobres entre los pobres, se beneficiaron de una forma desproporcionada. Aunque los programas del *New Deal* estaban plagados de discriminación en la forma en que se administraron, al menos incluyeron a los negros entre sus beneficiarios, un hecho que según observa el historiador Michael Klarman, fue «suficiente para elevar las esperanzas y las expectativas negras tras décadas de abandono perverso por parte de Washington».[53] Los blancos pobres y de clase trabajadora tanto del Norte como del Sur, al igual que los afroamericanos, respondieron de forma positiva al *New Deal*, ansiosos de recibir asistencia

---

[52] *Ibid.*
[53] Klarman, *From Jim Crow to Civil Rights*, p. 110.

económica significativa. Como resultado, la coalición demócrata del *New Deal* fue evolucionando hasta convertirse en una alianza de grupos étnicos urbanos y del Sur blanco que dominó las elecciones desde 1932 hasta comienzos de la década de 1960.

Esa hegemonía llegó a su final abruptamente con la creación y aplicación de lo que se ha dado en llamar la Estrategia del Sur. El éxito de la retórica de la ley y el orden entre los blancos de clase trabajadora y su profundo resentimiento ante las reformas raciales, en particular en el Sur, llevó a los analistas republicanos conservadores a creer que el Partido Republicano podía crear una «nueva mayoría» que incluyera la base tradicional republicana, el Sur blanco y la mitad del voto católico de los trabajadores manuales de las grandes ciudades.[54] Algunos estrategas políticos conservadores admitieron que apelar a los miedos y antagonismos raciales era un elemento central en esta estrategia, aunque se tenía que hacer de forma encubierta. H. R. Haldeman, uno de los asesores clave de Nixon, recuerda que el mismo Nixon llevó adelante de forma deliberada una estrategia sureña, racial: «Él [el presidente Nixon] hizo hincapié en el hecho de que hay que afrontar el hecho de que en realidad el problema radica en los negros. La clave es diseñar un sistema que tenga esto en cuenta aunque no lo parezca».[55] De forma similar, John Ehrlichman, consejero especial del presidente, explicaba la estrategia de la Administración Nixon para la campaña de 1968 de esta forma: «Nos vamos a centrar en los racistas».[56] Desde su punto de vista, «en las declaraciones y discursos de Nixon estaba siempre presente la llamada subliminal al votante antinegro».[57]

Al estratega republicano Kevin Phillips se le considera a menudo la persona que ofreció el argumento más influyente a favor de una

---

[54] Véase por ejemplo Patrick Buchanan, *The New Majority: President Nixon at Mid-Passage,* Filadelfia, Girard Bank, 1973.

[55] Willard M. Oliver, *The Law & Order Presidency,* Upper Saddle River, NJ, Prentice Hall, 2003, pp. 127-128, cita a Dan Baum, *Smoke and Mirrors: The War on Drugs and the Politics of Failure,* Boston, Little, Brown, 1996, p. 13; y H. R. Haldeman, *The Halde-man Diaries,* Nueva York, G.P. Putnam's Sons, 1994, p. 53.

[56] John Ehrlichman, Witness to Power: *The Nixon Years,* Nueva York, Simon & Schuster, 1970, p. 233.

[57] *Ibid.*

estrategia basada en la raza para lograr la dominación política republicana en el Sur. En su libro *The Emerging Republican Majority*, publicado en 1969, alegaba que el éxito de la campaña presidencial de Nixon podía abrir el camino para una realineación política de larga duración y para la construcción de una nueva mayoría republicana, si los republicanos seguían basando sus campañas fundamentalmente en los temas raciales, usando una retórica antinegra codificada.[58] Alegaba que los demócratas blancos sureños se habían enfadado tanto y se habían sentido tan alienados por el apoyo del Partido Demócrata a las reformas de derechos civiles, como la desegregación y el uso de transporte para llevar a los alumnos negros a centros educativos fuera de su barrio, que a esos votantes se les podría persuadir fácilmente para que cambiaran de partido si se podían mantener esos resentimientos raciales. Warren Weaver, un periodista de *The New York Times* que escribió una reseña del libro tras su publicación, observó que la estrategia de Phillips dependía en gran medida de crear y mantener un entorno político polarizado racialmente. «La polarización racial completa es un ingrediente esencial del pragmatismo político de Phillips. Quiere ver un partido demócrata negro, en especial en el Sur, porque esto hará que se afilien al partido republicano precisamente los blancos antinegros que ayudarán a constituir esa mayoría emergente. Esto incluso le lleva a apoyar ciertos esfuerzos en el tema de derechos civiles».[59] Apelar al racismo y a la vulnerabilidad de los blancos de clase trabajadora había funcionado a la hora de derrotar a los populistas a fines del siglo XIX, y un número cada vez mayor de conservadores creía que se debía volver a usar esa táctica, aunque de un modo algo más sutil.

Así, a fines de la década de 1960 y comienzos de la de 1970 se presentaron al gran público dos escuelas de pensamiento en torno a la raza, la pobreza y el orden social. Los conservadores alegaban que la pobreza estaba causada no por factores estructurales relacionados con la raza y la clase sino con la cultura, en especial la cultura negra.

---

[58] Véase Kevin Phillips, *The Emerging Republican Majority*, New Rochelle, NY, Arlington House, 1969.

[59] Warren Weaver, «The Emerging Republican Majority», *The New York Times*, 21 de septiembre de 1969.

Este punto de vista recibió el apoyo del informe ahora tristemente célebre de Daniel Patrick Moynihan sobre la familia negra, que atribuía la pobreza negra a una «subcultura» negra y al «enredo de patologías» que la caracterizaban. Como explica la socióloga Katherine Beckett, «Los (presuntos) malos comportamientos de los pobres dejaron de ser vistos como formas de adaptarse a la pobreza que tenían el desafortunado resultado de reproducirla, para ser considerados fallos de carácter que estaban en el origen de la propia pobreza».[60] Las «patologías sociales» de los pobres, en especial la delincuencia callejera, el uso de drogas ilegales y la delincuencia fueron redefinidas por los conservadores como la consecuencia de generosos sistemas asistenciales. Por primera vez aparecieron en el discurso político y en el imaginario de los medios de comunicación los «burladores negros de las prestaciones» y su peligrosa descendencia.

Por el contrario, los liberales insistían en que reformas sociales tales como la Guerra contra la Pobreza y la legislación de derechos civiles podrían atacar las «causas de fondo» de la conducta delincuente y hacían hincapié en las condiciones sociales que de forma predecible generaban delincuencia. Lyndon Johnson, por ejemplo, alegó durante su campaña presidencial contra Barry Goldwater en 1964 que los programas contra la pobreza eran, de hecho, programas contra la delincuencia: «Algo va terriblemente mal cuando un candidato para el más alto cargo se lamenta de la violencia en las calles, pero vota contra la Guerra contra la Pobreza, vota en contra de la Ley de derechos Civiles y vota en contra de los principales proyectos de ley educativos que se le presentan como legislador».[61]

Imágenes en disputa que presentaban a los pobres como «merecedores de auxilio» o «no merecedores» se convirtieron en componentes esenciales del debate. En último término, el carácter racializado de estas imágenes se convirtió en un recurso fundamental para los conservadores, que consiguieron usar el discurso de la ley y el orden en su esfuerzo por movilizar el resentimiento de los votantes blancos de clase trabajadora, muchos de los cuales se sentían

---

[60] Beckett, *Making Crime Pay*, p. 34.
[61] Lyndon Johnson, «Remarks on the City Hall Steps, Dayton, Ohio», *Public Papers of the Presidents 1963-64*, vol. 2, 1965, p. 1371.

amenazados por el repentino avance de los afroamericanos. Como explican Thomas y Mary Edsall en su penetrante libro titulado *Chain Reaction*, los blancos de clase baja o media baja corrieron con una parte desproporcionada de los gastos de la integración y la igualdad racial, pues de repente se vieron obligados a competir en igualdad de condiciones con los negros a la hora de luchar para conseguir empleos o mejorar su estatus, y además vivían en barrios situados junto a los guetos negros. Sus hijos, no los de los blancos acaudalados, asistían a las escuelas que tenían más probablilidades de verse obligadas a aceptar a alumnos negros. Los liberales blancos acomodados que hacían campaña por los derechos legales de los negros y de otras minorías «a menudo tenían unas condiciones muy protegidas en su vida privada y eran en gran medida inmunes a los costos de aplicar las reivindicaciones de las minorías».[62] Esta realidad hizo posible que los conservadores alegaran que el «*establishment* demócrata» estaba alejado de la gente trabajadora normal, con lo que resolvieron uno de los problemas centrales a los que se enfrentaban: cómo persuadir a los votantes pobres y de clase trabajadora para que se unieran en una alianza con los intereses corporativos y con la élite conservadora. Para 1968, el 81% de quienes participaron en una encuesta de Gallup estaba de acuerdo con la afirmación «La ley y el orden se han venido abajo en este país», y la mayoría culpaba a «los negros que inician disturbios» y a los «comunistas».[63]

Durante las elecciones presidenciales de ese año, tanto el candidato republicano, Richard Nixon, como el candidato segregacionista independiente, George Wallace, hicieron de «la ley y el orden» un argumento central en sus respectivas campañas y juntos se hicieron con el 57% del voto.[64] Nixon dedicó diecisiete discursos solo al tema de la inseguridad ciudadana y uno de sus anuncios televisivos explícitamente llamaba a los votantes a rechazar el desgobierno de los activistas de derechos civiles y elegir el «orden» para Estados Unidos.[65]

---

[62] Thomas Byrne Edsall y Mary D. Edsall, *Chain Reaction: The Impact of Race, Rights, and Taxes on American Politics*, Nueva York, Norton, 1992, pp. 12-13.
[63] *Ibid.*, p. 38.
[64] *Ibid.*, p. 74.
[65] Weaver, «Frontlash», p. 259.

Los anuncios comenzaban con una música atemorizadora acompañada por imágenes que se sucedían muy rápidamente, como a ráfagas, de víctimas de actos violentos cubiertas de sangre. Entonces una voz grave decía:

Es hora de afrontar con franqueza el problema del orden público en Estados Unidos. La disidencia es un ingrediente necesario para el cambio, pero en un sistema de gobierno que ofrece la posibilidad de cambio pacífico, no hay razón que justifique el uso de la violencia. Reconozcamos en primer lugar que el derecho primigenio de todo estadounidense es verse libre de cualquier violencia en este país. Así que yo os hago una promesa, en este país vamos a tener orden.

Al final del anuncio, un subtítulo decía: «Esta vez vota como si todo tu mundo dependiera de ello. NIXON». Viendo su propio anuncio, al parecer Nixon comentó con regodeo que «da justo en la diana. El tema son siempre esos putos grupos de negros y puertorriqueños que hay por ahí».[66]

La raza se había convertido, una vez más, en una cuña poderosa, que desgajaba lo que había sido una sólida coalición liberal basada en los intereses económicos de las clases medias, bajas y trabajadoras. En las elecciones de 1968, la raza eclipsó a la clase social como principio organizador de la política del país, y para 1972 las actitudes sobre temas raciales eran el determinante principal de la autoidentificación política de los votantes, más que el estatus socioeconómico. La parte final de la década de 1960 y el comienzo de la de 1970 marcaron la dramática erosión en la visión de los blancos de clase trabajadora de que la condición de los pobres, o de quienes no conseguían prosperar, era el resultado de un sistema económico defectuoso que había que cambiar. Como explican los Edsall, «enfrentar a negros contra blancos en la parte baja de la tabla de distribución de renta extendía la idea entre muchos blancos de que las condiciones de vida

---

[66] Véase Philip A. Klinker y Rogers M. Smith, *The Unsteady March: The Rise and Decline of Racial Equality in America,* Chicago, University of Chicago Press, 1999, p. 292.

para los desfavorecidos, en especial los desfavorecidos negros, es responsabilidad de quienes las sufren, y no de la sociedad en su conjunto».[67] Al igual que durante el cambio de siglo las élites sureñas habían usado el tema de la raza para quebrar la solidaridad de clase en la parte baja de la escala según el nivel de ingresos, la raza como tema nacional había logrado romper la coalición «de abajo hacia arriba» de los demócratas del *New Deal*, una coalición que dependía del apoyo sustancial de todos los votantes, blancos y negros, situados en un nivel medio o inferior de renta.

La revolución conservadora que arraigó en el Partido Republicano en la década de 1960 no alcanzó su pleno desarrollo hasta las elecciones de 1980. La década que precedió al ascenso de Ronald Reagan a la presidencia se caracterizó por crisis políticas y sociales, ya que al Movimiento de Derechos Civiles siguió enseguida una intensa polémica sobre la aplicación del principio de igualdad, en especial por medio de los programas de acción afirmativa y de transporte escolar para alumnos negros. También se produjeron dramáticos enfrentamientos políticos en torno a la Guerra de Vietnam y el asunto de Watergate. Durante este periodo, los conservadores fingieron compartir el objetivo de la igualdad racial, pero en la práctica se resistieron de forma intensa a la desegregación, al uso de autobuses escolares para niños negros y a la aplicación de las leyes de derechos civiles. Abordaron repetidamente el tema de las prestaciones sociales, enmarcándolo sutilmente como una competición entre los esforzados blancos de clase trabajadora y los negros pobres que se negaban a trabajar. El mensaje, muy poco sutil, dirigido a los blancos de clase trabajadora era que sus impuestos iban a apoyar programas especiales para negros que desde luego no se los merecían. En este periodo, Nixon hizo un llamamiento a «la guerra contra las drogas», un anuncio que demostró ser más que nada un brindis al sol, cuando declaró que las drogas ilegales eran «el enemigo público número uno», pero sin proponer nungún cambio sustancial en la política sobre ese tema. Ya se veía venir cómo se iba a devolver el golpe contra los negros, pero aún no se había llegado a un consenso

---

[67] Edsall y Edsall, *Chain Reaction*, p. 4.

en torno a qué orden social y racial habría de emerger en último término de esos tiempos turbulentos.

En su campaña por la presidencia, Reagan manejó con gran maestría la «escisión del lenguaje de la raza del discurso público conservador», y de ese modo consiguió ampliar el éxito de los conservadores anteriores, que habían desarrollado la estrategia de explotar la hostilidad o el resentimiento racial para su beneficio político sin hacer referencias explícitas a la raza.[68] Al condenar a las «reinas del estado del bienestar» y a los «depredadores delincuentes», consiguió llegar al poder con el apoyo firme de los blancos insatisfechos, es decir, los blancos pobres y de clase trabajadora que se sintieron traicionados cuando el Partido Demócrata apoyó la agenda de los derechos civiles. Como explicó un conocedor profundo de la política, el atractivo de Reagan se derivaba principalmente del fervor ideológico del ala derecha del Partido Republicano y de «la angustia emocional de quienes temen a los negros o sienten rencor hacia ellos y que esperan que de alguna manera Reagan consiga mantenerlos "en su sitio" o al menos que se haga eco de su propio enfado y frustración».[69] Con gran efecto, Reagan se hizo eco de la frustración blanca en términos neutros en cuestión de raza por medio de llamamientos y eslóganes implícitamente raciales. Los votantes blancos (y negros) entendieron claramente el componente racial de su retórica «ciega para los colores» sobre la delincuencia, el sistema de prestaciones sociales, la fiscalidad y los derechos de los Estados, aunque resultaba imposible probar alegaciones en ese sentido. La ausencia de un discurso explícitamente racista hacía que fuera posible rechazar de manera plausible el carácter racial de sus eslóganes en clave. Por ejemplo, cuando Reagan lanzó su campaña electoral en la Feria Anual del Condado de Neshoba cerca de Filadelfia, Misisipi, la ciudad donde tres activistas de derechos civiles fueron asesinados en 1964, aseguró en su discurso a la multitud: «Yo creo en los derechos de los Estados» y prometió devolver a los gobiernos estatales y locales el poder que

---

[68] *Ibid.*, p. 138; véase también Jeremy Mayer, *Running on Race*, Nueva York, Random House, 2002, p. 71.
[69] *Ibid.*

les correspondía por derecho.[70] Sus críticos se apresuraron a alegar que estaba enviando un mensaje en clave racial a su público, al sugerir una alianza con quienes se resistían a la desegregación, pero Reagan lo negó firmemente, lo que obligó a los liberales a una posición que enseguida se haría habitual: tener que alegar que algo es racista, pero no poder probarlo porque no se ha usado un lenguaje explícitamente racista.

La delincuencia y las prestaciones sociales fueron los temas principales de la retórica de Reagan durante su campaña. Según Edsalls, una de las anécdotas favoritas y más repetidas de Reagan era la historia de una «reina de las prestaciones» de Chicago que tenía «80 nombres, 30 direcciones, 12 tarjetas de la Seguridad Social» y cuyos «ingresos libres de impuestos superaban los 150.000 dólares».[71] El término «reina de las ayudas sociales» se convirtió en una expresión en código no demasiado sutil para «madre negra de gueto vaga y avariciosa». A su vez, el programa de cupones para alimentos era un vehículo para permitir que «algún colega por delante de ti se comprara un buen filetaco de solomillo» mientras «tú estabas en la línea de cajas del supermercado con un paquete de hamburguesas».[72] Esos eslóganes altamente racializados, dirigidos a los blancos pobres y de clase trabajadora, iban acompañados casi siempre por enérgicas promesas de mano más dura con la delincuencia y de ampliar el papel deL Gobierno Federal en esa lucha. Reagan describía a los delincuentes como «un rostro que mira fijamente, una cara que pertenece a una realidad escalofriante de nuestro tiempo, la cara del depredador humano».[73] La retórica racialmente codificada de Reagan demostró ser muy eficaz, pues el 22% del total de los demócratas abandonaron el partido para votarle a él. La tasa de abandono ascendió hasta el

---

[70] Bob Herbert, «Righting Reagan'sWrongs?», *The New York Times*, 13 de noviembre de 2007; véase también Paul Krugman, «Republicans and Race», *The New York Times*, 19 de noviembre de 2007.

[71] Edsall and Edsall, *Chain Reaction*, p. 148, cita a *The New York Times*, 15 de febrero de 1976.

[72] *Ibid.*, cita *The Washington Post*, 28 de enero de 1976.

[73] Dick Kirschten, «Jungle Warfare», *National Journal*, 3 de octubre de 1981.

34% entre aquellos demócratas que creían que los líderes de derechos civiles estaban yendo «demasiado lejos».[74]

Una vez fue elegido, la promesa de Reagan de ampliar el papel del Gobierno Federal en la lucha contra la delincuencia se vio complicada por el hecho de que la lucha contra la delincuencia callejera había sido tradicionalmente responsabilidad de las fuerzas del orden locales y estatales. Tras un periodo de confusión inicial y de controversia en torno a si el FBI y el Gobierno Federal deberían implicarse en el combate contra la delincuencia callejera, el Departamento de Justicia anunció su intención de recortar a la mitad el número de especialistas asignados a identificar y procesar a delincuentes de guante blanco y de desplazar su atención a la delincuencia callejera, en concreto a la lucha contra la droga.[75] En octubre de 1982, el presidente Reagan anunció oficialmente la campaña Guerra contra la Droga de su Administración. En el momento en que declaró esta nueva guerra, menos del 2% del público veía la droga como el tema más importante al que debía enfrentarse el país.[76] Esto no detuvo a Regan, pues desde el principio la guerra contra las drogas tenía poco que ver con la preocupación pública por los estupefacientes y más que ver con la preocupación pública con el tema de la raza. Al desatar una guerra contra los traficantes y los camellos, Reagan cumplía su promesa de aplicar mano dura al concepto definido racialmente de los «otros», los no merecedores.

Prácticamente de la noche a la mañana, los presupuestos asignados a las fuerzas del orden federales se dispararon. Entre 1980 y 1984 la financiación antinarcóticos del FBI se incrementó de 8 a 95 millones de dólares.[77] Las partidas para la lucha contra la droga del Departamento de Defensa aumentaron de 33 millones en 1981 a 1.042 millones en 1991. En ese mismo periodo el gasto antidroga de la DEA aumentó de 86 millones a 1.026 millones, y la partida antidrogas del

---

[74] Edsall and Edsall, *Chain Reaction*, p. 164.

[75] Beckett, *Making Crime Pay*, p. 47.

[76] *Ibid.*, p. 56; véase también Julian Roberts, «Public Opinion, Crime and Criminal Justice», *Crime and Justice: A Review of Research* vol. 16, Michael Tonry (ed.), Chicago, University of Chicago Press, 1992.

[77] Beckett, *Making Crime Pay*, p. 53, cita del Executive Office of the President, *Budget of the U.S. Government*, 1990.

FBI pasó de 38 a 181 millones.[78] Al mismo tiempo, la financiación de las agencias responsables de la educación, prevención y tratamientos de deshabituación se redujo de manera dramática. El presupuesto del Instituto Nacional de Adicción a las Drogas, por ejemplo, se redujo de 274 millones a 57 entre 1981 y 1984, y los fondos antidroga asignados al Departamento de Educación disminuyeron de 14 a 3 millones.[79]

Empeñada en asegurar que la «nueva mayoría republicana» iba a seguir apoyando la enorme expansión de las actividades de mantenimiento de la ley del Gobierno Federal y que el Congreso iba a seguir financiándola, la Administración Reagan lanzó una ofensiva mediática para justificar la Guerra contra la Droga.[80] Un elemento central en esa campaña era el esfuerzo por sensacionalizar la emergencia del crac en los vecindarios pobres del centro de las ciudades, comunidades devastadas por la desindustrialización y el aumento rapidísimo del desempleo. El frenesí mediático que inspiró la campaña sencillamente no podría haberse producido en un momento peor en lo que respecta a los afroamericanos.

A comienzos de los ochenta, justo cuando se estaba iniciando la guerra contra las drogas, las comunidades del centro sufrían un colapso económico. Los empleos manuales en la industria, que habían sido abundantes en zonas urbanas en las décadas de 1950 y 1960, de repente habían desaparecido.[81] Antes de 1970, los trabajadores de los barrios pobres del centro con relativamente poca instrucción formal podían encontrar empleo en las fábricas cerca de casa. Sin embargo, la globalización contribuyó a cambiar eso. Los trabajos en el sector industrial fueron transladados por las corporaciones multinacionales de las ciudades de EEUU a países donde no había sindicatos, donde los trabajadores ganan una fracción de lo que en EEUU se considera un salario justo. Para empeorar las cosas, los tremendos cambios

---

[78] *Ibid.*, cita de U.S. Office of the National Drug Control Policy, *National Drug Control Strategy*, 1992.

[79] *Ibid.*

[80] *Ibid.*, p. 56.

[81] Véase William Julius Wilson, *When Work Disappears: The World of the New Urban Poor*, Nueva York, Vintage, 1997.

tecnológicos revolucionaron el espacio laboral, con el resultado de que se eliminaron muchos de los puestos de trabajo de los que dependían los trabajadores menos formados para su supervivencia. Los trabajadores con buena formación se beneficiaron del ritmo del cambio tecnológico y del mayor uso de tecnologías basadas en los ordenadores, pero los trabajadores manuales a menudo se encontraron desplazados en la transición repentina de una economía industrial a una economía de servicios.

El impacto de la globalización y de la desindustrialización se dejó sentir con mayor intensidad en las comunidades negras de los barrios pobres del centro. Como describe William Julius Wilson, en su libro *When Work Disappears*, en los años setenta la abrumadora mayoría de los afroamericanos carecía de una educación universitaria y había asistido a escuelas segregadas que carecían de fondos suficientes y por lo tanto de recursos básicos. Los que vivían en guetos estaban especialmente mal equipados para adaptarse a los cambios sísmicos que estaban teniendo lugar en la economía del país, por lo que se fueron quedando aislados y sin trabajo. Un estudio indica que incluso hasta 1970, más del 70% de todos los negros que trabajaban en áreas metropolitanas tenía trabajos manuales no especializados.[82] Y sin embargo, para 1987, cuando la guerra contra las drogas alcanzó su punto máximo, el empleo industrial de los hombres negros se había desplomado hasta el 28%.[83]

Los nuevos empleos industriales que se crearon durante este periodo en general estaban situados en los barrios de las afueras. La creciente desconexión espacial de los trabajos tuvo un impacto profundo en los afroamericanos atrapados en los guetos. Un estudio de los padres negros urbanos descubrió que solo el 28% de ellos tenía acceso a un vehículo. Este porcentaje descendía al 18% para quienes vivían en guetos.[84]

[82] *Ibid.*, p. 31, cita de John Kasarda, «Urban Industrial Transition and the Underclass», *Annals of the American Academy of Political and Social Science*, vol. 501, núm. 1, 1990, pp. 26-47.

[83] *Ibid.*, p. 30, cita datos de la *Chicago Urban Poverty and Family Life Survey* [Encuesta sobre la pobreza urbana y la vida familiar en Chicago] de 1987 y 1988.

[84] *Ibid.*, p. 39.

A las mujeres les fue algo mejor durante esta época porque el sector de servicios sociales en las zonas urbanas, que emplea sobre todo a mujeres, estaba en expansión en el mismo momento en que los empleos del sector industrial se estaban evaporando. El porcentaje de hombres negros que se movieron a trabajos llamados de cuello rosa, como los de enfermero o administrativo, fue insignificante.[85]

El declive en las oportunidades laborales legales entre los habitantes de los barrios incrementó los incentivos para dedicarse a la venta de drogas, sobre todo crac. El crac es farmacológicamente casi idéntico a la cocaína en polvo, pero ha sido convertido en una forma que se puede vaporizar e inhalar para lograr un efecto más rápido e intenso, aunque más breve, al tiempo que se usa menos cantidad, lo que permite vender dosis pequeñas a precios más accesibles. El crac llegó a las calles en 1985, unos pocos años después de que se anunciara la guerra contra las drogas de Reagan, lo que condujo a una escalada de violencia, pues los mercados de drogas luchaban por encontrar una estabilidad al mismo tiempo que la ira y la frustración por la falta de trabajo alcanzaban su punto álgido. El paro y el crac barrieron los barrios pobres del centro justo en el momento en que se estaba devolviendo el golpe contra el Movimiento de Derechos Civiles, precisamente por medio de la Guerra contra la Droga.

Nadie debería intentar siquiera minimizar el daño causado por el crac y la violencia que lleva asociado. Como observa de forma acertada David Kennedy, «el crac corrió por los barrios negros pobres como los Cuatro Jinetes del Apocalipsis», dejando tras de sí una destrucción y un sufrimiento inenarrables.[86] Sin embargo, como nación teníamos opciones a la hora de reaccionar. Algunos países, al enfrentarse a una creciente delincuencia relacionada con las drogas o con índices de consumo o de adicción en apariencia inabordables, eligieron el camino de tratar esa adicción, de prevenir, de educar o de invertir económicamente en comunidades asoladas por la delincuencia. Portugal, por ejemplo, reaccionó ante problemas persistentes de adicción y consumo abusivo de drogas por medio de la despenalización

---

[85] *Ibid.*, p. 27.
[86] David M. Kennedy, *Don't Shoot: One Man, a Street Fellowship, and the End of Violence in Inner-City America*, Nueva York, Bloomsbury, 2011, p. 10.

de la posesión de todas las drogas y redirigiendo el dinero que se habría gastado en encarcelar a los adictos hacia el tratamiento y la prevención. Diez años más tarde, Portugal informó de que los casos de consumo abusivo y adicción se habían desplomado y que la delincuencia relacionada con las drogas también estaba en declive.[87] A raíz de la crisis del crac se abrían numerosos caminos ante nosotros como país y sin embargo, por razones que se pueden rastrear hasta la política racial y el deseo de jugar con el miedo, elegimos la guerra. Los conservadores se dieron cuenta de que por fin podían justificar una guerra abierta contra un «enemigo» que había sido definido en términos raciales años antes.

Casi inmediatamente tras la aparición del crac, la Administración Reagan se abrazó a la oportunidad de dar publicidad a esa sustancia como una manera de conseguir apoyos para su guerra contra las drogas. En octubre de 1985, la DEA envió a Robert Stutman para ocupar el puesto de director en su sucursal en la ciudad de Nueva York y le encomendó la tarea de conseguir apoyo público para la nueva guerra de la Administración. Stutman desarrolló una estrategia para mejorar las relaciones con los medios de comunicación y buscó llamar la atención de los periodistas hacia la extensión del consumo de crac en las comunidades de los barrios del centro. Como el propio Strutman contaba años después:

> Los agentes me oían dar cientos de presentaciones a los medios en mi intento de atraer la atención hacia el azote de la droga. No perdía el tiempo mencionando los nuevos logros [de la DEA]

---

[87] Ernesto Benavides, «Portugal Drug Law Show Results Ten Years On, Experts Say» AFP, 1 de julio de 2010 (que proporciona datos sobre el descenso de la mitad de los consumidores de drogas duras tras la despenalización, además de un descenso «espectacular» de las infecciones de VIH y otra caída significativa en la delincuencia relacionada con las drogas), disponible en: www.news. yahoo.com/portugal-drug-law-show-results-ten-years-experts-180013798.html; Barry Hatton y Martha Mendoza, «Portugal's Drug Policy Pays Off; US Eyes Lessons», *Associated Press*, 26 de diciembre de 2010; Glenn Greenwald, *Drug Decriminalization in Portugal: Lessons for Creating Fair and Successful Drug Policies*, Washington DC, Cato Institute, 2009. Disponible en: www.cato.org/pubs/wtpapers/greenwald_whitepaper.pdf.

contra los narcotraficantes Para convencer a Washington, tenía que que hacer del tema [de las drogas] un asunto nacional y rápidamente. Emprendí una campaña de *lobby* usando a los medios de comunicación. Los medios estaban más que dispuestos a cooperar, porque por lo que pensaba la prensa de Nueva York, el crac era la historia de combate más interesante sobre la que informar desde que terminó la guerra de Vietnam.[88]

La estrategia dio sus frutos. En junio de 1986, *Newsweek* declaró que el crac era la historia más grande desde Vietnam y el Watergate, y en agosto de ese mismo año la revista *Time* llamó al crac el «tema del año». Miles de historias sobre la crisis del crac inundaron las ondas y los quioscos, y esas historias tenían un claro subtexto racial. Los artículos en general incluían «putas de crac» negras, «bebés de crac» y «pandilleros», miembros de bandas, lo que servía para reforzar estereotipos raciales ya dominantes que presentaban a las mujeres negras como «reinas de las prestaciones» irresponsables y egoístas y a los hombres negros como «depredadores», parte de una subcultura inferior y criminal.[89] Cuando dos figuras populares del deporte, Len Bias y Don Rogers, murieron por una sobredosis de cocaína en junio de 1986, los medios erróneamente atribuyeron su muerte al crac, lo que contribuyó a la tormenta de fuego de los medios y a una oleada de actividad política y de preocupación pública en torno a la nueva «droga diabólica», el crac. La campaña continuó hasta 1989, cuando los medios continuaron difundiendo alegaciones de que el crac era una «epidemia», una «plaga», «instantáneamente adictivo» y extraordinariamente peligroso, alegaciones que ya han demostrado ser falsas o muy engañosas. Entre octubre de 1988 y octubre de 1989, solo *The Washington Post* publicó 1.565 historias sobre la «plaga de la droga». Richard Harwood, el Defensor de los lectores del *Post*, al final admitió que el periódico había perdido «el sentido de la perspectiva»

---

[88] Robert Stutman, *Dead on Delivery: Inside the Drug Wars, Straight from the Street*, Nueva York, Warner Books, 1992, p. 142.

[89] Véase Craig Reinarman y Harry Levine, «The Crack Attack: America's Latest Drug Scare, 1986-1992», *Images of Issues: Typifying Contemporary Social Problems*, Joel Best (ed.), Nueva York, Aldine De Gruyter, 1995.

debido a semejante «epidemia de hipérboles». Comentó que «los políticos le estaban comiendo el coco a la gente».[90] Los sociólogos Craig Reinarman y Harry Levine hicieron más tarde un comentario similar: «El crac fue un regalo del cielo para la derecha... Políticamente hablando, no podría haber aparecido en un momento más oportuno».[91]

En septiembre de 1986, con el frenesí mediático a todo trapo, el Congreso aprobó leyes que asignaban dos mil millones de dólares a la cruzada antidrogas, requerían la participación del Ejército en los esfuerzos para controlar los narcóticos, permitían la pena de muerte para ciertos delitos relacionados con drogas y autorizaban la admisión de pruebas obtenidas de forma ilegal en juicios por este tipo de delitos. Más tarde, ese mismo mes, el Senado propuso una legislación antidrogas aún más dura y, poco después, el presidente sancionó la ley *Anti-Drug Abuse Act* (Ley contra el Consumo de Drogas) de 1986. Entre otros duros castigos, la legislación incluía condenas mínimas obligatorias por distribución de cocaína, incluyendo penas mucho más severas por la distribución de crac, que se asociaba con los negros, que con la cocaína en polvo, que se asociaba con los blancos.

Mientras la ley recorría el camino hasta su aplicación, se oyeron pocas críticas en su contra. Un senador insistió en que el crac se había convertido en el chivo expiatorio para distraer la atención del público de las causas verdaderas de nuestros males sociales, alegando: «Si le echamos la culpa de la delincuencia al crac, nuestros políticos se libran de la patata caliente. Se olvidan las escuelas fallidas, los perversos programas de prestaciones sociales, los barrios desolados, los años perdidos. La culpa es solo del crac. Uno siente la tentación de pensar que si el crac no existiera, alguien en algún sitio habría recibido fondos federales para sintetizarlo».[92] Sin embargo, las voces críticas eran muy escasas.

[90] *Ibid.*, p. 154.

[91] *Ibid.*, pp. 170-171.

[92] Doris Marie Provine, *Unequal Under Law: Race in the War on Drugs*, Chicago, University of Chicago Press, 2007, p. 111, cita del *Congressional Record* 132, 24 de septiembre de 1986, S 13741.

En 1988, el Congreso revisó la política de drogas. La legislación resultante fue de nuevo extraordinariamente punitiva: esta vez se extendía bastante más allá de los castigos penales tradicionales para incluir nuevas «penas civiles» para delincuentes por temas de drogas. La nueva ley *Anti-Drug Abuse Act* (Ley contra el Consumo de Drogas) autorizaba a las autoridades de viviendas sociales a echar a cualquier inquilino que permitiera cualquier actividad delincuente relacionada con las drogas en los edificios públicos o cerca de ellos y eliminaba muchas de las prestaciones federales, incluyendo créditos para estudiantes, para cualquiera acusado de un delito de drogas. La ley también ampliaba el uso de la pena de muerte para delitos graves relacionados con las drogas e imponía nuevos mínimos obligatorios para delitos de drogas, incluyendo un mínimo obligatorio de cinco años simplemente por posesión de cocaína base, sin ninguna prueba de intención de vender. Particularmente, este castigo se aplicaría a delincuentes primerizos. La severidad de estas penas no tenía precedentes en el sistema federal. Hasta 1988, un año de prisión había sido el máximo por posesión de cualquier cantidad de cualquier droga. Los miembros del Caucus Congresional Negro (CBC por sus siglas en inglés) no hicieron una valoración unánime de la nueva legislación: algunos creían que los duros castigos eran necesarios, mientras que otros estaban convencidos de que las leyes estaban basadas en el prejuicio y resultaban dañinas para los afroamericanos. Finalmente, la legislación fue aprobada por un margen abrumador, 346 frente a 11. Seis de los votos en contra procedían del CBC.[93]

La Guerra contra la Droga demostró ser muy popular entre los votantes blancos clave, en especial aquellos que seguían lamentando el progreso negro, la aplicación de los derechos civiles y los programas de acción afirmativa. Desde los años setenta, los investigadores habían descubierto que las actitudes hacia la raza, no los índices de delincuencia ni la probabilidad de victimización, son un determinante esencial en el apoyo blanco hacia las políticas de «mano dura con el delito» y las medidas antiprestaciones.[94] Entre los blancos,

---

[93] Provine, *Unequal Under Law*, p. 117.

[94] Mark Peffley, Jon Hurwitz y Paul Sniderman, «Racial Stereotypes and Whites' Political Views of Blacks in the Context of Welfare and Crime», *American*

quienes muestran el mayor grado de preocupación por el delito también tienden a oponerse a la reforma racial, y sus actitudes punitivas hacia el delito en general carecen de conexión con su probabilidad de victimización.[95] En líneas generales, los blancos son más partidarios del castigo que los negros, a pesar del hecho de que es mucho más probable que los negros sean víctimas de delitos. A menudo los blancos de zonas rurales son los más punitivos, a pesar de que ellos son los que tienen menos probabilidades de ser víctimas de delitos.[96] La Guerra contra la Droga, revestida de un lenguaje neutro en términos de raza, ofrecía a los blancos que se oponían a la reforma racial una oportunidad única para expresar su hostilidad hacia los negros y el progreso negro, sin exponerse a ser acusados de racismo.

El sucesor de Reagan, George Bush padre, no dudó en recurrir a eslóganes implícitamente raciales, habiendo visto por el éxito de otros políticos conservadores que las alusiones a la raza sutilmente negativas podían movilizar a los blancos pobres y de clase trabajadora que antaño habían apoyado al Partido Demócrata. El eslogan más claramente racial de Bush, el anuncio de Willie Horton, hablaba de un hombre negro de piel muy oscura, un asesino convicto que se había escapado mientras disfrutaba de un permiso de trabajo y que violó

Journal of Political Science vol. 41, núm. 1, 1997, pp. 30-60; Martin Gilens, «Racial Attitudes and Opposition to Welfare», *Journal of Politics* vol. 57, núm. 4, 1995, pp. 994-1014; Kathlyn Taylor Gaubatz, *Crime in the Public Mind,* Ann Arbor, University of Michigan Press, 1995; y John Hurwitz y Mark Peffley, «Public Perceptions of Race and Crime: The Role of Racial Stereotypes», *American Journal of Political Science,* vol. 41, núm. 2, 1997, pp. 375-401.

[95] Véase Frank Furstenberg, «Public Reaction to Crime in the Streets», *American Scholar,* vol. 40, 1971, pp. 601-610; Arthur Stinchcombe *et al., Crime and Punishment in America: Changing Attitudes in America*, San Francisco: Jossey-Bass, 1980; Michael Corbett, «Public Support for Law and Order: Interrelationships with System Affirmation and Attitudes Toward Minorities», *Criminology,* vol. 19, 1981, p. 337.

[96] Stephen Earl Bennett y Alfred J. Tuchfarber, «The Social Structural Sources of Cleavage on Law and Order Policies», *American Journal of Political Science,* vol. 19, 1975, pp. 419-438; Sandra Browning y Liqun Cao, «The Impact of Race on Criminal Justice Ideology», *Justice Quarterly,* vol. 9, diciembre de 1992, pp. 685-699; y Steven F. Cohn, Steven E. Barkan y William A. Halteman, «Punitive Attitudes Toward: Racial Consensus or Racial Conflict?», *Social Problems,* vol. 38, 1991, pp. 287-296.

y asesinó a una mujer blanca en su propia casa. El anuncio culpaba al oponente de Bush, el gobernador de Massachusetts Michael Dukakis, de la muerte de la mujer, porque él era quien había aprobado el programa de permisos de trabajo. Durantes meses, el anuncio apareció de forma repetida en emisoras de televisión de las grandes cadenas y fue tema de incesante debate político. Aunque era polémico, resultó asombrosamente efectivo, pues acabó con las posibilidades de Dukakis de llegar a ser presidente en algún momento.

Cuando llegó al Despacho Oval, Bush mantuvo su mensaje, oponiéndose a los programas de acción afirmativa y a una aplicación decidida de los derechos civiles, y uniéndose a la guerra contra las drogas con gran celo. En agosto de 1989, el presidente describió el consumo de drogas como «el problema más acuciante que afecta al país».[97] Poco después, una encuesta de *The New York Times/CBS News* informaba de que el 64% de los entrevistados, el porcentaje más alto, pensaba en ese momento que las drogas eran el problema más significativo en Estados Unidos.[98] Este aumento de la preocupación del público no se correspondía con un cambio importante en la actividad ilegal de drogas, sino que era en realidad el resultado de una campaña política cuidadosamente orquestada. El nivel de preocupación pública por el delito y las drogas solo tenía una débil correlación con las tasas de delincuencia reales, pero se correspondía en gran medida con iniciativas políticas, campañas y eslóganes partidistas.[99] El cambio hacia una actitud generalizada de «dureza» hacia los problemas relacionados con las comunidades de color comenzó en la década de 1960, cuando los logros y objetivos del Movimiento de Derechos Civiles empezaron a requerir sacrificios por parte de los norteamericanos blancos, y los políticos conservadores se dieron cuenta de que podían movilizar el resentimiento racial de los blancos prometiendo atacar duramente el delito. Sin embargo, para finales de la década de 1980 no solo los conservadores desempeñaron papeles clave en el movimiento partidario de una política de mano dura, usando un discurso que anteriormente solo se asociaba con los

---

[97] Beckett, *Making Crime Pay*, p. 44.
[98] *Ibid.*, cita a *The New York Times/CBS News Poll*, agosto de 1990, pp. 2-4.
[99] Véase Beckett, *Making Crime Pay*, pp. 14-27.

segregacionistas. En aquel momento, los políticos y los ideólogos demócratas estaban tratando de arrebatar el control a los republicanos en temas de delincuencia y droga por medio de la defensa de leyes más estrictas en contra del delito y de las drogas, todo en un esfuerzo por recuperar los llamados «votos flotantes» que les estaban abandonando para irse al Partido Republicano. Resulta algo irónico que a estos «nuevos demócratas» se les unieran racistas virulentos, en especial el Ku Klux Klan, que anunció en 1990 que tenía intención de «unirse a la batalla contra las drogas ilegales» convirtiéndose en «los ojos y los oídos de la policía».[100] Los liberales preocupados por la justicia racial en general guardaban silencio en torno a la Guerra contra la Droga, prefiriendo canalizar sus energías hacia la defensa de la acción afirmativa y de lo que percibían como otros logros del Movimiento de Derechos Civiles.

A comienzos de la década de 1990, la resistencia ante el surgimiento de un nuevo sistema de control social racializado se desmoronó en todo el espectro político. Un siglo antes, una dinámica política similar había resultado en el surgimiento de la legislación Jim Crow. En la década de 1890, los populistas cedieron ante la presión política creada por los Redentores, que habían conseguido apelar con éxito a los blancos pobres y de clase trabajadora al proponer las leyes Jim Crow abiertamente racistas y cada vez más absurdas. En este momento se estaba arraigando un nuevo modelo de castas raciales, el encarcelamiento masivo, pues los políticos de todas las denominaciones competían unos con otros por los votos de los blancos pobres y de clase trabajadora, que se sentían amenazados por las reformas raciales y cuyo estatus económico era precario en el mejor de los casos. Como había sucedido antes, tanto los antiguos aliados de los afroamericanos como los conservadores adoptaron una estrategia política que les exigía demostrar lo «duros» que podían ponerse con «ellos», los parias de piel oscura.

Los resultados fueron inmediatos. A medida que los presupuestos para la aplicación de la ley se dispararon, también lo hizo la población recluida. En 1991, *The Sentencing Project* informó de que el número de personas entre rejas en Estados Unidos había alcanzdo un número sin precedentes en la historia mundial, y que

---

[100] «Ku Klux Klan Says It Will Fight Drugs», *Toledo Journal*, 3-9 de enero de 1990.

un cuarto de los hombres afroamericanos jóvenes se encontraba en ese momento bajo el control del sistema penal. A pesar del asombroso impacto del movimiento en pro de la política de mano dura en la comunidad afroamericana, ni los demócratas ni los republicanos mostraron ninguna inclinación a ralentizar el ritmo de encarcelamiento.

Por el contrario, en 1992, el candidato presidencial Bill Clinton prometió que nunca permitiría que el público percibiera a los republicanos como más duros con la delincuencia que él. Fiel a su palabra, solo algunas semanas antes de las primarias de New Hamshire, que son un momento clave en el proceso electoral, Clinton decidió volver a su estado de origen, Arkansas, para supervisar la ejecución de Ricky Ray Rector, un hombre negro con discapacidad mental, que entendía tan poco lo que estaba a punto de sucederle que pidió que el postre de su última comida se le guardara para la mañana siguiente. Tras la ejecución, Clinton declaró: «De mí se pueden decir muchas cosas, pero nadie puede decir que soy blando con la delincuencia».[101]

Una vez elegido, Clinton apoyó la idea de una ley federal *Three Strikes and You Are Out*, «Tres condenas y estás fuera», ley que defendió en su discurso del Estado de la Unión de 1994 ante el aplauso entusiasta de ambos lados de la cámara. La factura de treinta mil millones de dólares gastados en la lucha contra la delincuencia, enviada al presidente Clinton en 1994, fue aclamada por los demócratas como una victoria, pues «pudieron arrebatar el tema de la delincuencia a los republicanos y hacerlo suyo».[102] La ley instituyó docenas de nuevos delitos capitales, fijó penas de cadena perpetua para algunos convictos con tres condenas y autorizó un presupuesto de más de dieciséis mil millones de dólares para dotaciones de prisiones estatales y la expansión de las fuerzas del orden locales y estatales. Lejos de resistirse al surgimiento de un nuevo sistema de castas, Clinton

---

[101] Michael Kramer, «Frying Them Isn't the Answer», *Time*, 14 de marzo de 1994, p. 32.
[102] David Masci, «$30 Billion Anti-Crime Bill Heads to Clinton's Desk», *Congressional Quarterly*, 27 de agosto de 1994, pp. 2488-2493; y Beckett, *Making Crime Pay*, p. 61.

llevó la guerra contra las drogas bastante más lejos de lo que los republicanos habrían creído posible una década antes. Como ha observado el Instituto de Políticas de Justicia: «Las políticas de "mano dura con la delincuencia" de la Administración Clinton tuvieron como resultado el mayor aumento del número de reclusos en prisiones federales y estatales de cualquier presidencia en la historia del país».[103]

Clinton finalmente evolucionó hasta pasar más allá de la delincuencia y capituló ante la agenda racial de los conservadores en materia de prestaciones sociales. Este movimiento, como la retórica y las políticas de «mano dura», formaba parte de una gran estrategia articulada por los «nuevos demócratas» para apelar a los escurridizos votantes flotantes blancos. Al hacerlo, Clinton, más que ningún otro presidente, creó la actual subclase racial. Él sancionó la ley *Personal Responsibility and Work Opportunity Reconciliation Act* (Ley de Responsabilidad Personal y Reconciliación de Oportunidades Laborales), que «acabó con el estado del bienestar tal como lo conocíamos», y sustituyó la Ayuda para Familias con Hijos a su cargo (AFDC por sus siglas en inglés) por un pago en bloque a los estados llamado Asistencia Temporal a Familias Necesitadas (TANF por sus siglas en inglés). TANF imponía un límite máximo de cinco años en la asistencia por medio de prestaciones, al igual que una prohibición de por vida en la selección para disfrutar de ayudas y cupones de alimentos para cualquier persona condenada por una ofensa grave relacionada con las drogas, incluida la simple posesión de marihuana.

A pesar de las alegaciones en el sentido de que estos cambios radicales de política estaban dirigidos por un conservadurismo fiscal, es decir el deseo de acabar con el gran Gobierno Federal y reducir drásticamente el déficit presupuestario, la realidad es que el gobierno *no* estaba reduciendo la cantidad de dinero dedicada al manejo de los pobre urbanos. Lo que cambiaba de forma radical era para qué se usaban los fondos. El giro dramático hacia lo punitivo dio como

---

[103] Justice Policy Institute, «Clinton Crime Agenda Ignores Proven Methods for Reducing Crime», 14 de abril de 2008, disponible en: www.justicepolicy. org/content-hmID=1817&smID=1571&ssmID=71.htm.

resultado una enorme recolocación de recursos públicos. Para 1996, el presupuesto penal doblaba la cantidad que se había asignado a AFDC o a cupones alimentarios.[104] Igualmente, los fondos que antes se habían usado para vivienda pública se estaban redirigiendo a la construcción de prisiones. Durante el mandato de Clinton, Washington recortó los fondos para vivienda de protección oficial en diecisiete mil millones (una reducción del 61%) y aumentó los correccionales en diecinueve mil millones (un aumento del 171%), con lo que «de hecho hizo que la construcción de prisiones se convirtiera en el mayor programa de vivienda a nivel nacional para los pobres de las ciudades».[105]

Clinton no se detuvo ahí. Empeñado en demostrar lo «duro» que podía ser con «ellos», Clinton también hizo más fácil que los proyectos de vivienda pública con asistencia federal excluyeran a cualquiera con un historial delictivo, un paso extraordinariamente duro en mitad de una guerra contra las drogas dirigida contra las minorías raciales y étnicas. Al anunciar la Iniciativa *One Strike and You Are Out* (Una condena y estás fuera), Clinton explicó: «De ahora en adelante, la regla para los residentes que cometen un delito y pasan drogas debería ser: una condena y estás fuera».[106] La nueva norma prometía ser «la política de admisión y expulsión más dura que se había aplicado nunca».[107] De ese modo, para muchísima gente pobre, en especial las minorías raciales que estaban en el punto de mira de la guerra contra las drogas, la vivienda pública ya no estaba disponible, lo que dejaba a muchos de ellos sin casa, excluidos no solo de la sociedad en su conjunto sino también de su propio hogar.

La perspectiva de la inseguridad ciudadana, que fue introducida por primera vez durante el momento álgido del Movimiento de Derechos Civiles por segregacionistas furibundos, se había convertido

---

[104] Loïc Wacquant, «Class, Race & Hyperincarceration in Revanchist America», *Dædalus*, verano de 2010, p. 77.

[105] *Ibid.*

[106] Discurso ante la sesión conjunta del Congreso sobre el Estado de la Unión, 23 de enero de 1996.

[107] U.S. Department of Housing and Urban Development, *Meeting the Challenge: Public Housing Authorities Respond to the «One Strike and You're Out» Initiative*, septiembre de 1997, v.

en algo casi hegemónico dos décadas después. Para mediados de la década de 1990, no se manejaban en el discurso político dominante alternativas viables a la Guerra contra la Droga y al movimiento de «mano dura». Una vez más, en respuesta a una ruptura importante en el orden racial imperante, esta vez debido a los avances en materia de derechos civiles en la década de 1960, se creó un nuevo modelo de control social racializado por medio de la explotación de las vulnerabilidades y resentimientos raciales de los blancos pobres y de clase trabajadora. A comienzos del siglo XXI, más de dos millones de personas se encontraron entre rejas y muchos millones más se vieron relegados a los márgenes de la sociedad mayoritaria, desterrados a un espacio social y político no muy distinto del de Jim Crow, cuando era perfectamente legal discriminar en el empleo, la vivienda y el acceso a la educación y cuando a las personas se les podía negar el derecho al voto. El sistema funcionaba de un modo más o menos automático y la estructura imperante de significados, identidades e ideologías raciales parecía ya completamente natural. El 90% de los admitidos para ingresar en prisión por delitos de drogas en muchos estados eran negros o latinos y sin embargo el internamiento masivo de las comunidades de color se explicaba por razones que nada tenían que ver con la raza, una adaptación a las necesidades y demandas del ambiente político actual. Había nacido el nuevo Jim Crow.

2

EL ENCIERRO

Podemos creer que sabemos cómo funciona el sistema de justicia penal. La televisión está llena de dramas de ficción sobre la policía, el delito, los fiscales, series tales como *Ley y Orden*. Estas historias de ficción, como los telediarios, tienden a centrarse en historias individuales de delitos, víctimas y castigos, y normalmente están contadas desde el punto de vista de las fuerzas del orden y estamentos encargados de la acusación. Un agente de policía, un investigador o fiscal carismáticos luchan con sus propios demonios al tiempo que intentan heroicamente resolver un crimen horrendo. Al final consiguen una victoria personal y moral al encontrar al malo y mandarlo a la cárcel. Esa es la versión televisiva del sistema de justicia penal. Perpetúa el mito de que la función principal del sistema es mantener nuestras calles limpias y nuestros hogares seguros, arrancando de raíz a los delincuentes peligrosos y castigándolos. Estos programas de televisión, en particular los que embellecen el trabajo antidrogas de las fuerzas del orden, son el equivalente actual de las antiguas películas que mostraban a esclavos felices, con el brillo de la ficción colocado sobre un sistema brutal de opresión y control racializados.

Los que se han visto arrastrados al interior del sistema de justicia penal saben que en realidad la forma en que funciona tiene muy poco que ver con lo que sucede en la tele o en las películas. Juicios completos de inocente o culpable ocurren muy raramente, mucha gente ni siquiera llega a ver a un abogado defensor, los testigos son pagados y coaccionados por el Gobierno, la policía para y registra de forma habitual a gente sin ninguna justificación, los castigos para muchos delitos son tan severos que gente inocente se declara culpable y acepta acuerdos para evitar las duras condenas obligatorias, y hay niños, hasta de catorce años, que son enviados a cárceles de adultos. Las reglas de valoración de la prueba, tales como «culpable más allá de toda duda razonable», «causa probable» o «sospecha razonable», se pueden encontrar en ejemplos y manuales de Derecho, pero son mucho más difíciles de encontrar en la vida real.

En este capítulo, veremos cómo funciona en realidad el sistema de encarcelamiento masivo. Nuestro foco se centra en la Guerra contra la Droga. El motivo es sencillo: las condenas por delitos de drogas son la causa individual más importante de la explosión en los índices de reclusión en nuestro país. Los delitos de drogas por sí solos representan dos tercios del incremento de la población reclusa federal y más de la mitad del incremento en las cifras de presos estatales desde 1985 hasta 2001.[1] Hoy en día aproximadamente medio millón de personas están en la cárcel o en prisión por delitos de drogas, comparados con un número estimado de 41.100 en 1980, lo que supone un aumento del 1.100%.[2] Los arrestos relacionados con las drogas se han triplicado desde 1980. Como consecuencia, más de 31 millones de personas han sido detenidas por delitos de drogas desde que comenzó la guerra contra las drogas.[3] Para poner el tema en perspectiva, pensemos en esto: actualmente hay más gente en cárceles y prisiones solo por delitos de drogas que los que estaban encerrados por *cualquier* delito en 1980.[4] Nada ha contribuido más al internamiento sistemático y masivo de la gente de color en los Estados Unidos que la Guerra contra la Droga.

---

[1] Véase Marc Mauer, *Race to Incarcerate*, edición revisada, Nueva York, The New Press, 2006, p. 33.

[2] Marc Mauer y Ryan King, *A 25-Year Quagmire: The «War on Drugs» and Its Impact on American Society*, Washington DC, The Sentencing Project, 2007, p. 2.

[3] *Ibid.*, p. 3.

[4] Testimonio de Marc Mauer, Director de The Sentencing Project, redactado para el Subcomité sobre Crimen, Terrorismo y Seguridad Nacional de la Sección Judicial del Congreso, 111° Cong., *Hearing on Unfairness in Federal Cocaine Sentencing: Is It Time to Crac the 100 to 1 Disparity?*, 21 de mayo de 2009, p. 2.

Antes de comenzar nuestro periplo por la guerra contra las drogas, vale la pena quitar del medio un par de mitos. El primero es que la guerra está dirigida a librar al país de los «capos del narco», de los grandes traficantes. Nada más lejos de la verdad. A la inmensa mayoría de los arrestados *no* se les acusa de delitos graves. En 2005, por ejemplo, cuatro de cada cinco detenciones por temas de drogas eran por posesión y solo una de cada cinco era por tráfico. Es más, la mayor parte de la gente que está en prisiones estatales por delitos de drogas *no* tiene un historial de violencia ni una actividad significativa de tráfico.[5]

El segundo mito es que la guerra contra las drogas está relacionada principalmente con las drogas peligrosas. Muy al contrario, las detenciones por posesión de marihuana, una droga menos dañina que el tabaco o el alcohol, representaron casi el 80% del incremento en las detenciones por temas de drogas en la década de 1990.[6] A pesar de que la mayor parte de los arrestos por estos temas son por delitos menores no violentos, la Guerra contra la Droga ha anunciado un periodo de castigos sin precedentes.

El porcentaje de arrestos por drogas que resulta en sentencias de cárcel, en vez de sobreseimiento, servicios a la comunidad o libertad condicional se ha cuadruplicado, lo que se ha traducido en un *boom* en la construcción de prisiones como no se había visto nunca en el mundo. En dos breves décadas, entre el año 1980 y el año 2000, el

---

[5] Mauer y King, *A 25-Year Quagmire*, pp. 2-3.

[6] *Ibid.*; y Ryan King y Marc Mauer, *The War on Marijuana: The Transformation of the War on Drugs in the 1990s,* Nueva York, The Sentencing Project, 2005, documenta el aumento radical en detenciones por marihuana. La marihuana es una droga relativamente inofensiva. El informe del director general de Salud Pública de 1988, sitúa el tabaco como una droga más peligrosa que la marihuana, y Francis Young, juez del Tribunal contra las Drogas señaló que no existen informes médicos creibles que sugieran que consumir marihuana en cualquier dosis haya causado una sola muerte. U.S. Department of Justice, Drug Enforcement Administration, Opinion and Recommended Ruling, Findings of Fact, Conclusions of Law and Decision of Administrative Law, Judge Francis L. Young, en *Matter of Marijuana Rescheduling Petition*, Archivo núm. 86-22, 6 de septiembre de 1988, pp. 56-57. En comparación, el tabaco mata aproximadamente a 390.000 estadounidenses al año y el alcohol es responsable de aproximadamente 150.000 muertes al año. Véase Doug Bandow, «War on Drugs or War on America?», *Stanford Law and Policy Review*, vol. 3, 1991, pp. 242, 245.

número de personas recluidas en nuestras cárceles y prisiones se disparó desde aproximadamente 300.000 hasta más de 2 millones. Para finales de 2007, más de 7 millones de estadounidenses, o lo que es lo mismo, uno de cada 31 adultos, estaba entre rejas, o en libertad provisional o condicional.[7]

Comenzamos nuestra exploración de la guerra contra las drogas en el punto de entrada, la detención por la policía y luego pasaremos a considerar cómo el sistema de internamiento masivo está estructurado para recompensar arrestos masivos por drogas y para facilitar la condena y el encarcelamiento de un número de estadounidenses sin precedentes, tanto si son culpables como si son inocentes. En los siguientes capítulos veremos cómo el sistema se dirige de forma específica contra las personas de color y luego las relega a una categoría de ciudadanos de segunda clase similar al funcionamiento de la legislación Jim Crow. En ese punto, simplemente haremos un inventario de los modos en que la Guerra contra la Droga facilita «el acoso y derribo» de una proporción extraordinaria de la población.

Las reglas del juego

Hay muy pocas normas legales que restrinjan la actuación policial de forma significativa en la Guerra contra la Droga. Esto puede parecer una exageración, pero al analizarlo se verá que es un hecho preciso. La ausencia de restricciones de peso en el ejercicio de la discrecionalidad policial es un elemento clave en el diseño de la guerra contra las drogas, que ha hecho que sea relativamente sencillo detener a millones de estadounidenses por delitos no violentos relacionados con las drogas.

Sin apenas excepciones, el Tribunal Supremo ha aprovechado todas las oportunidades para facilitar la guerra contra las drogas, principalmente vaciando de sentido las garantías de la Cuarta Enmienda contra los registros y confiscaciones ilegales por parte de la policía. El retroceso en esta materia ha sido tan pronunciado que algunos

---

[7] Pew Center on the States, *One in 31: The Long Reach of American Corrections,* Washington DC, Pew Charitable Trusts, 2009.

expertos alegan que en la actualidad existe prácticamente una «excepcionalidad por drogas» en las primeras diez enmiendas de la Constitución. Poco antes de su muerte, el juez Thurgood Marshall se sintió obligado a recordarles a sus colegas que de hecho no existe tal «excepcionalidad por drogas» en el texto de la Constitución.[8]

La mayor parte de las personas de este país en realidad no sabe lo que dice la Cuarta Enmienda de la Constitución norteamericana o lo que exige que haga la policía. Aquí está el texto íntegro:

> El derecho de los habitantes a la seguridad en sus personas, domicilios, papeles y efectos, contra incautaciones y allanamientos arbitrarios, será inviolable, y no se expedirán al efecto las Órdenes correspondientes a menos que exista una causa probable, corroborada mediante juramento o declaración solemne, y cuyo contenido describirá con particularidad el lugar a ser registrado y las personas o cosas que serán objeto de detención o embargo.

Los tribunales y los juristas expertos en Derecho Constitucional coinciden en que la Cuarta Enmienda regula todos los registros e incautaciones por parte de la policía y que se adoptó como reacción contra la práctica inglesa de llevar a cabo registros arbitrarios al amparo de órdenes genéricas con el fin de descubrir libelos sediciosos. El acoso rutinario por parte de la policía, los registros arbitrarios y la extendida intimidación policial que sufrían quienes estaban sujetos al dominio inglés contribuyó a inspirar la Revolución Americana. No es de extrañar, por lo tanto, que impedir los registros e incautaciones arbitrarios por parte de la policía fuera considerado por los Padres Fundadores un elemento fundamental de la Constitución. Hasta la Guerra contra la Droga, los tribunales habían sido bastante exigentes a la hora de aplicar los requisitos y garantías prescritos por la Cuarta Enmienda.

No obstante, pocos años después de haberse declarado la Guerra contra la Droga, muchos juristas advirtieron un giro importante en la jurisprudencia del Tribunal Supremo relativa a la Cuarta Enmienda. Al cierre de la sesión de 1990-1991 de ese tribunal, quedó claro que

---

[8] *Skinner v. Railway Labor Executive Association*, 489 U.S. 602, 641 (1980), Marshall, J., voto discrepante.

se estaba produciendo un cambio fundamental en la relación entre los ciudadanos y la policía. El juez Stevens se dio cuenta de esta tendencia en un potente voto particular emitido en el caso del estado de California contra Acevedo, un caso que defendía el registro de una bolsa guardada en el portaequipajes de un vehículo sin una orden a tal efecto:

> En los años [entre 1982 y 1991], el Tribunal ha escuchado alegatos en 30 casos de narcóticos y relativos a la Cuarta Enmienda. En todos excepto uno, el Gobierno era el peticionario. Todos salvo dos tenían que ver con un registro o incautación sin orden o con una orden con defecto de forma. Y en todos salvo tres, el Tribunal defendió la constitucionalidad del registro o de la incautación. Mientras tanto, el flujo de los casos de drogas que pasan por los tribunales se ha incrementado de forma continua y dramática. Ningún observador imparcial podría criticar a esta corte por obstaculizar el avance de la guerra contra las drogas. Por el contrario, dictámenes como el que hoy emite este tribunal apoyan la conclusión de que esta corte se ha convertido en un soldado leal en la lucha del Ejecutivo contra el delito.[9]

La Cuarta Enmienda no es más que un ejemplo. Prácticamente todas las libertades civiles protegidas por la Constitución se han visto minadas por la guerra contra las drogas. En los últimos años, el Tribunal ha estado muy ocupado aprobando pruebas de drogas obligatorias para empleados y estudiantes, defendiendo registros al azar de escuelas públicas y alumnos, permitiendo que la policía obtuviera órdenes de registro basadas en chivatazos de informantes anónimos, expandiendo la autoridad gubernamental para poner micrófonos, legitimando el uso de informantes pagados no identificados por parte de la policía y de los fiscales, aprobando el uso de vigilancia de hogares con helicópteros sin una orden y permitiendo la incautación de dinero, casas y otras propiedades basándose en alegaciones no demostradas de actividad ilegal relacionada con drogas.

---

[9] *California v. Acevedo*, 500 U.S. 565, 600 (1991), Stevens. J., voto particular.

Para nuestro propósito en este momento, vamos a centrarnos en las normas legales redactadas por el Tribunal Supremo que permiten que las fuerzas del orden posean un interés pecuniario en la guerra contra las drogas y que hacen que la policía pueda detener a personas con relativa facilidad casi en cualquier parte, sea en las calles y aceras, en autobuses, aviones y trenes o en cualquier otro espacio público y meterlas entre rejas. Estas nuevas normas legales han hecho posible que cualquiera, prácticamente en cualquier lugar, por cualquier razón, pueda convertirse en un objetivo de la actividad de la policía antidroga.

Sospecha poco razonable

Érase una vez que se estaba de acuerdo en que la policía no podía dar el alto y registrar a alguien sin una orden, a menos que existiera causa probable que llevara a pensar que ese individuo estaba envuelto en una actividad delictiva. Este era un principio básico de la Cuarta Enmienda. En el caso Terry contra el Estado de Ohio, juzgado en 1968, el Tribunal Supremo modificó ligeramente ese consenso al dictaminar que si un policía observa un comportamiento poco habitual en alguien de quien razonablemente se pueda pensar que es peligroso y está implicado en actividad delictiva, ese agente tiene «derecho por su propia protección y la de otras personas que se encuentren cerca» a llevar a cabo un registro limitado, «de cara a descubrir armas que pudieran ser usadas contra él».[10] Conocida como la norma *Stop and Frisk* (Dar el alto y registrar), el veredicto Terry mantiene la tesis de que, siempre que un agente de policía tenga una «sospecha razonablemente lógica» de que alguien está implicado en una actividad delictiva y peligrosa, se le permite por la Constitución dar el alto, interrogar y registrar a esa persona, incluso en ausencia de causa probable.

El juez Douglas discrepaba en su voto de ese veredicto Terry, sobre la base de que «conceder a la policía un poder mayor que el de un magistrado [juez] es avanzar un largo trecho por el camino del

---

[10] *Terry v. Ohio*, 392 U.S. 1, 30 (1968).

totalitarismo».[11] No aceptaba la idea de que la policía pudiera efectuar registros sin órdenes judiciales cada vez que sospecharan que una persona era un delincuente, pues era de la opinión de que obviar la exigencia de una orden establecida en la Cuarta Enmienda implicaba abrir la puerta al mismo tipo de desmanes que provocaron la Revolución Americana. Su voz estaba aislada. La mayor parte de los analistas políticos de aquel momento coincidieron en que conceder a la policía el poder y la discrecionalidad de protegerse durante un encuentro con alguien a quien creen un delincuente peligroso no resulta «ilógico» según las disposiciones de la Cuarta Enmienda.

La historia sugiere que el juez Douglas tenía razón. En los años trascurridos desde el caso Terry, que a una persona normal le den el alto, la interroguen y la registren cuando pasa por la calle, vuelve a casa caminando desde la parada del autobús o coge el tren se ha vuelto algo normal, al menos para la gente de color. Como sospechaba Douglas, el Tribunal en el caso Terry había empezado a deslizarse por una superficie muy resbaladiza. Hoy en día la policía ya no necesita una razón para creer que hay personas implicadas en una actividad delincuencial o que son verdaderamente peligrosas para poder darles el alto y cachearlas. Siempre que la persona en cuestión dé su «consentimiento», la policía puede dar el alto, interrogar y registrar por cualquier motivo o sin ningún motivo en absoluto.

Simplemente di No

La primera señal de que el Tribunal Supremo no iba a permitir que la Cuarta Enmienda interfiriera con la Guerra contra la Droga se pudo advertir en el caso Florida contra Bostick. En ese caso, Terrance Bostick, un afroamericano de veintiocho años, iba dormido en el asiento trasero de un autobús Grayhound que hacía la línea Miami-Atlanta. Dos policías, que llevaban chalecos verde fosforito «de redadas» y mostraban su placa y un arma, le despertaron de repente. El autobús estaba haciendo una breve parada en Fort Lauderdale y los policías estaban «trabajando los autobuses», buscando a gente que pudiera

---

[11] *Ibid.*, Douglas J., voto discrepante.

llevar drogas. Bostick les mostró su identificación y billete, como le habían pedido. A continuación los policías le pidieron registrar su bolsa. Él aceptó, aunque sabía que contenía medio kilo de cocaína. Los agentes no tenían ninguna base para sospechar que estuviera implicado en ningún tipo de actividad delincuente, solo tuvieron suerte. Le arrestaron y se le acusó y condenó por tráfico de cocaína.

Ese registro y aprehensión reflejaba lo que se había convertido en una estrategia cada vez más normal en la Guerra contra la Droga: la policía sin ninguna sospecha barre autobuses que hacen rutas intraestatales o interestatales. Las «entrevistas» resultantes en estas operaciones de dragado normalmente acaban con una petición de «consentimiento» para registrar el equipaje del pasajero.[12] En ningún caso la policía informa a los pasajeros de que pueden permanecer en silencio o negarse a contestar preguntas. Al proceder así de forma sistemática, la policía puede llevar a cabo un número extraordinario de registros. Usando estas técnicas, un agente consiguió registrar más de tres mil equipajes en un periodo de nueve meses.[13] En general, sin embargo, los índices de acierto son bajos. Por ejemplo, en un caso, un barrido de cien autobuses dio como resultado solo siete detenciones.[14]

En la apelación del caso Bostick, el Tribunal Supremo de Florida dictaminó que el comportamiento del agente violaba la prohibición de la Cuarta Enmienda de registros y aprehensiones poco razonables. La Cuarta Enmienda, razonó el Tribunal, prohibe que la policía detenga o registre a las personas sin algún tipo de sospecha concreta de que hayan cometido o estén cometiendo un delito. De esta forma, el Tribunal revocó la sentencia condenatoria de Bostick, dictaminando que la cocaína, al haber sido obtenida de forma ilegal, no era admisible como prueba. Además, condenaba de forma amplia los «barridos de autobuses» de la Guerra contra la Droga, comparándolos con métodos empleados por regímenes totalitarios:

La evidencia en este caso evoca imágenes de otros tiempos, bajo otras banderas, cuando nadie viajaba por las carreteras o ferrocarriles

---

[12] Véase *United States v. Lewis*, p. 921 F.2d 1294, 1296 (1990); *United States v. Flowers*, 912 F.2d 707, 708 (4th Cir. 1990); y *Florida v. Bostick*, 501 U.S. 429, 441 (1991).

[13] Véase, por ejemplo, *Florida v. Kerwick*, 512 So.2d 347, 349 (Fla. App. 4 Dist. 1987).

[14] Véase *United States v. Flowers*, 912 F.2d 707, 710 (4th Cir. 1990).

de la nación sin temor a una interrupción no justificada, por parte de individuos que disfrutaban de un poder temporal en el Gobierno. Esto no es el Berlín de Hitler, ni el Moscú de Stalin, ni tampoco la Sudáfrica de la supremacía blanca. Y, sin embargo, en el condado de Broward, en Florida, unos agentes abordan a todos los pasajeros de autobús y de tren («a todos los que les permite el tiempo») y les piden identificación, billetes y permiso para registrar su equipaje, todo en nombre de la «cooperación voluntaria» con la fuerzas del orden. [15]

El Tribunal Supremo de Estados Unidos dio marcha atrás. La Corte dictaminó que el encuentro de Bostick con la policía fue totalmente voluntario y que por lo tanto no había sido «aprehendido» dentro de la acepción de la Cuarta Enmienda. Incluso si Bostick no se sintió con la libertad de irse cuando se vio ante la policía en la parte trasera del autobús, la cuestión apropiada, según el Tribunal, era si en el lugar de Bostick «una persona razonable» se habría sentido libre para dar por finalizado el encuentro. El Tribunal concluyó que una persona razonable se habría sentido libre para quedarse allí sentada y negarse a responder a las preguntas de la policía y se habría sentido libre para decirle al policía: «No, no puede registrar mi maleta». Por lo tanto, Bostick no sufrió realmente una «detención» en el sentido en que se define en la Cuarta Enmienda y el registro subsiguiente fue puramente consensual. El Tribunal dejó claro que su veredicto afectaba a todos los barridos posteriores relacionados con la droga, fueran cuales fueren las circunstancias del individuo concreto objeto del registro. Dada la cobertura global del veredicto, los tribunales han dictaminado que eran encuentros consensuados incluso algunos que se producían en las circunstancias más absurdas. Por ejemplo, algunos años después de Bostick, el Tribunal de Apelación del Distrito de Columbia aplicó ese veredicto a un caso en el que una chica de catorce años había sido interrogada por la policía, para concluir que se le podía aplicar el mismo estándar de persona en situación de razonar.[16]

---

[15] *Bostick v. State*, 554 So. 2d 1153, 1158 (Fla. 1989), citando a *State v. Kerwick*, 512 So.2d 347, 348-349 (Fla. 4th DCA 1987).
[16] Inre J. M., 619 A.2d 497, 501 (D.C. App. 1992).

Antes del veredicto en el caso Bostick, algunas cortes menores habían estimado que era absurda la idea de que las «personas en situación de razonar» pudieran sentirse con el poder suficiente para negarse a responder a preguntas cuando la policía se enfrentaba a ellos. Como explicaba el juez federal Prentiss Marshall: «La persona media se sentirá obligada a pararse y contestar. Pocos consideran que pueden marcharse o negarse a responder».[17] El profesor Tracey Maclin lo plantea de este modo: «El sentido común nos dice que la mayor parte de nosotros no tenemos el desparpajo o la estupidez de decirle a un policía que "se vaya a cagar" cuando nos acaban de dar el alto y nos han pedido una identificación o nos han preguntado por un posible comportamiento delincuencial».[18] Otros tribunales hicieron hincapié en el hecho de que concederle a la policía la libertad para detener, interrogar y registrar a cualquiera que consienta probablemente terminaría resultando discriminación racial y étnica. Por lo tanto, los hombres jóvenes negros se convertirían en el objetivo más probable, en vez de mujeres blancas de mayor edad, por ejemplo. El juez Thurgood Marshall lo reconoció así en su voto particular en el veredicto Bostick, al explicar que «la base de la decisión para centrarse de forma específica en pasajeros concretos durante un barrido sin sospecha previa no es que sea difícil de justificar, es que resulta indefendible».[19]

Hay investigaciones que demuestran que el sentido común de Maclin es correcto: la abrumadora mayoría de la gente, al verse interpelada por la policía, responde, y cuando se le pide permiso para ser registrada, accede.[20] Esto es así incluso entre quienes, como Bostick, tienen muchos motivos para resistirse a estas tácticas porque tienen algo que ocultar. Esto no se le oculta al Tribunal Supremo. La Corte también reconoció que el uso efectivo por parte de la policía de los registros con consentimiento se basa en la ignorancia (y en

---

[17] *Illinois Migrant Council v. Pilliod*, 398 F. Supp. 882, 899 (N.D. Ill. 1975).

[18] Tracy Maclin, «Black and Blue Encounters-Some Preliminary Thoughts About Fourth Amendment Seizures: Should Race Matter?», *Valparaiso University Law Review*, vol. 26, 1991, pp. 249-250.

[19] *Florida v. Bostick*, 501 U.S. 429, 441 n. 1 (1991), Marshall, J., voto discrepante.

[20] *Maclin*, «Black and Blue Encounters».

la impotencia) de quienes son elegidos como objetivo. En el caso Schneckloth contra Bustamonte, que se vio en 1973, el Tribunal admitió que si la renuncia al derecho de cualquier persona a negarse a dar el consentimiento se hiciera de forma verdaderamente «informada, inteligente y voluntaria, crearía en la práctica serias dudas sobre si se deberían continuar efectuando registros con consentimiento».[21] O lo que es lo mismo, los registros con consentimiento son una herramienta valiosa para la policía solo porque casi nadie se atreve a decir que no.

Excusa pobre

Los llamados registros con consentimiento han hecho posible que la policía parara y registrara en busca de drogas a cualquiera que fuera caminando por la calle. Todo lo que un agente tiene que hacer para llevar a cabo una investigación por drogas sin ninguna base es hablar con alguien y conseguir su «consentimiento» para ser registrado. Mientras las órdenes se expresen como preguntas, la aquiescencia se interpreta como consentimiento. «¿Puedo hablar con usted?», increpa con voz resonante un agente. «¿Quiere alzar los brazos y colocarse contra la pared para un registro?» Como prácticamente nadie se niega, los barridos por drogas en aceras (y en autobuses y trenes) son sencillos. La gente se siente intimidada fácilmente cuando la policía se enfrenta a ella con la mano en su arma, y la mayor parte de las personas no tienen ni idea de que se puede contestar «no» a esa pregunta. Pero ¿qué pasa con toda la gente que pasa por la calle en coche? ¿Cómo consigue la policía que esa gente consienta en ser registrada? La respuesta es: por medio de paradas con un pretexto.

Como los registros con consentimiento, las paradas con un pretexto son herramientas favoritas de las fuerzas del orden en la Guerra contra la Droga. Un pretexto típico es una detención de tráfico, motivada no por ningún deseo de aplicar las normas de la circulación, sino por la voluntad de buscar drogas en ausencia de cualquier prueba de actividad ilegal relacionada con ese tema. En otras palabras, la policía usa pequeñas infracciones de tráfico como excusa, o

---

[21] *Schneckloth v. Bustamonte*, 412 U.S. 218, 229 (1973).

pretexto, para hacer registros a la búsqueda de drogas, aunque no exista ni una brizna de evidencia que sugiera que el conductor está violando las leyes antidrogas. Las paradas bajo pretexto, como los registros con consentimiento, han recibido la bendición incondicional del Tribunal Supremo. Basta preguntar a Michael Whren y a James Brown.

Whren y Brown, ambos afroamericanos, fueron detenidos por agentes de policía en un vehículo sin distintivos en junio de 1993. La policía admitió que los había parado porque quería investigarlos por supuestos delitos de droga, aunque carecían de causa probable o de sospecha razonable de que se hubieran cometido tales delitos. Dada la falta de pruebas de hecho de actividad delincuente, los agentes decidieron pararlos usando un pretexto, una infracción de tráfico. Los agentes declararon que el conductor no había usado el intermitente para girar y que había salido acelerando después de una señal de Alto. Aunque a los policías en realidad no les interesaba la infracción de tráfico, los pararon porque «les daba en la nariz» que podrían ser delincuentes relacionados con drogas. Resultó que tenían razón. Según los policías, el conductor llevaba una bolsa de cocaína en el regazo, supuestamente a la vista.

En su apelación, Whren y Brown alegaron en contra de su condena sobre la base de que las paradas bajo pretexto violan la Cuarta Enmienda. Argumentaban que, dada la enorme cantidad de regulaciones de tráfico y equipo que se podían aplicar, y la dificultad de obedecer y respetar todas las normas de tráfico a la perfección en todo momento, la policía casi siempre va a tener una excusa para parar a alguien y dedicarse a buscar drogas. Es probable que cualquiera que conduzca un vehículo durante unas cuantas manzanas cometa algún tipo de infracción de tráfico, como no señalizar de manera adecuada el cambio de carril, no pararse a la distancia idónea en un paso de peatones, no detenerse el tiempo apropiado en una señal de Alto o no usar el intermitente para girar en la distancia apropiada al llegar a un cruce. Permitir que la policía use pequeñas infracciones de tráfico como pretexto para una investigación de drogas carente de base les permite centrarse en cualquier persona para una investigación de drogas sin ninguna prueba en absoluto de actividad ilegal relacionada con sustancias ilegales. Ese tipo de comportamiento arbitrario por parte de la policía es precisamente lo que la Cuarta Enmienda buscaba prohibir.

El Tribunal Supremo rechazó su alegación, dictaminando que las motivaciones de un agente de policía son irrelevantes cuando se trata de evaluar lo razonable de la actividad policial en relación con la Cuarta Enmienda. No importa, declaró la Corte, *por qué* la policía para a conductores bajo la Cuarta Enmienda, a condición de que exista algún tipo de infracción vial que les proporcione una excusa. El hecho de que la Cuarta Enmienda fue aprobada por los Padres Fundadores con la finalidad específica de impedir paradas y registros arbitrarios no consiguió persuadir al Tribunal, quien dictaminó que la policía es libre de utilizar pequeñas infracciones de tráfico como pretexto para llevar a cabo investigaciones anti-narcóticos, incluso cuando no existan pruebas de actividad ilegal de drogas.

Pocos meses después, en Ohio contra Robinette, el Tribunal llevó esta retorcida lógica un paso más allá. En ese caso, un agente de policía hizo parar a Robert Robinette, supuestamente por exceso de velocidad. Tras comprobar su carnet de conducir y darle una advertencia, pero no una multa, el agente ordenó a Robinette que saliera del vehículo, encendió una cámara de video en su vehículo policial y a continuación le preguntó a Robinette si llevaba alguna droga y si «accedería» a un registro. Robinette accedió. El agente encontró una pequeña cantidad de marihuana en el vehículo de Robinette y una única pastilla, que resultó ser metanfetamina.

El Tribunal Supremo de Ohio, al revisar el caso en la apelación, obviamente se sintió a disgusto con la descarada expedición a la busca de drogas. El Tribunal advertía sobre el hecho de que las paradas de tráfico se usaran cada vez más en la Guerra contra la Droga para obtener «consentimientos» para registros, y que los conductores podrían no creer que tenían la libertad de negar su consentimiento y simplemente marcharse. En un esfuerzo por proporcionar cierta protección mínima para los conductores, el Tribunal de Ohio adoptó un veredicto de línea fosforito, es decir, un requerimiento sin ambigüedad de que los agentes informaran a los conductores de que podían irse con total libertad antes de pedirles su consentimiento para registrar el vehículo. Como mínimo, alegaban los jueces, los conductores deberían saber que tienen el derecho de negarse a dar su consentimiento y a marcharse, si así lo desean.

El Tribunal Supremo de EEUU rechazó este requisito básico por considerarlo «poco realista». Al hacerlo, la Corte dejó claro a todos los tribunales inferiores que, desde ese momento en adelante, la Cuarta Enmienda no debería restringir de ningún modo significativo la actuación de las fuerzas del orden en la Guerra contra la Droga. Nadie tiene que ser informado de sus derechos durante una parada ni un registro y la policía puede usar pequeñas detenciones por tráfico, al igual que el «mito» del consentimiento para parar y registrar a alguien elegido por imaginarios delitos de drogas, tanto si hay pruebas de actividad ilegal en este sentido como si no.

Uno podría imaginar que las normas legales descritas hasta ahora proporcionarían discrecionalidad más que suficiente a la policía para meterse en una guerra sin cuartel ni restricciones contra la droga. Pero hay más. Incluso si los conductores, tras ser parados e interrogados, tienen el atrevimiento de negar su consentimiento para un registro, la policía puede arrestarles igualmente. En el caso Atwater contra City of Lago Vista, el Tribunal Supremo mantuvo que la policía puede arrestar a conductores por pequeñas infracciones viales y meterlos en la cárcel (aunque la pena reglamentaria para una violación de tráfico es solo una multa, no una condena de cárcel).

Otra opción legal para agentes frustrados porque un conductor se niegue a concederles el «permiso» es utilizar un perro policía. Esta opción está disponible para la policía en estas paradas de tráfico, al igual que para las fuerzas del orden que se enfrenten a viajeros que se resistan en aeropuertos y en estaciones de tren y autobuses que se nieguen a dar su consentimiento a la policía para registrar su equipaje. El Tribunal Supremo ha dictaminado que pasear con un perro policía en torno al vehículo de alguien, o en torno al equipaje, no constituye un «registro» y por lo tanto no implica el escrutinio bajo las disposiciones de la Cuarta Enmienda.[22] Si el perro alerta sobre la presencia de drogas, entonces el agente tiene causa probable para registrar sin el consentimiento de la persona afectada. Naturalmente,

---

[22] Véase *Illinois v. Caballes*, 543 U.S. 405 (2005), and *United States v. Place*, 462 U.S. 696 (1983).

en la mayor parte de los casos, cuando a alguien se le dice que se va a usar un perro policía, el individuo detenido retrocede y «da su consentimiento» al registro, pues ha quedado de manifiesto que la policía está empeñada en llevar a cabo el registro de un modo u otro.

Besar ranas

Los casos judiciales relacionados con la acción de las fuerzas del orden en relación con las drogas casi siempre implican a personas culpables. La policía normalmente libera a las personas inocentes, a menudo sin una multa, citación, o ni siquiera una disculpa, con lo cual sus historias casi nunca son escuchadas ante un tribunal. Casi nadie presenta una queja, porque lo último que la mayor parte de la gente desea tras pasar por un encuentro intrusivo y aterrador con la policía es aparecer en la comisaría donde trabaja ese mismo agente y llamar más la atención. Con motivo, mucha gente, en especial la gente pobre de color, tiene miedo del hostigamiento, de las represalias y del abuso policial. Después de que la policía te haya desmontado el coche en un registro inútil en busca de drogas, o tras verte obligado a estar tumbado en la acera con los brazos y las piernas separados mientras la policía te registra y te interroga sin motivo en absoluto, ¿qué confianza te puede quedar en las fuerzas del orden? ¿Puedes esperar un juicio justo? Los que intentan encontrar un abogado que les represente en una demanda a menudo se enteran de que, a menos que tengan huesos rotos y carezcan de antecedentes, no es probable que los abogados particulares se interesen por su caso. A mucha gente le indigna enterarse de que lo que les ha sucedido a ellos al lado de la carretera de hecho no iba en contra de la ley.

El resultado inevitable es que la gente que acaba ante un juez normalmente es culpable de algún delito. El desfile de personas culpables que pasa por los juzgados del país crea la falsa impresión para el público, al igual que para los jueces, de que cuando la policía tiene «una intuición», tiene sentido dejar que la siga. Los jueces tienden a imaginar que la policía tiene un sexto sentido, o algún tipo de entrenamiento especial por su profesión, que les prepara para identificar a delincuentes de drogas en ausencia de cualquier prueba.

Después de todo, parece que tienen razón la mayor parte de la veces, ¿no?

La verdad, sin embargo, es que la mayor parte de la gente a la que se da el alto y se registra en la Guerra contra la Droga es totalmente inocente de cualquier delito. La policía no ha recibido ninguna formación especial que amplíe la probabilidad de que identifiquen a los delincuentes de drogas cuando los ven en su coche y que dejen en paz a todas las demás personas. Por el contrario, decenas de miles de agentes de las fuerzas del orden han recibido formación que garantiza precisamente lo opuesto. La Agencia de Lucha contra la Droga, DEA por sus siglas en inglés, entrena a la policía para que lleve a cabo detenciones y registros totalmente discriminatorios y carentes de razón por todo el país.

Quizá el más conocido de estos programas de formación es Operación *Pipeline*, lanzada por la DEA en 1984 como parte de la difusión de la Administración Reagan de la Guerra contra la Droga. El programa federal, administrado por más de trescientos cuerpos de seguridad estatales y locales, entrena a agentes de la ley estatales y locales para que usen las paradas de tráfico bajo pretexto y los registros con consentimiento a gran escala para la interceptación de drogas. Los agentes aprenden, entre otras cosas, cómo usar una pequeña infracción de tráfico como pretexto para parar a alguien, cómo alargar estas paradas rutinarias y potenciarlas hasta convertirlas en un registro de drogas, cómo obtener el consentimiento de un conductor que se resiste y cómo usar a un perro adiestrado para obtener causa probable.[23] Para el año 2000, la DEA había entrenado directamente a más de 25.000 agentes de cuarenta y ocho estados en técnicas *Pipeline* y había contribuido a desarrollar programas de formación para incontables cuerpos de policía municipales y estatales. En palabras del jurista Ricardo Bascuas: «La Operación *Pipeline* es exactamente lo que los autores de la Constitución querían prohibir: un programa general de búsqueda auspiciado federalmente, que elige como objetivo

---

[23] Véase U.S. Department of Justice, Drug Enforcement Administration, *Operations Pipeline and Convoy*, Washington DC, Disponible en: www.usdoj .gov/dea/programs/pipecon.htm.

a personas sin motivo de sospecha, en particular quienes pertenecen a grupos desfavorecidos».[24]

Para que el programa tenga éxito, la policía debe detener a un número «mareante» de gente por la fuerza.[25] Este enfoque «cuantitativo» del trabajo contra la droga se lleva por delante a un número extraordinariamente elevado de personas inocentes. Como comentó un agente de patrulla de carreteras de California: «Es solo cuestión de cantidad. Tienes que besar a un montón de ranas antes de dar con un príncipe».[26] En consecuencia, cada año, cientos de miles de conductores se ven obligados a parar y aparcar en el arcén, a responder a preguntas sobre una actividad de drogas imaginaria y después a sucumbir a una petición de registro de su vehículo, que a veces es destrozado en la búsqueda de drogas. La mayor parte de estas paradas y registros son futiles. Se ha calculado que el 95% de las paradas de *Pipeline* no consiguen confiscar drogas ilegales.[27] En un estudio se descubrió que casi el 99% de las paradas de tráfico llevadas a cabo por fuerzas del orden antidroga financiadas con fondos federales no dieron como resultado ninguna citación y que el 98% de los registros por parte de cuerpos de policía durante paradas de tráfico son discrecionales, en las que el agente inspecciona el coche con el «consentimiento» verbal del conductor, pero sin ninguna otra autoridad legal para hacerlo.[28]

Los «perfiles de correos de la droga» utilizados por la DEA y por otros cuerpos y fuerzas de seguridad del Estado para barridos de drogas en autopistas, al igual que en aeropuertos y estaciones ferroviarias, son famosos por su poca fiabilidad. En teoría, el perfil de un

---

[24] Ricardo J. Bascuas, «Fourth Amendment Lessons from the Highway and the Subway: A Principled Approach to Suspicionless Searches», *Rutgers Law Journal*, vol. 38, 2007, pp. 719 y 763.

[25] *State v. Rutherford*, 93 Ohio App.3d 586, 593-95, 639 N.E. 2d 498, 503-504, n. 3 (Ohio Ct. App. 1994).

[26] Gary Webb, «Driving While Black», *Esquire*, 1 de abril 1999, p. 122.

[27] *Ibid.*

[28] Scott Henson, *Flawed Enforcement: Why Drug Task Force Highway Interdiction Violates Rights, Wastes Tax Dollars, and Fails to Limit the Availability of Drugs in Texas*, Austin, American Civil Liberties Union-Texas Chapter, 2004, p. 9. Disponible en: www.aclu.org/racialjustice/racialprofiling/15897p ub20040519.html.

correo de la droga refleja la sabiduría colectiva y la opinión de los agentes de un cuerpo de policía. En lugar de permitir que cada agente se fíe solo de su propia experiencia limitada y de sus prejuicios a la hora de detectar comportamientos sospechosos, un perfil de un correo de la droga permite que cada agente se beneficie de la experiencia y el conocimiento colectivos de la agencia. Sin embargo, como ha observado el jurista David Cole, «en la práctica, el perfil de un correo de la droga es una mezcolanza indiscriminada de rasgos y características tan amplia que potencialmente justifica parar a todos y a cualquiera».[29] El perfil puede incluir viajar con equpaje, viajar sin equipaje, conducir un coche caro o llevar un coche que necesita reparaciones, llevar matrícula de fuera del estado, llevar un coche alquilado, conducir con ocupantes «que no pegan unos con otros», actuar con demasiada calma, actuar con demasiado nerviosismo, vestir de modo informal, llevar joyas o ropa caras, ser uno de los primeros en bajar del avión, ser uno de los últimos en bajar del avión, ser de los del medio al bajar, pagar con dinero en metálico, usar billetes grandes, usar billetes pequeños, viajar solo, viajar en compañía, etc. ¡Incluso eforzarse por respetar la ley encaja en el perfil! El perfil de correos de la droga de la Patrulla de Carreteras de Florida advierte a los agentes de que sospechen de las personas que «cumplen obedientemente con las normas de tráfico».[30] Como apunta Cole, «tales perfiles no se centran en una investigación como tal, sino que proporcionan a las fuerzas del orden excusas para parar a quien deseen».[31]

El Tribunal Supremo ha permitido el uso de perfiles de correos como directrices para el ejercicio de la discrecionalidad policial. Aunque ha indicado que el mero hecho de que alguien encaje en un perfil no constituye automáticamente sospecha razonable que justifique una parada, los tribunales hacen referencia de forma habitual a estos perfiles, y la Corte Suprema aún no ha puesto objeciones. Como ha comentado un juez después de realizar una revisión de

---

[29] David Cole, *No Equal Justice: Race and Class in the American Criminal Justice System*, Nueva York, The New Press, 1999, p. 47.

[30] Florida Department of Highway Safety and Motor Vehicles, Office of General Counsel, *Common Characteristics of Drug Couriers* (1984), sec. I.A.4.

[31] Cole, *No Equal Justice*, p. 49.

decisiones basadas en perfiles de correos de droga: «Muchos tribunales han aceptado los perfiles, al igual que los poco consistentes esfuerzos de lucha contra el delito por parte de la DEA, sin cuestionarlos, de forma mecánica, indiscriminada y determinante».[32]

Compensa jugar

Claramente, las reglas del juego están diseñadas para permitir el arresto de un número sin precedentes de ciudadanos por delitos menores y sin violencia relacionados con las drogas. La tasa anual de arrestos por drogas se ha multiplicado por más de tres entre 1980 y 2005, cuando los barridos de drogas y las paradas y registros carentes de sospecha se han llevado a cabo en números record.[33]

Sin embargo, es justo preguntarse por qué la policía elige detener a un porcentaje tan alto de ciudadanos por pequeños delitos de drogas. El hecho de que a la policía *se le permita* de forma legal llevar a cabo una redada a gran escala de delincuentes no violentos de drogas no contesta a la pregunta de por qué eligen hacerlo, en especial cuando la mayor parte de los departamentos de policía tiene delitos mucho más graves que prevenir y resolver. ¿Por qué la policía le da prioridad a aplicar la ley en materia de narcóticos? El consumo de drogas no es nada nuevo, de hecho estaba en declive, no en ascenso, cuando comenzó la Guerra contra la Droga. Entonces, ¿por qué hacer de ese tema una prioridad en aquel momento?

De nuevo, la respuesta se encuentra en el diseño del sistema. Cada modelo de control depende para su supervivencia de los beneficios tangibles e intangibles que se proporcionan a quienes son responsables de mantenerlo y administrarlo. Este caso no es una excepción.

En el momento en que se declaró la Guerra contra la Droga, el consumo y abuso de sustancias ilegales no era un problema urgente en la mayor parte de las comunidades. El anuncio de una Guerra contra la Droga, por lo tanto, fue recibido con cierta confusión y

---

[32] «Fluid Drug Courier Profiles See Everyone As Suspicious», *Criminal Practice Manual* 5, Bureau of National Affairs, 10 de julio de 1991, pp. 334-335.

[33] Mauer y King, *25-Year Quagmire*, p. 3

resistencia dentro de las fuerzas del orden, al igual que entre ciertos periodistas conservadores.[34] La federalización de los delitos de drogas violaba el dogma conservador de los derechos de los Estados y del control local, pues el delito callejero típicamente caía en la esfera de responsabilidad de la policía local. Muchos agentes estatales y locales no estaban muy contentos con el intento por parte del Gobierno Federal de reafirmarse en la lucha contra el delito callejero, al ver la nueva guerra contra las drogas como una distracción inoportuna. La participación en la guerra requería desviar recursos destinados a la lucha contra delitos más graves, tales como asesinato, violación, robo con intimidación y asalto con violencia, todos los cuales constituían una preocupación mucho mayor para las comunidades que el consumo de sustancias ilegales.

La resistencia dentro de las fuerzas del orden a la Guerra contra la Droga generó una especie de dilema para la Administración Reagan. Para que la guerra funcionara, es decir, para que consiguiera lograr sus objetivos políticos, era necesario construir un consenso entre las fuerzas del orden locales y estatales en torno a la idea de que la guerra contra las drogas debería ser un tema de alta prioridad en sus ciudades. La solución: pasta. Se hicieron enormes dotaciones económicas a los cuerpos de policía dispuestos a dar prioridad a la persecución de los delitos de narcóticos. El origen del nuevo sistema de control se puede rastrear, en gran medida, hasta un soborno masivo ofrecido por el Gobierno Federal a las policías locales y estatales.

En 1988, por orden de la Administración Reagan, el Congreso revisó el programa que proporciona ayuda federal a las fuerzas del orden, cambiándole el nombre a *Programa de Asistencia a las Fuerzas del Orden Locales y Estatales en Memoria de Edward Byrne* (en memoria de un agente de policía de Nueva York muerto de un disparo mientras protegía la casa de un testigo en un caso de drogas). El *Programa Byrne* estaba diseñado para animar a cada entidad que recibía una dotación federal a participar en la Guerra contra la Droga. Se ofrecieron millones de dólares en ayudas federales para las

---

[34] Katherine Beckett, *Making Crime Pay: Law and Order in Contemporary American Politics*, Nueva York, Oxford University Press, 1997, p. 45; y Mauer, *Race to Incarcerate*, p. 49.

fuerzas del orden locales y estatales dispuestas a tomar parte en la guerra. Este dinero federal ha provocado la proliferación de fuerzas antivicio, incluyendo las que se ocupan de interceptaciones de drogas en carreteras. A nivel nacional, las brigadas antivicio reciben casi el 40% del total de fondos del *Programa Byrne*, pero en algunos Estados alcanza el 90% del total.[35] De hecho, se puede cuestionar si existiría una actividad especializada en perseguir los delitos por drogas en algunos Estados sin ese programa.

También se han proporcionado otras formas valiosas de asistencia. La DEA ha ofrecido formación, inteligencia y apoyo técnico gratuitos a cuerpos de patrullas de carreteras estatales que están dispuestos a dedicar a sus agentes a la interceptación de drogas en carretera. El Pentágono por su parte ha cedido inteligencia militar y millones de dólares en armas de fuego a cuerpos locales y estatales dispuestos a hacer de la guerra retórica una guerra real.

Casi inmediatamente después de que los dólares federales empezaran a fluir, los cuerpos de policía por todo el país comenzaron a competir para conseguir más fondos, equipamiento y formación. A finales de los noventa, la abrumadora mayoría de las fuerzas policiales estatales y locales se había aprovechado de los recursos disponibles desde hacía poco tiempo y había añadido un componente significativamente militar para apuntalar sus operaciones antidrogas. Según el Instituto Cato, solo en 1997, el Pentágono concedió más de 1,2 millones de equipo militar a departamentos locales de policía.[36] Igualmente, el *National Journal* informó de que entre enero de 1997 y octubre de 1999, la agencia atendió 3,4 millones de peticiones de equipo del Pentágono de más de 11.000 cuerpos de policía domésticos de los cincuenta Estados. Incluidos en el botín había «253 aviones, incluyendo algunos de seis y siete pasajeros, Blackhawk UK-60 y helicópteros UH-1 Huey, 7.856 rifles M-16, 181 lanza-granadas, 8.131

---

[35] U.S. Department of Justice, *Department of Justice Drug Demand Reduction Activities, Report No. 3-12*, Washington DC, Office of the Inspector General, febrero de 2003, p. 35. Disponible en: www.usdoj.gov/oig/reports/plus/a0312.

[36] Radley Balko, *Overkill: The Rise of Paramilitary Police Raids in America*, Washington DC, Cato Institute, 17 de Julio de 2006, p. 8.

cascos antibalas, y 1.161 gafas de visión nocturna».[37] Un jefe de policía retirado de New Haven, Connecticut, declaró a *The New York Times*: «Me ofrecieron tanques, bazokas, lo que yo quisiera».[38]

Hacer la guerra

En menos de una década, la Guerra contra la Droga pasó de ser un eslogan político a ser una guerra de verdad. Dado que los departamentos de policía de repente flotaban en dinero y equipo militar asignado a la Guerra contra la Droga, tenían que usar esos nuevos recursos. Como describe un informe del Instituto Cato, se formaron rápidamente unidades paramilitares (llamadas más normalmente Tácticas y Armas Especiales, SWAT por sus siglas en inglés[39]) en casi en todas las ciudades principales para participar en la lucha contra las drogas.[40]

Estos equipos se originaron en la década de 1960 y gradualmente se fueron haciendo más normales en los setenta, pero hasta la Guerra contra la Droga, casi no se usaban, excepto para situaciones de una emergencia especial, como tomas de rehenes, secuestros y fugas de prisión. Eso cambió en los ochenta, cuando los cuerpos de policía locales de repente tuvieron acceso al dinero y a equipo militar específicamente para llevar a cabo redadas de drogas.

Actualmente, el uso más normal para los equipos SWAT es apoyar en búsquedas de drogas, normalmente con entradas forzadas en casas y sin aviso previo. De hecho, en algunas jurisdicciones las órdenes de drogas las llevan *solo* los equipos SWAT, sea cual sea la naturaleza del supuesto delito de drogas. Como informaba el *Miami Herald* en 2002: «La policía dice que quiere equipos SWAT en caso de que surja una toma de rehenes o un ataque tipo Columbine, pero en la práctica los equipos se usan sobre todo para llevar órdenes de

---

[37] Megan Twohey, «SWATs Under Fire», *National Journal*, 1 de enero de 2000, p. 37; Balko, *Overkill*, p. 8.

[38] Timothy Egan, «Soldiers of the Drug War Remain on Duty», *The New York Times*, 1 de marzo de 1999.

[39] Equivalentes a los GEO en el Estado español. (*Nota de las TT.*)

[40] *Ibid.*, pp. 8-9.

búsqueda a supuestos narcos. En algunos de estos registros solo se confiscan unos pocos gramos de cocaína o de marihuana».[41]

La tasa de aumento en el uso de los equipos SWAT ha sido asombrosa. En 1972, apenas había algunos cientos de redadas de drogas con paramilitares al año en el país. Para comienzos de los ochenta, había tres mil salidas de los SWAT por año: en 1996 ya llegaban casi a las 30.000, y para 2001 eran 40.000.[42] La escalada de fuerza militar fue bastante dramática en las ciudades por todo el país. En Minneapolis, Minnesota, por ejemplo, su equipo SWAT fue utilizado en órdenes de registro (sin llamada previa a la puerta) 35 veces en 1986, pero diez años más tarde ese mismo equipo fue utilizado para redadas de drogas más de 700 veces.[43]

Las redadas de drogas llevadas a cabo por los equipos SWAT no son encuentros corteses. En innumerables situaciones en que la policía podría haber arrestado a alguien sin dificultad o haber llevado a cabo un registro sin una redada de estilo militar, la policía entra en tromba en la casa de la gente, normalmente en mitad de la noche, lanzando granadas, a gritos, apuntando con pistolas y rifles a todos sus habitantes, a menudo niños pequeños. En los últimos años, mucha gente ha sido asesinada por la policía en el trascurso de estas redadas, incluyendo ancianos y otras personas totalmente inocentes de todo delito. El criminólogo Peter Kraska informa de que entre 1989 y 2001 al menos 780 casos de redadas paramilitares fallidas llegaron al nivel de apelación, un enorme incremento desde los años ochenta, en que tales casos eran muy raros, o antes incluso, cuando no se producían.[44] Muchos de estos casos tienen que ver con personas asesinadas en el curso de redadas malogradas.

Alberta Spruill, una funcionaria de cincuenta y siete años de Harlem, está entre los caídos. El 16 de mayo de 2003, una docena de agentes de policía de Nueva York entraron en tromba en su bloque

[41] Scott Andron, «SWAT: Coming to a Town Near You?», *Miami Herald*, 20 de mayo de 2002.

[42] Balko, *Overkill*, 11, cita a Peter Kraska, «Researching the Police-Military Blur: Lessons Learned», *Police Forum,* vol. 14, núm. 3, 2005.

[43] Balko, *Overkill*, p. 11, cita a Britt Robson, «Friendly Fire», *Minneapolis City Pages,* 17 de septiembre de 1997.

[44] *Ibid.*, p. 43 (cita la investigación de Kraska).

de apartamentos en una redada sin permiso, siguiendo el soplo de un confidente que les había contado que un delincuente con antecedentes vendía droga en el sexto piso. El informante estaba en la cárcel cuando declaró haber comprado drogas en el apartamento, y el objetivo de la redada había sido arrestado cuatro días antes, pero los agentes no lo comprobaron y ni siquiera hablaron con el conserje del edificio. La única residente del edificio era Alberta, descrita por sus amistades como «una persona devota». Antes de entrar, la policía lanzó una granada de mano que provocó una explosión ensordecedora y cegadora. Alberta entró en parada cardiaca y murió dos horas después. La muerte fue considerada homicidio, pero nadie fue acusado.

Los que sobreviven a las redadas de los SWAT normalmente quedan traumatizados por la experiencia. Poco después de la muerte de Spruill, la presidenta del Borough de Manhattan, C. Virginia Fields, celebró vistas sobre las prácticas de los SWAT en la ciudad de Nueva York. Según el periódico *Village Voice*, «Decenas de víctimas negras y latinas, enfermeros, secretarias y antiguos agentes, llenaron sus oficinas para contar historias, a cual más horripilante. La mayoría no pudo contener las lágrimas al describir cómo la policía saqueaba su hogar, esposaba a niños y ancianos, les ponía un arma en la sien y los trataba de forma abusiva, verbal y a veces físicamente. En muchos casos, las víctimas no habían vuelto a saber nada del Departamento de Policía de la ciudad, ni siquiera para reparar puertas rotas u otros daños producidos durante el ataque».[45]

Incluso en ciudades pequeñas, como las del condado de Dodge, Wisconsin, los equipos SWAT abordan los registros rutinarios de narcóticos como un frente de batalla importantísimo en la Guerra contra la Droga. En ese condado, la policía llevó a cabo una redada en la caravana de Scott Bryant en abril de 1995, tras encontrar restos de marihuana en su basura. Momentos después de irrumpir en su caravana, la policía disparó a Bryant, que no iba armado, y lo mató. Su hijo de ocho años estaba dormido en el cuarto de al lado y vio morir a su padre mientras esperaba la ambulancia. El fiscal del distrito alegó que la mano de quien disparó se había tensado en «una

[45] *Ibid.*, p. 49 (cita el *Village Voice*).

reacción física involuntaria» mientras la otra mano buscaba las esposas. Un portavoz de la empresa Beretta comentó que esto era improbable porque el gatillo del arma de doble acción estaba diseñado para impedir que se disparara de forma involuntaria. El sheriff del condado lo comparó a un accidente de caza.[46]

Las redadas de los SWAT no se han limitado a casas, bloques de apartamentos o barriadas de vivienda pública. Las escuelas públicas han sido invadidas por los equipos SWAT a la búsqueda de drogas. Por ejemplo, en noviembre de 2003, la policía asaltó el Instituto Stratford en Goose Creek, Carolina del Sur. La redada quedó grabada en el sistema de cámaras del centro, al igual que en una cámara de la policía. Las cintas muestran cómo a los estudiantes, algunos de catorce años, se les obligó a tumbarse en el suelo esposados mientras los agentes de los SWAT, de uniforme y con chalecos antibalas, les apuntaban a la cabeza y dirigían a perros policía en un registro de sus mochilas. La redada se llevó a cabo a instancias del director del centro, que sospechaba que un solo alumno estaba traficando con marihuana. No se encontraron drogas ni armas y no se formalizó ninguna acusación. Casi todos los alumnos a los que se registró y retuvo eran de color.

La transformación de «policía local» a «policía militar» comenzó en 1981, cuando el presidente Reagan convenció al Congreso para que aprobara la ley *Military Cooperation with Law Enforcement Act* (Ley de Cooperación Militar con las Fuerzas del Orden), que animaba al ejército a prestar a los cuerpos de policía locales, estatales y federales acceso a bases militares, inteligencia, investigación, armas y otro equipamiento para interceptación de drogas. Esa legislación abrió una enorme excepción en la ley *Posse Comitatus Act* (Ley de Posse Comitatus), una ley de la época de la Guerra de Secesión

---

[46] *Ibid.*, p. 50; «Not All Marijuana Law Victims Are Arrested: Police Officer Who Fatally Shot Suspected Marijuana User Cleared of Criminal Charges», NORML News, 13 de julio de 1995, disponible en: druglibrary.org/olsen/ NORML/WEEKLY/95-07-13.html; Timothy Lynch, *After Prohibition*, Washington DC, Cato Institute, 2000, p. 82; y varias fuentes que citan «Dodge County Detective Can't Remember Fatal Shot; Unarmed Man Killed in Drug Raid at His Home», *Milwaukee Journal-Sentinel*, 29 de abril de 1995, A1, y «The Week», *National Review*, 12 de junio de 1995, p. 14.

(llamada en inglés la Guerra Civil) que prohibía utilizar a los militares para tareas policiales en relación a civiles. Esa nueva ley fue seguida por la Directiva del equipo de Seguridad Nacional de Reagan, que declaraba que las drogas constituían una amenaza para la seguridad nacional de Estados Unidos y proporcionaba aún más cooperación entre las fuerzas locales, estatales y federales. En los años posteriores, los presidentes George Bush y Bill Clinton aceptaron con los brazos abiertos la Guerra contra la Droga y aumentaron la transferencia de equipamiento, tecnología militar y formación a las fuerzas locales del orden, en función, por supuesto, de la disposición de esas fuerzas para darle prioridad a la lucha contra las drogas y para concentrar los recursos en detenciones por sustancias ilegales.

El programa de incentivos funcionó. Los arrestos por drogas se multiplicaron, a medida que los equipos SWAT barrieron las barriadas populares, las brigadas de patrulla de carreteras organizaron unidades de interceptación de drogas en las autopistas y se montaron programas de búsqueda y registro en las calles sin restricciones. En general, los incentivos financieros ofrecidos a las fuerzas locales para incrementar sus detenciones por drogas no son bien conocidos, lo que hace que la gente en general llegue a la conclusión, razonable pero equivocada, de que cuando su departamento de policía local informa de que se han doblado o triplicado los arrestos de drogas en un breve periodo de tiempo, los arrestos reflejan un aumento en la actividad ilegal relacionada con drogas, más que una entrada enorme de dinero y un esfuerzo más intenso en perseguir ese tipo de actividades.

Una excepción es un informe de 2001 de *The Capital Times* en Madison, Wisconsin. En ese periódico se informaba en 2001 de que desde 1980 se habían creado 65 de los 83 equipos SWAT del Estado y que esa explosión de equipos SWAT se podía rastrear hasta los programas de regalo de armas del Pentágono, así como a los programas federales que proporcionan dinero a las policías locales para el control antidroga. El periódico explicaba que en los años noventa a los departamentos de policía de Wisconsin se les entregaron casi 100.000 piezas de equipamiento militar. Y aunque las unidades paramilitares se justificaban a menudo ante los ayuntamientos y los ciudadanos escépticos como un elemento esencial en la lucha contra el terrorismo o en las situaciones con rehenes, casi no se desplegaban en esas ocasiones sino que se las enviaba a llevar órdenes rutinarias de registro en busca de drogas o para realizar detenciones por drogas. De hecho, el periódico informaba de que los departamentos de policía tenían un incentivo extraordinario para usar sus nuevos equipos en temas de drogas: los fondos federales extra que recibían los departamentos estaban vinculados a la persecución de las drogas. El tamaño de las dotaciones económicas estaba vinculado al número de detenciones por drogas en la ciudad o en el condado del que se tratara. Cada arresto, en teoría, reportaría a una ciudad o condado concretos unos 153 dólares en fondos federales o estatales. La actividad policial no vinculada a la droga no reportaba dólares federales, ni siquiera la relativa a los delitos violentos. Como resultado, cuando en el condado de Jackson, Wisconsin, cuatriplicaron sus detenciones por drogas entre 1999 y 2000, las subvenciones federales al condado también se cuadruplicaron.[47]

Quien lo encuentra, se lo queda

Por si la formación y el equipo militar gratuitos y las dotaciones económicas no fueran suficientes, la Administración Reagan proporcionó a las fuerzas del orden otro incentivo económico para que dedicaran extraordinarios recursos al tema de las drogas, más que a otros delitos de mayor gravedad: a los cuerpos de policía locales y estatales se le concedió la autoridad de quedarse, para su propio uso, la amplia mayoría de dinero y activos que confiscaran en el curso de la guerra contra las drogas. Este dramático cambio en la política proporcionó a las policías locales y estatales un interés enorme en la Guerra contra la Droga, no en su éxito sino en su existencia continuada. Las fuerzas del orden obtuvieron un interés pecuniario no solo en la propiedad confiscada, sino en el margen de beneficio del propio mercado de la droga.

---

[47] *Ibid.*, p. 10, cita Steven Elbow, «Hooked on SWAT: Fueled with Drug Enforcement Money, Military-Style Police Teams Are Exploding in the Backwoods of Wisconsin», *Madison Capitol Times*, 18 de agosto de 2001.

Las leyes modernas sobre confiscación de drogas se remontan a 1970, cuando el Congreso aprobó la ley *Comprehensive Drug Abuse Prevention and Control Act* (Ley Completa de Prevención de Consumo y Control de Drogas), que incluía una provisión de confiscación civil por la que se autorizaba al Gobierno a aprehender drogas, equipo de elaboración y almacenamiento, y vehículos usados para el transporte de las sustancias. Como han explicado los juristas Eric Blumenson y Eva Nielsen, la provisión se justificaba como un esfuerzo «por anticiparse a la expansión de las drogas de una forma que las penas criminales no podían lograr, golpeando su raíz económica».[48] Cuando se envía a prisión a un traficante de drogas, hay muchos otros dispuestos a ocupar su lugar, pero al apoderarse de los medios de producción, razonaban los legisladores, puede acabarse con el negocio del tráfico de manera definitiva. A lo largo de los años, la lista de propiedades sujetas a confiscación aumentó enormemente y la conexión exigible con la actividad ilegal de drogas se fue haciendo cada vez más remota, lo que desembocó en muchos ejemplos de abuso. Pero no fue hasta 1984, cuando el Congreso cambió la ley federal para permitir que las fuerzas del orden federales se quedaran y utilizaran todos los beneficios de la confiscación de activos, y permitió a los cuerpos de policía locales y estatales que se quedaran hasta con el 80% del valor de los activos, cuando se produjo una verdadera revolución.

De repente, los departamentos de policía podían aumentar el tamaño de su presupuesto, de forma bastante sustancial, simplemente haciéndose con los coches, el dinero en metálico y las casas de la gente que era sospechosa de consumo o tráfico de drogas. En el momento en que se adoptaron las nuevas normas, la ley que regulaba la confiscación civil era tan favorable al Gobierno que el 80% de las confiscaciones no eran cuestionadas. Casas, fincas o dinero podían ser confiscados simplemente sobre la base de la sospecha de actividad ilegal de drogas, y la confiscación podía tener lugar sin aviso ni vista judicial, solo con una muestra *ex parte* de mera causa probable al creer que la propiedad de alguna manera había estado «implicada»

---

[48] Eric Blumenson y Eva Nilsen, «Policing for Profit: The Drug War's Hidden Economic Agenda», *University of Chicago Law Review*, vol. 65, 1998, pp. 35 y 45.

en un delito. Esa muestra de causa probable podía estar basada tan solo en rumores, indirectas o incluso en el testimonio pagado e interesado de alguien cuyos intereses claramente son contrarios a los del dueño de la propiedad en cuestión. No hace falta que el dueño de la propiedad ni cualquier otra persona sea acusada de un delito, ni mucho menos que se les declare culpables. De hecho, una persona podría ser declarada inocente de todo comportamiento delincuente y la propiedad podría seguir estando sujeta a confiscación. Una vez la propiedad ha sido confiscada, el dueño carece del derecho a asistencia letrada y recae sobre él probar la «inocencia» de la propiedad. Dado que las personas a las que se elige como objetivo habitualmente son pobres o de medios limitados, a menudo carecen de los recursos para pagar un abogado o las considerables costas legales. Como consecuencia, la mayor parte de la gente a la que se confiscó dinero en metálico o propiedades no desafió las acciones del Gobierno, en especial porque el Gobierno podía devolver el golpe presentando acusaciones criminales, con fundamento o sin él.

No es de extrañar que este sistema de confiscación en temas de drogas demostrara ser muy lucrativo para las fuerzas del orden, pues ofrecía incentivos más que suficientes para lanzarse a la Guerra contra la Droga. Según un informe encargado por el Departamento de Justicia, solo entre 1988 y 1992 las brigadas de drogas creadas con fondos del *Programa Byrne* confiscaron más de mil millones de dólares en activos.[49] Increíblemente, esta cifra no incluye a los cuerpos antidroga creados con fondos de la DEA o de otras agencias federales.

La forma real en que funcionan las leyes de confiscación de drogas minan la retórica habitual que se usa para defender la Guerra contra la Droga, es decir que son los grandes «capos» quienes son el objetivo de esa guerra. En la guerra, las leyes de confiscación de drogas se usan a menudo para permitir a quienes poseen activos que compren su libertad, en tanto que los consumidores y los pequeños camellos con pocos recursos con los que negociar están sometidos a largas estancias de prisión. Por ejemplo, en Massachusetts, una investigación periodística descubrió que, como media, «un pago de

---

[49] *Ibid.*, p. 64.

50.000 dólares de dinero de beneficios de la droga conseguía una reducción de 6,3 años en una sentencia para los narcos», y que acuerdos de 10.000 dólares o más compraban la eliminación o la reducción de los cargos de tráfico en casi tres cuartas partes de tales casos.[50] Las leyes federales de confiscación por drogas son una de las razones, según apuntan Blumenson y Nilson, «por las cuales en la actualidad las prisiones estatales y federales mantienen recluidos a gran cantidad de hombres y mujeres que desempeñaban papeles relativamente menores en las redes de distribución de la droga, pero pocos de sus jefes».[51]

El timo del registro

Predeciblemente, las enormes recompensas económicas generadas tanto por las confiscaciones de la Guerra contra la Droga como por las dotaciones económicas del *Programa Byrne* han creado un entorno en el que existe una línea muy fina entre hacerse con el dinero y las propiedades de la gente de forma legítima o ilegítima, una línea tan fina que algunos agentes ignoran por completo las formalidades de las órdenes de registro, causa probable y sospecha razonable. En el caso Estados Unidos contra Reese, por ejemplo, el Tribunal de Apelación del Noveno Circuito describía una brigada antivicio totalmente corrupta por su dependencia de los fondos federales para el tema de las drogas. Al funcionar como una unidad separada dentro de la Autoridad de Vivienda de Oakland, la brigada actuaba, en palabras de un agente, «más o menos como una manada de lobos», al volante de vehículos policiales y apoderándose de «todo lo que veíamos por las esquinas».[52] Los agentes estaban bajo tremenda presión por parte de su jefe para mantener elevado el número de detenciones y todos eran conscientes de que su empleo dependía de que se renovaran las subvenciones federales. El comandante de la brigada hacía hincapié en que necesitaban estadísticas para mostrar que el dinero

---

[50] Blumenson y Nilsen, «Policing for Profit», p. 72.
[51] *Ibid.*, p. 71
[52] *Ibid.*, p. 82.

de la subvención había sido bien empleado y les ordenaba al comienzo de los turnos: «Vamos a salir a patear unos cuantos culos» y «Esta noche todo Dios va a la cárcel, sea por lo que sea, ¿estamos?».[53]

Periodistas e investigadores han documentado numerosos ejemplos más en que departamentos de policía han cometido registros ilícitos y han realizado búsquedas y amenazas a la busca de propiedades y dinero que confiscar. En Florida, los periodistas revisaron casi mil cintas de video de paradas de tráfico en carretera y descubrieron que la policía usaba infracciones de tráfico como excusa, o como pretexto, para confiscar «cientos de miles de dólares a conductores contra quienes no había ninguna prueba de que hubieran hecho nada malo», a menudo apoderándose del dinero sin presentar cargos criminales.[54] Igualmente, en Louisina los periodistas informaron de que la policía efectuaba gran número de paradas bajo pretexto en un esfuerzo por apoderarse de dinero, y que ese dinero se desviaba para pagar viajes de esquí para el departamento y otros usos no autorizados.[55] Y en el sur de California, un departamento del sheriff de Los Ángeles informó de que los agentes colocaban las pruebas y falsificaban los informes policiales de forma habitual, con el fin de establecer causa probable para las confiscaciones de dinero.[56]

Muchas confiscaciones pequeñas pueden ser casi tan efectivas como las de unas pocas operaciones de mucha envergadura, y no requieren el gasto de tantos recursos para su investigación. La Unidad AntiDroga de la Zona Oeste (WANT por sus siglas en inglés) se convirtió en el centro de una gran investigación en 1996, cuando se descubrieron casi 66.000 dólares escondidos en su oficina central. La investigación reveló que la unidad se apoderaba de grandes cantidades de dinero, pero también de pequeñas sumas, y que luego ese dinero se usaba con libertad, sin las restricciones de tener que informar ni justificarse de acuerdo con sus funciones o con los límites de cada misión. Algunas confiscaciones eran de apenas ocho centavos de dólar. Otra confiscación de 93 céntimos hizo que un periodista

[53] *Ibid.*
[54] *Ibid.*, p. 83.
[55] *Ibid.*
[56] *Ibid.*

local comentara que «de nuevo los agentes se llevaban lo que los sospechosos llevaran consigo, aunque no se pudiera considerar en absoluto que el dinero suelto de bolsillo podía ser dinero de la droga».[57]

En el año 2000, el Congreso aprobó la ley *Civil Asset Forfeiture Reform Act* (Ley de Reforma de la Confiscación de Activos Civiles), que iba dirigida a acabar con muchos de los indignantes ejemplos de abuso de confiscación de bienes civiles. Algunos de los ejemplos más citados estaban relacionados con blancos ricos a los que se había quitado su propiedad. Un caso de mucho bombo era el de un millonario solitario, Donald Scott, que murió por efecto de disparos cuando un grupo de fuerzas del orden atacó su rancho de Malibú, de doscientos acres, supuestamente en búsqueda de plantas de marihuana. No encontraron ni una sola en el transcurso de la operación. Una investigación subsiguiente reveló que la motivación primigenia para la redada era la posibilidad de confiscar las propiedades de Scott. De haber tenido éxito en ese empeño, habría reportado a las fuerzas del orden unos cinco millones de dólares en activos.[58] En otro caso, a William Munnerlynn la DEA le confiscó su avión Learjet después de que él lo usara para transportar a un narco sin saber que lo era. Aunque los cargos contra él se retiraron a las setenta y dos horas, la DEA se negó a devolverle el avión. Solo tras cinco años de litigios y cientos de miles de dólares en gastos legales consiguió recuperarlo. Cuando se lo devolvieron, el aparato había sufrido daños por valor de 100.000 dólares.[59] Tales casos no eran habituales, pero captaron la atención del Congreso.

La Ley de Reforma trajo consigo una serie de cambios significativos en el debido proceso, tales como trasladar el peso de la prueba al Gobierno, eliminar el requerimiento de que un propietario tuviera que pagar una fianza y proporcionar algunas protecciones mínimas

---

[57] *Ibid.*, p. 98.

[58] Michael Fessier Jr., «Trail's End Deep in a Wild Canyon West of Malibu, a Controversial Law Brought Together a Zealous Sheriff's Deputy and an Eccentric Recluse; a Few Seconds Later, Donald Scott Was Dead», *Los Angeles Times Magazine*, 1 de agosto de 1993; y Office of the District Attorney of Ventura, California, «Report on the Death of Donald Scott», 30 de marzo de 1993, disponible en: www.fear.org/chron/scott.txt.

[59] Peter D. Lepsch, «Wanted: Civil Forfeiture Reform», *Drug Policy Letter*, verano de 1997, p. 12.

contra las privaciones para partes inocentes que podían perder su hogar. Con todo, estas reformas no llegaron lo suficientemente lejos.

Se podría alegar que la reforma más importante es la creación de la defensa de un «propietario inocente». Con anterioridad a la Ley de Reforma, el Tribunal Supremo había dictaminado que la culpabilidad o inocencia del dueño de la propiedad era irrelevante en relación con la culpabilidad *de la propiedad*, un dictamen basado en la arcaica noción legal de que una propiedad podía ser «culpable» de un delito. La ley remediaba hasta cierto punto esta sinrazón, al proporcionar una defensa de «dueño inocente» a aquellas personas cuya propiedad hubiera sido incautada. Sin embargo, la defensa se ve seriamente minada por el hecho de que para el Gobierno el peso de la prueba es tan reducido, pues solo tiene que establecer por medio de una «primacía de la evidencia» que la propiedad estuvo implicada en la comisión de un delito de drogas. Este nivel de prueba es significativamente más bajo que el nivel de «evidencia clara y convincente» contenido en una versión previa de la legislación, y mucho más bajo que la «prueba más allá de toda duda razonable» que se pide para las condenas por delitos penales.

Cuando el Gobierno cumple con este requerimiento mínimo, el peso entonces se traslada al propietario para demostrar que «no conocía el comportamiento que dio origen a la incautación» o que hizo «todo lo que cabía esperar razonablemente dadas las circunstancias para acabar con tal uso de la propiedad». Esto significa, por ejemplo, que una mujer que sabía que su marido fumaba marihuana ocasionalmente podría ver su coche confiscado por el Gobierno porque ella le permitió al marido usar el vehículo. Como el coche era «culpable» de transportar a alguien que había violado una ley de droga en algún momento, ella podría perder legalmente su único medio de transporte, aunque ella misma no hubiera cometido ningún delito. De hecho, las mujeres que están relacionadas de algún modo con hombres acusados de delitos de drogas, normalmente maridos o novios, se encuentran entre los solicitantes más frecuentes en procedimientos de incautación.[60] Los tribunales no han sido muy clementes con

---

[60] James Massey, Susan Miller y Anna Wilhelmi, «Civil Forfeiture of Property: The Victimization of Women as Innocent Owners and Third Parties», *Crime*

las mujeres en estas circunstancias; a menudo concluían que «la naturaleza y circunstancias de la relación marital pueden dar lugar a una inferencia de conocimiento por parte del cónyuge que alega inocencia en la condición de propietario».[61]

En este marco surgen otros problemas, entre los cuales no es el menor el hecho de que el dueño de la propiedad no tenga derecho a un abogado en el procedimiento de incautación, a menos que él o ella hayan sido acusados de un delito. La abrumadora mayoría de casos de confiscación no implican acusaciones de delitos penales, así que la mayor parte de la gente a la que le confiscan el dinero, el coche o la casa debe representarse a sí misma en el tribunal, contra el Gobierno Federal. Curiosamente, alguien que haya sido acusado de un delito tiene derecho a un abogado en casos de incautación civil, pero las personas cuyas propiedades han sido incautadas pero cuya conducta no ha sido objeto de acusaciones criminales carecen de protección legal. Esto puede explicar por qué hasta un 90% de casos de incautación en algunas jurisdicciones no son cuestionados. Sencillamente, la mayor parte de la gente no puede permitirse el considerable gasto de contratar a un abogado. Incluso si ese coste no es un problema, hay poco incentivo en emprender una acción legal. Si la policía se incauta de tu coche que vale 5.000 dólares, o se lleva 5.000 dólares en metálico de tu casa, ¿estarías dispuesto a pagar a un abogado una cantidad superior al valor de tus activos para que te los devuelvan? Si no has sido acusado de un delito, ¿estás dispuesto a arriesgarte a que cuestionar la incautación pueda hacer que el Gobierno formule acusaciones contra ti?

Con todo, el mayor fallo de la Ley de Reforma no tiene que ver con los derechos de defensa de una persona una vez se le han incautado propiedades en una investigación de drogas. A pesar de todas las nuevas normas de procedimiento y las protecciones formales, la ley no aborda el problema individual más serio asociado con las leyes de confiscación de la Guerra contra la Droga: la motivación del beneficio

---

Control and Women, Susan Miller (ed.), Thousand Oaks, CA, SAGE Publications, 1998, p. 17.

[61] *United States v. One Parcel of Real Estate Located at 9818 S.W. 94 Terrace,* 788 F. Supp. 561, 565 (S.D. Fla. 1992).

en las fuerzas del orden dedicadas a la lucha contra el narcotráfico. De acuerdo con la nueva ley, las redadas de drogas motivadas por el deseo de hacerse con dinero, vehículos, casas y otras propiedades siguen siendo perfectamente legales. A las fuerzas del orden se les sigue permitiendo, por medio de acuerdos para compartir ingresos con el Gobierno Federal, conservar las propiedades incautadas para su propio uso. Está claro que mientras las fuerzas del orden tengan libertad para incautarse de activos supuestamente vinculados a actividades ilegales relacionadas con las drogas, sin necesidad de tener que acusar a nadie de ningún delito, los departamentos de policía locales, al igual que los cuerpos de policía estatales y federales, seguirán teniendo un interés pecuniario directo en la rentabilidad y duración de la Guerra contra la Droga. La estructura fundamental del sistema sigue intacta.

Nada de esto intenta sugerir que las recompensas económicas ofrecidas por la participación policial en la Guerra contra la Droga son la única razón por la que las fuerzas del orden se lanzaron a esta guerra con entusiasmo. Sin duda, el contexto político y cultural de la Guerra contra la Droga, en concreto en los primeros años, fomentó que se llevaran a cabo redadas. Cuando los políticos declaran una guerra a las drogas, la policía (nuestros guerreros domésticos) siente sin duda cierta presión para hacer esa guerra. Pero es dudoso que se hubiera librado una guerra sobre el terreno con tal intensidad, de no haber sido por los sobornos ofrecidos a cuenta de la cooperación de las fuerzas del orden.

Actualmente esos sobornos puede que ya no hagan falta. Ahora que los equipos SWAT, las brigadas antidroga con personal de varios cuerpos, y la agenda antidroga se han convertido en una parte habitual del trabajo de las fuerzas locales, estatales y federales, parece claro que la Guerra contra la Droga está aquí para quedarse. Durante el mandato del presidente Bush empezó a reducirse la financiación para las brigadas antivicio esponsorizadas por el *Programa Byrne*, pero cuando Barack Obama era candidato a la presidencia prometió revitalizar ese programa de subvenciones, alegando que es «esencial para crear las brigadas antivicio que necesitan nuestras comunidades».[62] Una vez ganó las elecciones, Obama fue fiel a su

---

[62] David Hunt, «Obama Fields Questions on Jacksonville Crime», *Florida Times-Union,* 22 de septiembre de 2008.

palabra y aumentó de forma dramática la provisión para el *Programa Byrne* de subvenciones, a pesar de su pavoroso historial. La ley *Economic Recovery Act* (Ley de Recuperación Económica) de 2009 incluía más de dos mil millones de dólares en nuevos fondos *Byrne*, y 600 millones adicionales para aumentar las fuerzas locales y estatales por todo el país.[63] En la actualidad hay poca o nula oposición organizada a la guerra contra las drogas, y cualquier esfuerzo dramático para reducir la guerra puede ser condenado en público por ser «blando» contra la delincuencia. La guerra se ha institucionalizado. Ya no es un programa especial ni un proyecto ideologizado, es sencilla y llanamente como se hacen las cosas.

Des-representación legal

Hasta ahora, hemos visto que las normas legales que regulan la Guerra contra la Droga garantizan que un número extraordinario de personas se vean absorbidas hacia el interior del sistema de justicia penal, arrestadas por cargos de drogas, a menudo por delitos muy banales. ¿Pero qué sucede tras el arresto? ¿Cómo contribuye el diseño del modelo a asegurar la creación de una enorme casta inferior?

Una vez detenida, las oportunidades de una persona de volver a estar verdaderamente libre de la estructura de control son escasas, a menudo casi nulas. A los acusados habitualmente se les niega una representación letrada adecuada, se les presiona con la amenaza de una sentencia larga para que se declaren culpables de algún cargo y luego se los coloca bajo control formal, en el calabozo o en la cárcel, en libertad provisional o condicional. La mayor parte de los estadounidenses probablemente no tiene ni idea de lo normal que es que la gente sea condenada sin tener ni siquiera el derecho a representación legal o cuánta gente se declara culpable de delitos que no ha cometido por el miedo a las condenas obligatorias.

---

[63] Véase Phillip Smith, «Federal Budget: Economic Stimulus Bill Stimulates Drug War, Too», *Drug War Chronicle*, núm. 573, 20 de febrero de 2009. Véase también Michelle Alexander, «Obama's Drug War», *The Nation*, 9 de diciembre de 2010 (donde se señala que la oferta de estímulo económico incluía un aumento doce veces mayor en la financiación para los programas *Byrne*).

Cientos de miles de personas pobres van a la cárcel cada año sin haber hablado siquiera con un abogado, y quienes sí se reúnen con uno por un delito de drogas a menudo pasan apenas unos minutos comentando su caso y las posibles opciones, antes de tomar una decisión que afectará profundamente el resto de sus vidas. Como comentaba un abogado defensor a *Los Angeles Times*: «Son llevados como ganado [hasta la sala del juzgado], se levantan a las tres o las cuatro de la mañana. Entonces tienen que tomar decisiones que cambian el curso de su vida. Puede imaginarse lo estresante que es eso».[64]

Hace más de cuarenta años, en Gideon contra Wainwright, el Tribunal Supremo dictaminó que la gente pobre acusada de delitos graves tiene derecho a representación legal. Sin embargo, se procesa anualmente a miles de personas en los tribunales de todo el país sin abogado o con un abogado que carece del tiempo, los recursos y, en algunos casos, la voluntad de proporcionar una representación legal efectiva. En este caso, la Corte Suprema dejó al criterio de los gobiernos locales y estatales la decisión de cómo pagar los servicios legales. Sin embargo, en mitad de una guerra antidrogas, cuando los políticos compiten unos contra otros para demostrar lo «duros» que pueden ser en la lucha contra la delincuencia y los delincuentes, buscar fondos para las oficinas del turno de oficio y pagar a bufetes privados para que representen a los acusados no ha tenido ninguna prioridad.

Aproximadamente el 80% de los acusados de un delito penal son indigentes y por lo tanto no pueden pagarse un abogado.[65] Y sin embargo el sistema de turno de oficio es penosamente inadecuado. El síntoma más visible del fracaso de este sistema es la asombrosamente amplia carga de casos en los que trabajan de forma habitual, lo que hace imposible que proporcionen una representación legal coherente a sus clientes. A veces los defensores tienen más de cien clientes a la vez, muchos de ellos se enfrentan a décadas de cárcel o a cadena perpetua. Con mucha frecuencia, la calidad de los abogados nombrados por el tribunal es pobre, porque las míseras condiciones en que tienen que

[64] John Balzar, «The System: Deals, Deadlines, Few Trials», *Los Angeles Times*, 4 de septiembre de 2006.

[65] Marc Mauer y Ryan S. King, *Schools and Prisons: Fifty Years After Brown v. Board of Education*, Washington DC, The Sentencing Project, 2004, p. 4.

trabajar y lo bajo de los salarios desaniman a los buenos abogados de participar en ese sistema. Y algunos Estados niegan representación a los acusados pobres con el argumento de que esas personas tendrían que poder pagarse un abogado, aunque apenas puedan pagarse la comida o el alquiler. En Virginia, por ejemplo, la tarifa máxima que se paga a los abogado nombrados por el tribunal para representar a alguien acusado de un delito grave que conlleva una sentencia de menos de veinte años es de 428 dólares. Y en Wisconsin más de once mil personas pobres acuden cada año ante un tribunal sin representación porque se considera que cualquiera que gane más de 3.000 dólares al año puede permitirse un abogado.[66] En Lake Charles, Louisiana, la oficina del turno de oficio solo tiene dos investigadores para los 2.500 nuevos casos de delitos graves y los 4.000 nuevos casos de faltas que se les asignan cada año.[67] El Fondo de Defensa Legal NAACP y el centro Sureño de Derechos Humanos de Atlanta demandaron a la ciudad de Gulfport, Misisipi, alegando que la ciudad mantenía una «moderna cárcel para deudores» al encarcelar a los pobres que no pueden pagar las multas y negarles el derecho a un abogado.

En 2004, la Asociación de Colegios de Abogados hizo público un informe sobre la situación de la defensa legal para indigentes y concluyó que «Con demasiada frecuencia, los acusados se declaran culpables, incluso siendo inocentes, sin comprender verdaderamente sus derechos legales o lo que está pasando. A menudo, los procedimientos reflejan poco o nada el reconocimiento de que el acusado sufre una enfermedad mental o no comprende el inglés de forma adecuada. El derecho fundamental a un abogado que los estadounidenses asumen que se aplica a cualquiera acusado de comportamiento criminal en la práctica no existe de forma efectiva para un número incontable de personas por todo el país».[68]

---

[66] Laura Parker, «8 Years in a Louisiana Jail but He Never Went to Trial», *USA Today*, 29 de agosto de 2005.

[67] Mauer y King, *Schools and Prisons*, p. 4.

[68] American Bar Association, Standing Committee on Legal Aid and Indigent Defendants, *Gideon's Broken Promise: America's Continuing Quest for Equal Justice*, Washington DC, American Bar Association, diciembre de 2004, Executive Summary IV; adoptado por American Bar Association House of Delegates, 9

Incluso cuando a la persona se la acusa de delitos extremadamente graves, como el asesinato, puede encontrarse languideciendo en prisión durante años sin haberse reunido con un abogado, por no hablar de que se llegue a celebrar el juicio. Un ejemplo extremo es la experiencia de James Thomas, un jornalero empobrecido de Baton Rouge, Luisiana, acusado de asesinato en 1996, que esperó durante ocho años y medio para que su caso fuera visto en un tribunal. Nunca sucedió. Su madre consiguió finalmente que el caso fuera sobreseído, tras ahorrar 500 dólares para pagar a un abogado, que demostró al tribunal que, en el tiempo que Thomas había pasado esperando que su caso fuera a juicio, el testigo que sustentaba su coartada había muerto de una enfermedad renal. Otro hombre de Luisiana, Johnny Lee Ball, fue acusado de asesinato en segundo grado y condenado a cadena perpetua sin posibilidad de libertad condicional tras reunirse con un abogado del turno de oficio durante solo once minutos antes del juicio. Si los imputados por asesinato lo pasan mal para conseguir un abogado en condiciones, ¿qué posibilidades tienen los pequeños camellos de encontrarse con un abogado defensor concienzudo? Como explicó David Carroll, el director de investigación de la Asociación Nacional de Ayuda Legal y Abogados Defensores, a *USA Today*: «En este país existe una desconexión real entre lo que la gente percibe que es la situación del turno de oficio y lo que es en realidad. Yo lo atribuyo a series como *Law and Order*, donde el acusado dice: "Quiero un abogado" y de repente aparece alguien de *Legal Aid* (asistencia legal a personas sin recursos) en la celda. Eso es lo que la gente cree que sucede».[69]

Los más vulnerables son los niños atrapados en este sistema y sin embargo son los que tienen menos probabilidades de ser representados por un abogado. En 1967, el Tribunal Supremo dictaminó en el caso In re Gault que los chicos por debajo de dieciocho años tienen derecho a asistencia legal para cualquier acusación penal. Sin embargo, en la práctica, los niños habitualmente «renuncian» a este derecho

de agosto de 2005, Disponible en: www.abanet.org/leadership/2005/annual/dailyjournal/107.doc

[69] Parker, «8 Years in a Louisiana Jail».

en tribunales tutelares de menores. En algunos estados, como Ohio, hasta el 90% de los niños acusados de delitos penales no tienen representación letrada. Como explicaba un defensor público: «Los chavales vienen con sus padres, que quieren acabar cuanto antes, y dicen: "Tú lo hiciste, admítelo". Si la gente estuviera al corriente de lo que se puede hacer, puede que pidieran ayuda».[70]

Un mal trato

Casi nadie va a juicio. Prácticamente todos los casos penales se resuelven mediante autoinculpaciones, una declaración de culpabilidad por parte del acusado a cambio de cierta clemencia por parte del fiscal. Aunque no es de conocimiento público, el fiscal es el funcionario con más poder en el sistema de justicia penal. Se podría pensar que los jueces son los más poderosos, o quizá la policía, pero en realidad los fiscales son los que tienen todas las cartas. Es el fiscal, mucho más que cualquier otro funcionario del sistema penal, quien tiene las llaves de la puerta de la cárcel.

Cuando la policía detiene a alguien, el fiscal tiene el poder. Pocas reglas restringen el ejercicio de su discrecionalidad. El fiscal tiene libertad para desestimar un caso por cualquier motivo o sin motivo. También tiene libertad para presentar más cargos contra un acusado que puedan ser probados ante el tribunal de forma realista, con la condición de que se pueda argüir que existe causa probable, una práctica conocida como «sobreacusación».

La práctica de animar a los acusados a declararse culpables de delitos, antes que permitirles el beneficio de un juicio en toda regla, siempre ha tenido sus riesgos y sus inconvenientes. Sin embargo, nunca antes en nuestra historia se ha sentido obligado a declararse culpable un número tan extraordinariamente elevado de personas, incluso siendo inocente, simplemente porque el castigo por la ofensa menor y no violenta de la cual se les ha acusado es tan increíblemente

---

[70] Kim Brooks y Darlene Kamine (eds.), *Justice Cut Short: An Assessment of Access to Counsel and Quality of Representation in Delinquency Proceedings In Ohio*, Columbus, Ohio State Bar Foundation, 2003, p. 28.

severo. Cuando los fiscales ofrecen «solo» tres años de cárcel cuando la condena que podrían recibir los acusados si su caso fuera a juicio sería de cinco, diez o veinte años, o cadena perpetua, solo los acusados muy valientes, o muy tontos, declinan la oferta.

La presión para declararse culpable de delitos se ha incrementado de forma exponencial desde la llegada de la Guerra contra la Droga. En 1986, el Congreso aprobó la ley *Anti-Drug Abuse Act* (Ley contra el Consumo de Drogas), que marcaba condenas mínimas obligatorias extraordinariamente largas para pequeñas acusaciones de tráfico de drogas y posesión de crac. La típica sentencia obligatoria para un primer delito de drogas en un tribunal federal es de cinco o diez años. Por el contrario, en otros países desarrollados, un primer delito de drogas no se pena con más de seis meses de cárcel, si es que hay condena de privación de libertad, que no es siempre el caso.[71] Las legislaturales estatales estaban ansiosas de subirse al tren de la «mano dura», con lo que aprobaron leyes severas sobre temas de drogas, al igual que leyes de «tres condenas», que exigen cadena perpetua para los condenados por cualquier tercer delito. Estos sistemas de condenas mínimas obligatorias han transferido un enorme poder desde los jueces a los fiscales. En la actualidad, solo por acusar a alguien de un delito que conlleve una sentencia obligatoria de entre diez y quince años, los fiscales pueden obligar a la gente a que se declare culpable, antes de arriesgarse a pasar una década o más en la cárcel. Los fiscales admiten que acusan de forma habitual a gente de delitos para los que técnicamente tienen causa probable pero que dudan seriamente que podrían ganar en el tribunal.[72] Lo que hacen es «cargar» a los acusados con delitos que conllevan condenas extremadamente severas con el fin de obligarlos a que se declaren culpables de ofensas menores y, aquí está el quid de la cuestión, para obtener testimonios sobre otros casos relacionados. Las duras leyes de condenas animan a la gente a chivarse.

El número de soplos en casos de drogas se ha multiplicado en los últimos años, en parte porque el Gobierno ha tentado a la gente para

---

[71] Mauer, *Race to Incarcerate*, pp. 35-37
[72] Véase Angela J. Davis, *Arbitrary Justice: The Power of the American Prosecutor*, Nueva York, Oxford University Press, 2007, pp. 31-33.

que «coopere» con las fuerzas del orden ofreciéndoles dinero, poniéndolos «en nómina» y prometiéndoles rebajas en la incautación de activos de drogas, pero también porque chivarse de los otros acusados en el mismo caso, amigos, familiares o conocidos, a menudo es el único modo de evitar una condena mínima obligatoria muy larga.[73] De hecho, de acuerdo con las directrices federales sobre condenas, proporcionar «ayuda sustancial» suele ser la única forma de que los acusados puedan tener la esperanza de obtener una condena por debajo del mínimo obligatorio. Se sabe que la «asistencia» proporcionada por los soplones es muy poco fiable, pues hay investigaciones que han demostrado que innumerables informantes han inventado historias sobre actividad relacionada con narcóticos y otros delitos, a cambio de dinero o de un tratamiento más indulgente en sus propios casos penales pendientes.[74] Aunque tal comportamiento es deplorable, no resulta difícil de comprender. ¿Quién entre nosotros no se sentiría tentado de mentir si fuera la única forma de evitar una condena de cuarenta años por un delito menor de drogas?

La presión para declararse culpable y negociar, y por lo tanto «condenarse a sí mísmo» a cambio de algún tipo de indulgencia, no es un casual efecto colateral del régimen obligatorio de condenas. La propia Comisión Nacional de Condenas ha observado que «el valor de una condena mínima obligatoria no radica en su imposición, sino en su valor como baza con la que regatear a cambio de que el acusado

---

[73] Véase Alexandra Natapoff, «Snitching: The Institutional and Communal Consequences», *University of Cincinnati Law Review*, vol. 645, 2004; y Emily Jane Dodds, «I'll Make You a Deal: How Repeat Informants Are Corrupting the Criminal Justice System and What to Do About It», *William and Mary Law Review*, vol. 50, 2008, p. 1063.

[74] Véase «Riverside Drug Cases Under Review Over Use of Secret Informant», *Associated Press*, 20 de agosto de 2004; Ruben Narvette Jr., «Blame Stretches Far and Wide in Drug Scandal», *Dallas Morning News*, 14 de noviembre de 2003; Rob Warden, *How Snitch Testimony Sent Randy Steidl and Other Innocent Americans to Death Row*, Chicago, Northwestern University School of Law, Center for Wrongful Convictions, pp. 2004-2005; «The Informant Trap», *National Law Journal*, 6 de marzo de 1995; Steven Mills y Ken Armstrong, «The Jailhouse Informant», *Chicago Tribune*, 16 de noviembre de 1999; y Ted Rohrlich y Robert Stewart, «Jailhouse Snitches: Trading Lies for Freedom», *Los Angeles Times*, 16 de abril de 1989.

se declare culpable de un delito con menos condena, lo que ahorra recursos». Describir condenas obligatoriamente severas como baza con la que regatear es quedarse muy corto, dado su potencial para conseguir que se declaren culpables personas que son inocentes de cualquier delito.

Es imposible saber de cierto cuántos acusados, inocentes de los cargos de drogas de los que se les acusa, se declaran culpables cada año aceptando una declaración por miedo a las condenas obligatorias, o cuántos son condenados debido a informantes que mienten o a testigos que mienten, pero estimaciones fiables del número de personas inocentes que están actualmente en prisión tienden a situar la proporción entre el 2 y el 5%.[75] Aunque esos porcentajes puedan parecer pequeños, y probablemente se quedan cortos, equivalen a miles de personas inocentes que están encerradas, algunas de las cuales morirán en prisión. De hecho, con que solo el 1% de los reclusos del país sea inocente de los delitos imputados, eso significaría decenas de miles de personas inocentes que languidecen en este momento entre rejas en Estados Unidos.

El punto más importante, sin embargo, no es que haya demasiadas personas encerradas. Eso ha sido cierto desde que se inauguraron las penitenciarías. El punto crítico es que miles de personas son barridas por el sistema de justicia penal cada año en el transcurso de la Guerra contra la Droga sin demasiada consideración hacia su culpabilidad o inocencia. Los tribunales permiten a la policía que lleve a cabo expediciones a la búsqueda de drogas en la calle y las carreteras basándose solo en una corazonada. Se puede registrar el hogar de alguien basándose solo en un soplo de un informante confidencial que no es de fiar y que recibe, a cambio de la información, dinero o una reducción en el tiempo de su condena. Y una vez esas personas son absorbidas por el sistema penal, a menudo se les niega un abogado o una representación en condiciones y se les presiona para que se declaren culpables con la amenaza de condenas increíblemente severas, con penas por pequeños delitos de drogas que son más altas

---

75 Véase Adam Liptak, «Consensus on Counting the Innocent: We Can't», *The New York Times,* 25 de marzo de 2008; y Adam Liptak, «Study Suspects Thousands of False Confessions», *The New York Times*, 19 de abril de 2004.

que las que muchos países imponen a los asesinos condenados. Esta es la forma en que funciona el acoso y derribo, y funciona de esta forma prácticamente en todas las principales ciudades del país.

Tiempo cumplido

Una vez la persona ha sido condenada por un delito grave de drogas, las posibilidades de que salga del sistema penal en un plazo breve son muy bajas, si es que consigue salir. La eliminación de la discrecionalidad del juez por medio de las leyes de condenas obligatorias les ha obligado a imponer penas de reclusión por delitos de drogas que son a menudo más largas que las que reciben delincuentes violentos. Cuando los jueces pueden ejercer su discrecionalidad, pueden considerar el pasado de un acusado e imponer una pena más baja si las circunstancias personales del acusado —pobreza extrema o experiencia de abuso, por ejemplo—, así lo aconsejan. Esta flexibilidad, que es importante en todos los casos penales, resulta especialmente relevante en los de drogas, pues los estudios han indicado que muchos acusados por drogas consumen o venden debido a su adicción.[76] Enviar a un acusado para que reciba tratamiento de deshabituación, más que enviarlo a prisión, puede muy bien ser la opción más prudente, ya que ahorra recursos públicos y potencialmente puede salvar al acusado de una vida de adicción. Igualmente, imponer una sentencia de prisión breve, o ninguna, puede mejorar las posibilidades de que se reinserte con éxito. Una condena larga puede aumentar la probabilidad de que la reinserción sea extremadamente difícil, lo que puede provocar que reincida y vuelva a la cárcel. Las leyes de condenas obligatorias dejan a los jueces sin su función tradicional de tomar en consideración todas las circunstancias pertinentes en un esfuerzo para hacer justicia a cada caso concreto.

---

[76] Christopher J. Mumola y Jennifer C. Karberg, *Drug Use and Dependence, State and Federal Prisoners*, 2004, Washington DC, U.S. Department of Justice, Bureau of Justice Statistics, 2006; y Ashley Nellis, Judy Greene, y Marc Mauer, *Reducing Racial Disparity in the Criminal Justice System: A Manual for Practitioners and Policymakers*, 2ª edición, Washington DC, The Sentencing Project, 2008, p. 8.

Sin embargo, la dureza en las condenas minimas obligatorias para delincuentes de drogas ha sido confirmada de manera sistemática por el Tribunal Supremo. En 1982, este tribunal ratificó una pena de cuarenta años de cárcel por posesión por intentar vender nueve onzas de marihuana.[77] Varios años después, en Harmelin contra Michigan, la corte suprema confirmó una condena de *cadena perpetua* para un acusado sin antecedentes que había intentando vender 672 gramos (unas 23 onzas) de crac.[78] Al Tribunal le parecía que las condenas impuestas en esos casos eran «razonablemente proporcionadas» a los delitos cometidos y no «crueles e inusuales» en violación de la Octava Enmienda. Este veredicto fue llamativo, dado que, con anterioridad a la ley *Drug Reform Act* (Ley de Reforma de Drogas) de 1986, la pena más larga que el Congreso había impuesto por posesión de cualquier tipo de droga en cualquier cantidad era de un año. Una sentencia de cadena perpetua por un delito de drogas sin antecedentes es algo inaudito en el resto del mundo desarrollado. Incluso para sofisticados delitos de drogas, la mayor parte de los países imponen condenas de reclusión que se miden en meses, más que en años. Por ejemplo, una sentencia por vender un kilo de heroína acarrea una pena obligatoria de diez años en un tribunal federal, comparada con una de seis meses de prisión en Inglaterra.[79] Curiosamente, en Estados Unidos una condena de cadena perpetua se considera perfectamente apropiada para un delincuente de drogas sin antecedentes.

El dictamen más famoso del Tribunal Supremo en cuanto a confirmación de condenas mínimas obligatorias es Lockyer contra Andrade.[80] En ese caso, el Tribunal rechazó desafíos constitucionales a condenas de veinticinco años sin posibilidad de condicional para un hombre que había robado tres palos de golf de una tienda, y cincuenta años sin posibilidad de condicional para otro por robar vídeos infantiles de un supermercado Kmart. Estas condenas se impusieron

---

[77] *Hutto v. Davis*, 454 U.S. 370 (1982).

[78] *Harmelin v. Michigan*, 501 U.S. 967 (1991).

[79] Marc Mauer, «The Hidden Problem of Time Served in Prison», *Social Research*, vol. 74, núm. 2, verano de 2007, pp. 701 y 703.

[80] *Lockyer v. Andrade*, 538 U.S. 63 (2003).

siguiendo la polémica ley de las tres condenas de California, que decreta una condena de entre veinte años a cadena perpetua para reincidentes condenados por un tercer delito, por pequeño que sea. Expresando el voto mayoritario del Tribunal, la jueza Sandra Day O'Connor reconoció que las condenas eran duras, pero concluyó que no eran muy desproporcionadas en relación con el delito y que por lo tanto no violaban la prohibición de la Octava Enmienda contra penas «crueles e inusuales». En su voto particular, el juez David H. Souter replicó «Si la sentencia de Andrade [por robar vídeos] no es sumamente desproporcionada, el principio carece de significado». Igualmente, el abogado defensor de uno de los acusados, el profesor de Derecho de la Universidad del Sur de California Erwin Chemerinsky observó que el razonamiento del Tribunal Supremo hace muy difícil, si no imposible, desafiar cualquier ley de condenas para reincidentes: «Si estas condenas no constituyen un castigo cruel e inusual, ¿cuáles lo serían?».[81]

Las leyes de condenas obligatorias a menudo se justifican como necesarias para mantener a «delincuentes violentos» fuera de la calle, pero estas penas se imponen casi siempre en casos de delincuentes de drogas y personas que son culpables de delitos no violentos. De hecho, en regímenes de tres, como el de California, un «delincuente reincidente» podría ser cualquiera que tuviera un solo caso anterior de hacía décadas, y un arresto puede convertirse en varias acusaciones. La primera y la segunda condenas se cuentan por acusaciones, no por casos individuales, de forma que un solo caso puede resultar en primera, segunda y tercera condena. El fiscal tiene la discrecionalidad para acusar de cargos relacionados pero individuales como procesos separados. Por ejemplo, imaginemos a un joven de dieciocho años que es detenido en una operación encubierta y al que se acusa de dos cargos de tráfico de cocaína con menores, porque les vendía a sus amigos para sacarse un dinero extra para zapatos y cosas básicas que su madre no podía permitirse. El fiscal le ofrece libertad condicional si accede a declararse culpable de las dos acusaciones y a delatar a un camello de mayor calibre. Aterrado ante la idea de ir a

[81] Anne Gearam, «Supreme Court Upholds "Three Strikes Law"», Associated Press, 5 de marzo de 2003.

la cárcel, acepta el trato. Varios años después, se da cuenta de que su castigo no acabará nunca. Una noche atraca una tienda y roba comida, pasta de dientes, Pepsi y pañales para su bebé. Lo arrestan unas pocas manzanzas más allá. Se acabó para él. Ya tiene las tres condenas. Le pueden cargar el atraco como un tercer caso por sus dos delitos graves previos. Ya puede ser condenado a cadena perpetua. Sus hijos van a crecer sin padre.

O imaginemos a una mujer que lucha contra la adicción a las drogas, sin poder encontrar tratamiento y desesperada por encontrar el dinero para mantener su hábito. Junto con su novio, roba en dos casas y se lleva televisiones que esperan poder vender. Después de su arresto, acepta una declaración de culpabilidad, pasa varios años en la cárcel y cuando sale tiene dos condenas en su historial, una por cada uno de los robos. Veinte años más tarde, después de pasar quince años limpia, vuelve a ponerse y la detienen por vender crac. Lo hacía para pagarse el consumo. Se acabó para ella. Puede que la encierren de por vida.

Estos ejemplos pueden parecer exagerados, pero la vida real puede ser peor. Las condenas por cada acusación se pueden cumplir de forma consecutiva, con lo cual un acusado puede enfrentarse fácilmente a una condena de cincuenta, setenta y cinco o cien años, y hasta cadena perpetua por un solo caso. No es raro que la gente sea condenada a penas de cárcel de más de cincuenta años por delitos menores. De hecho, de cincuenta años a cadena perpetua fue la condena real que recibió Leandro Andrade por robar cintas de vídeo, una condena que fue confirmada por el Tribunal Supremo.

La mayor parte de quienes están sujetos a duras condenas mínimas obligatorias en el sistema federal de justicia son delincuentes relacionados con las drogas. La mayoría son pequeños traficantes de drogas, de bajo nivel, en absoluto «capos de la droga». Las historias se acumulan. Marcos Boyd fue detenido por vender 3,9 gramos de crac a un confidente que trabajaba con una brigada regional antidrogas. En el momento de su arresto, Marcus tenía veinticuatro años y llevaba seis de adicción a las drogas, pues había empezado poco después de la muerte de su madre y siguió aumentando su consumo hasta llegar a los veintipocos años. Conoció al soplón a través de un amigo cercano de la familia, alguien de quien se fiaba. En el momento de la sentencia, el juez basó el cálculo de la cantidad de droga en los testimonios del informante y de otro testigo. Ambos declararon que le habían comprado crac a Marcus en otras ocasiones. Como resultado, a Marcus se le consideró responsable de vender 37,4 gramos (equivalente a 1,3 onzas), basándose en las declaraciones del confidente y del otro testigo. Se le condenó a más de catorce años de cárcel. Sus dos hijos tenían seis y siete años en el momento en que fue condenado. Serán adultos para cuando salga libre.[82]

Weldon Angelos es otra víctima de la guerra de las drogas. Va a pasar toda su vida en la cárcel por tres ventas de marihuana. Angelos, un productor musical de veinticuatro años, tenía un arma, que no usó ni amenazó con usar, en el momento de las ventas. Sin embargo, de acuerdo con las directrices federales sobre sentencias, el juez que sentencia estaba obligado a imponerle una condena mínima obligatoria de cincuenta y cinco años. Al hacerlo, el juez mostró su reticencia a enviar a la cárcel a Angelos para el resto de su vida por tres ventas de marihuana. Declaró en el tribunal: «Este tribunal considera que condenar al Señor Angelos a prisión para el resto de su vida es injusto, cruel, incluso irracional».[83]

Algunos jueces federales, incluyendo algunos conservadores, han abandonado en protesta por las leyes federales sobre drogas y las directrices sobre condenas. Mirando cara a a cara a esas personas cuyas vidas están en juego, están mucho más cerca de la tragedia humana provocada por la Guerra contra la Droga que los legisladores que hacen sus leyes desde lejos. El juez Lawrence Irving, nombrado por Reagan, comentó al jubilarse: «Si continúo ejerciendo, no me queda más opción que aplicar la ley y no puedo, en conciencia, seguir haciéndolo».[84] Otros magistrados, como el juez Jack Weinstein, se negaron públicamente a aceptar más casos de drogas, describiendo «una sensación de depresión ante mucha de la crueldad de la que he sido

---

[82] Véase Families Against Mandatory Minimums, «Profiles of Injustice» en: www.famm.org/ProfilesofInjustice/FederalProfi les/MarcusBoyd.aspx.

[83] Marc Mauer, «Hidden Problem», pp. 701-702.

[84] Número especial de *The New York Times*, «Criticizing Sentencing Rules, US Judge Resigns», 30 de septiembre de 1990.

parte en relación con la "Guerra contra la Droga"».[85] Otro nombramiento de Reagan, el juez Stanley Marshall, comentó a un periodista: «Siempre se me ha considerado duro a la hora de fijar condenas, pero me está matando mandar a la cárcel a tantos delincuentes de pequeño calibre por tanto tiempo».[86] Hizo estas declaraciones tras imponer una pena de cinco años a una madre en Washington DC acusada de «posesión» de crac que la policía encontró en una caja cerrada con candado que su hijo había escondido en el desván de la madre. En California, los periodistas describieron un hecho similar:

> El juez de Distrito William W. Scharzer, nombrado por los republicanos, no es famoso por lo leve de sus sentencias. Por eso, todo el mundo en su juzgado de San Francisco contempló en asombrado silencio cómo Scharzer, conocido por su aire impasible, se ahogaba en lágrimas de angustia al condenar a Richard Anderson, un estibador de Oakland y delincuente primerizo, a diez años de cárcel sin posibilidad de condicional por lo que parecía un pequeño error de juicio, al haber llevado en su coche a un traficante de drogas a una reunión con alguien que resultó ser un agente de paisano.[87]

Incluso el magistrado del Tribunal Supremo Anthony Kennedy ha condenado las duras penas mínimas obligatorias impuestas a los delincuentes de drogas. En 2003 comentó a los abogados reunidos para el Congreso Anual del Colegio de Abogados: «Nuestros recursos [de prisiones] se gastan mal, nuestros castigos son demasiado severos, nuestras condenas están sobrecargadas». Luego añadió: «No puedo aceptar ni la necesidad ni la sabiduría de las condenas mínimas obligatorias federales. Hay demasiados casos en que esas sentencias son injustas».[88]

---

[85] Joseph Treaster, «Two Federal Judges, in Protest, Refuse to Accept Drug Cases», *The New York Times*, 17 de abril de 1993.

[86] Chris Carmody, «Revolt to Sentencing is Gaining Momentum», *National Law Journal*, 17 de mayo de 1993, p. 10.

[87] Stuart Taylor Jr., «Ten Years for Two Ounces», *American Lawyer*, marzo de 1990, pp. 65-66.

[88] Michael Jacobson, *Downsizing Prisons: How to Reduce Crime and End Mass Incarceration*, Nueva York, New York University Press, 2005, p. 215.

La etiqueta carcelaria

La mayoría de la gente se imagina que la explosión de la población reclusa en Estados Unidos durante los últimos veinticinco años refleja cambios en las tasas de delincuencia. Pocos podrían sospechar que nuestra población interna dio un salto de 350.000 hasta 2,3 millones aproximadamente en un periodo tan breve de tiempo debido a cambios en la legislación y en las políticas, no a cambios en los índices de delincuencia. Y sin embargo han sido los cambios en nuestras leyes, en particular el dramático aumento en la longitud de las penas de cárcel, lo que ha sido responsable del crecimiento de nuestro sistema carcelario, no un aumento de la delincuencia. Un estudio concluye que el *total* del aumento en la población reclusa desde 1980 a 2001 puede explicarse solo por cambios en la política de imposición de penas.[89]

Como las duras sentencias son una causa principal de la explosión en la población reclusa, se podría asumir de forma razonable que reduciendo sustancialmente la longitud de las condenas de prisión se podría desmantelar de forma eficaz esta nueva estructura de control. Esa opinión, sin embargo, está equivocada. Este modelo se basa en la etiqueta carcelaria, no en el tiempo que se cumple en prisión.

Cuando una persona está etiquetada como delincuente, se la traslada a un universo paralelo en el que la discriminación, el estigma y la exclusión son perfectamente legales, y en que privilegios de ciudadanía como votar y servir como jurado en un tribunal están fuera de su alcance. No importa si verdaderamente se ha llegado a pasar tiempo en prisión, la condición de ciudadano de segunda clase comienza en el momento mismo en que a una persona se le pone la etiqueta de delincuente grave. En realidad, la mayor parte de la gente considerada delincuente grave no es condenada a una pena de privación de libertad. En 2008 había aproximadamente 2,3 millones de personas en cárceles y prisiones y una mareante cifra de 5,1 millones más de personas bajo «supervisión correccional comunitaria», es decir en

---

[89] Véase Mauer, *Race to Incarcerate*, pp. 33 y 36-38, cita a Warren Young y Mark Brown.

libertad condicional o bajo palabra.[90] Solo reducir las condenas de cárcel no tiene un impacto importante en la mayor parte de la gente que está en el sistema. Es la etiqueta de inferioridad, el hecho de tener antecedentes penales, lo que relega a la gente para el resto de su vida a un estatus de segunda clase. Como se describe en el capítulo 4, para los delincuentes graves por temas de drogas, hay pocas esperanzas de escapar. Se les excluye por ley de acceder a la vivienda pública, son víctimas de la discriminación por parte de los caseros particulares, no se les considera aptos para recibir cupones de alimentación, están obligados a «marcar la casilla» que indica antecedentes penales en solicitudes de empleo para casi todos los trabajos y, como se les deniega la obtención de licencias para una amplia gama de profesiones, las personas cuyo único delito es la adicción a las drogas o la posesión de una pequeña cantidad para uso recreacional se encuentran encerradas fuera de la sociedad y de la economía en su conjunto, de manera permanente.

No es de extrañar, por lo tanto, que la mayor parte de aquellos a quienes se etiqueta de este modo vuelvan a recorrer el camino hasta la cárcel. Según un estudio del Departamento de Estadísticas de Justicia, en torno al 30% de presos liberados de su muestra volvieron a ser detenidos en un plazo de seis meses después de su puesta en libertad.[91] Si se considera un plazo de tres años, casi el 68% volvieron a ser detenidos al menos una vez por un nuevo delito.[92] Solo una pequeña minoría vuelve a ser detenida por delitos violentos, la amplia mayoría lo es por delitos contra la propiedad, delitos de drogas o contra el orden público.[93]

Para los que salen en libertad condicional o bajo palabra, los riesgos son especialmente elevados. Están sujetos a vigilancia y monitoreo sistemáticos por parte de la policía y se les puede dar el alto y registrar (con o sin su consentimiento) por cualquier razón o sin ninguna razón. Como consecuencia, es mucho más probable que

---

[90] PEW Center sobre Estados Unidos, *One in 31*.

[91] Jeremy Travis, *But They All Come Back: Facing the Challenges of Prisoner Re-entry*, Washington DC, Urban Institute Press, 2002, p. 32, cita el Bureau of Justice Statistics.

[92] *Ibid.*, p. 94, cita el Bureau of Justice Statistics.

[93] *Ibid.*

sean arrestados, una vez más, que aquellos cuyo comportamiento no está sometido a un escrutinio constante por parte de las fuerzas del orden. Quienes están en libertad condicional o bajo palabra se encuentran en un riesgo mucho mayor de detención, porque su vida está regulada por normas adicionales que no se aplican a nadie más. Hay una multitud de restricciones en su comportamiento y posibilidades de viajar (por ejemplo, tienen prohibido relacionarse con otros delincuentes graves), al igual que varias exigencias de la libertad condicional y bajo palabra (tales como pagar multas y reunirse con funcionarios de la condicional) que generan oportunidades de arresto. Desobedecer alguna de estas normas especiales puede enviar a alguien de vuelta a la cárcel. De hecho, eso es lo que sucede con bastante frecuencia.

El extraordinario aumento en admisiones a prisión debidas a violaciones de la libertad condicional o bajo palabra se debe casi exclusivamente a la Guerra contra la Droga. Con respecto a la libertad condicional, en 1980, solo el 1% de todas las admisiones en prisión se debían a violaciones de la libertad bajo palabra. Veinte años después, más de un tercio, el 35% de las admisiones, era resultado de este tipo de violaciones.[94] Para marcar más el contraste: «En 2000 volvió a la cárcel por violaciones de la condicional aproximadamente el mismo número de personas que las que ingresaron en prisión en 1980 por todos los motivos en conjunto».[95] De todas las personas que violaron la libertad bajo palabra en 2000, solo un tercio volvió a la cárcel por una nueva condena; los otros dos tercios volvieron por una violación técnica, como no acudir a alguna cita con su agente de la condicional, no conseguir mantener un empleo estable, o dar positivo en un control antidroga.[96] En este sistema de control, no conseguir acoplarse bien con el estatus propio como proscrito se considera un delito. Si, tras salir de la cárcel con antecedentes penales, es decir algo que te identifica como inferior, no consigues mantenerte lejos de las drogas o no consigues, contra toda probabilidad, conseguir un empleo, o si te deprimes y te pierdes una cita con tu agente de la condicional (o

---

94 *Ibid.*, p. 32.
95 *Ibid.*
96 *Ibid.*, p. 49, cita el Bureau of Justice Statistics.

no puedes pagarte el autobús para llegar), se te puede enviar de vuelta a la cárcel, donde la sociedad al parecer piensa que deben estar millones de conciudadanos.

Este inquietante fenómeno de gente que entra y sale de la cárcel, atrapada en su condición de ciudadanos de segunda clase, ha sido descrito por Loïc Wacquant como «un circuito cerrado de marginalidad perpetua».[97] Cientos de miles de personas salen de la cárcel cada año, solo para encontrarse encerrados fuera de la sociedad y la economía mayoritarias. Al final, la mayoría regresa a la cárcel, a veces para lo que les queda de vida. A otros se les vuelve a liberar, solo para que vuelvan a encontrarse exactamente en las mismas circunstancias por las que tuvieron que pasar anteriormente, incapaces de enfrentarse al estigma de la etiqueta carcelaria y su permanente estatus de parias.

Reducir el periodo de tiempo que la gente pasa entre rejas, por medio de la eliminación de las severas condenas mínimas obligatorias, aliviará parte del sufrimiento innecesario causado por este modelo, pero no perturba el circuito cerrado. Las personas etiquetadas como delincuentes graves seguirán en un ciclo de entrada y salida de la cárcel, sometidas a vigilancia continua por la policía, sin la posibilidad de integrarse en la sociedad y la economía generales. A menos que se reduzca de manera significativa el número de personas a las que se proscribe de esta forma y a menos que se eliminen las leyes y políticas que mantienen a los ex convictos marginalizados de la sociedad y de la economía en su conjunto, el sistema seguirá generando y perpetuando una enorme casta inferior.

---

[97] Loïc Wacquant, «The New "Peculiar Institution": On the Prison as Surrogate Ghetto», *Theoretical Criminology*, vol. 4, núm. 3, 2000, pp. 377-389.

3

EL COLOR DE LA JUSTICIA

Imagina que eres Emma Faye Stewart, una mujer afroamericana de treinta años, madre soltera de dos niños que fue detenida como parte de una redada antidroga en Hearne, Texas.[1] Todas las personas detenidas, salvo una, eran afroamericanas. Eres inocente. Tras una semana en prisión, no tienes quién cuide a tus dos hijitos y estás impaciente por volver a casa. El abogado de oficio sugiere que te declares culpable de un delito de distribución de drogas, diciendo que el fiscal ha ofrecido libertad condicional. Te niegas, proclamando firmemente tu inocencia. Finalmente, después de casi un mes en la cárcel, decides declararte culpable para volver a casas con tus hijos, no queriendo arriesgarte a llegar a juicio y a años de prisión. Se te condena a diez años de libertad condicional y a pagar mil dólares de multa, además de los costos legales y de libertad condicional. Además, ya se te ha etiquetado como delincuente de drogas. Ya no tienes derecho a cupones de alimentos, se te puede discriminar a la hora de buscar trabajo, no puedes votar durante al menos doce años y estás a punto de que te echen de tu vivienda pública. En cuanto te quedes sin casa, te quitarán a tus hijos, que serán dados en acogida.

Al final, un juez declara nulos los cargos contra todos los acusados que no se declararon culpables. Durante el juicio, el juez se da cuenta de que toda la operación se basó en el testimonio de un único

---

[1] Frontline, *The Plea*, www.pbs.org/wgbh/pages/frontline/shows/plea/four/stewart.html; y Angela Davis, *Arbitrary Justice: The Power of the American Prosecutor*, Nueva York, Oxford University Press, 2007, pp-50-52.

informante que mintió a la fiscalía. Tú, sin embargo, sigues siendo un delincuente convicto, sin hogar, y desesperada por recuperar la custodia de tus hijos.

Y ahora ponte en el lugar de Clifford Runoalds, otra víctima afroamericana de la redada antidroga de Hearne.[2] Habías vuelto a casa en Bryan, Texas, para asistir al funeral de tu hija de dieciocho meses. Antes de que empiece el funeral, aparece la policía y te pone las esposas. Suplicas a los agentes que te dejen ver a tu hija una última vez antes de que la entierren. Se niegan. La fiscalía te dice que tienes que testificar contra uno de los acusados en una reciente redada. Niegas haber visto cualquier transacción de droga, no sabes de qué están hablando. Por negarte a cooperar, se te acusa de delitos graves. Después de pasar un mes en la cárcel, se retiran los cargos contra ti. Técnicamente eres libre, pero como resultado de tu detención y periodo de internamiento, pierdes el trabajo, tu apartamento, los muebles y el coche. Y, por supuesto, pierdes la oportunidad de decir adios a tu bebé muerta.

Esto es la Guerra contra la Droga. Las historias brutales que acabo de contar no son incidentes aislados, ni la identidad racial de Emma Faye Stewart y Clifford Runoalds es un accidente o una casualidad. En cada estado de la nación, los afroamericanos, en particular los de los barrios más pobres, se ven sometidos a prácticas y tácticas que se considerarían un escándalo y producirían indignación pública si se cometieran en barrios blancos de clase media. En la Guerra contra la Droga, el enemigo se define de manera racial. Los métodos de aplicación de la ley descritos en el capítulo 2 se han utilizado casi exclusivamente en comunidades pobres de color, lo que produce como resultado cifras asombrosamente altas de afroamericanos y latinos que llenan las cárceles y prisiones cada año. Nos cuentan los guerreros de la droga que el enemigo en esta guerra es una cosa, las drogas, no un grupo de gente, pero los hechos demuestran lo contrario.

---

[2] American Civil Liberties Union, *Stories of ACLU Clients Swept Up in the Hearne Drug Bust of November 2000*, Washington DC, American Civil Liberties Union, 2002, disponible en: www.aclu.org/DrugPolicy/DrugPolicy. cfm?ID=11160&c=80.

En 2000, Human Rights Watch informó de que, en siete estados, los afroamericanos representan entre el 80 y el 90% de todos los delincuentes enviados a prisión por drogas.[3] En al menos quince estados, los negros ingresan en prisión por delitos de drogas en una proporción entre veinte y cincuenta y siete veces superior a la de los hombres blancos.[4] De hecho, a nivel nacional, la tasa de encarcelamiento para delincuentes afroamericanos deja pálida a la de los blancos. Cuando la Guerra contra la Droga alcanzó su máxima potencia a mediados de los ochenta, las admisiones de afroamericanos se dispararon, hasta casi cuatriplicarse en tres años, y luego se mantuvo un aumento sostenido hasta que en 2000 alcanzó un nivel «más de veintiséis veces superior» al de 1983.[5] El número de admisiones por drogas de latinos en 2000 era veintidós veces superior al de 1983.[6] Los blancos que han ingresado en prisión por delitos de drogas también han aumentados sus índices, el número de ingresos de blancos en 2000 era ocho veces superior al de 1983, pero sus números relativos son pequeños comparados con los de negros y latinos.[7] Aunque la mayoría de traficantes y usuarios de drogas ilegales en el país son blancos, tres cuartas partes de todos los reclusos por delitos de drogas son negros o latinos.[8] En los últimos años, los índices de ingresos de negros por delitos de drogas se han reducido de algún modo, han declinado aproximadamente en un 25% desde su punto más alto de mediados de los noventa, pero en todo el país los afroamericanos siguen siendo encarcelados en una proporción totalmente desmesurada.[9]

---

[3] Human Rights Watch, *Punishment and Prejudice: Racial Disparities in the War on Drugs*, HRW Reports, vol. 12, núm. 2, mayo de 2000.

[4] *Ibid.*

[5] Jeremy Travis, *But They All Come Back: Facing the Challenges of Prisoner Re-entry*, Washington DC, Urban Institute Press, 2002, p. 28.

[6] *Ibid.*

[7] *Ibid.*

[8] Marc Mauer y Ryan S. King, *Schools and Prisons: Fifty Years After Brown v. Board of Education*, Washington DC, The Sentencing Project, 2004, p. 3.

[9] Marc Mauer, *The Changing Racial Dynamics of the War on Drugs*, Washington DC, The Sentencing Project, abril de 2009.

Por supuesto, hay una explicación oficial para todo esto: los índices de delincuencia. Es una explicación que resulta muy sugerente, antes de conocer los hechos, pues es coherente con las narrativas raciales dominantes sobre el delito por la delincuencia que se remontan a la esclavitud, además de reforzarlas. La verdad, sin embargo, es que los índices y los modelos de delito de drogas no explican las descaradas disparidades raciales existentes en nuestro sistema de justicia penal. Personas de todas las razas consumen y venden drogas ilegales en una proporción llamativamente similar.[10] Si se producen diferencias significativas en las encuestas de que se dispone, a menudo sugieren que los blancos, en especial los jóvenes, tienden a traficar más con drogas ilegales que las personas de color.[11] Por ejemplo, un

---

[10] Véase, por ejemplo, U.S. Department of Health and Human Services, «Substance Abuse and Mental Health Services Administration», *Summary of Findings from the 2000 National Household Survey on Drug Abuse*, NHSDA serie H-13, DHHS núm. pub. SMA 01-3549, Rockville, MD, 2001, en que se informa de que el 6,4% de los blancos, el 6,4% de los negros y el 5,3% de los latinos consumía drogas ilegales en el año 2000; *Results from the 2002 National Survey on Drug Use and Health: National Findings*, NHSDA serie H-22, DHHS núm de pub. SMA 03-3836 (2003), revela índices de consumo de drogas ilegales prácticamente idénticos entre blancos y negros, con un solo punto porcentual de diferencia entre ellos; y *Results from the 2007 National Survey on Drug Use and Health: National Findings*, NSDUH serie H-34, DHHS núm de pub. SMA 08-4343 (2007), que muestra básicamente lo mismo. Véase también Marc Mauer y Ryan S. King, *A 25-Year Quagmire: The «War on Drugs» and Its Impact on American Society*, Washington DC, The Sentencing Project, 2007, p. 19, cita un estudio que muestra que el consumo de drogas ilegales de los afroamericanos está muy levemente por encima del de los blancos.

[11] Véase, por ejemplo, Howard N. Snyder y Melissa Sickman, *Juvenile Offenders and Victims: 2006 National Report*, U.S. Department of Justice, Office of Justice Programs, Office of Juvenile Justice and Delinquency Prevention, Washington DC, U.S. Department of Justice, 2006, que informa de que los jóvenes blancos tienen más posibilidades de implicarse en la venta de drogas ilegales que los jóvenes negros. Véase también Lloyd D. Johnson, Patrick M. O'Malley, Jerald G. Bachman, y John E. Schulenberg, *Monitoring the Future, National Survey Results on Drug Use, 1975-2006*, vol. 1, *Secondary School Students*, U.S. Department of Health and Human Services, National Institute on Drug Abuse, NIH núm de pub. 07-6205, Bethesda, MD, 2007, p. 32, «Los índices de consumo de casi todas las drogas, legales o ilegales de alumnos afroamericanos de último año de enseñanza secundaria han sido, de manera constante, menores que los de los alumnos blancos del mismo año»; y Lloyd D. Johnston, Patrick M.

estudio publicado en 2000 por el Instituto Nacional sobre Consumo de Drogas informaba de que los estudiantes blancos consumen cocaína en una proporción siete veces superior a la de los estudiantes negros, crac ocho veces más que los estudiantes negros y heroína en una proporción siete veces superior.[12] Esa misma encuesta revelaba que un porcentaje casi idéntico de los alumnos de último año de instituto blancos y negros consume marihuana. La Encuesta Nacional de Hogares sobre Consumo de Drogas informó en 2000 de que los adolescentes blancos de entre doce y diecisiete tenían una probabilidad tres veces mayor de haber vendido drogas ilegales que los negros.[13] Así, el mismo año en que Human Rights Watch informaba de que los afroamericanos estaban siendo encarcelados en una proporción inusitada, los datos del Gobierno mostraban que los negros no tenían mayor probabilidad de ser culpables de delitos de drogas que los blancos y que los jóvenes blancos eran de hecho los que tenían «mayor probabilidad» entre todos los grupos raciales y étnicos de ser culpables de posesión y venta de drogas ilegales. Cualquier idea de que el consumo de drogas está más extendido entre los negros o es más peligroso se ve desmentida por los datos: los jóvenes blancos realizan aproximadamente tres veces más visitas a urgencias por temas de drogas que los afroamericanos.[14]

La idea de que los blancos constituyen la amplia mayoría de consumidores y traficantes de droga, y que es más probable que cometan

O'Malley, y Jerald G. Bachman, *Monitoring the Future: National Results on Adolescent Drug Use: Overview of Key Findings 2002*, U.S. Department of Health and Human Services, National Institute on Drug Abuse, NIH pub. núm. 03-5374, Bethesda, MD, 2003, que documenta que los adolescentes afroamericanos tienen índices ligeramente inferiores de consumo de drogas ilegales que sus homólogos blancos

[12] National Institute on Drug Abuse, *Monitoring the Future, National Survey Results on Drug Use, 1975-1999*, vol. 1, *Secondary School Students*, Washington DC, National Institute on Drug Abuse, 2000.

[13] U.S. Department of Health, *National Household Survey on Drug Abuse, 1999*, Washington DC, Substance Abuse and Mental Health Services Administration, Office of Applied Studies, 2000, tabla G, p. 71, disponible en: www.samhsa.gov/statistics/statistics.html.

[14] Bruce Western, *Punishment and Inequality*, Nueva York, Russell Sage Foundation, 2006, p. 47.

delitos relacionados que otros grupos raciales, puede parecer poco plausible a algunas personas, dada la serie de imágenes con las que los medios nos atiborran a diario y la composición racial de nuestras prisiones y cárceles. Sin embargo, cuando se reflexiona sobre este tema, no debería sorprender la prevalencia del delito de drogas blanco, incluyendo el tráfico. Después de todo, ¿dónde consiguen los blancos sus drogas ilegales? ¿Todos se desplazan al gueto para comprarlas a alguien que está de pie en una esquina? No. Los estudios indican de forma sistemática que los mercados de la droga, como la sociedad en general, reflejan los límites raciales y socioeconómicos de nuestra nación. Los blancos tienden a vender a los blancos, los negros a los negros.[15] Los estudiantes universitarios tienden a venderse unos a otros.[16] Los blancos de zonas rurales, por su parte, no hacen un viaje especial al barrio negro para adquirir marihuana. Se la compran a alguien cercano.[17] Los estudiantes blancos de instituto normalmente compran la droga a compañeros de clase blancos, amigos o parientes de más edad. Incluso Barry McCaffrey, antiguo director de la Oficina de la Casa Blanca para el Control Nacional de las Políticas de Drogas, una vez declaró que si tu hijo compraba drogas,

---

[15] Los estudios han revelado que las personas que consumen drogas, en general las obtienen de personas de su mismo grupo étnico y racial. Véase, por ejemplo, K. Jack Riley, *Crac, Powder Cocaine and Heroin: Drug Purchase and Use Patterns in Six U.S. Cities,* Washington DC, National Institute of Justice, 1997, p. 1; véase también George Rengert y James LeBeau, «The Impact of Ethnic Boundaries on the Spatial Choice of Illegal Drug Dealers», ensayo presentado en el encuentro annual de la American Society of Criminology [Sociedad de Criminología de Estados Unidos], Atlanta, GA, 13 de noviembre de 2007 (manuscrito no publicado), que señala que la mayor parte de los camellos venden en su propio barrio y que existen una serie de factores que influyen en la decisión de salir a vender fuera de la comunidad.

[16] Véase Rafik Mohamed y Erik Fritsvold, «Damn, It Feels Good to Be a Gangsta: The Social Organization of the Illicit Drug Trade Servicing a Private College Campus», *Deviant Behavior,* vol. 27, 2006, pp. 97-125.

[17] Véase Ralph Weisheit, *Domestic Marijuana: A Neglected Industry,* Westport, CT, Greenwood, 1992; y Ralph Weisheit, David Falcone y L. Edward Wells, *Crime and Policing in Rural and Small-Town America,* Prospect Heights, IL, Waveland, 1996.

«en general las adquiría de un estudiante de su misma raza».[18] La idea de que la mayor parte del consumo y el tráfico de drogas ilegales tienen lugar en el gueto es pura ficción. El tráfico de drogas tiene lugar ahí, pero también ocurre en cualquier otra parte del país. Sin embargo, los hombres negros han ingresado en prisiones estatales por delitos de drogas en una proporción más de trece veces superior a la de los hombres blancos.[19] El prejuicio racial inherente en la guerra contra las drogas es una de las razones principales por las cuales en 2006 uno de cada catorce hombres negros estaba entre rejas, comparado con uno entre cada 106 para los hombres blancos.[20] Para los hombres jóvenes, las estadísticas son aún peores. Entre las edades de veinte y treinta y cinco años, uno de cada nueve hombres negros estaba en prisión en 2006, y muchos más estaban sometidos a alguna forma de control penal, como libertad provisional o bajo palabra.[21] Estas exageradas disparidades raciales no pueden explicarse simplemente por las tasas de actividad ilegal relacionada con las droga entre los afroamericanos.

¿Qué es lo que explica entonces las extraordinarias disparidades en nuestro sistema de justicia penal? El racismo de la vieja escuela parece descartado. Actualmente los políticos y los agentes del orden raramente apoyan prácticas discriminatorias y la mayor parte de ellos condena enérgicamente la discriminación racial de cualquier tipo. Cuando se les acusa de prejuicio, la policía y los fiscales, como la mayor parte de las personas de este país, manifiestan horror e indignación. Las formas de discriminación por raza que durante siglos fueron abiertas y tristemente famosas se transformaron en los años sesenta y setenta en algo antiamericano, una afrenta a nuestra ética recientemente creada de ceguera para los colores. Para comienzos de

---

[18] Patricia Davis y Pierre Thomas, «In Affluent Suburbs, Young Users and Sellers Abound», *Washington Post*, 14 de diciembre de 1997.

[19] Human Rights Watch, *Punishment and Prejudice*.

[20] PEW Center on the States, *One in 100: Behind Bars in America 2008*, Washington DC, Pew Charitable Trusts, 2008, análisis de datos basado en las estadísticas de mediados del año 2006 publicadas por el Ministerio de Justicia en junio de 2007.

[21] *Ibid.*; Pew Center on the States, *One in 31: The Long Reach of American Corrections*, Washington DC, Pew Charitable Trusts, 2009.

los años ochenta, los datos estadísticos muestran que el 90% de los blancos pensaba que los niños blancos y negros debía asistir a las mismas escuelas, el 71% no estaba de acuerdo con la idea de que los blancos tienen derecho a mantener a los negros fuera de sus barrios, el 80% indicaba que apoyaría un candidato negro a la presidencia y el 66% se oponía a las leyes que prohibían los matrimonios mixtos.[22] A pesar de que muchos menos apoyaban políticas concretas destinadas a lograr la igualdad o la integración racial (tales como el transporte de alumnos negros a centros educativos fuera de sus barrios), el mero hecho de que amplias mayorías de blancos apoyaran, a comienzos de los ochenta, el principio de no discriminación reflejaba un cambio profundo en actitudes raciales. El margen de apoyo hacia las normas que no distinguen en función del color no ha hecho más que aumentar desde entonces.

Este clima racial dramáticamente cambiado ha llevado a los defensores del encarcelamiento masivo a insistir en que nuestro sistema penal, sean cuales fueren sus pecados en el pasado, es ahora ampliamente justo y no discriminatorio. Apuntan a las tasas de delitos violentos en la comunidad afroamericana como una justificación para el asombroso número de hombres negros que se encuentra entre rejas. Alegan que los hombres negros cometen un porcentaje mucho más alto de delitos violentos, y que esa es la razón por la cual muchos de ellos están encerrados.

Normalmente, así es como termina la discusión.

El problema con este análisis abreviado es que los delitos violentos *no* explican el encarcelamiento masivo. Como han demostrado numerosos investigadores, las tasas de delitos violentos han fluctuado a lo largo de los años y tienen poco que ver con las tasas de reclusión, que se han disparado durante las últimas tres décadas, al margen de si los delitos violentos iban en aumento o en descenso.[23] Actualmente las tasas de delitos violentos se sitúan en sus niveles más

[22] Howard Schuman, Charlotte Steeh, Lawrence Bobo y Maria Krysan, *Racial Attitudes in America: Trends and Interpretations,* Cambridge, MA, Harvard University Press, 1985.

[23] Véase por ejemplo Marc Mauer, *Race to Incarcerate*, Nueva York, The New Press, 1999, pp. 28-35 y 92-112.

bajos históricamente y sin embargo los índices de internamiento continúan aumentando.

Las condenas por asesinato suelen recibir una enorme atención por parte de los medios, lo que contribuye a la sensación que tiene la opinión pública de que la delincuencia violenta está descontrolada y no hace más que aumentar. Pero, como los delitos violentos en general, el índice de asesinatos no justifica el incremento del aparato penal. Las condenas por homicidio solo representan una fracción ínfima del crecimiento de la población reclusa. Por ejemplo, en el sistema federal los condenados por homicidio solo constituyen el 0,4% del crecimiento de la población reclusa, mientras que los condenados por delitos de drogas representan casi el 61% de ese aumento.[24] En el sistema estatal, menos del 3% de los nuevos casos enviados por los tribunales a las prisiones estatales implican normalmente a personas condenadas por homicidio.[25] Casi la mitad de los presos estatales están caracterizados como violentos, pero esa estadística se puede malinterpretar fácilmente. Se tiende a imponer condenas más largas de prisión a los delincuentes violentos que a los no violentos y, por lo tanto, constituyen un sector mucho más amplio de la población reclusa que si salieran antes de la cárcel. Además, los datos del sistema estatal excluyen a los presos federales, que abrumadoramente están encarcelados por delitos no violentos. En septiembre de 2009, solo el 7,9% de los reclusos federales estaban condenados por delitos violentos.[26]

Sin embargo, el hecho más importante que hay que tener en cuenta es este: los debates sobre las estadísticas carcelarias ignoran el hecho de que la mayor parte de la gente que está bajo control correccional hoy en día no está en la cárcel. Como ya se ha comentado más arriba, de los casi 7,3 millones de personas que se hallan actualmente bajo control correccional, solo 1,6 millones está en prisión.[27] El sistema

[24] *Ibid.*

[25] Katherine Beckett y Theodore Sasson, *The Politics of Injustice: Crime and Punishment in America*, Thousand Oaks, CA, SAGE Publications, 2004, p. 22.

[26] Heather West y William Sobol, «Prisoners in 2009», Bureau of Justice Statistics, diciembre de 2010.

[27] Lauren Glaze, «Correctional Populations in the United States, 2009», *Bureau of Justice Statistics*, diciembre de 2010.

de castas se extiende mucho más allá de los muros de las prisiones y gobierna a millones de personas que están en libertad condicional o bajo palabra, sobre todo por delitos no violentos. Se han visto absorbidos por el sistema, se les ha calificado de delincuentes o delincuentes graves y se les ha relegado a un estatus de ciudadanos de segunda clase, al tener antecedentes penales que les perseguirán toda la vida. Los que están en libertad condicional son la amplia mayoría de quienes se encuentran bajo supervisión comunitaria (84%) y solo el 19% de ellos fue condenado por un delito violento.[28] El delito más común por el que la gente puede estar en libertad condicional es algo relacionado con las drogas.[29] Incluso si limitamos el análisis a gente que está condenada por delitos graves, excluyendo por lo tanto delitos menores y faltas, siguen predominando los delincuentes no violentos. En 2006, solo una cuarta parte aproximadamente de los acusados de delitos graves en grandes condados urbanos lo fueron por un delito violento.[30] En ciudades como Chicago, los tribunales penales se ven atascados por casos de drogas de pequeño calibre. En un estudio, el 72% de los casos penales del condado de Cook (Chicago) incluía una acusación por drogas y el 70% de ellos estaban clasificados como delito grave por posesión tipo 4 (el más bajo de los tipos de delitos graves).[31]

Nada de esto parece sugerir que no deberíamos estar preocupados por la delincuencia violenta en las comunidades urbanas empobrecidas. Esto debería importarnos mucho y, como se comenta en el capítulo final, debemos llegar a comprender las formas en que el encarcelamiento masivo aumenta, no disminuye, la probabilidad de violencia en las comunidades urbanas. Pero al mismo tiempo no deberíamos dejarnos engañar por quienes insisten en que el delito violento ha liderado el surgimiento de este modelo de control social y racial sin precedentes. La incómoda realidad es que los arrestos y

---

[28] *Ibid.*

[29] *Ibid.*

[30] Thomas Cohen y Tracey Kyckelhahn, «Felony Defendants in Large Urban Counties, 2006», *Bureau of Justice Statistics Bulletin*, mayo de 2010.

[31] Informe de la *Illinois Disproportionate Justice Impact Study Commission*, diciembre de 2010, disponible en: www.centerforhealthandjustice.org/DJIS_ExecSumm_FINAL.pdf.

condenas por delitos de drogas, no la delincuencia violenta, es lo que ha generado el encarcelamiento masivo. En muchos estados, incluidos Colorado y Maryland, los delincuentes por drogas representan ya la categoría más amplia de personas encarceladas.[32] La gente de color es condenada por delitos de drogas en proporciones fuera de toda relación con sus delitos, un hecho que ha contribuido en gran medida a la aparición de una amplia casta racial inferior.

Puede que estos hechos sigan dejando insatisfechos a algunos lectores. La idea de que el sistema de justicia penal discrimine de una manera tan horrorosa cuando muy pocas personas ejercen de forma abierta o apoyan la discriminación racial puede parecer exagerado, si no absurdo. ¿Cómo puede operar la Guerra contra la Droga de forma discriminatoria a una escala tan amplia, cuando apenas nadie defiende ni ejerce la discriminación racial explícita? Esa pregunta es el tema de este capítulo. Como vamos a ver, a pesar de la retórica de neutralidad en términos raciales a la que se ha dado tanto bombo en los últimos años, el diseño de la Guerra contra la Droga garantiza de forma efectiva que quienes se ven arrastrados a integrar la nueva casta inferior del país son en gran medida negros y de piel oscura.

Este tipo de afirmación invita al escepticismo. Abundan las explicaciones y excusas no raciales para el encarcelamiento masivo sistemático de personas de color. Es un elemento genial de esta nueva estructura de control que siempre se puede defender con argumentos no raciales, dada la escasez de horcas o de insultos raciales conectados con cualquier caso penal. Es más, dado que los negros y los blancos casi nunca están situados de forma similar (debido a la extrema segregación racial en la vivienda y la disparidad de experiencias vitales), intentar «controlar la raza» para tratar de evaluar si el

---

[32] Mike Drause, «The Case for Further Sentencing Reform in Colorado», Independence Institute, enero de 2011, p. 3. En 1982, las personas condenadas por drogas constituían solo el 6% del total de los reclusos en Colorado, actualmente son el 23%. *Ibid.* Véase también Eric Lotke y Jason Ziedenberg, «Tipping Point: Maryland's Overuse of Incarceration and the Impact on Community Safety», *Justice Policy Institute*, marzo de 2005 (que señala que el tamaño del sistema carcelario en Maryland se ha hecho tres veces mayor en los últimos años y que «esta expansión se ha producido, en su mayor parte, por el encarcelamiento de personas con delitos relacionados con drogas o consumo de drogas»).

encarcelamiento masivo de personas de color tiene que ver realmente con la raza o con algo más, cualquier otra cosa, resulta difícil. Pero no imposible.

Ya hacía falta desde hace tiempo un poco de sentido común en el debate público sobre el prejuicio racial en el sistema de justicia penal. El gran debate sobre si los hombres negros han sido elegidos como objetivos prioritarios por el sistema de justicia penal o si han sido tratados de forma injusta en la Guerra contra la Droga a menudo ignora lo obvio. Lo que resulta dolorosamente evidente cuando se da un paso atrás desde los casos individuales y las políticas concretas es que el sistema de encarcelamiento masivo opera con una eficacia asombrosa para sacar de las calles a la gente de color, meterlos en jaulas y luego ponerlos en libertad para que engrosen la clase inferior de personas de segunda categoría. Donde mejor se ve esto es en la Guerra contra la Droga.

La pregunta fundamental, entonces, es ¿*cómo* exactamente un sistema de justicia penal formalmente neutro para los colores consigue unos resultados tan discriminatorios? Pues muy fácilmente, por lo que parece. El proceso tiene lugar en dos fases. El primero es conceder a las fuerzas del orden extraordinaria discrecionalidad sobre a quién dar el alto, registrar, arrestar y acusar de delitos de drogas, lo que asegura que se dé rienda suelta a las creencias y estereotipos raciales conscientes e inconscientes. Esta discrecionalidad sin freno inevitablemente genera enormes disparidades raciales. Luego llega el paso maldito: cerrar las puertas del juzgado a todo tipo de demandas por parte de acusados y acusaciones particulares en torno al hecho de que el sistema de justicia penal opera de forma discriminatoria racialmente. Se exige que cualquiera que quiera acusar al sistema de racismo presente, por adelantado, pruebas claras de que las disparidades raciales son el producto de una discriminación racial intencionada, es decir, el resultado del trabajo de un racista fanático. Estas pruebas casi nunca van a estar disponibles en la era de la neutralidad para los colores, porque todo el mundo sabe, pero no lo dice, que el enemigo en la Guerra contra la Droga puede ser identificado por la raza. Este sencillo sistema ha contribuido a generar uno de los sistemas más extraordinarios de control social racializado que haya visto nunca el mundo.

Rebuscar y elegir: el papel de la discrecionalidad

El capítulo 2 describía con bastante detalle el primer paso, incluyendo las normas legales que conceden a la policía la discrecionalidad y la autoridad para dar el alto, interrogar y registrar a cualquiera, donde sea, siempre y cuando se tenga el «consentimiento» del individuo objetivo del operativo. También se analizaba el marco legal que concede a los fiscales extraordinaria libertad de criterio para acusar o no acusar, aceptar un reconocimiento de culpa o no, y sobrecargar a los acusados con delitos que conllevan la amenaza de duras condenas obligatorias, con el fin de obligar a la gente a que se declare culpable, incluso en casos en que los acusados pueden muy bien ser inocentes. Estas normas hacen posible que las fuerzas del orden aumenten de modo dramático sus índices de arrestos y condenas por drogas, incluso en comunidades donde los delitos de este tipo se mantienen estables o están en declive.[33] Pero eso no es todo. Estas normas también han garantizado resultados racialmente discriminatorios.

La razón es la siguiente: las fuerzas del orden antidroga se diferencian *mucho* de otras fuerzas del orden. Cuando tiene lugar un delito violento o, un robo o una violación de una propiedad privada, normalmente alguien llama a la policía. Hay una víctima clara y un agresor. Alguien ha resultado herido o ha sufrido daño de algún tipo y quiere que se castigue a quien ha cometido el acto. Pero con los delitos de drogas, ni el comprador de las drogas ni el vendedor tienen ningún incentivo en avisar a las fuerzas del orden. Es una actividad consensuada. Igualmente importante, es popular. La amplia mayoría de personas de todas las razas ha violado las leyes antidroga en algún momento de su vida. De hecho, en un solo año, más de una de cada diez personas vulnera esas leyes. Pero, dada la falta de recursos (y la política de la Guerra contra la Droga), solo una pequeña fracción es arrestada, condenada y encarcelada. En 2002, por ejemplo, había 19,5

---

[33] Con frecuencia, ciudades con perfiles demográficos parecidos ofrecen índices de detenciones por drogas y condenas muy dispares, no tanto porque la delincuencia relacionada con las drogas sea muy distinta, sino por la diferencia en el número de recursos destinados a la aplicación de la ley. Ryan S. King, *Disparity by Geography: The War on Drugs in America's Cities*, Washington DC, The Sentencing Project, 2008.

millones de consumidores de drogas ilícitas, comparados con un millón y medio de arrestos por este tema y 175.000 personas que ingresaron en prisión por un delito relacionado.[34]

La ubicuidad de la actividad relacionada con drogas ilícitas, combinada con su carácter consensuado, requiere un enfoque mucho más activo por parte de las fuerzas del orden del que se requiere para abordar los delitos callejeros habituales. Es imposible que las fuerzas del orden identifiquen y detengan a todos los delincuentes de drogas. Hay que tomar opciones estratégicas sobre en quién centrar la atención y qué estrategias usar. La policía y los fiscales no declararon la Guerra contra la Droga; es más, algunos inicialmente se opusieron, pero cuando los incentivos económicos para hacer la guerra se volvieron demasiado atractivos como para ignorarlos, las fuerzas del orden tuvieron que preguntarse: si vamos a hacer esta guerra, ¿dónde debería librarse y quién debería ser tomado prisionero?

Esa pregunta no era demasiado difícil de contestar, dado el contexto social y político. Como se ha expuesto en el capítulo 1, la Administración Reagan lanzó una campaña mediática pocos años antes de que se anunciara la guerra, en un esfuerzo para dar publicidad a las historias de terror relacionadas con consumidores negros de crac y traficantes de esta droga en guetos. Aunque el crac aún no había llegado a las calles cuando se declaró la guerra en 1982, su aparición unos años después creó la oportunidad perfecta para que la Administración Reagan consiguiera apoyo para su nueva guerra. El consumo de drogas, que antes se consideraba un asunto privado, una cuestión de salud pública, se reformuló por medio de la retórica política y las imágenes en los medios como una grave amenaza para el orden público.

Jimmie Reeves y Richard Campbell demuestran en su investigación cómo las imágenes en los medios en torno a la cocaína cambiaron a medida que la práctica de fumar cocaína se fue asociando con

---

[34] Substance Abuse and Mental Health Services Administration, *Results from the 2002 National Survey on Drug Use and Health: Detailed Tables, Prevalence Estimates, Standard Errors and Sample Sizes,* Washington DC, Office of National Drug Control Policy, 2003, tabla 34.

los negros pobres.[35] A comienzos de los ochenta, la historia típica sobre la cocaína se centraba en consumidores blancos que tomaban la droga en forma de polvo con fines recreacionales. Estas historias en general se basaban en fuentes asociadas con la industria de tratamientos por drogas, como las clínicas de rehabilitación, y hacían hincapié en la posibilidad de curarse. No obstante, para 1985, a medida que la Guerra contra la Droga cogía impulso, este marco fue sustituido por un nuevo «paradigma del Estado de sitio», en el que los transgresores eran consumidores y traficantes de crac pobres, no blancos. Los agentes de las fuerzas del orden asumieron el papel de «expertos» en temas de drogas, remarcando la necesidad de reaccionar desde un enfoque de ley y orden, por medio de medidas policiales severas contra las personas asociadas con la droga. Estas conclusiones encajan con numerosos estudios, incluyendo uno sobre las noticias de las cadenas de televisión entre 1990 y 1991, en que, como era de esperar, se descubrió que se usaba un marco interpretativo de «ellos contra nosotros» en las noticias, en el que «ellos» eran los negros y unos pocos blancos corruptos, y «nosotros» eran los blancos que viven en los barrios residenciales de las afueras.[36]

La bonanza mediática inspirada por la campaña de la Administración solidificó en el imaginario colectivo la imagen de un delincuente de drogas negro. Aunque los llamamientos explícitamente raciales siguieron siendo raros, las llamadas a la «guerra» en un momento en que los medios estaban saturados con imágenes de delincuencia negra relacionada con las drogas no dejaron ninguna duda de quién era el enemigo en la Guerra contra la Droga y qué aspecto tenía exactamente. Jerome Miller, el antiguo director ejecutivo del Centro Nacional para Instituciones y Alternativas, describía la dinámica de esta forma: «Existen ciertas palabras en código que te permiten no tener que pronunciar nunca el término "raza", pero todo el mundo sabe que eso es lo que quieres decir y "delito" es una de esas

[35] Jimmie Reeves y Richard Campbell, *Cracked Coverage: Television News, the Anti-Cocaine Crusade and the Reagan Legacy*, Durham, NC, Duke University Press, 1994.

[36] David Jernigan y Lori Dorfman, «Visualizing America's Drug Problems: An Ethnographic Content Analysis of Illegal Drug Stories on the Nightly News», *Contemporary Drug Problems*, 23, 1996, pp. 169 y 188.

palabras. Así que cuando hablamos de encerrar cada vez a más gente, de lo que en realidad estamos hablando es de encerrar cada vez a más hombres negros».[37] Otro experto comentó: «[Hoy en día] ya no hace falta hablar directamente de raza porque hablar de delincuencia es hablar de raza».[38] De hecho, no mucho después de que se lanzara la guerra contra las drogas a bombo y platillo en los medios y en el discurso político, casi nadie se imaginaba que los delincuentes de la droga pudieran ser otra cosa que negros.

En 1995 se llevó a cabo una encuesta que incluía la siguiente pregunta: «¿Le importaría cerrar los ojos un momento, visualizar a un consumidor de drogas y describirme a esa persona?». Los asombrosos resultados se publicaron en la publicación *Journal of Alcohol and Drug Education*. El 95% de quienes participaron en la encuesta describió a un consumidor negro, mientras que solo el 5% restante imaginó otros grupos raciales.[39] Estos resultados constrastan de forma llamativa con la realidad de la delincuencia relacionada con las drogas en este país. En 1995, los afroamericanos representaban solo el 15% de los consumidores de drogas y siguen siendo el mismo porcentaje aproximadamente hoy en día. Los blancos formaban la amplia mayoría de los consumidores en aquel momento (y en la actualidad), pero casi nadie visualizó a una persona blanca cuando se le pidió que imaginara el aspecto que tenía un consumidor de drogas. El mismo grupo de personas encuestadas también percibía al típico camello como negro.

No hay razón para creer que los resultados de la encuesta hubieran sido distintos si se hubiera entrevistado a agentes de policía o fiscales, en vez de preguntar al público en general. Los agentes de las fuerzas del orden, al igual que el resto de nosotros, han estado expuestos al discurso político racialmente sesgado y a las imágenes en los medios asociadas con la Guerra contra la Droga. De hecho,

---

[37] Rick Szykowny, «No Justice, No Peace: An Interview with Jerome Miller», *Humanist*, enero-febrero de 1994, pp. 9-19.

[38] Melissa Hickman Barlow, «Race and the Problem of Crime in Time and Newsweek Cover Stories, 1946 to 1995», *Social Justice*, vol. 25, 1989, pp. 149-183.

[39] Betty Watson Burston, Dionne Jones y Pat Robertson-Saunders, «Drug Use and African Americans: Myth Versus Reality», *Journal of Alcohol and Drug Abuse*, vol. 40, invierno de 1995, p. 19.

durante casi treinta años las noticias sobre prácticamente *cualquier* tipo de delincuencia callejera han versado de un modo totalmente desproporcionado sobre delincuentes afroamericanos. Un estudio concluye que el «guión» típico de una noticia sobre delincuencia está tan extendido y tan completamente racializado que los espectadores se imaginan a un agresor negro incluso cuando no existe. En ese estudio, el 60% de los espectadores que veían una noticia sin imagen tenían un falso recuerdo de haberla visto, y el 70% de esos espectadores pensaban que el agresor era afroamericano.[40]

Años y años de investigación sobre prejuicios cognitivos demuestran que tanto los prejuicios conscientes como los inconscientes conducen a acciones discriminatorias, incluso cuando un individuo no desea discriminar.[41] La cita normalmente atribuida a Nietzsche de que «no existe percepción inmaculada» capta a la perfección cómo los esquemas cognitivos preconcebidos, que son estructuras de pensamiento, influyen en lo que percibimos y en cómo interpretamos las cosas de las que nos damos cuenta.[42] Hay estudios que demuestran que los esquemas raciales preconcebidos funcionan no solo como parte de deliberaciones conscientes y racionales sino también de un modo automático, sin conciencia ni intención consciente.[43] Uno de ellos, por ejemplo, contenía un videojuego que colocaba fotos

---

[40] Franklin D. Gilliam y Shanto Iyengar, «Prime Suspects: The Influence of Local Television News on the Viewing Public», *American Journal of Political Science*, vol. 44, 2000, pp. 560-573.

[41] Véase, por ejemplo, Nilanjana Dasgupta, «Implicit Ingroup Favoritism, Outgroup Favoritism, and Their Behavioral Manifestations», *Social Justice Research*, vol. 17, 2004, p. 143. Para un análisis de la literatura de ciencias sociales sobre este tema y su relevancia con la teoría crítica sobre raza y el derecho antidiscriminatorio, véase Jerry Kang, «Trojan Horses of Race», *Harvard Law Review*, vol. 118, 2005, p. 1489.

[42] Existe cierto debate sobre si Nietzsche llegó a decir esto o no. Utilizó el término «inmaculada percepción» en *Así habló Zaratustra* para despreciar formas tradicionales de conocimiento, pero, al parecer, la cita concreta que se le atribuye no es suya. Véase Friedrich Nietzsche, *Thus Spoke Zarathustra*, reeditado en *The Portable Nietzsche*, Walter Kaufmann (ed. y traductor) Nueva York, Viking Penguin, 1954, pp. 100 y 233-236.

[43] Véase, por ejemplo, John F. Dovidio *et al.*, «On the Nature of Prejudice: Automatic and Controlled Processes», *Journal of Experimental Social Psychology*, 33, 1997, pp. 510, 516-517 y 534.

de individuos blancos y negros que sostenían una pistola o algún otro objeto, como una cartera, una lata de refresco, un teléfono móvil, con diferentes fondos en cada caso. Los participantes tenían que decidir con la mayor rapidez posible si disparar al objetivo o no. En línea con estudios anteriores, era más probable que los participantes pensaran que un objetivo negro iba armado cuando no era así y pensaran que un objetivo blanco no iba armado, cuando sí llevaba un arma.[44] Este patrón de discriminación reflejaba procesos de pensamiento automático inconscientes, no una deliberación cuidadosa.

Lo más asombroso, quizá, es la abrumadora evidencia de que las medidas sobre prejuicio implícito están separadas de las medidas sobre prejuicio explícito.[45] Es decir, el hecho de que tú creas con toda honradez que no tienes prejuicios contra los afroamericanos, y que incluso tengas amigos o parientes negros, no significa que estés libre de prejuicio inconsciente. Los tests de prejuicios inconscientes pueden seguir poniendo de manifiesto que tienes actitudes y estereotipos negativos hacia los negros, incluso aunque tú no creas que los tienes y no desees tenerlos.[46] En el estudio que se describe más arriba, por ejemplo, los participantes negros mostraban una proporción de «quien dispara tiene prejuicios» similar a la mostrada por los blancos.[47] No es de extrañar, quienes tienen mayor prejuicio explícito, medido por las respuestas a preguntas de la encuesta, contra un grupo racial tienden a tener el mayor prejuicio implícito contra ese grupo y viceversa.[48] Y, sin embargo, a menudo hay una correlación

---

[44] Joshua Correll et al., «The Police Officer's Dilemma: Using Ethnicity to Disambiguate Potentially Threatening Individuals», Journal of Personality and Social Psychology, vol. 83, 2001, p. 1314; véase también Keith Payne, «Prejudice and Perception: The Role of Automatic and Controlled Processes in Misperceiving a Weapon», Journal of Personality and Social Psychology, vol. 81, 2001, p. 181.

[45] Véase por ejemplo, Dovidio et al., «On the Nature of Prejudice»; y Dasgupta, «Implicit Ingroup Favoritism».

[46] Ibid.; véase también Brian Nosek, Mahzarin Banaji y Anthony Greenwald, «Harvesting Implicit Group Attitudes and Beliefs from a Demonstration Web Site», Group Dynamics, vol. 6, 2002, p. 101.

[47] Correll, «Police Officer's Dilemma».

[48] Nosek et al., «Harvesting Implicit Group Attitudes».

débil entre los grados de prejuicio explícito e implícito; mucha gente que cree que no tiene prejuicios demuestra al hacer los tests que tiene niveles relativamente altos de prejuicio.[49] Por desgracia, una conclusión que tiende a aparecer en muchos estudios es que el carácter punitivo y la hostilidad casi siempre aumentan cuando a la gente se la incita, aunque sea de forma subliminal, con imágenes o con señales verbales asociadas con afroamericanos. De hecho, los estudios indican que la gente se vuelve cada vez más dura cuando un supuesto delincuente es moreno y más «típicamente negro»; son más indulgentes cuando el acusado tiene la piel más clara y parece más típicamente blanco. Esto funciona para los jurados al igual que para los miembros de las fuerzas del orden.[50]

En conjunto, la investigación relevante llevada a cabo por psicólogos sociales y cognitivos hasta la fecha sugiere que el prejuicio racial en la Guerra contra la Droga era *inevitable*, una vez se había construido un consenso público por las élites políticas y mediáticas sobre el hecho de que la delincuencia de drogas es negra o de piel oscura. Una vez la negritud y el delito, en especial el de drogas, se conectan en el imaginario público, el «hombre-negro-criminal», como lo etiquetó la experta jurista Kathryn Rusell, inevitablemente tenía que convertirse en el objetivo prioritario de las fuerzas del

---

[49] *Ibid.*

[50] John A. Bargh *et al.*, «Automaticity of Social Behavior: Direct Effects of Trait Construct and Stereotype Activation on Action», *Journal of Personality and Social Psychology,* 71, 1996, p. 230; Gilliam y Iyengar, «Prime Suspects»; Jennifer L. Eberhardt *et al.*, «Looking Deathworthy», *Psychological Science,* 17, núm. 5, 2006, pp. 383-386 («Los miembros de jurados no solo están condicionados por el hecho de que el acusado sea negro, sino también por el grado en el que el acusado tenga un aspecto más cercano al estereotipo negro. De hecho, para los negros con el aspecto más estereotípico la posibilidad de ser condenado a muerte se incrementó en más del doble»); Jennifer L. Eberhardt *et al.*, «Seeing Black: Race, Crime, and Visual Processing», *Journal of Personality and Social Pscychology,* 87, núm. 6, 2004, pp. 876-893 (los cuerpos de seguridad no solo consideraban más criminales las caras negras, sino que las facciones que se acercaran más al estereotipo negro eran las que se consideraban más criminales de todas); e Irene V. Blair, «The Influence of Afrocentric Facial Features in Criminal Sentencing», *Psychological Science,* vol. 15, núm. 10, 2004, pp. 674-679 (descubre que los reclusos con rasgos más afrocéntricos recibieron condenas más duras que aquellos con rasgos menos afrocéntricos).

orden.[51] Parte de la discriminación pudiera ser consciente y delibe-rada, pues muchos creen honesta y conscientemente que los hombres negros deben ser sometidos a un mayor escrutinio y un tratamiento más severo. Sin embargo, la mayor parte del prejuicio racial opera de manera inconsciente y automática, incluso entre los agentes de la ley sinceramente comprometidos con un tratamiento igualitario en con-sonancia con la ley.

Tanto si se cree que la discriminación racial en la Guerra contra la Droga era inevitable como si no, habría debido ser meridiana-mente obvio en los años ochenta y noventa que existía un enorme *riesgo* de prejuicio racial en la administración de justicia penal, dada la forma en que se había enmarcado toda la delincuencia en los me-dios y en el discurso político. Ser consciente de este riesgo no reque-ría estar muy familiarizado con la investigación en temas de prejui-cios inconscientes. Cualquiera que tuviera un aparato de televisión durante este periodo seguramente se habría dado cuenta de hasta qué punto se ha demonizado a los hombres negros en la Guerra contra la Droga.

El riesgo de que se convirtiera a los afroamericanos en un objetivo de forma injusta debería haber preocupado de modo especial al Tri-bunal Supremo, la rama del Gobierno responsable de proteger a las «minorías separadas y distintas» de los excesos de la democracia mayoritaria, y de garantizar los derechos constitucionales a los gru-pos considerados impopulares u objeto de prejuicio.[52] Sin embargo, cuando llegó el momento de que la Corte Suprema diseñara las nor-mas legales que deberían regular la Guerra contra la Droga, el Tri-bunal adoptó una serie de normas que iban a tener como efecto *am-plificar*, no reducir al mínimo, la proporción de discriminación racial que iba a tener lugar con toda probabilidad. Y a continuación cerró la puerta de los juzgados a las reclamaciones por prejuicio racial.

---

[51] Véase Kathryn Russell, *The Color of Crime*, Nueva York, New York Uni-versity Press, 1988, donde acuña el término de *hombre-negro-criminal*.

[52] La idea de que el Tribunal Supremo debe aplicar un estándar más alto a la hora de analizar los casos y mostrar especial atención al tratamiento de las «mi-norías discretas y aisladas» —a las que puede no irles bien en un sistema mayo-ritario— se reconoció por primera vez por el Tribunal en la famosa nota de pie 4 de *United States v. Caroline Products Co.*, 301 U.S. 144, n. 4.

Whren contra Estados Unidos es un caso pertinente. Como se observó en el capítulo 2, el Tribunal mantuvo en este caso que los agentes de policía tienen la libertad de usar pequeñas infracciones de tráfico como excusa para parar a conductores por investigaciones de drogas, incluso cuando no hay ninguna prueba de que el conductor en cuestión esté implicado en ningún delito de drogas. Siempre que se pueda identificar una pequeña infracción de tráfico, tales como no usar los intermitentes, sobrepasar en apenas tres o cuatro kilómetros el límite de velocidad, circular entre los carriles o no detenerse en un paso de cebra, la policía puede parar a los conductores con la finalidad de llevar a cabo una búsqueda de drogas. Tal comportamiento policial, concluyó el Tribunal en su dictamen, no constituye una violación de la Cuarta Enmienda que prohíbe «los registros sin causa razonable».[53]

Con toda lógica, los demandantes en el caso Whren argumentaron que conceder a la policía tal poder de discrecionalidad para investigar prácticamente a cualquiera por delitos de drogas generaba un riesgo alto de que la policía ejerciera esa discrecionalidad de una forma racialmente discriminatoria. Sin una exigencia de que hubiera evidencia de actividad relacionada con las drogas antes de lanzar un operativo, los agentes de policía pueden hacer juicios apresurados sobre quién parece ser un delincuente de drogas, juicios influenciados por los prejuicios y estereotipos raciales dominantes. Urgían al Tribunal a que prohibiera a la policía el parar a conductores con la finalidad de llevar a cabo operativos antidroga a menos que los agentes tuvieran realmente causa para creer que un conductor estaba cometiendo, o había cometido, un delito relacionado con las drogas. No respetar estas condiciones, alegaban, era ilógico de acuerdo con la Cuarta Enmienda y expondría a los afroamericanos a un alto riesgo de paradas y registros discriminatorios.

No solo el Tribunal rechazó la alegación fundamental de los demandantes, el que usar las paradas de tráfico como pretexto para investigaciones de drogas es inconstitucional, sino que dictaminó que las alegaciones de prejuicio racial no se podían englobar bajo las disposiciones de la Cuarta Enmienda. En otras palabras, el Tribunal

---

[53] *Whren v. United States*, 517 U.S. 806 (1996).

prohibió a cualquier víctima de discriminación racial por la policía incluso que *denunciara esa discriminación racial* acogiéndose a la Cuarta Enmienda. Según el Tribunal, tanto si la policía discrimina como si no según la raza cuando lleva a cabo paradas de tráfico, es irrelevante en cuanto a considerar lo «razonable» de su comportamiento según las disposiciones de la Cuarta Enmienda.

La Corte ofreció, con todo, una advertencia: indicó que las víctimas de discriminación racial podían aún presentar una reclamación de acuerdo a la cláusula de protección igualitaria de la Decimocuarta Enmienda, que garantiza «un tratamiento igualitario conforme a la ley». Puede que esta sugerencia tranquilizara a quienes no estaban familiarizados con la jurisprudencia de este Tribunal en materia de protección igualitaria. Pero para quienes de verdad han intentado demostrar la discriminación racial acogiéndose a la Decimocuarta Enmienda, el comentario de la Corte no era más que una cruel ironía. Como vamos a ver, el Tribunal Supremo ha hecho prácticamente imposible presentar una demanda por prejuicio racial en el sistema penal de acuerdo a la Decimocuarta Enmienda, además de excluir también los casos por este tipo de alegaciones que se acojan a la legislación federal en materia de derechos civiles.

Echar el cierre a las puertas del juzgado: McCleskey contra Kemp

Primero, tengamos en cuenta las sentencias. En 1987, cuando la histeria mediática en torno a la criminalidad negra de drogas estaba en su punto álgido y los telediarios de la noche estaban saturados de imágenes de delincuentes negros esposados en salas de juzgados, el Tribunal Supremo emitió un dictamen en el caso de McCleskey contra Kemp en el sentido de que el prejuicio racial al emitir una sentencia, incluso si se puede probar por medio de una estadística creíble, no se puede cuestionar de acuerdo a la Decimocuarta Enmienda en ausencia de evidencia clara de intención discriminatoria consciente. En apariencia, el caso parecía ser un cuestionamiento sencillo del sistema de la pena capital en Georgia. Sin embargo, cuando se emitió el fallo de la Corte, se vio claramente que el caso tenía que ver con muchas más cosas que la pena de muerte. El verdadero quid de la cuestión era si la Corte Suprema iba a tolerar el prejuicio racial en el sistema de justicia penal en su conjunto, y hasta qué punto. La respuesta del Tribunal fue que el prejuicio racial se iba a tolerar, prácticamente en todos los grados, siempre y cuando nadie admitiera que existía.

Warren McCleskey era un hombre negro que se enfrentaba a la pena de muerte por matar a un agente de policía blanco durante un robo a mano armada en Georgia. Representado legalmente por el Fondo de Defensa Legal y Educación de NAACP, McCleskey refutó su condena a muerte sobre la base de que el sistema de aplicación de la pena capital en ese Estado estaba infectado de prejuicio racial y por lo tanto contravenía las Enmiendas Octava y Decimocuarta. Como prueba de su alegación, presentó un estudio exhaustivo de más de dos mil casos de asesinato en ese estado, una investigación conocida como el *Estudio Baldus*, por el catedrático David Baldus que lo dirigió. Este estudio descubrió que los acusados de asesinar a víctimas blancas fueron condenados a la pena de muerte once veces más a menudo que los acusados de matar a víctimas negras. Parecía que la responsabilidad principal de esta disparidad recaía fundamentalmente en los fiscales, ya que pedían la pena capital en el 70% de los casos en que la víctima era blanca y el atacante negro, pero solo en el 19% de los casos en que el acusado era blanco y la víctima negra.[54]

Conscientes del hecho de que, aparte de la raza, existen numerosos factores que pueden influir en las decisiones de fiscales, jueces y jurados, Baldus y sus colegas sometieron los datos a un proceso de análisis estadístico muy sofisticado para ver si había elementos no raciales que pudieran explicar las disparidades. Y, sin embargo, incluso después de tener en cuenta treinta y cinco variables no raciales, los investigadores descubrieron que los acusados de matar a víctimas blancas tenían 4,3 veces más posibilidades de ser condenados a muerte que los acusados de matar a negros. Los acusados negros, como McCleskey, que habían matado a víctimas blancas eran quienes tenían la mayor probabilidad de ser sentenciados a la pena capital en Georgia.[55]

---

[54] *McCleskey v. Kemp*, 481 U.S. 279, 327 (1989), Brennan, J., voto discrepante.
[55] *Ibid.*, p. 321.

El caso fue seguido de cerca por los abogados penales y de derechos humanos de todo el país. Las pruebas estadísticas de discriminación que Baldus había reunido eran la evidencia más concluyente que se hubiera presentado jamás ante un tribunal en relación con la raza y las sentencias penales. Si la evidencia de McCleskey no bastaba para probar discriminación en ausencia de cualquier tipo de enunciado racista, ¿qué haría falta?

Por un margen de un voto, el Tribunal rechazó las alegaciones de McCleskey de acuerdo a la Decimocuarta Enmienda, insistiendo en que, a menos que McCleskey pudiera probar que el fiscal en su caso particular había pedido la pena de muerte por motivos de raza o que el jurado la había impuesto por motivos de raza, la evidencia estadística de discriminación racial en el sistema de imposición de la pena capital en el estado de Georgia no demostraba un tratamiento desigual según la ley. La Corte aceptó cómo válida la estadística, pero insistió en que era necesario probar que existía un prejuicio racial consciente en el caso concreto de McCleskey para demostrar una discriminación ilegítima. En ausencia de tal evidencia, los patrones de discriminación, incluso patrones tan escandalosos como los que ponía de manifiesto el estudio de Baldus, no contravenían la Decimocuarta Enmienda.

Al colocar el listón tan alto, el Tribunal sabía perfectamente bien que no se podía llegar a ese estándar a menos que hubiera una admisión de que un fiscal o un juez actuaban por prejuicios raciales. La opinión mayoritaria reconocía abiertamente que las reglas tradicionales en general impiden que los demandantes puedan descubrir en los fiscales patrones y motivos para las acusaciones que formulan y que normas similares prohíben que se introduzcan como prueba deliberaciones del jurado incluso cuando un jurado ha elegido hacerlas públicas.[56] La propia evidencia que el Tribunal le exigía a McCleskey, evidencia de prejuicio deliberado en su caso concreto, no va a estar nunca disponible o no será admisible debido a las reglas de procedimiento

---

[56] *Ibid.*, p. 296. Irónicamente, el Tribunal expresó su preocupación respecto a que esas normas podían dificultar que los *fiscales* refutaran el prejuicio racial. Aparentemente, al Tribunal no parecía preocuparle, que, por esas mismas normas, debido al propio fallo del tribunal, los acusados no pudieran demostrar tampoco el prejuicio racial.

que protegen a los jurados y fiscales del escrutinio externo. Este dilema le importaba poco al Tribunal. Cerró las puertas del juzgado a las demandas por prejuicios raciales en las condenas.

Hay buenas razones para pensar que, a pesar de las apariencias, el fallo en el caso McCleskey no tenía que ver en realidad con la pena de muerte en absoluto; más bien, el dictamen del Tribunal estaba motivado por un deseo de inmunizar a todo el sistema penal ante las demandas por prejuicio racial. La mejor prueba en apoyo de esta afirmación se puede encontrar al final del dictamen mayoritario, donde el Tribunal declara que la discrecionalidad siempre juega un papel decisivo en la aplicación del sistema de justicia penal y que la discriminación es un efecto colateral inevitable de esa discrecionalidad. La discriminación racial, parecía sugerir el Tribunal, era algo que sencillamente debe ser tolerado en el sistema de justicia penal, siempre que nadie admita estar motivado por los prejuicios de raza.

La mayoría observaba que se habían encontrado disparidades raciales significativas en otros entornos penales más allá de la pena de muerte, y que el caso de McCleskey implícitamente ponía en cuestión la integridad de todo el sistema. En palabras del Tribunal: «Llevada a su conclusión lógica, [la demanda de Warren McCleskey] cuestiona seriamente los principios en que se basa nuestro sistema de justicia penal. [Si] aceptarámos la denuncia de McCleskey en el sentido de que los prejuicios raciales han manchado de forma impermisible las decisiones en cuanto a las sentencias de pena capital, pronto podríamos encontrarnos con denuncias similares para otro tipo de penas».[57] Al Tribunal le preocupaba abiertamente que otros actores del sistema de justicia penal pudieran tener que enfrentarse a un escrutinio externo por tomar decisiones de manera prejuiciada si se daba curso a denuncias similares de prejuicios raciales. Guiado por estas preocupaciones, el Tribunal rechazó la denuncia de McCleskey de que el sistema de la pena capital en el estado de Georgia contraviene la prohibición de la Octava Enmienda de un castigo arbitrario, enmarcando la pregunta crítica en torno a si el estudio de Baldus demostraba un «riesgo constitucionalmente inaceptable» de discriminación. Su respuesta fue que no. La Corte consideró que

---

[57] *Ibid.*, pp. 314-316.

el riesgo de prejuicio racial en el sistema de la pena capital de Georgia era «constitucionalmente aceptable». El juez Brennan señaló enfáticamente en su voto discrepante que el veredicto del Tribunal «parece sugerir un miedo a demasiada justicia».[58]

Rotos: sentencias discriminatorias en la Guerra contra la Droga

Cualquiera que ponga en duda el impacto devastador del caso Mc-Cleskey contra Kemp en los acusados afroamericanos por todo el sistema de justicia penal, incluyendo a los atrapados por la Guerra contra la Droga, solo tiene que preguntar a Edward Clary. Dos meses después de cumplir los dieciocho, a Clary lo pararon y lo registraron en el aeropuerto de San Luis porque «tenía aspecto de» ser un correo de la droga. En ese momento, volvía a su casa después de visitar a algunos amigos en California. Uno de ellos le había convencido para que se llevara algunas drogas. Clary nunca había intentado traficar con droga anteriormente, y no tenía antecedentes penales. Durante el registro, la policía encontró crac y al momento lo detuvo. Se le condenó en un tribunal federal y se le sentenció de acuerdo a las leyes federales que castigan los delitos de crac cien veces más duramente que los delitos que tienen que ver con la cocaína en polvo. Ser condenado por la venta de medio kilo de cocaína en polvo conlleva una sentencia obligatoria de cinco años, mientras que solo cinco gramos de crac conllevan la misma sentencia. Como a Clary lo habían pillado con más de cincuenta gramos de crac (menos de dos onzas), el juez que dictó sentencia en su caso pensó que no le quedaba más remedio que condenarlo, a un chico de dieciocho años sin condenas previas, a un mínimo de diez años en una cárcel federal.

Clary, como otros acusados en casos de crac, cuestionó la constitucionalidad de la proporción uno a cien entre el crac y la cocaína en polvo. Sus abogados argumentaron que la ley es arbitraria e irracional, porque impone penas tan distintas por dos formas de la misma sustancia. También alegaron que la ley discrimina a los afroamericanos,

---

[58] *Ibid.*, p. 339.

porque la mayor parte de los acusados de delitos relacionados con el crac en aquel momento eran negros (aproximadamente un 93% de los condenados por delitos de crac eran negros, el 5% eran blancos), en tanto que los involucrados en casos de cocaína en polvo eran predominantemente blancos.

Todos los tribunales federales de apelación que tuvieron que pronunciarse sobre estas alegaciones las rechazaron sobre la base de que el Congreso, con o sin razón, consideraba que el crac es más peligroso para la sociedad, una postura apoyada por el testimonio de algunos «expertos» en consumo de drogas y de agentes de policía. El hecho de que la mayor parte de las pruebas que apoyan *cualquier* tipo de disparidad ya hayan sido desacreditadas se consideró irrelevante; lo que se consideró importante era si la ley había parecido racional en el momento de su aprobación. Los tribunales concluyeron que el Congreso es libre de cambiar la ley si cambian las circunstancias.

Los tribunales también rechazaron alegaciones en el sentido de que las leyes de condenas por delitos de crac eran discriminatorias racialmente, fundamentalmente basándose en que el veredicto del Tribunal Supremo en el caso McCleskey contra Kemp impedía tal posibilidad. En los años que siguieron a este caso, los tribunales menores sistemáticamente rechazaron alegaciones de discriminación racial en el sistema de justicia penal, dictaminando que las enormes disparidades raciales no merecían un escrutinio directo a falta de pruebas de discriminación racial explícita, evidencia que no puede estar disponible en la era de la neutralidad racial.

El juez Clyde Cahill, del distrito federal de Missouri, un juez afroamericano al que se le asignó el caso de Clary, audazmente fue en contra de la opinión dominante de que los tribunales no pueden abordar formas de discriminación racial que no sean abiertamente hostiles. Cahill declaró que la proporción de uno a cien era discriminatoria racialmente y que violaba la Decimocuarta Enmienda, a pesar de McCleskey[59]. Aunque no pudieran encontrarse admisiones de prejuicio o intención racista en la documentación de la causa, el juez Cahill consideró que la raza era sin duda un factor en las leyes y políticas relativas al crac. Rastreó la historia del movimiento de mano

---

[59] *United States v. Clary*, 846 F. Supp. 768, 796-797 (E.D.Mo. 1994).

dura y concluyó que el miedo, unido al racismo inconsciente, había llevado a una mentalidad de linchamiento y a un deseo de controlar la delincuencia y a quienes se consideraba responsables de ella, a cualquier precio. Cahill reconocía que mucha gente puede no creer que actúa motivada por actitudes discriminatorias, pero alegó que todos hemos internalizado el miedo a los jóvenes negros, un miedo reforzado por las imágenes de los medios que han contribuido a construir una imagen del joven negro como delincuente. «La presunción de inocencia es ya un mito», declaró. «La proporción de uno a cien, junto con las condenas mínimas obligatorias prescritas por el estatuto federal, han generado una situación que apesta a inhumanidad y a injusticia… Si los jóvenes blancos estuvieran siendo encarcelados en la misma proporción en que se encarcela a los jóvenes negros, el estatuto se habría cambiado hace mucho tiempo.» El juez Cahill sentenció a Clary como si la droga que llevaba a casa hubiera sido cocaína en polvo. La sentencia que le impuso fue de cuatro años de reclusión. Clary cumplió su condena y salió en libertad.

La fiscalía apeló el caso de Clary al Tribunal de Apelación del Circuito Octavo, que revocó la decisión del juez Cahill con un veredicto unánime, decretando que el caso no estaba ni siquiera cerrado. En opinión del Tribunal, no existía evidencia creíble de que las penas por crac estuvieran motivadas por un racismo consciente, como exigía el veredicto en el caso McCleskey contra Kemp. El Tribunal volvió a enviar el caso al juzgado de distrito para que se impusiera una nueva sentencia. A Clary, por ese entonces ya casado y con hijos, se le ordenó que volviera a la cárcel a cumplir su sentencia de diez años.[60]

Pocas demandas se han presentado desde el caso McCleskey para cuestionar los sistemas de condenas, patrones o resultados, dado que el ejercicio es claramente inútil. Sin embargo, en 1995, unos pocos espíritus valientes cuestionaron la aplicación del sistema de condenas de Georgia «Dos condenas y estás fuera», que impone cadena perpetua por una segunda condena por drogas. Los fiscales de distrito de ese Estado, que tienen total discrecionalidad para decidir si piden esta severa condena, solo la habían pedido en un 1% de los casos de

---

[60] Doris Marie Provine, *Unequal Under Law: Race in the War on Drugs*, Chicago, University of Chicago Press, 2007, p. 26.

acusados blancos que se enfrentaban a una segunda condena, mientras que la habían pedido en un 16% de casos con acusados negros. El resultado era que de los que cumplían cadena perpetua, el 98,4% eran negros. El Tribunal Supremo del Estado determinó, por un resultado de cuatro votos contra tres, que esta descarnada disparidad racial presentaba un claro umbral de discriminación y exigía que los fiscales ofrecieran una explicación neutra en términos de raza para esos resultados. Sin embargo, el fiscal general del Estado, en vez de ofrecer una justificación, presentó una petición para una nueva vista, firmada por cada uno de los cuarenta y seis fiscales de distrito del estado, todos blancos. En esa moción se alegaba que el veredicto del Tribunal constituía un error claro: si se permitía que el veredicto fuera firme y se obligaba a los fiscales a explicar las enormes disparidades raciales tales como las que estaban en discusión, se daría un «paso importante hacia la invalidación» de la pena de muerte y se «paralizaría el sistema de justicia penal», al parecer debido a que severas e inexplicables disparidades raciales permeaban el sistema en su conjunto. Trece días después, la Corte Suprema del estado de Georgia se desdijo de su dictamen, afirmando que el hecho de que el 98,4% de los acusados seleccionados para cumplir cadena perpetua por un segundo delito de drogas fueran negros no requería justificación. El nuevo verdicto del Tribunal se basaba casi por completo en McCleskey contra Kemp. Hasta la fecha no se ha conseguido llevar a buen puerto en todo el país ningún cuestionamiento legal del prejuicio racial en las sentencias que se apoyan en McCleskey contra Kemp.

Atacando de frente: Armstrong contra los Estados Unidos

Si las condenas fueran la única etapa del proceso de justicia penal en que se permite que florezca el prejuicio racial, sería una tragedia de proporciones gigantescas. Miles de personas han perdido años de su vida en prisión, años en que habrían sido libres si hubieran sido blancos. Algunos, como McCleskey, han sido matados por la influencia del factor racial en la pena de muerte. Las condenas, con todo, no son el fin, son solo el principio. Como vamos a ver, las normas legales que regulan la labor fiscal, como las que regulan las decisiones de condenas, maximizan, en vez de mininizar, el prejuicio racial en la guerra contra las drogas. El Tribunal Supremo ha hecho un esfuerzo enorme para garantizar que los fiscales sean libres de ejercer su discrecionalidad de la forma que quieran y ha cerrado la puerta a las demandas por prejuicio racial.

Como se ha comentado en el capítulo 2, nadie tiene más poder en el sistema de justicia penal que los fiscales. Pocas normas restringen el ejercicio de la discrecionalidad fiscal. El fiscal es libre de archivar un caso por la razón que sea, o sin ninguna razón, al margen de la fortaleza de las pruebas. Además, el fiscal es libre de acusar de más delitos a un acusado de los que se pueden probar de manera realista en la sala de juicios, siempre que se pueda argumentar que existe causa probable. Del fiscal depende que se ofrezca o no al acusado la posibilidad de que se declare culpable a cambio de mejores condiciones. Y, si le da por ahí, el fiscal puede transferir acusaciones por delitos de drogas al sistema federal, donde las penas son mucho más severas. Los delincuentes juveniles, por su parte, pueden ser tranferidos a un juzgado de adultos, donde se les puede enviar a una cárcel de adultos. Angela J. Davis, en su acreditada investigación *Arbitrary Justice: The Power of the American Prosecutor*, comenta que «la característica más llamativa de estas decisiones importantes, que a veces son de vida o muerte, es que dependen totalmente de la discrecionalidad de alguien y son prácticamente imposibles de revisar».[61] La mayoría de las oficinas de fiscales carecen de cualquier tipo de manual o guía que asesore a los fiscales sobre cómo tomar decisiones discrecionales. Incluso los estándares de práctica para fiscales de la Asociación Nacional del Consejo de Abogados son puramente aspiracionales, no se exige a ningún fiscal que los siga, ni siquiera que los tenga en cuenta.

Christopher Lee Armstrong aprendió por la vía dura que el Tribunal Supremos tiene poquísimo interés en asegurarse de que los fiscales ejerzan su extraordinaria capacidad discrecional de una forma que sea justa y no discriminatoria. Armstrong, junto con cuatro compañeros, estaba alojado en un motel de Los Ángeles en abril de

---

[61] Davis, *Arbitrary Justice*, p. 5.

1992, cuando agentes federales y estatales de una brigada conjunta anti-droga hicieron una redada en su habitación y los arrestaron por una acusación federal de droga: conspiración para distribuir más de cincuenta gramos de crac. Los abogados federales de oficio asignados a este caso se sentían preocupados por el hecho de que Armstrong y sus amigos tenían algo en común con todos los otros acusados de delitos de crac que su oficina había representado en el año anterior: todos eran negros. De hecho, de los cincuenta y tres casos de crac que su oficina había llevado en los tres años anteriores, cuarenta y ocho acusados eran negros, cinco hispanos y no había ni uno blanco. A los abogados de Armstrong les parecía extraño que no se hubiera acusado a ningún blanco por un delito de crac, dado que la mayor parte de los implicados en delitos de crac son blancos. Sospechaban que los blancos estaban siendo transferidos por los fiscales federales al sistema estatal de administración de justicia, donde las penas por delitos de crac son mucho menos severas. Sin embargo, la única forma de probar esto sería tener acceso a los archivos de los fiscales y averiguar cuántos acusados blancos habían sido transferidos al sistema estatal y por qué. Los abogados de Armstrong, por lo tanto, presentaron una moción pidiendo al juzgado de distrito que se abrieran los archivos del fiscal para apoyar su alegación de persecución selectiva de acuerdo con la Decimocuarta Enmienda.

Casi cien años antes, en un caso llamado Yick Wo contra Hopkins, el Tribunal Supremo había reconocido que una aplicación de la ley racialmente selectiva viola la protección igualitaria bajo la ley. En ese caso, que se decidió en 1886, el Tribunal revirtió unánimemente la condena de dos hombres chinos que regentaban lavanderías sin licencia. La ciudad de San Francisco había negado licencia a todos los solicitantes chinos que lo habían pedido, pero se las había concedido a todos menos uno de los solicitantes no chinos. Las fuerzas del orden detuvieron a más de cien personas por regentar lavanderías sin licencia, y todos los detenidos eran chinos. Al revertir la condena de Yick Wo, el Tribunal Supremo declaró en un pasaje muy citado: «Aunque la ley en sí misma sea justa sobre el papel, e imparcial en apariencia, sin embargo, si es aplicada y administrada por la autoridad pública con un ojo malvado y una mano desigual, de forma que en la práctica se hacen discriminaciones ilegales e injustas entre personas en circunstancias similares, la negación de una justicia igualitaria sigue estando prohibida por la Constitución».[62] Los abogados de Armstrong intentaban probar que, como la ley en cuestión en el caso de Yick Wo, las leyes federales del crac eran justas sobre el papel e imparciales en apariencia, pero se aplicaban selectivamente de una forma racialmente discriminatoria.

Para sustanciar su alegación de que Armstrong debería, como mínimo, tener derecho a «levantar el velo», sus abogados ofrecieron dos declaraciones juradas. Una era de un coordinador de admisiones de un centro de tratamiento de adictos, quien testificó que, en su experiencia en el tratamiento de adictos al crac, los blancos y los negros traficaban y consumían la droga en proporciones similares. La otra declaración era de un fiscal con amplia experiencia en el sistema estatal, que declaró que a los acusados no negros habitualmente se les juzgaba en tribunales estatales, no en los federales. Se podría decir que las mejores pruebas para sustanciar las alegaciones de Armstrong vinieron del Gobierno, quien presentó una lista de más de dos mil personas acusadas de delitos federales de crac durante un periodo de tres años, de las cuales todas salvo once eran negras. Ninguna era blanca.

El juzgado de distrito dictaminó que las pruebas presentadas eran suficientes para justificar la revelación con el propósito de determinar si eran válidas las alegaciones de aplicación selectiva de la ley. Los fiscales, sin embargo, se negaron a hacer público ningún archivo y presentaron una apelación por este tema en todas las instancias hasta el Tribunal Supremo. En mayo de 1996, el Tribunal Supremo revirtió el veredicto. Como en el caso de McCleskey, el Tribunal no cuestionó la precisión de las pruebas presentadas, sino que dictaminó que, como Armstrong no había podido identificar a ningún acusado blanco en una posición similar que debería haber sido juzgado en tribunales federales pero no lo había sido, no tenía derecho siquiera a que se hicieran públicos datos en su alegación de tratamiento selectivo por parte de la fiscalía. Sin rastro de ironía, el Tribunal exigía que Armstrong proporcionara por adelantado lo mismo que buscaba con su moción para hacer públicos los datos del fiscal: información en

---

[62] *Yick Wo v. Hopkins*, 118 U.S. 356, 373-374 (1886).

torno a los acusados blancos que deberían haber sido juzgados en tribunales federales. Esos datos, sobra decirlo, estaban en manos del fiscal y bajo su control, que era la razón por la que Armstrong había presentado una moción de revelación.

Como resultado del dictamen en ese caso, los acusados que sospechaban prejuicio racial por parte de los fiscales están atrapados en la típica situación de la pescadilla que se muerde la cola. Para poder alegar tratamiento selectivo por parte de los fiscales, se les exige que presenten *por adelantado* las mismas pruebas que en general solo se pueden obtener si el fiscal hace públicos sus archivos. El Tribunal Supremo justificó este obstáculo insuperable sobre la base de que se debe un respeto considerable al ejercicio de la discrecionalidad de los fiscales. A menos que se presenten pruebas de que ha habido prejuicio consciente e intencionado por parte del fiscal, el Tribunal no podía permitir ninguna indagación en torno a las razones o causas de aparentes disparidades raciales en la toma de decisiones por parte del fiscal. Una vez más se cerraron las puertas de los juzgados, a todos los efectos prácticos, para alegaciones de prejuicio racial en la administración del sistema de justicia penal.

Al inmunizar a los fiscales frente a alegaciones de prejuicio racial y no imponer ninguna inspección significativa en el ejercicio de su discrecionalidad al acusar, hacer tratos, transferir casos y sentenciar, el Tribunal ha generado un ambiente en el que se permite que florezcan prejuicios conscientes e inconscientes. Numerosas investigaciones han demostrado que los fiscales interpretan y responden ante idéntica actividad delincuente de modo distinto basándose en la raza del delincuente.[63] Uno de ellos, muy citado, fue llevado a cabo por el *San Jose Mercury News*. El estudio realizó una revisión de 700.000 casos penales que se clasificaron según los delitos y antencendentes penales del acusado. El análisis reveló que blancos con una situación similar a afroamericanos tenían mucho más éxito a la hora de hacer

---

[63] Véase, por ejemplo, Sandra Graham y Brian Lowery, «Priming Unconscious Racial Stereotypes About Adolescent Offenders», *Law and Human Behavior*, vol. 28, núm. 5, 2004, pp. 483-504.

tratos; de hecho, «casi en cada etapa de la negociación previa al juicio, a los blancos les va mejor que a los negros».[64]

Los estudios más exhaustivos de prejuicio racial en el ejercicio de la discrecionalidad por parte de los fiscales y los jueces tienen que ver con cómo se trata a los delincuentes juveniles. Estos estudios han demostrado que los jóvenes de color tienen muchas más probabilidades de que se les dé el alto y de ser detenidos, acusados formalmente, transferidos a un juzgado de adultos y recluidos en una prisión de seguridad que sus homólogos blancos.[65] Un informe de 2000 hacía notar que entre los jóvenes que no han sido enviados con anterioridad a una prisión juvenil, los afroamericanos tenían seis veces más probabilidades que los blancos de ser condenados a penas de prisión por *idénticos* delitos.[66] Un estudio patrocinado por el Ministerio de Justicia y varias de las fundaciones más importantes del país, publicado en 2007, concluyó que el impacto del tratamiendo prejuiciado se ve magnificado con cada nuevo paso en el sistema de justicia penal. Los jóvenes afroamericanos representan el 16% de todos los jóvenes, el 28% de todos los arrestos juveniles, el 35% de los transferidos a un tribunal penal de adultos y el 58% de los jóvenes recluidos en prisiones estatales de adultos.[67] Una de las causas fundamentales de estas disparidades son los prejuicios conscientes e inconscientes que infectan la toma de decisiones. En el estado de Washington, por

---

[64] Christopher Schmitt, «Plea Bargaining Favors Whites, as Blacks, Hispanics Pay Price», *San Jose Mercury News*, 8 de diciembre de 1991.

[65] Véase, por ejemplo, Carl E. Pope y William Feyerherm, «Minority Status and Juvenile Justice Processing: An Assessment of the Research Literature», *Criminal Justice Abstracts,* 22, 1990, pp. 527-542; Carl E. Pope, Rick Lovell, y Heidi M. Hsia, U.S. Department of Justice, *Disproportionate Minority Confinement: A Review of the Research Literature from 1989 Through 2001,* Washington DC, U.S. Department of Justice, 2002; Eleanor Hinton Hoytt, Vincent Schiraldi, Brenda V. Smith y Jason Ziedenberg, *Reducing Racial Disparities in Juvenile Detention,* Baltimore, Annie E. Casey Foundation, 2002, pp. 20-21.

[66] Eileen Poe-Yamagata y Michael A. Jones, *And Justice for Some: Differential Treatment of Youth of Color in the Justice System,* Washington DC, Building Blocks for Youth, 2000.

[67] Christopher Hartney y Fabiana Silva, *And Justice for Some: Differential Treatment of Youth of Color in the Justice System,* Washington, DC, National Council on Crime and Delinquency, 2007.

ejemplo, una revisión de los informes de las sentencias juveniles descubrió que los fiscales habitualmente describían de modo distinto a los delincuentes blancos y a los negros.[68] Los negros cometían delitos por defectos propios de su personalidad, tales como falta de respeto. Los blancos lo hacían por condiciones externas, tales como conflictos familiares.

El riesgo de que la discrecionalidad por parte de los fiscales esté prejuiciada racialmente es especialmente agudo en el contexto de la aplicación de las leyes antidrogas, donde comportamientos prácticamente idénticos son susceptibles de una amplia variedad de interpretaciones y respuestas, y las imágenes de los medios y el discurso político han estado tan completamente racializados. Que a un chaval se le perciba como un peligroso matón que trafica con drogas o como un buen chico que solo estaba experimentando con drogas y vendía a algunos amigos tiene que ver con las formas en que se procesa e interpreta la información sobre estupefacientes, en un ambiente social en que el tráfico de drogas está definido racialmente. Como explicaba un antiguo fiscal general del estado:

> Tenía un [fiscal auxiliar que] quería archivar la acusación por posesión de armas [en un caso en que] no había circunstancias atenuantes. Le pregunté: «¿Por qué quieres sobreseer la acusación por posesión de armas?». Y él me contestó: «Es un chaval de campo que ha crecido en una granja. El arma que llevaba era un rifle. Es el típico paletillo blanco y todos ellos tienen rifles, no es como si fuera un narcotraficante que lleva armas». Pero eso es exactamente lo que era.

Lo que hace en efecto el veredicto en el caso de Armstrong es proteger este tipo de decisión prejuiciada de un escrutinio judicial por prejuicio racial. Los fiscales saben muy bien que el ejercicio de su capacidad discrecional carece de límites, siempre y cuando no se hagan observaciones explícitamente racistas. Así es casi imposible

---

[68] Véase George Bridges y Sara Steen, «Racial Disparities in Official Assessments of Juvenile Offenders: Attributional Stereotypes as Mediating Mechanisms», *American Sociological Review*, vol. 63, núm. 4, 1998, pp. 554-570.

para los acusados demostrar que ha habido prejuicio racial. Resulta difícil imaginar un sistema mejor para asegurar que se dé rienda suelta a los estereotipos y prejuicios raciales, mientras que al mismo tiempo sobre el papel se da una apariencia de neutralidad racial, que el diseñado por el Tribunal Supremo de Estados Unidos.

En defensa de los jurados totalmente blancos: Purkett contra Elm

Las normas que regulan la selección de jurados ofrecen otro ejemplo más de cómo el Tribunal Supremo ha abdicado completamente de su responsabilidad de garantizar a las minorías raciales un trata-miento igualitario de acuerdo con la ley. En 1985, en Batson contra Kentucky, el Tribunal mantuvo que la Decimocuarta Enmienda pro-híbe que los fiscales discriminen sobre la base de la raza a la hora de seleccionar jurados, un dictamen que se considera una importante salvaguarda para que jurados íntegramente blancos encierren a afroamericanos guiándose por esterotipos y prejuicios raciales. Antes de este veredicto, a los fiscales se les había permitido quitar a los ne-gros de los jurados, siempre y cuando no quitaran *siempre* a los ju-rados negros. El Tribunal Supremo había dictaminado en 1965, en Swain contra Alabama, que solo se podía admitir una demanda por protección igualitaria si un acusado podía demostrar que un fiscal había descartado a jurados afroamericanos en todos los casos, al margen del delito en cuestión y al margen de la raza del acusado o de la víctima.[69] Veinte años más tarde, en el caso Batson, el Tribunal dio marcha atrás, en un guiño al recientemente acuñado consenso general de que la discriminación racial explícita es una afrenta a los valores norteamericanos. Casi inmediatamente después de que se emitiera ese dictamen, sin embargo, se vio muy claramente que los fiscales no tenían dificultades en eludir los requerimientos formales de neutralidad racial en la selección de jurados por medio de un subterfugio que el Tribunal acabaría aceptando, si no respaldando.

---

[69] *Swain v. Alabama*, 380 U.S. 202 (1965), superado por *Batson v. Kentucky*, 476 U.S. 79 (1986).

La historia de la discriminación racial en la selección de jurados se remonta a la era de la esclavitud. Hasta 1860, ninguna persona negra había formado parte jamás de un jurado en los Estados Unidos. En la etapa de la Reconstrucción, los afroamericanos empezaron por primera vez a participar en jurados en el Sur. No obstante, el jurado formado exclusivamente por blancos volvió pronto, cuando los conservadores demócratas buscaban «redimir» al Sur, quitando a los negros el derecho al voto y el derecho a participar en jurados. En 1880, intervino el Tribunal Supremo derogando un estatuto de Virginia Occidental que reservaba expresamente la participación en jurados a los hombres blancos. Citando la recientemente promulgada Decimocuarta Enmienda, la corte declaró que la exclusión de los negros de la participación en jurados era «prácticamente una marca para ellos, fijada por la ley, una manifestación de su inferioridad y un estímulo para ese prejuicio de raza que es un impedimento para la justicia igualitaria».[70] El Tribunal preguntaba: «¿Cómo se puede sostener que obligar a un hombre de color a someterse a juicio por su vida ante un jurado seleccionado de un plantel del cual el Estado ha excluido expresamente a todos los hombres de su raza, por muy cualificados que estén en otros aspectos, no constituye negarle una protección igualitaria?».[71]

A pesar de toda su jactancia, el Tribunal ofreció muy poca protección efectiva contra la discriminación en los jurados en los años siguientes. Como ha mostrado el jurista Nebbo Schmidt, desde el final de la Reconstrucción hasta el *New Deal*, «la exclusión sistemática de los hombres negros de los jurados en el Sur era tan evidente como lo podría ser cualquier discriminación legal, excepto proclamarla en estatutos estatales o confesarla por parte de funcionarios estatales».[72] La Corte repetidamente ratificó condenas a acusados negros por parte de jurados exclusivamente blancos en casos en que había sido obvia la exclusión de jurados negros.[73] El único caso en

---

[70] *Strauder v. West Virginia*, 100 U.S. 303, 308 (1880).

[71] *Ibid.*, p. 309.

[72] Benno C. Schmidt Jr., «Juries, Jurisdiction, and Race Discrimination: The Lost Promise of Strauder v. West Virginia», *Texas Law Review*, vol. 61, 1983, p. 1401.

[73] Véase por ejemplo, *Smith v. Mississippi*, 162 U.S. 592 (1896); *Gibson v. Mississippi*, 162 U.S. 565 (1896); y *Brownfield v. South Carolina*, 189 U.S. 426 (1903).

que el Tribunal anuló una condena sobre la base de discriminación en la selección de jurados fue en Neal contra Delaware, un caso que se decidió en 1935. Antaño, la ley estatal de Delaware había restringido de modo explícito la participación en jurados a los hombres blancos, y «nunca se había citado a un ciudadano de color para participar como jurado».[74] El Tribunal Supremo de Delaware había rechazado la demanda por protección igualitaria de Neal sobre la base de que «la gran mayoría de hombres negros que residen en este Estado carecen por completo de las cualificaciones necesarias [para participar en un jurado] por carecer de inteligencia, experiencia o integridad moral».[75] El Tribunal Supremo dio marcha atrás. Obviamente, lo que ofendió al Tribunal no era la exclusión de los negros de participar en jurados en sí misma, sino que se hiciera de ese modo tan abierto y explícito. Esa orientación sigue manteniéndose hoy día.

A pesar de la prohibición formal de Batson contra la discriminación racial en la selección de jurados, el Tribunal Supremo y otros tribunales federales inferiores han tolerado de todo, salvo los ejemplos más indignantes de prejuicio racial en la selección de jurados. Uno de estos casos fue Miller El contra Cockrell.[76] El caso requirió una selección cuidadosa del jurado que justificaba la elección basándose en la raza. El Tribunal observó que no estaba claro si la política oficial de exclusión basada en la raza seguía estando en vigor, pero de hecho la fiscalía excluyó a diez de once jurados negros, en parte recurriendo a una práctica inusual de «barajar a los jurados», lo que redujo el número de jurados negros.[77] La fiscalía también se lanzó a un disparatado interrogatorio de los posibles jurados basado en la raza, prácticas que parecían vinculadas al manual de selección de jurados. Este fue un caso muy extraño. En los casos típicos no hay una política oficial que autorice la discriminación racial que aún sigue operando de forma agazapada en la selección de jurados, en teoría aún en vigor. Normalmente, la discriminación es obvia, pero

[74] *Neal v. Delaware*, 103 U.S. 370, 397 (1880).
[75] *Ibid.*, 402-403 (cita al Tribunal Supremo de Delaware).
[76] *Miller-El v. Cockrell*, 537 U.S. 322, 333-334 (2003).
[77] *Ibid.*, pp. 334-335.

no manifiesta, y la exclusión sistemática de jurados negros continúa en gran medida sin cambios por medio del uso de la recusación. Las recusaciones llevan mucho tiempo envueltas en polémica. Tanto a los fiscales como a los abogados defensores se les permite excluir «de forma perentoria» a jurados que no les gustan, es decir, gente que no creen que va a reaccionar de modo positivo ante las pruebas o los testigos que tienen intención de presentar ante el tribunal. En teoría, las exclusiones perentorias pueden aumentar lo justo de un procedimiento judicial al eliminar a jurados que podrían estar prejuiciados pero cuyos prejuicios no se pueden demostrar de forma convincente ante un juez. En la práctica, sin embargo, las exclusiones perentorias son tristemente famosas por ser discriminatorias. Los abogados habitualmente manejan poca información sobre los posibles jurados, así que sus decisiones para eliminar a miembros concretos tienden a basarse solo en estereotipos, prejuicios y corazonadas. Conseguir un jurado exclusivamente blanco, o casi, es fácil en la mayor parte de los distritos, porque hay relativamente pocas personas de las minorías raciales incluidas en la lista de jurados potenciales. A los posibles jurados se les selecciona de la lista de votantes registrados o de las listas del Departamento de Vehículos a Motor, listas que contienen un número desproporcionadamente menor de personas de color, porque tienen muchas menos posibilidades de ser dueños de un vehículo o de registrarse para votar. Para empeorar las cosas, treinta y un estados y el gobierno federal suscriben la práctica de excluir a los delincuentes graves de los jurados a perpetuidad. «Como resultado, aproximadamente el 30% de los hombres negros está excluido automáticamente de participar en un jurado durante toda su vida».[78] Por lo tanto, en muchos casos bastan algunas exclusiones para eliminar a casi todos los jurados negros. La práctica de excluir de modo sistemático a jurados negros no se ha visto afectada por Batson, lo único que ha cambiado es que los fiscales deben acudir a excusas neutrales en términos de raza para excluir a alguien, una tarea de lo más sencilla.

---

[78] Brian Kalt, «The Exclusion of Felons from Jury Service», *American University Law Review,* vol. 53, 2003, pp. 65 y 67.

De hecho, un estudio exhaustivo revisó todos los fallos publicados que tenían que ver con recusaciones de Batson desde 1986 hasta 1992, y concluyó que los fiscales casi siempre lograban crear explicaciones aceptables en términos de neutralidad racial para justificar la eliminación de los jurados negros.[79] Los tribunales aceptan explicaciones como que los jurados son demasiado jóvenes, demasiado viejos, demasiado conservadores, demasiado radicales, demasiado cómodos, o demasiado incómodos. La ropa también es un motivo favorito: se ha recusado a posibles jurados por llevar sombrero o gafas de sol. Incluso explicaciones que se podrían corresponder con la raza, como carecer de instrucción, estar desempleado, ser pobre, ser soltero, vivir en el mismo barrio que el acusado, o haberse visto envuelto previamente en el sistema de justicia penal; todas estas han sido aceptadas como excusas perfectamente válidas, no como pretextos, para eliminar a los afroamericanos de los jurados. Como comentó una vez la catedrática Sheri Lynn Johnson: «Si hay fiscales que… no pueden inventar una razón "neutral en términos de raza" para discriminar por motivos de raza, los exámenes de acceso al ejercicio de la profesión de abogado son demasiado fáciles».[80]

Dado lo flagrante de las violaciones de la prohibición de Batson sobre la discriminación racial en la selección de jurados, cabía esperar razonablemente que, si se le presentara un caso especialmente repugnante, el Tribunal Supremo se mostraría dispuesto a trazar una línea para limitar las prácticas que se burlan del principio de anti-discriminación. Claro, en el caso McCleskey el Tribunal no se había mostrado abierto a aceptar pruebas estadísticas de discriminación racial en las sentencias, en el caso Whren había desestimado las preocupaciones de prejuicio racial en las paradas policiales a discreción y en el caso Armstrong prácticamente había concedido inmunidad a los fiscales en sus decisiones de acusación. ¿Pero se atrevería a permitir que los fiscales usaran excusas abiertamente absurdas,

[79] Michael J. Raphael y Edward J. Ungvarsky, «Excuses, Excuses: Neutral Explanations Under Batson v. Kentucky», *University of Michigan Journal of Law Reform,* vol. 27, 1993, pp. 229 y 236.

[80] Sheri Lynn Johnson, «The Language and Culture (Not to Say Race) of Peremptory Challenges», *William and Mary Law Review,* vol. 35, 1993, pp. 21 y 59.

directamente risibles, para eliminar a los negros de los jurados? Pues resulta que sí.

En el caso Purkett contra Elm, en 1995, el Tribunal Supremo dictaminó que cualquier motivo neutral en cuanto a la raza, por muy tonto, ridículo o supersticioso que sea, basta para satisfacer la carga del fiscal para mostrar que un patrón de eliminación de un determinado grupo racial no está, de hecho, basado en la raza. En ese caso, el fiscal ofreció la siguiente explicación para justificar la eliminación de los jurados negros:

> He eliminado al [jurado] número veintidós por su pelo largo. Tenía pelo largo y rizado. Tenía el pelo más largo de todo el jurado hasta ahora. Por ese motivo no parecía que fuera a ser un buen jurado... Además, tenía bigote y una barbita tipo perilla. Y el jurado número veinticuatro también tenía barba y perilla... Y no me gustaba el aspecto de ambos, la forma en que llevaban cortado el pelo, los dos. Y los bigotes y las barbas me parecen sospechosos.[81]

El Tribunal de Apelación del Circuito Octavo dictaminó que la explicación anterior por parte del fiscal para eliminar a los jurados negros era insuficiente y debería haber sido rechazada por el Tribunal porque el pelo largo y el vello facial no están vinculados de modo plausible a la habilidad de una persona para servir como jurado. El tribunal de apelación explicó: «Cuando la fiscalía elimina a un posible jurado que pertenece al grupo racial del acusado, solo sobre la base de factores que son irrelevantes para la cuestión de si esa persona está cualificada para servir como jurado en ese caso particular, la fiscalía debe explicar como mínimo y ofrecer una razón plausible y neutra en cuanto a la raza para creer que esos factores pudieran afectar de algún modo la habilidad de la persona para llevar a cabo sus tareas como jurado».[82]

El Tribunal Supremo de Estados Unidos revocó esa decisión, manteniendo que cuando la defensa ha identificado un patrón de

---

[81] *Purkett v. Elm*, 514 U.S. 765, 771 n. 4 (1995), Stevens, J., voto discrepante y citando al fiscal.

[82] *Ibid.*, p. 767.

eliminaciones basadas en la raza, el fiscal no tiene por qué ofrecer «una explicación que sea persuasiva, ni siquiera plausible».[83] Una vez se ofrece el motivo, el juez de ese caso puede decidir creer (o no) cualquier motivo «tonto o supersticioso» ofrecido por los fiscales para explicar un patrón de eliminaciones que pudieran estar basadas en la raza.[84] El Tribunal envió un mensaje muy claro: que los tribunales de apelación pueden aceptar prácticamente cualquier razón que ofrezca un fiscal para excluir a los jurados negros, por muy irracionales o absurdas que parezcan esas razones.

La ocupación: controlando al enemigo

Que el Tribunal Supremo haga oídos sordos a la discriminación racial en el sistema de justicia penal resulta especialmente problemático en relación con la actividad policial. El prejuicio racial es especialmente agudo en el punto de entrada en el sistema por dos motivos: discrecionalidad y autorización. Aunque los fiscales, como grupo, disfrutan del mayor poder en el sistema de justicia penal, la policía tiene la mayor capacidad discrecional, una capacidad que se ve ampliada en la aplicación de las leyes antidroga. Y aunque el gran público lo ignora, el Tribunal Supremo en realidad ha autorizado la discriminación racial en la actividad policial, en lugar de adoptar normas legales para abolirla.

La discrecionalidad policial prejuiciada con relación a la raza es clave para comprender cómo la mayor parte de las personas que se ven absorbidas por el sistema de justicia penal como resultado de la Guerra contra la Droga resultan ser negras o de piel oscura, incluso a pesar de que la policía niega de forma vehemente el uso de perfiles raciales. En la Guerra contra la Droga, la policía posee la capacidad discrecional de a quién elegir como objetivo, a qué individuos, así como dónde centrar el foco de atención, en qué barrios o comunidades. Como se ha comentado anteriormente, al menos el 10% de los ciudadanos viola las leyes antidroga cada año, y personas de todas las razas llevan a cabo

---

[83] *Ibid.*, p. 768.
[84] *Ibid.*

actividades relacionadas con drogas ilegales en proporciones similares. Con una población tan extraordinariamente amplia de delincuentes entre la que escoger, hay que tomar decisiones sobre a quién elegir como objetivo y dónde se debe llevar a cabo la guerra antidroga.

Desde el comienzo, la Guerra contra la Droga se habría podido llevar adelante principalmente en barrios de aplastante mayoría blanca o en los campus universitarios. Los equipos SWAT podrían haber descendido de helicópteros en urbanizaciones cerradas de las afueras y haber registrado los hogares de jugadores de *lacrosse* en el instituto, conocidos por dar fiestas con coca y éxtasis después de sus partidos. La policía podría haberse incautado de televisiones, muebles y dinero en metálico de casas de fraternidades basándose en un soplo anónimo de que en el cajón de la cómoda de alguien podrían estar escondidos unos cuantos canutos o un alijo de cocaína. Se habría podido poner bajo vigilancia a amas de casa de los barrios de las afueras y haberlas sometido a operaciones encubiertas de vigilancia diseñadas para atraparlas en el acto de violar las leyes que regulan el consumo y venta de «estimulantes» de los que se adquieren con receta. Todo esto podría haber sucedido de modo rutinario en comunidades blancas, pero no sucedió.

Por el contrario, cuando la policía va a la búsqueda de drogas, se centra en las barriadas negras. Tácticas que constituirían un suicidio político en un barrio blanco de clase alta ni siquiera salen en las noticias cuando ocurren en las comunidades negras o de personas de piel oscura. Mientras los arrestos masivos por drogas se concentren en zonas urbanas empobrecidas, los jefes de policía tienen poca razón para temer un contragolpe político, por muy agresivos y beligerantes que sean sus esfuerzos. Y mientras el número de detenciones por drogas aumente o al menos siga siendo elevado, los dólares federales siguen llegando y llenando las arcas de los departamentos policiales. Como decía un antiguo fiscal: «Es mucho más fácil salir al barrio negro, por así decir, y pillar a cualquiera, que poner tus recursos en una [operación encubierta en una] zona donde puede haber gente políticamente influyente».[85]

---

[85] Véase Lynn Lu, «Prosecutorial Discretion and Racial Disparities in Sentencing: Some Views of Former U.S. Attorneys», *Federal Sentencing Reporter*, vol. 19, febrero de 2007, p. 192.

La hipersegregación de los negros pobres en guetos ha hecho que fuera muy fácil llevar a cabo redadas. Confinados en zonas concretas y sin poder político, los negros pobres son un objetivo conveniente. El libro de Douglas Massey y Nancy Denton, *American Apartheid* documenta cómo los guetos racialmente segregados fueron creados de forma deliberada por la política federal, no por impersonales fuerzas del mercado o elecciones particulares de vivienda.[86] El largo aislamiento racial de los pobres de los guetos les ha hecho especialmente vulnerables en la Guerra contra la Droga. Lo que les suceda a ellos no afecta directamente a los privilegiados que viven más allá de los muros invisibles del gueto y que apenas se enteran de ello. Así que es ahí, en los guetos segregados racialmente y envueltos en la miseria, donde se ha abandonado la Guerra contra la Pobreza y las fábricas han desaparecido, donde se ha librado la Guerra contra la Droga con mayor ferocidad. Aquí se han desplegado los SWAT, las operaciones de compra y redada se centran aquí, los operativos en bloques de apartamentos tienen lugar aquí, el dar el alto a la gente y registrarla por la calle se hace aquí. Los objetivos principales son los jóvenes negros y de piel oscura. No es raro que a un adolescente negro que viva en el gueto se le dé el alto, se le interrogue y se le haga un registro corporal numerosas veces a lo largo de un mes, o incluso una sola semana, a menudo por parte de unidades paramilitares. Los estudios sobre los típicos perfiles raciales informan del número total de gente a la que se para y se registra, clasificados por raza. Estos estudios han llevado a algunos expertos en actividad policial a concluir que los perfiles raciales son realmente «peores» en comunidades blancas, porque en ellas las disparidades raciales en los índices de dar el alto y registrar son mucho mayores. Lo que estos estudios no revelan, sin embargo, es la frecuencia con que es probable que se pare a un individuo dado en barrios concretos, definidos racialmente.

El carácter militarizado de la aplicación de la ley en los guetos ha inspirado a artistas de rap y a jóvenes negros a referirse a la presencia policial en las comunidades negras como «La Ocupación». En estos

---

[86] Douglas S. Massey y Nancy A. Denton, *American Apartheid: Segregation and the Making of the Underclass*, Cambridge, MA, Harvard University Press, 1993, p. 2.

territorios ocupados, muchos jóvenes negros automáticamente «adoptan la postura» cuando se para un coche patrulla, pues saben muy bien que se les va a dar el alto y a registrar pase lo que pase. Esta dinámica a menudo sorprende a quienes no han pasado mucho tiempo en los guetos. Craig Futterman, un profesor de Derecho en la Universidad de Chicago, informa de que sus alumnos a menudo manifiestan indignación y pesadumbre cuando se aventuran en esas comunidades por primera vez y son testigos de la distancia entre los abstractos principios legales y la práctica real. Una estudiante contó, después de acompañar a la policía: «Cada vez que llegábamos a un polígono de vivienda pública y parábamos el coche, casi todos los chicos negros de la zona extendían las manos de forma casi refleja para colocarlas sobre el coche y separaban las piernas para ser registrados. Y los agentes los registraban. Luego volvían a entrar en el vehículo y paraban en otro polígono y se repetía lo mismo otra vez. Así fue una vez y otra a lo largo de todo el día, no podía creerlo. No se parecía en nada a lo que habíamos aprendido en la Facultad de Derecho. Pero a ellos les parecía tan normal, a la policía y a los chavales negros».

Numerosos expertos (y muchos agentes del orden) intentan justificar la concentración de recursos de aplicación de la ley en guetos sobre la base de que en ellos es más fácil que la policía combata la actividad ilegal de drogas. La teoría es que es más probable que los consumidores de drogas negros y latinos obtengan drogas ilegales en espacios públicos que son visibles para la policía y que, por lo tanto, resulta más eficaz y conveniente que los agentes centren sus esfuerzos en mercados de droga al aire libre en guetos. Los sociólogos han sido grandes defensores de esta forma de razonamiento, señalando que un acceso diferencial al espacio privado afecta la probabilidad de detectar comportamientos delincuentes. Dado que los negros pobres no tienen acceso a un espacio privado (pues a menudo comparten apartamentos pequeños con muchos familiares o parientes), es más probable que su actividad delincuente se desarrolle al aire libre. Focalizar la actividad policial en lugares donde es más fácil detectar actividad de drogas se considera una necesidad organizativa neutra en cuestiones de raza. Este argumento se ve frecuentemente reforzado por alegaciones de que la mayor parte de las quejas ciudadanas sobre actividad ilegal de drogas procede de los guetos y que la violencia asociada con el tráfico de drogas tiene lugar en los barrios pobres del centro. Estos hechos, alegan los defensores de la Guerra contra la Droga, hacen que la decisión de llevar esta guerra casi exclusivamente a las comunidades pobres de color sea una opción lógica y sencilla.

Esta lógica es más débil de lo que parece en un principio. Muchos agentes de las fuerzas del orden reconocen que la demanda de drogas ilegales es tan grande (así como la falta de fuentes alternativas de ingresos en los guetos) que «si sacas a un camello de la calle, llega otro en menos de una hora». Muchos admiten también que una consecuencia predecible de desmantelar un grupo de traficantes es un estallido de violencia mientras otros luchan por controlar lo que antes era un mercado estabilizado.[87] Estas realidades sugieren, si es que las últimas dos décadas de guerra interminable no lo dejan claro, que la Guerra contra la Droga está condenada al fracaso. También ponen en cuestión la legitimidad de la «conveniencia» como excusa para el encarcelamiento masivo de los hombres negros y morenos en los guetos.

Sin embargo, incluso dejando a un lado tales preocupaciones, investigaciones recientes indican que las premisas básicas sobre las que se asientan las defensas de la Guerra contra la Droga son sencillamente equivocadas. La sabiduría convencional, el que las tácticas de «mano dura» son una necesidad lamentable en las comunidades pobres de color y que la eficiencia requiere que esa guerra se libre en las comunidades más vulnerables, resultan, como tantas personas han sospechado desde hace mucho, nada más que propaganda de tiempos de guerra, no política sólida.

---

[87] Para una discusión sobre posibles efectos cuando unos traficantes sustituyen a otros en el mercado de la droga, véase Robert MacCoun y Peter Reuter, *Drug War Heresies: Learning from Other Vices, Times, and Places*, Nueva York, Cambridge University Press, 2001.

Sabiduría poco convencional

En 2002, un equipo de investigadores de la Universidad de Washington decidió someter las condenas de la Guerra contra la Droga a un análisis serio, contrastando los argumentos con pruebas empíricas en un gran estudio sobre la aplicación de la legislación en esta materia en una ciudad racialmente mixta, Seattle.[88] El estudio concluyó que, en contra del «sentido común» dominante, el alto índice de arrestos de afroamericanos en la aplicación de las leyes antidroga no se podía explicar por las tasas de delincuencia, ni tampoco recurriendo a las otras excusas habituales, como la facilidad y eficacia de controlar los mercados de droga al aire libre, las quejas ciudadanas, las tasas de delincuencia o la violencia vinculada a la droga. El estudio también desmontó la premisa de que los traficantes blancos trafican en interiores, lo que hace que su actividad sea más difícil de detectar.

Los autores concluyeron que eran los estereotipos falsos sobre mercados de crac, traficantes de crac y bebés de crac, no los hechos, lo que dirigía el proceso discrecional de toma de decisiones por parte del Departamento de Policía de Seattle. Los hechos eran los siguientes: era mucho más probable que los habitantes de Seattle denunciaran sospechas de actividad relacionada con narcóticos en casas, no en exterior, pero la policía dedicaba sus recursos a los mercados de droga al aire libre y a la única comisaría que tenía *menos* posibilidades de ser identificada en las quejas ciudadanas como el sitio donde tuviera lugar actividad de droga sospechosa. De hecho, aunque se registraban cientos de transacciones de droga en exterior en barrios predominantemente blancos de la ciudad, la policía concentraba sus esfuerzos en el tema de narcóticos en un mercado de droga de un barrio donde la frecuencia de las transacciones era mucho menor. En los mercados de droga al aire libre de razas mezcladas, los camellos negros tenían muchas más probabilidades

---

[88] Véase Katherine Beckett, Kris Nyrop, Lori Pfingst y Melissa Bowen, «Drug Use, Drug Possession Arrests, and the Question of Race: Lessons from Seattle», *Social Problems,* vol. 52, núm. 3, 2005, pp. 419-441; y Katherine Beckett, Kris Nyrop y Lori Pfingst, «Race, Drugs and Policing: Understanding Disparities in Drug Delivery Arrests», *Criminology,* vol. 44, núm. 1, 2006, p. 105.

de ser arrestados que los blancos, a pesar de que los traficantes blancos estaban presentes y eran visibles. Y el Departamento de Policía se centraba de forma abrumadora en el crac, la única droga de la ciudad que tenía más probabilidades de ser vendida por afroamericanos, a pesar del hecho de que los datos de los hospitales locales indicaban que las muertes por sobredosis de heroína eran más numerosas que todas las muertes por sobredosis de crac y cocaína juntas. La policía local reconoció que no se asociaba un nivel de violencia significativa con el crac en la ciudad y que otras drogas provocaban más hospitalizaciones, pero mantuvieron con firmeza que sus decisiones en cuanto a operativos no eran discriminatorias.

Los autores del estudio concluyeron, basándose en su revisión y análisis de la evidencia empírica, que las decisiones del Departamento de Policía de Seattle de centrarse tanto en el crac, casi hasta el punto de excluir las otras drogas, y de focalizar sus esfuerzos en los mercados de droga al aire libre en zonas del centro más que los que están en interiores o en barrios predominantemente blancos, reflejan «una concepción racializada del problema de la droga».[89] Como dicen los autores: «El foco de atención del [Departamento de Policía de Seattle] en los negros y latinos y en las drogas vinculadas más estrechamente con lo "negro" sugiere que las políticas y prácticas de aplicación de la ley se basan en la premisa de que el problema de la droga es, de hecho, un problema negro y latino, y que el crac, la droga con una conexión más fuerte con los negros de las ciudades, es "la peor"».[90] Este guión cultural racializado sobre quién y qué constituye el problema de la droga hace invisible la actividad ilegal de drogas por parte de los blancos. «Los blancos», obervaban los autores del estudio, «sencillamente no son percibidos como delincuentes de drogas por parte de los agentes de la policía de Seattle».[91]

[89] Beckett, «Drug Use», p. 436.
[90] Ibid.
[91] Ibid.

Esperanza vana

Uno podría imaginarse que los hechos descritos anteriormente podrían proporcionar la base para presentar una demanda contra las tácticas de Guerra contra la Droga del Departamento de Policía de Seattle como una violación de la cláusula de protección igualitaria de la Decimocuarta Enmienda y exigir una reforma. Después de todo, conseguir una reforma a través del Ayuntamiento o de la Legislatura estatal puede parecer improbable, dado que los «delincuentes» negros son quizá la minoría más despreciada del país. Pocos políticos se apresurarán a aprovechar la oportunidad de apoyar a personas negras a quienes se ha etiquetado como delincuentes. Como consecuencia, parece que una demanda pudiera ser la mejor opción. La finalidad de nuestra Constitución, en especial la garantía de protección igualitaria de la Decimocuarta Enmienda, es proteger los derechos de las minorías incluso cuando son impopulares, o especialmente en esas situaciones. Por eso, ¿no deberían los acusados afroamericanos poder presentar con éxito una demanda judicial exigiendo el fin de estas prácticas discriminatorias o cuestionar sus arrestos por drogas sobre la base de que esas prácticas policiales llevan la mancha ilegítima de la raza? La respuesta es que sí, deberían, pero que no, probablemente no pueden.

Como ha comentado el experto penalista David Cole: «El Tribunal Supremo ha impuesto barreras casi insuperables para las personas que cuestionan la discriminación legal en todas las etapas del sistema de justicia penal».[92] Las barreras son tan altas que se presentan muy pocas demandas, a pesar de las indignantes e indefendibles disparidades raciales. Los obstáculos de procedimiento, tales como la «obligación de los demantantes de relatar por sí mismos ante el tribunal en qué les afecta la demanda que presentan», han hecho que sea prácticamente imposible buscar la reforma de las fuerzas de seguridad y del sistema judidical por medio de los procesos judiciales, incluso cuando los cuerpos o prácticas en cuestión sean ilegales o claramente discriminatorias.

---

[92] David Cole, *No Equal Justice: Race and Class in the American Criminal Justice System*, Nueva York, The New Press, 1999, p. 161.

Un buen ejemplo es el intento de Adolph Lyons de abolir el uso de maniobras letales de ahogamiento contra sospechosos por parte del Departamento de Policía de Los Ángeles (LAPD). Lyons, un hombre negro de veinticuatro años, iba conduciendo su coche por la ciudad una mañana cuando cuatro agentes de policía le hicieron parar porque llevaba una luz trasera fundida. Con las armas en la mano, los policías le ordenaron que bajara del coche. Él obedeció. Los agentes le dijeron que se pusiera de cara al coche y que separara las piernas con las manos en la cabeza. De nuevo, Lyons hizo lo que le ordenaban. Una vez que los agentes completaron un registro superficial de su cuerpo, Lyon bajó los brazos, lo que hizo que un agente se las volviera a colocar por encima de la cabeza violentamente. Cuando Lyons se quejó de que las llaves del coche que sostenía le estaban haciendo daño, el agente le hizo una llave de ahogamiento. Lyons perdió el sentido y cayó al suelo. Cuando se despertó, «estaba escupiendo sangre y tierra, se había orinado y defecado y había sufrido daño permanente en la laringe».[93] Los agentes le pusieron una multa de tráfico por la luz fundida y le dejaron ir.

Lyons demandó a la ciudad de Los Ángeles por violación de sus derechos constitucionales y pedía, como resarcimiento, la prohibición del uso de las maniobras de ahogamiento. Para cuando su caso llegó al Tribunal Supremo, dieciséis personas habían sido asesinadas por el uso de estas llaves por parte de la policía, doce de ellas hombres negros. Sin embargo, el Tribunal Supremo desestimó el caso, dictaminando que a Lyons le faltaba *standing,* es decir «base», para pedir un mandamiento en contra de aquella práctica letal. Para tener «base», razonaba el Tribunal, Lyons debería haber demostrado que tenía muchas probabilidades de volver a sufrir una maniobra de ahogamiento.

Lyons alegaba que, como hombre negro, tenía buenas razones para temer que la policía le iba a parar por una infracción menor de tráfico y que sería sometido de nuevo a una maniobra de ahogamiento. No había hecho nada para provocar el uso de la maniobra; por el contrario, había obedecido las instrucciones que se le dieron y había cooperado totalmente. ¿Por qué no iba a creer que se encontraba en

_____
[93] *Ibid.,* p. 162.

riesgo de que le volvieran a parar y le ahogaran de nuevo? El Tribunal, no obstante, dictaminó que para poder tener «base»,

> Lyons tendría que haber alegado no solo que iba a tener otro encuentro con la policía, sino también realizar la increíble afirmación de que o bien (1) todos los agentes de policía de Los Ángeles siempre ahogan a cualquier ciudadano con el que se encuentran, tanto si es con el fin de detenerle, darle una citación o interrogarle, o (2) que la Ciudad había ordenado o autorizado a la policía a actuar de esa forma.[94]

Lyons no había alegado discriminación racial, pero si lo hubiera hecho, casi con seguridad esa demanda también la habría perdido. El dictamen del Tribunal en el caso de Lyons hace que sea extremadamente difícil recusar la discriminación racial sistémica en la aplicación de la ley y conseguir una reforma significativa en las políticas. Por ejemplo, a los afroamericanos de Seattle que desean acabar con las tácticas discriminatorias del departamento de policía por medio de demandas judiciales se les exigiría que probaran que tienen intención de violar las leyes antidroga y que casi con seguridad se enfrentarán a discriminación racial por parte de los agentes de policía de la ciudad que se dedican a ese aspecto de la aplicación de la ley, para poder tener «base» que les permita buscar una reforma, es decir tan solo para poder acceder a los juzgados.

Vale la pena remarcar que el estándar del caso de Lyons no se aplica a demandas por daños. Pero cualquier sugerencia de que los demandantes no tienen que preocuparse por la reforma de la policía porque siempre pueden demandar por daños y perjuicios sería falsamente ingenua, en especial si se aplica a casos de discriminación racial. ¿Por qué? Ni los Estados ni las policías estatales pueden ser demandadas por daños y perjuicios. En una serie de casos, el Tribunal Supremo ha dictaminado que el Estado y sus agentes gozan de inmunidad frente a casos federales por daños de acuerdo a la Undécima Enmienda de la Constitución (a menos que sea con su consentimiento) y que el estado tampoco puede ser demandado por daños

---

[94] *City of Los Angeles v. Lyons*, 461 U.S. 95, 105 (1983).

por violaciones constitucionales en tribunales estatales.[95] Los departamentos de policía locales, como el de Los Ángeles por ejemplo, también están a salvo. El Tribunal dictaminó que un departamento de policía de una ciudad no puede ser demandado por daños, a menos que se pueda identificar una costumbre o política de la ciudad por la que se autorice la práctica ilegal.[96] Por supuesto, la mayor parte de las ciudades no tienen políticas que autorizan de modo explícito los comportamientos ilegales (en concreto, la discriminación racial), y la «costumbre» ya se sabe que es muy difícil de demostrar. Por lo tanto, demandar a un departamento de policía de una ciudad no suele ser una opción viable. Y, sin embargo, incluso si se pueden superar todos esos obstáculos, sigue estando la cuestión de demostrar una alegación de discriminación racial. Como hemos visto, para establecer una violación de la protección igualitaria, hay que demostrar discriminación *intencionada*, prejuicio racial consciente. Los agentes de la ley raramente admiten haber actuado por motivos raciales, lo que deja a la mayor parte de las víctimas de un tratamiento discriminatorio en la aplicación de la ley sin nadie a quien demandar y sin una alegación que se pueda demostrar en un juzgado. Pero incluso si un demandante consiguiera superar todos los obstáculos de procedimiento y demostrar que un agente de policía ejerció su capacidad discrecional de forma deliberada con la raza como base, aun así puede que no fuera suficiente.

La raza como factor

El sórdido secreto de la actividad policial es que la Corte Suprema en realidad ha concedido a la policía licencia para discriminar. Este hecho no lo publicitan los departamentos de policía porque las fuerzas del orden saben que la opinión pública no reaccionaría bien ante este hecho en la era de la neutralidad racial. Es el tipo de cosa que es mejor no comentar de modo explícito. Los abogados de derechos

---

[95] *Quern v. Jordan*, 440 U.S. 332 (1979); y Will v. Mich. Dept. of State Police, 491 U.S. 58 (1989).

[96] *Monell v. Dept. of Social Services*, 436 U.S. 658 (1978).

civiles, incluyendo a los que trabajan en los casos de perfiles raciales, han sido cómplices de este silencio, pues temían que cualquier reconocimiento de que la actividad policial basada en el criterio de la raza está autorizada por la ley legitimaría en la mente del público la propia práctica que esperan erradicar.

Sin embargo, la verdad es esta: en otras etapas del proceso de justicia penal, el Tribunal ha indicado que el prejuicio racial explícito necesariamente desencadena un escrutinio estricto, una concesión no demasiado costosa, dado que muy pocos agentes de la ley hoy día son tan tontos como para admitir abiertamente sus prejuicios. Pero el Tribunal Supremo ha indicado que la raza puede ser usada en la actividad policial como un factor discrecional en la toma de decisiones. En el caso Estados Unidos contra Brignoni-Ponce, el Tribunal concluyó que era permisible bajo la cláusula de protección igualitaria de la Decimocuarta Enmienda que la policía usara la raza como un factor en la toma de decisiones sobre a qué conductores parar y registrar. En ese caso, el Tribunal concluyó que la policía podía tener en cuenta el aspecto mexicano de una persona a la hora de tener una sospecha razonable de que un vehículo pudiera transportar a inmigrantes ilegales. La Corte declaró: «La probabilidad de que cualquier persona de origen mexicano sea ilegal es lo suficientemente alta como para que el aspecto sea un factor relevante».[97] Algunos analistas han alegado que Brignoni-Ponce pudiera estar limitado al contexto de la inmigración, que puede que el Tribunal no aplique el mismo principio cuando se refiere a las drogas. No es evidente cuál sería la base racional para limitar la discriminación racial manifiesta por parte de la policía a la inmigración. La probabilidad de que una persona de origen mexicano sea «ilegal» podría no ser significativamente más alta que la de que cualquier persona negra elegida al azar sea un delincuente de drogas.

La callada bendición del Tribunal a las paradas de tráfico motivadas por la raza ha llevado a un discurso público orwelliano en torno al tema de los perfiles raciales. Los departamentos de policía y las patrullas de tráfico en carretera a menudo declaran: «No hacemos

---

[97] Véase *United States v. Brignoni-Ponce*, 422 U.S. 873 (1975); y *United States v. Martinez-Fuerte*, 428 U.S. 543 (1976).

perfiles por razas», a pesar de que sus agentes usan de forma habitual la raza como factor a la hora de tomar decisiones sobre a quién parar y registrar. La justificación para este doble baremo en el discurso de: «No hacemos perfiles raciales, solo paramos a gente en función de su raza», se puede explicar hasta cierto punto por la jurisprudencia del Tribunal Supremo. Como este Tribunal ha autorizado a la policía a usar la raza como un factor determinante al tomar decisiones en torno a quién parar y registrar, los departamentos de policía piensan que los perfiles raciales existen solo cuando la raza es el *único* factor. Por lo tanto, si la raza es un elemento pero no el único, entonces no cuenta de verdad.

Lo absurdo de esta lógica se pone de manifiesto en el hecho de que la policía casi nunca para a la gente solo por la raza. A un joven negro que lleve pantalones anchos, de pie ante su instituto rodeado por un grupo de amigos vestidos de igual modo puede que le den el alto y lo registren porque la policía cree que «tiene aspecto» de camello. Claramente, la raza no es el único motivo para esa conclusión. El género, la edad, la forma de vestir y la localización también tienen que ver. Seguramente la policía ignoraría a un anciano negro de ochenta y cinco años que estuviera en el mismo lugar rodeado de un grupo de ancianas negras.

El problema es que aunque la raza casi nunca es la única razón para parar o registrar a alguien, a menudo es la razón *determinante*. Un joven blanco que lleve pantalones anchos, que esté delante de su instituto y rodeado de sus amigos, seguramente será ignorado por los agentes de policía. Puede que nunca se les ocurra que un grupo de chavales blancos pueda traficar con marihuana delante de su instituto. Gente en situaciones similares es tratada inevitablemente de modo distinto cuando a la policía se le da permiso para basarse en estereotipos raciales a la hora de tomar decisiones discrecionales.

Sin embargo, igualmente importante, la prueba del factor único ignora las formas en que factores que en apariencia son neutros en cuanto a la raza, como la localización, operan de formas muy discriminatorias. Algunos agentes de la ley alegan que ellos pararían y registrarían a los chicos blancos que llevaran pantalones anchos en el gueto (eso sería sospechoso), lo que pasa es que casi nunca están ahí. Someter a la gente a paradas y registros porque viven en guetos «de alta delincuencia» no puede decirse que sea verdaderamente neutro en cuanto a la raza, dado que el gueto mismo se construyó para contener y controlar a grupos de gente definidos por la raza.[98] Incluso elementos en apariencia neutros en cuanto a la raza como «tener antecedentes» no son verdaderamente neutros. Un chico negro detenido dos veces por posesión de marihuana puede que no sea más delincuente endurecido que el chaval blanco pijo que se fuma los canutos en la habitación de su residencia universitaria. Pero, debido a su raza y a su confinamiento en un gueto racialmente segregado, el chaval negro tiene antecedentes, mientras el chaval blanco pijo, por su raza y su relativo privilegio, no los tiene. De esta forma, cuando los fiscales se lanzan con todo lo que tienen contra los reincidentes negros o cuando la policía acosa a antiguos delincuentes y los somete a registros corporales y de otro tipo de forma continua sobre la base de que tiene sentido «vigilar de cerca a los delincuentes», a menudo exacerban disparidades raciales generadas por la decisión discrecional de lanzar la Guerra contra la Droga casi exclusivamente sobre las comunidades negras pobres.

Defenderse de las alegaciones de prejuicio racial en la actividad policial es fácil. Dado que la raza no es nunca el factor único para una parada o registro, cualquier agente de policía que llegara a quinto de Primaria será capaz de citar múltiples razones no raciales para iniciar un encuentro, incluyendo cualquiera de los llamados «indicadores» de tráfico de drogas que se comentaron en el capítulo 2, tales como parecer demasiado nervioso o demasiado tranquilo. A los agentes de policía, como a los fiscales, se les da de maravilla encontrar motivos neutros en cuanto a la raza que de forma sistemática perjudican a los afroamericanos. Mientras los fiscales alegan que eliminan a los jurados negros no por su raza sino por su estilo de peinado, los agentes de policía tienen su típico repertorio de excusas; por ejemplo: «Señoría, no lo paramos porque sea negro; le paramos porque no usó la luz de giro en el momento correcto», o «No fue solo porque era negro, fue también porque parecía nervioso al ver el coche patrulla». A los jueces les cuesta lo mismo intentar adivinar los verdaderos motivos de los agentes de policía que los de los fiscales.

---

[98] Véase Massey, *American Apartheid*.

Mientras los agentes se abstengan de pronunciar epítetos raciales y siempre y cuando tengan la sensatez de no decir «la única razón por la que lo paré fue porque es negro», los tribunales en general ignoran los patrones de discriminación por la policía.

Los estudios sobre perfiles raciales han demostrado que la policía de hecho ejerce su capacidad discrecional respecto a quién parar y registrar en la Guerra contra la Droga en un modo muy discriminatorio.[99] No solo la policía discrimina en sus decisiones sobre dónde librar la guerra, sino que también discrimina en sus juicios sobre a quién elegir como objetivo fuera de los muros invisibles del gueto.

Los estudios más relevantes de todos se llevaron a cabo en New Jersey y Maryland en los años noventa. Alegaciones de uso de perfiles raciales en operaciones de interceptación de drogas dieron lugar a numerosas estudios, cuyos exhaustivos datos ponían de manifiesto un patrón dramático de prejuicio racial en las paradas y registros por parte de las patrullas de carretera. Estos programas de interceptación de droga habían sido creación de la DEA, parte del programa federal conocido como *Operación Pipeline*.

En el estado de New Jersey los datos demostraron que solo el 15% de todos los conductores de la autopista estatal pertenecían a minorías raciales, y sin embargo el 42% de todas las paradas y el 73% de todos los arrestos eran conductores negros, a pesar de que los negros y los blancos violaban la normativa de tráfico aproximadamente en la misma proporción. Aunque las paradas con radar estaban en línea con el porcentaje de casos de desobediencia entre las minorías, las paradas discrecionales llevadas a cabo por agentes implicados en operaciones de interceptación de drogas doblaron el número de paradas para las minorías.[100] Un estudio subsiguiente realizado por el fiscal general del Estado de New Jersey demostró que los registros en la autopista eran aún más discriminatorios que las paradas iniciales: el 77% de todos los registros con consentimiento eran de minorías. Los estudios del estado de Maryland arrojaron resultados similares:

---

[99] Para un panorama desarrollado de estos estudios, véase David Harris, *Profiles in Injustice: Why Racial Profiling Cannot Work*, Nueva York, The New Press, 2002.

[100] *State v. Soto*, 324 N. J.Super. 66, 69-77, 83-85, 734 A.2d 350, 352-56, 360 (N.J. Super. Ct. Law Div. 1996).

los afroamericanos comprendían solo el 17% de los conductores en un tramo de la carretera I-95 en las afueras de Baltimore y, sin embargo, ellos eran el 70% de quienes fueron parados y registrados. Solo el 21% de todos los conductores en ese tramo de autopista pertenecía a las minorías étnicas (latinos, asiáticos y afroamericanos) y sin embargo esos grupos comprendían casi el 80% de las personas a quienes se paró y se registró.[101]

Lo que más sorprendió a muchos analistas fue que, en ambos estudios, los blancos en realidad tenían *más probabilidades* que la gente de color de transportar drogas ilegales o contrabando en sus vehículos. De hecho, en New Jersey, los blancos tienen casi el doble de probabilidades que los negros de que se les pille con drogas ilegales o con contrabando, y cinco veces más probabilidades de que les pillen con contrabando que a los latinos.[102] Aunque los blancos tenían más probabilidades de ser culpables de transportar drogas, tenían muchas menos probabilidades de que se les viera como sospechosos, con lo que se les paraba menos, se les registraba menos y se les arrestaba menos. El antiguo fiscal general de New Jersey llamaba a este fenómeno «la ilógica circular de los perfiles raciales». Los agentes de los cuerpos de seguridad, explicaba, a menudo apuntan a la composición racial de las cárceles y prisiones como justificación para centrarse en las minorías raciales, pero la evidencia empírica en realidad sugería la conclusión opuesta. El encarcelamiento desproporcionado de gente de color era en parte un resultado de los perfiles raciales, no una justificación para esa práctica.

En los años posteriores a la publicación de los estudios de New Jersey y Maryland, se han llevado a cabo decenas de estudios más sobre perfiles raciales. Una breve muestra:

- En el condado de Volusia, Florida, un periodista obtuvo 148 horas de grabación en vídeo en las que se documentaban más de mil paradas de tráfico llevadas a cabo por la policía estatal. Solo el 5% de los conductores en la carretera eran afroamericanos o latinos, pero más

---

[101] Harris, *Profiles in Injustice*, p. 80.
[102] *Ibid.*

del 80% de las personas a las que se paró y se registró pertenecían a minorías.[103]

▪ En Illinois, la policía estatal inició un programa de intercepta- ción de drogas conocido como *Operación Valkyrie* que tenía por ob- jetivo a los conductores latinos. Aunque los latinos eran menos del 8% de la población del estado y realizaban menos del 3% del total de viajes en vehículo personal, eran aproximadamente el 30% de los conductores a los que se paró por parte de agentes de interceptación de drogas por delitos discrecionales, tales como no señalizar un cam- bio de carril.[104] Sin embargo, los latinos tenían muchas menos proba- bilidades que los blancos de llevar contrabando ilegal en su vehículo.

▪ Un estudio de perfiles raciales en Oakland, California, en 2001, mostró que los afroamericanos tenían casi el doble de probabilidades que los blancos de que se les parara y tres veces más de que se les registrara.[105]

Las paradas a peatones también han sido objeto de estudio y de po- lémica. El Departamento de Policía de Nueva York hizo públicas unas estadísticas en febrero de 2007 en que se ponía de manifiesto que durante los años anteriores sus miembros habían dado el alto a la asombrosa cifra de 508.540 personas, una media de 1.393 por día, que iban caminando por la calle, a lo mejor de camino al metro, a la tienda o a la parada del autobús. Frecuentemente, estos encuentros incluyeron registros en busca de drogas o armas ilegales, registros que a menudo requerían que la gente se tumbara boca abajo en la

---

[103] Jeff Brazil y Steve Berry, «Color of Drivers Is Key to Stops on I-95 Videos» *Orlando Sentinel*, 23 de agosto de 1992; y David Harris, «Driving While Black and All Other Traffic Offenses: The Supreme Court and Pretextual Traffic Stops», *Journal of Criminal Law and Criminology*, vol. 87, 1997, pp. 544, 561-562.

[104] ACLU, *Driving While Black: Racial Profiling on our Nation's Highways*, Nueva York, American Civil Liberties Union, 1999, pp. 3, 27-28.

[105] ACLU of Northern California, «Oakland Police Department Announces Results of Racial Profi ling Data Collection Program Praised by ACLU», press release, May 11, 2001, disponible en: www.aclunc.org/news/press_releases/oakland_ police_department_annouces_results_of_racial_profiling_data_collection_ program_praised_by_aclu.shtml.

acera o que estuvieran apoyados contra una pared, abiertos de brazos y piernas mientras los agentes les registraban agresivamente por todo el cuerpo y los viandantes pasaban o miraban. Una amplia mayoría de las personas a las que se dio el alto y registró pertenecían a minorías raciales y más de la mitad eran afroamericanos.[106]

El Departamento de Policía de Nueva York empezó a recabar datos sobre las paradas a peatones a raíz de la muerte a tiros de Amadou Diallo, un emigrante africano que murió tiroteado por la policía en las escaleras de la fachada de su propia casa en febrero de 1999. A Diallo lo siguieron hasta el bloque donde vivía cuatro agentes blancos, miembros de la únidad de élite de Delincuencia Callejera, que lo consideraban sospechoso y querían interrogarlo. Le ordenaron que se parara, pero, según los agentes, Diallo no respondió rápidamente. Caminó un poco más hasta la puerta de su edificio, la abrió y sacó su cartera, probablemente para mostrar su identificación. Los agentes declararon que pensaron que la cartera era un arma y le dispararon cuarenta y una veces. Amadou Diallo murió a los veintidós años. Iba desarmado y no tenía antecedentes penales.

Su asesinato provocó enormes protestas, que llevaron a una serie de estudios encargados por el fiscal general del Estado de Nueva York. El primer estudio puso de manifiesto que a los afroamericanos los paraban seis veces más a menudo que a los blancos, y que las paradas de los afroamericanos tenían menos probabilidades de acabar en arrestos que las de los blancos, presumiblemente porque los negros tenían menos probabilidades de que los pillaran con drogas u otras sustancias ilegales.[107] Aunque el Departamento de Policía de Nueva York intentó justificar las paradas sobre la base de que estaban diseñadas para sacar las armas de la calle, en las paradas de la Unidad de Delincuencia Callejera, el grupo de agentes que supuestamente están entrenados de manera especial para identificar a los delincuentes

---

[106] Al Baker y Emily Vasquez, «Number of People Stopped by Police Soars in New York», *The New York Times*, 3 de febrero de 2007.

[107] Office of the Attorney General of New York State, *Report on the New York City Police Department's «Stop & Frisk» Practices*, Nueva York, Office of the Attorney General of New York State, 1999, pp. 95, 111, 121 y 126.

que llevan armas, solo se consiguió incautar armas en un 2,5% de todas las paradas.[108]

En lugar de reducir la dependencia en las paradas y registros corporales a raíz del asesinato de Diallo y de la publicación de unas estadísticas tan inquietantes, el Departamento aumentó de modo dramático el número de paradas de peatones y siguió dando el alto y cacheando a afroamericanos en una proporción mayor. El Departamento paró a cinco veces más personas en 2005 que en 2002 y de ellos la abrumadora mayoría eran afroamericanos o latinos.[109] Para 2008, el Departamento paraba a 545.000 en un solo año, de los cuales el 80% eran afroamericanos y latinos. Los blancos eran tan solo el 8% de la gente a la que se hizo un registro corporal, mientras que los afroamericanos eran el 85% de todos los registros de ese tipo.[110] Un informe de *The New York Times* concluyó que la mayor concentración de paradas en la ciudad se producía en un área de unas ocho manzanas, en Brownsville, Brooklyn, que era predominantemente negra. En esa zona a los residentes se les paraba en una proporción trece veces por encima de la media de la ciudad.[111]

Aunque el Departamento de Policía a menudo intenta justificar operaciones de parada y cacheo en comunidades pobres de color sobre la base de que tales tácticas son necesarias para sacar las armas de las calles, menos del 1% de las paradas (0,15%) tuvo como resultado el descubrimiento de armas ,y se encontraron armas y contrabando con menos frecuencia en las paradas de afroamericanos y latinos que en las de blancos.[112] Como comentó Darius Charney, un abogado del Centro de Derechos Constitucionales, estos estudios «confirman lo que llevamos diciendo diez u once años, con los patrones de

---

[108] *Ibid.*, p. 117, n. 23.

[109] Baker and Vasquez, «Number of People Stopped by Police Soars».

[110] Center for Constitutional Rights, «Racial Disparity in NYPD Stops-and-Frisks: Preliminary Report on UF-250 Data from June 2005 through June 2008», 15 de enero de 2009, www.ccrjustice.org/fi les/Report_CCR_NYPD_Stop_and_Frisk_0.pdf.

[111] Al Baker y Ray Rivera, «Study Finds Tens of Thousands of Street Stops by N.Y. Police Unjustified», *The New York Times*, 26 de octubre de 2010.

[112] *Ibid.*

parada y registro corporal, es realmente la raza, no el delito, lo que los motiva».[113]

En último caso, estas operaciones de parada y registro son mucho más que rituales humillantes y degradantes para los jóvenes de color, que deben levantar las manos y abrirse de piernas, siempre con cuidado de no hacer ningún movimiento o gesto repentino que pueda proporcionar la excusa para el uso brutal de la fuerza, fuerza incluso mortal. Como los días en que se esperaba que los hombres negros se salieran de la acera y mantuvieran los ojos bajos cuando pasaba una mujer blanca, los jóvenes negros saben lo que tienen que hacer cuando ven que la policía cruza la calle en su dirección; es un ritual de dominación y sumisión que se reproduce cientos de miles de veces cada año. Pero es más que eso. Estos encuentros rutinarios a menudo sirven de puerta de entrada al sistema de justicia penal. El Departamento de Policía de Nueva York llevó a cabo 50.300 arrestos por marihuana solo en 2010, la mayor parte de jóvenes de color. Como comentaba un informe, estas detenciones por marihuana ofrecen «oportunidades de formación» para policías novatos que pueden practicar con los chavales del gueto al tiempo que acumulan horas extra.[114] Estas detenciones sirven también para otra finalidad: son «el medio más efectivo para que el Departamento recoja huellas, fotos y otra información sobre jóvenes que aún no han entrado en las bases de datos sobre delincuentes».[115] Un solo arresto por posesión de marihuana puede figurar en las bases de datos como «detención por drogas», sin especificar la sustancia o la acusación y sin clarificar siquiera si la persona fue condenada. Estas bases de datos son usadas luego por parte de la policía y de los fiscales, así como por algunos empleadores y funcionarios de vivienda, un dato electrónico que a muchos les atormentará durante toda la vida. Más de 353.000 personas fueron arrestadas y encarceladas por el Departamento de Policía de Nueva York entre 1997 y 2006 solo por simple posesión de pequeñas

---

[113] *Ibid.*

[114] Harry G. Levine y Loren Siegel, «$75 Million a Year: The Cost of New York City's Marijuana Possession Arrests» y el apéndice «Human Costs of Marijuana Possession Arrests», *Drug Policy Alliance*, 15 de marzo de 2011, disponible en: www.drugpolicy.org/sites/default/fi les/%2475%20Million%20A%20Year.pdf.

[115] *Ibid.*

cantidades de marihuana, donde los negros tienen cinco veces más probabilidades de ser detenidos que los blancos.[116]

En Los Ángeles, paradas masivas de hombres y chicos afroamericanos dieron como resultado la creación de una base de datos que contenía los nombres, dirección y otra información biográfica de la abrumadora mayoría de jóvenes negros en toda la ciudad. El Departamento de policía lo justificó como una herramienta para rastrear pandillas o actividad «pandillera». Sin embargo, el criterio para estar en la base de datos es claramente vago y discriminatorio. Tener un pariente o un amigo en una banda o llevar pantalones anchos basta para incluir a jóvenes en lo que el ACLU llama la Lista Negra. En Denver mostrar dos de una lista de atributos, incluyendo el uso de argot, «ropa de un color especial», buscas, peinados o joyas, te consigue si eres joven un puesto en la base de datos de bandas de la policía de la ciudad. En 1992 el activismo ciudadano desembocó en una investigación, que reveló que ocho de cada diez personas de color en toda la ciudad estaban en la lista de delincuentes sospechosos.[117]

El final de una era

La época de demandas judiciales que tomó el país al asalto en los años noventa para desafiar el uso de perfiles por razas casi se ha desvanecido. Las noticias sobre gente a la que se para y se registra cuando va de camino a la iglesia o al trabajo o la escuela han desaparecido de las noticias de la noche. No es porque el problema se haya resuelto o porque la experiencia de que se dé el alto, se interrogue y se cachee a alguien por motivos de raza se haya vuelto menos humillante, alienadora y desmoralizadora a medida que ha pasado el tiempo. Las demandas han desaparecido porque, en un caso que pasó bastante desapercibido llamado Alexander contra Sandoval, que se vio en 2001, el Tribunal Supremo eliminó cual-

[116] Véase Harry G. Levine y Deborah Peterson Small, *Marijuana Arrest Crusade: Racial Bias and Police Policy in New York City, 1997-2007,* Nueva York, New York Civil Liberties Union, 2008, p. 4.

[117] Ryan Pintado-Vertner y Jeff Chang. «The War on Youth», *Colorlines,* vol. 2, núm. 4, invierno 1999-2000, p. 36.

quier camino posible para cuestionar los prejuicios raciales en el sistema de justicia penal.[118]

Sobre el papel, este caso no tenía ni siquiera que ver con la justicia penal. Era un caso en que se cuestionaba la decisión del Departamento de Seguridad Pública del estado de Alabama de ofrecer el examen para el carnet de conducir exclusivamente en inglés. Los demandantes argumentaban que la política del Departamento violaba el Título VI de la Ley de Derechos Civiles de 1964 y las regulaciones que la implementaban, porque la política tenía el efecto de someter a los no hablantes de inglés a discriminación basada en su país de procedencia. La Corte Suprema no apreció los méritos del caso, dictaminando por el contrario que a los demandantes no les asistía ni siquiera el derecho legal de presentar una demanda. Concluía que el Título VI no proporciona «un derecho particular de acción» a los ciudadanos de a pie y a los grupos de derechos civiles, lo que significa que las víctimas de discriminación no pueden ni siquiera presentar una demanda según los términos de la ley.

El dictamen en el caso Sandoval prácticamente acabó con todos los casos sobre perfiles raciales en todo el país. Casi todas las demandas que alegaban que se usaban perfiles raciales en la aplicación de las leyes contra las drogas se basaban en el Título VI de la Ley de Derechos Civiles de 1964 y sus regulaciones de aplicación. El Título VI prohíbe que los programas o actividades desarrollados con fondos federales discriminen por razón de raza, y las regulaciones utilizan un «test de impacto dispar» para la discriminación, lo que significa que los demandantes podrían ganar el caso en una reclamación por discriminación sin tener que probar una intención discriminatoria. Según esas regulaciones, un programa o actividad de aplicación de la ley llevados a cabo con fondos federales son ilegítimos si tienen un impacto discriminatorio por raza y ese impacto no puede ser justificado por una necesidad de aplicación de la ley. Como casi todas las fuerzas del orden reciben fondos federales en la Guerra contra la Droga y, dado que las tácticas empleadas en esta guerra, tales como paradas bajo pretexto y registros consentidos, tienen un impacto enormemente discriminatorio y

---

[118] *Alexander v. Sandoval*, 532 U.S. 275 (2001).

son en gran medida ineficaces, los demandantes conseguían argumentar de modo persuasivo que las tácticas no se podían justificar por una necesidad de aplicación de la ley.

Por ejemplo, en 1999, el ACLU del norte de California presentó una acción popular contra la Policía de Tráfico del Estado, alegando que su programa de interceptación de drogas en carreteras violaba el Título VI de la Ley de Derechos Civiles, porque se basaba en gran medida en parar a la gente a discreción con algún pretexto y en efectuar registros consentidos que se emplean de forma abrumadora contra los conductores afroamericanos y los latinos. En el curso de la demanda, la Policía de Tráfico de California hizo públicos datos que demostraban que los afroamericanos tenían el doble de probabilidades de que los agentes los pararan y registraran que los blancos, y que los latinos tenían el triple. Esos datos mostraron también que los registros consentidos eran ineficaces, apenas un porcentaje minúsculo de los registros discriminatorios daba como resultado el descubrimiento de drogas o de otro contrabando, y sin embargo miles de conductores negros o de piel oscura se veían sujetos a interrogatorios sin base, registros y requisas como resultado de haber cometido pequeñas infracciones de tráfico. La Policía de Tráfico de California aceptó que se promulgara una moratoria de tres años en los registros consentidos y en las paradas bajo pretexto por todo el estado y que se recogieran datos exhaustivos sobre la raza y la etnicidad de los conductores a los que se paraba y se registraba, de forma que fuera posible determinar si continuaban las prácticas discriminatorias. Un resultado similar se alcanzó en New Jersey, como resultado de un caso emblemático en el que se demandó a la policía estatal. Después de Sandoval, esos casos ya no se pueden presentar por parte de demandantes particulares al amparo del título VI. Solo el Gobierno Federal puede presentar una demanda para aplicar las provisiones antidiscriminatorias de ese título, algo que no tiene la voluntad ni la capacidad de hacer en la mayor parte de casos de perfiles raciales debido a sus limitados recursos y a la renuencia institucional a enfrentarse a las fuerzas locales del orden. Desde la Guerra contra la Droga, los demandantes particulares representados por organizaciones como ACLU han estado en la vanguardia de las demandas contra los perfiles raciales. Pero esos días han llegado a su fin. Los casos que tomaron el país al asalto en los años noventa por este tema puede que sean la última ola de demandas en contra de esos prejuicios raciales en el sistema de justicia penal que habremos de ver en mucho tiempo.

La Corte Suprema ha cerrado ahora las puertas del juzgado a reclamaciones de prejuicio racial en cada etapa del proceso de justicia penal, desde que se da el alto a una persona y se la registra hasta que llega el momento de que se declare culpable y que se le imponga condena. El sistema de encarcelamiento masivo está en este momento, a todos los efectos, totalmente inmunizado ante todas las reclamaciones de alegaciones de prejuicio racial. Las tremendas disparidades raciales en la Guerra contra la Droga continúan pero no llegan a los informativos. Un hecho reciente que sí se convirtió en noticia fue la decisión del presidente Obama de sancionar una ley en la que se reduce la disparidad de cien a uno en las condenas por crac frente a las de cocaína hasta dejarlo en dieciocho a uno, un pequeño paso en la dirección correcta.[119] Según la nueva ley, basta vender 28 gramos de crac para ganarse una condena mínima obligatoria de cinco años, mientras que sigue siendo necesario vender medio kilo de cocaína en polvo para ser condenado a la misma pena. No debería existir esa disparidad, la proporción debería ser la misma. Pero ese contraste es apenas la punta del iceberg. Como se ha comentado en el capítulo 2, este sistema se basa fundamentalmente en la etiqueta carcelaria, no en el tiempo de

---

[119] La ley *Fair Sentencing Act* (Ley de Condenas Justas) fue sancionada por el presidente Obama el 3 de agosto de 2010. En su forma original cuando se presentó al Senado, el proyecto de ley habría eliminado por completo la disparidad en las condenas federales por crac y por cocaína en polvo. Pero, durante su paso por esa cámara, se llegó a un trato con los miembros del Comité Judicial Republicano del Senado por el cual simplemente se redujo la disparidad a una proporción de 1 a 18. Véase Peter Baker, «Obama Signs Law Narrowing Cocaine Sentencing Disparities», *The New York Times*, 3 de agosto de 2010, thecaucus.blogs.nytimes.com/2010/08/03/obama-signs-law-narrowing-cocaine-sentencing-disparities/. Véase también Nicole Porter y Valerie Wright, «Cracked Justice», *The Sentencing Project*, marzo de 2011 (que documenta la persistencia en la disparidad entre condenas por crac y por cocaína en numerosos estados).

condena cumplido. Lo que importa es quién se ve absorbido por el sistema de control y luego conducido hasta la casta inferior de la que pasa a formar parte. Las normas legales adoptadas por el Tribunal Supremo garantizan que quienes se encuentran encerrados y proscritos a perpetuidad debido a la guerra contra las drogas son mayoritariamente negros y de piel oscura.

4

LA MANO CRUEL

«Una mano cruel y pesada ha caído sobre nosotros.
Como personas, nos sentimos no solo profundamente heridas,
sino también totalmente incomprendidas. Nuestros compatriotas
blancos no nos conocen. Desconocen nuestro carácter, ignoran
nuestra capacidad, son ajenos a nuestra historia y progreso y
están manipulados en cuanto a los principios y las ideas que
nos guían y controlan como pueblo. La gran mayoría de los
ciudadanos estadounidenses nos considera personas sin carácter
ni objetivos; sea como fuere, debemos mantener la cabeza alta
contra el efecto devastador del desprecio y la burla de la nación.»[1]

Cuando Frederick Douglass y los otros delegados del *National
Colored Convention* se reunieron en Rochester, Nueva York,
en el verano de 1853 para discutir la condición, el estatus y el futuro
de las personas «de color» (como se las llamaba entonces) condenaron
el estigma de raza: la condena y la burla acumulada sobre ellos únicamente por el color de su piel. La mayor parte de los delegados eran
esclavos liberados, aunque puede que algunos de los más jóvenes hubieran nacido ya libres. La emancipación en el Norte era total, pero la
libertad seguía sin existir. Los negros eran por fin libres del control de
sus propietarios, pero no eran ciudadanos con plenos derechos: no
podían votar, estaban sujetos a discriminación legal y, en cualquier
momento, los dueños de una plantación del Sur podían secuestrarlos
en la calle y llevarlos por la fuerza de nuevo a la esclavitud. Aunque
en el Norte se había prohibido la esclavitud, todavía se tomaba a las
personas negras por esclavas —por ley— y no podían prestar testimonio

---

[1] Actas del Congreso Nacional de Personas de Color, celebrado en Rochester,
NY, 6-8 de julio de 1853, impreso en la redacción de *Frederick Douglass's Papers*,
1853, p. 16.

o aportar pruebas en un juicio. Por ello, si el dueño de una plantación del Sur decía que una persona era un esclavo, eso es lo que era, a no ser que un blanco intercediera en un tribunal a su favor y testificara que era libre de derecho. La esclavitud quizá había muerto, pero para miles de negros pervivía la etiqueta de la esclavitud.

Hoy, un convicto que sale de la cárcel disfruta de apenas más derechos y quizá recibe menos respeto que un esclavo liberado o una persona negra que viviera «libre» en Misisipi en el momento culminante del sistema Jim Crow. Los que salen de la cárcel en libertad condicional pueden ser detenidos y cacheados por la policía por cualquier motivo —o sin motivo alguno— y devueltos a la cárcel por la infracción más leve que se pueda imaginar, como no asistir a una cita con un agente de la condicional. Incluso cuando se liberan del control formal del sistema, se mantiene el estigma de la delincuencia. La supervisión policial, el seguimiento y el acoso son cotidianos no solo para para las personas a quienes se etiqueta como delincuentes, sino para todos los que «parecen» delincuentes. Puede que las partidas de linchamiento acabaran hace tiempo, pero la amenaza de la violencia policial está siempre presente. Un movimiento en falso o un gesto repentino pueden desencadenar una respuesta policial desproporcionada. Se puede confundir una cartera con una pistola. Es posible que los letreros de «solo blancos» hayan terminado, pero han surgido otros: observaciones en solicitudes de trabajo, contratos de alquiler, solicitudes de crédito, impresos de prestaciones sociales, solicitudes escolares y peticiones de licencias, que comunican al público en general que los «delincuentes» no son bienvenidos. Actualmente un historial penal autoriza precisamente las formas de discriminación que supuestamente han quedado atrás: la discriminación en el trabajo, la vivienda, la educación, las prestaciones públicas y la participación en jurados. A los etiquetados como delincuentes se les puede incluso negar el derecho a votar.

En este país parece que tenemos permiso para odiar al grupo social que forman los llamados delincuentes. En el Estados Unidos de la neutralidad racial, los delincuentes son los nuevos niños a los que se puede azotar. No tienen derecho a ningún respeto y prácticamente a ninguna consideración moral. Como las personas «de color» durante los años siguientes a la *Emancipación*, actualmente se considera a los delincuentes como gente sin personalidad ni objetivos, merecedores de la burla y el desprecio colectivos. Cuando decimos que alguien fue «tratado como un delincuente», lo que queremos decir es que recibió un trato infrahumano, como una criatura desdeñable. Hace cientos de años, nuestra nación colocó grilletes a aquellos que no consideraba humanos; hace menos de cien años, los desterramos al otro lado de la ciudad, hoy los metemos en jaulas. Una vez liberados, se dan cuenta de que cae sobre ellos una mano cruel y pesada.

Un mundo feliz

Quizá se podría pensar que a un acusado, cuando está frente al juez, o cuando se reúne por primera vez con su abogado, se le informa de las consecuencias de declararse culpable. Se le informaría de que si se declarara culpable de un delito lo clasificarían «no apto» para prestar servicio como jurado y se le excluiría automáticamente de los jurados para el resto de su vida.[2] También le dirían que se le podría denegar el derecho al voto. En un país que predica las virtudes de la democracia, sería razonable pensar que el hecho de ser despojado de tus derechos políticos básicos sería considerado por los jueces y el personal de los tribunales como un asunto muy grave. En absoluto. Cuando un acusado se declara culpable de una falta menor por drogas, probablemente nadie le dirá que puede estar perdiendo permanentemente su derecho al voto, así como su derecho a prestar servicio en un jurado, dos de los derechos más fundamentales en cualquier democracia moderna.

Tampoco le explicarán nada sobre el mundo paralelo en el que está a punto de entrar, que le depara una forma de castigo a menudo más difícil de soportar que la cárcel: una vida de vergüenza, desprecio, burla y exclusión. En este mundo oculto, la discriminación es totalmente legal. Tal como Jeremy Travis ha señalado, «En este mundo

---

[2] Aproximadamente el 30% de los hombres afroamericanos queda excluido de por vida de prestar servicio como jurado por su condición de delincuente. Véase Brian Kalt, «The Exclusion of Felons from Jury Service», *American University Law Review*, vol. 53, 2003, p. 65.

feliz, el castigo por el delito original ya no es suficiente; uno nunca paga su deuda con la sociedad».[3] Otros analistas equiparan la etiqueta de la cárcel a «la marca de Caín» y llaman «exilio interior» a la naturaleza perpetua de la sanción.[4] Una infinidad de leyes, reglas y regulaciones entran en juego para discriminar a antiguos delincuentes y evitar efectivamente su reintegración en la sociedad y la economía mayoritarias. Estas restricciones equivalen a una forma de «muerte cívica» y envían el mensaje inequívoco de que «ellos» ya no son parte de «nosotros».

Una vez has sido etiquetado como delincuente, la etiqueta de la inferioridad permanece contigo el resto de tu vida, relegándote para siempre a un estatus de segunda categoría. Por ejemplo, consideremos la dura realidad que se le presenta a quien, al ser acusado por primera vez, se declara culpable de posesión criminal de marihuana. Incluso si el acusado consigue evitar la cárcel, al aceptar un trato «generoso», puede encontrarse con que el castigo que le espera fuera de las puertas del tribunal es mucho más severo y extenuante que el que hubiera experimentado en la cárcel. Un grupo de trabajo de la *American Bar Association* [Asociación de Abogados de Estados Unidos] describió de esta manera la dura realidad que espera a un acusado de un delito menor por drogas:

> El acusado puede ser condenado a un periodo de libertad condicional, a realizar servicios para la comunidad y a pagar las costas judiciales. Sin su conocimiento y quizá tampoco el de ninguno de los demás implicados en el proceso de condena, el acusado puede quedar inhabilitado para muchas prestaciones sanitarias y sociales del Gobierno Federal, cupones de alimentos, vivienda pública y prestaciones de educación. Su permiso de conducir puede ser anulado automáticamente y puede dejar de estar cualificado para obtener algunas licencias profesionales y de empleo.

---

[3] Jeremy Travis, *But They All Come Back: Facing the Challenges of Prisoner Re-entry*, Washington DC, Urban Institute Press, 2002, p. 73.

[4] Webb Hubbell, «The Mark of Cain», *San Francisco Chronicle*, 10 de junio de 2001; Nora Demleitner, «Preventing Internal Exile: The Need for Restrictions on Collateral Sentencing and Consequences», *Stanford Law and Policy Review* vol. 11, no. 1, 1999, pp. 153-163.

Si se le condena por otro delito, puede ser encarcelado como reincidente. No se le permitirá alistarse en el Ejército, poseer un arma de fuego ni obtener una habilitación federal de acceso a datos reservados. Si tiene la ciudadanía, puede perder su derecho al voto; si no, se convierte inmediatamente en deportable.[5]

A pesar del brutal impacto de estas «consecuencias colaterales» en la vida de los ex delincuentes, generalmente los tribunales han declinado aceptar que tales sanciones constituyen en realidad «un castigo» en términos constitucionales. Como consecuencia, a los jueces no se les exige que informen a los acusados de algunos de los derechos más importantes a los que están renunciando cuando se declaran culpables de un delito. De hecho, los jueces, los fiscales y los abogados de la defensa puede que no sean ni siquiera conscientes del amplio abanico de consecuencias colaterales de una condena penal. Sin embargo, estas condenas civiles, aunque no se consideren castigo por los tribunales, a menudo hacen virtualmente imposible que los ex delincuentes puedan integrarse en la sociedad y la economía dominante una vez en libertad. Lejos de ser colaterales, estas sanciones pueden representar el aspecto más dañino y doloroso de una condena penal. Colectivamente, estas sanciones dejan muy claro que, una vez que te han etiquetado, ya no se te aprecia. Ya no eres uno de «nosotros», los que merecemos respeto. Sin posibilidad de conducir, conseguir un trabajo, encontrar vivienda o ni siquiera recibir prestaciones públicas, muchos ex delincuentes pierden a sus hijos, su dignidad y finalmente su libertad, pues acaban de nuevo en la cárcel por no poder cumplir unas reglas que parecen diseñadas específicamente en su contra.

El número de afroamericanos que entra y sale de las cárceles hoy en día no sorprende si tenemos en cuenta el mensaje explícito que reciben de que la sociedad dominante no les quiere. En palabras de Frederick Douglass, «La naturaleza de las personas es tal que deducen su confianza en sus propias posibilidades principalmente de la

---

[5] Marc Mauer y Meda Chesney-Lind (eds.), *Invisible Punishment: The Collateral Consequences of Mass Imprisonment*, Nueva York, The New Press, 2002, p. 5, citando el borrador de la *American Bar Association*, «Task Force on Collateral Sanctions, Introduction, Proposed Standards on Collateral Sanctions and Administrative Disqualification of Convicted Persons», 18 de enero de 2002.

estimación que otros tienen de ellas. Si no se espera nada de un grupo humano, ese grupo no tendrá motivación para estar a la altura de ninguna expectativa»[6]. Más de cien años después, una mujer expresó una conclusión similar cuando se planteó su posible liberación en una sociedad que había elaborado un régimen legal totalmente nuevo, diseñado para mantenerla encerrada cincuenta años después de la desaparición de Jim Crow. «Ahora mismo estoy en la cárcel», dijo. «La sociedad me dio la patada. Son así: "Vale, los delincuentes, no los queremos en la sociedad, los vamos a meter en cárceles". Vale, pero una vez que sales ¿qué haces? ¿Qué se hace con todos esos millones de personas que han estado en la cárcel y han sido puestas en libertad? Quiero decir, ¿los aceptas de vuelta o los sigues considerando proscritos? Y si los sigues considerando proscritos ¿cómo quieres que actúen?».[7]

Sorprendentemente, la gran mayoría de los ex delincuentes, se esfuerzan enormemente por respetar las reglas y salir adelante en una sociedad que parece diabólicamente decidida a excluirlos. Como sus antepasados, se emplean a fondo para sobrevivir, incluso prosperar, contra todas las expectativas.

Como en casa, en ningún sitio

La primera pregunta que se hacen muchos convictos nada más salir de la cárcel es dónde van a dormir esa noche. Algunos presos tienen familias que les esperan con ilusión, familias dispuestas a dejar que el pariente recién liberado duerma en el sofá, en el suelo o en una cama extra de manera indefinida. Sin embargo, la mayoría necesita desesperadamente un lugar para vivir, si no inmediatamente al menos en el futuro cercano. Después de varios días, semanas o meses de dormir en el sótano de una tía o en el sofá de un amigo, llega un momento en el que se espera que te las arregles solo. Arreglárselas

---

[6] Frederick Douglass, «What Negroes Want», *The Life and Writings of Frederick Douglass*, vol. 4, Philip S. Foner (ed.), Nueva York, International, 1955, pp. 159-160.

[7] Jeff Manza y Christopher Uggen, *Locked Out: Felon Disenfranchisement and American Democracy*, Nueva York, Oxford University Press, 2006, p. 152.

para conseguirlo, sin embargo, no es tarea fácil cuando tu historial delictivo implica tu exclusión de cualquier ayuda pública para vivienda. Como explicaba desesperado un joven con una condena penal, «Hice una solicitud para la sección 8, me preguntaron si tenía una condena. Dije "Sí"… dijeron: "Entonces esta solicitud no es para ti"».[8]

Este joven acababa de darse de narices contra el primer muro que aparece al salir de la cárcel. La discriminación en las políticas de vivienda contra las personas etiquetadas como delincuentes (así como *supuestos* «criminales») es perfectamente legal. Durante el periodo Jim Crow, era legal denegar la vivienda sobre la base de la raza, por medio de cláusulas restrictivas y otras prácticas excluyentes. Actualmente, la discriminación contra delincuentes, supuestos criminales y sus familias es pura rutina entre los caseros públicos y privados. En lugar de cláusulas restrictivas racistas, tenemos contratos de arrendamiento restrictivos que excluyen a los nuevos «indeseables».

La Ley contra las Drogas de 1988, aprobada por el Congreso como parte de la Guerra contra la Droga, pedía un reforzamiento de los alquileres y de la expulsión de inquilinos que estuvieran involucrados en actividades delictivas. La ley otorgaba a las agencias de vivienda pública la autoridad de utilizar los contratos para desahuciar a cualquier inquilino, miembro de la comunidad o invitado, que estuviera implicado en cualquier actividad cerca o en las propias instalaciones de la vivienda pública. En 1996, el presidente Clinton, en un intento de reforzar sus credenciales de «mano dura contra el crimen», declaró que las agencias de vivienda pública no deberían vacilar cuando un inquilino o invitado está involucrado en una actividad delictiva, especialmente si tiene relación con las drogas. En su discurso del Estado de la Unión de 1996 propuso la norma *One Strike and You're Out*, que endureció las reglas de desahucio y apoyó con fuerza que los convictos por drogas fueran excluidos automáticamente de la viviendas pública por su historial delictivo. Más tarde declaró: «Si violas la ley, ya no tienes hogar en la vivienda pública; a

---

[8] Human Rights Watch, *No Second Chance: People with Criminal Records Denied Access to Housing*, Nueva York, Human Rights Watch, 2006, ix.

la primera, fuera. Así debería ser la ley en todo el país».[9] En su redacción final, la ley, junto con la ley de vivienda de calidad y de responsabilidad laboral de 1998, no solo se autorizaba a las agencias de vivienda pública a excluir automáticamente (y a desahuciar) a los convictos por drogas y a otros delincuentes; también permitía que las agencias excluyeran a los solicitantes de quienes se *creyera* que consumían drogas ilegales o se pasaban con el alcohol, tanto si habían sido condenados como si no. Estas decisiones podían ser recurridas, pero los recursos no suelen prosperar sin un abogado, un lujo que la mayoría de los solicitantes de vivienda pública no puede permitirse.

Ante la nueva legislación y la insistencia del presidente Clinton, el Departamento de Desarrollo Urbano y de la Vivienda (HUD) elaboró unas normas para presionar a las agencias de vivienda pública con el fin de «expulsar a los traficantes de drogas y otros criminales» y «comprobar los historiales delictivos de los inquilinos».[10] Las «Directrices de *One Strike and You're Out*» del HUD solicitan a las agencias de la vivienda que «utilicen al máximo su autoridad para autorizar procedimientos firmes de verificación y desahucio». También anima a las autoridades de la vivienda no solo a comprobar los historiales delictivos de todos los solicitantes, sino a desarrollar sus propios criterios de exclusión. Las directrices señalan que la valoración y la financiación de la agencia está vinculada a «la adopción y la puesta en práctica eficaz de la verificación de los solicitantes», una clara señal de que las agencias podían ser penalizadas por no limpiar la casa.[11]

[9] Bill Clinton, «Remarks by the President at One Strike Symposium», White House, Office of the Press Secretary, 28 de marzo de 1996. Disponible en: www. clinton6.nara.gov/1996/03/1996-03-28-president-remarks-at-one-strike-symposium.html.

[10] «Memorandum from President Clinton to HUD Secretary», *One Strike and You're Out Guidelines*, 28 de marzo de 1996. Disponible en: www. clinton6. nara.gov/1996/03/1996-03-28-memo-on-one-strike-and-you're-out-guidelines. html; y Bill Clinton, «Remarks by the President at One Strike Symposium».

[11] U.S. Department of Housing and Urban Development, véase PIH 96-16 (HA), 19 de abril de 1996, y la guía adjunta «"One Strike and You're Out," Screening and Eviction Guidelines for Public Housing Authorities», 12 de abril de 1996.

A lo largo y ancho de Estado Unidos, las agencias de la vivienda pública han adoptado estrategias de exclusión que deniegan las solicitudes incluso de personas que tengan historiales delictivos mínimos. El golpe inspirado por la Guerra contra la Droga ha dado como resultado un castigo sin precedentes, al permitir que los funcionarios de la vivienda comenzaran a usar sus propios criterios para negar el acceso a la vivienda pública a las personas pobres prácticamente por cualquier delito. «Casi cualquier falta es suficiente, incluso si tiene una relación insignificante con la posibilidad de que el solicitante sea un buen inquilino».[12]

Las consecuencias para las familias pueden ser devastadoras. Sin vivienda, la gente puede perder a sus hijos. Tomemos como ejemplo al afroamericano de 42 años que solicitó una vivienda pública para él y los tres hijos que estaban viviendo con él en ese momento.[13] Se le negó debido a un cargo anterior por posesión de drogas, del que se había declarado culpable y por el que había cumplido una condena de treinta días. Por supuesto, las posibilidades de que hubiera sido condenado por posesión de drogas si fuera blanco habrían sido ínfimas. Pero como afroamericano, no solo era la diana de la Guerra contra la Droga, sino que después se le negaba el acceso a la vivienda por aquella condena. Al denegársele la vivienda, perdió la custodia de sus hijos y no tiene hogar. Muchas noches duerme en las calles. Un castigo estricto, desde luego, por una falta menor por drogas: especialmente para sus hijos que son inocentes de cualquier delito.

Curiosamente, con la ley actual, no es necesaria una condena o el descubrimiento de una violación formal para provocar la exclusión. Los funcionarios de la vivienda pública tienen libertad para rechazar a los solicitantes simplemente sobre la base de que han sido arrestados alguna vez, al margen de que terminara en condenas o multas. Debido a que los afroamericanos y los latinos son el objetivo de la policía en la Guerra contra la Droga, es mucho más probable que sean detenidos por delitos menores o no violentos. Por consiguiente, la política del HUD de privar de la ayuda a la vivienda en función de arrestos y de condenas previos garantiza resultados altamente discriminatorios.

---

[12] Human Rights Watch, *No Second Chance*.
[13] *Ibid.*, vi.

Quizá ningún aspecto del régimen normativo del HUD ha sido tan controvertido, sin embargo, como la cláusula *No-fault clause* («sin-tacha») incluida en todos los contratos de vivienda pública. A los inquilinos de este tipo de vivienda se les exige más que pagar la renta puntualmente, no hacer ruido y asegurarse de que mantienen su casa en buen estado. La norma *One Strike and You're Out* exige que todos los contratos de vivienda pública estipulen que si el inquilino, cualquier miembro del hogar o cualquier invitado del inquilino, se ve envuelto en actividad relacionada con las drogas u otra actividad criminal en o fuera de las vivienda, la relación de alquiler se dará por terminada. Antes de la adopción de esta norma, se sobreentendía, por lo general, que un inquilino no podía ser expulsado a no ser que tuviera conocimiento de actividad delictiva o participara en ella. Por consiguiente, en el caso Rucker vs. Davis, el Tribunal de Apelación del Noveno Circuito eliminó la cláusula «sin-tacha» basándose en que la expulsión de inquilinos inocentes, a quienes no se les acusaba de nada y que ni siquiera eran conscientes de la supuesta actividad criminal, era incoherente con la legislación vigente.[14]

El Tribunal Supremo de Estados Unidos lo revocó[15] y dictaminó en 2002 que, de acuerdo con la ley federal, los inquilinos de la vivienda pública pueden ser expulsados sin tener en cuenta el que tuvieran conocimiento o no de actividades delictivas o estuvieran implicados en alguna. Según el criterio del Tribunal, William Lee y Barbara Hill habían sido correctamente expulsados, después de que sus nietos fueran acusados de fumar marihuana en un aparcamiento cerca de su apartamento donde vivían. Herman Walker también fue correctamente expulsado después de que la policía encontrara cocaína a su cuidador. Y Perlie Rucker fue también expulsada correctamente tras la detención de su hija por posesión de cocaína en una calle cercana a su vivienda. El Tribunal sentenció que estos inquilinos podían ser responsables civilmente del comportamiento no violento de sus hijos y cuidadores. Podían ser expulsados de la vivienda pública sin ninguna falta por su parte.

Vistas en abstracto, las políticas de prohibición o expulsión de personas que de alguna manera están vinculadas con la actividad criminal

---

[14] *Rucker v. Davis*, 237 F.3d 1113 (9º Cir. 2001).
[15] *Department of Housing and Urban Development v. Rucker*, 535 U.S. 125 (2002).

pueden parecer una estrategia razonable para abordar el delito en la vivienda pública, especialmente cuando la delincuencia está fuera de control. Las situaciones desesperadas exigen medidas desesperadas, se dice a menudo. Sin embargo, el problema tiene dos caras: estas familias vulnerables no tienen dónde ir y el impacto es inevitablemente discriminatorio. Las personas que no son pobres y que no dependen de la asistencia pública para la vivienda no tienen que temer que si pillan a su hijo, hija, cuidador o familiar con un poco de marihuana en el colegio o robando en una tienda, toda la familia pueda ser desahuciada de forma repentina, dejándola sin casa. Pero para las incontables personas pobres, especialmente las minorías raciales que dependen en gran medida de la ayuda pública, esa posibilidad es enorme. Por ello, muchas familias son poco proclives a permitir que sus familiares, especialmente los que han salido recientemente de la cárcel, convivan con ellos, ni siquiera temporalmente.

Nadie sabe exactamente cuántas personas son excluidas de la vivienda pública por su historial delictivo, ni siquiera el número de personas con antecedentes penales que no reunirían las condiciones si lo solicitaran. No hay datos nacionales disponibles. Sabemos, sin embargo, que aproximadamente cinco millones de personas tienen antecedentes penales, incluyendo decenas de millones de estadounidenses que han sido detenidos pero nunca condenados por ningún delito o condenados solo por faltas menores y a los que también se les excluye sistemáticamente de la vivienda pública. ¿Qué les sucede a estas personas a las que se niega la ayuda de vivienda o se los desahucia de sus viviendas? ¿Dónde van? Miles de ellos se convierten en personas sin hogar. Un estudio que realizó el Instituto McCormick de Asuntos Públicos señaló que casi un cuarto de los huéspedes de los refugios para personas sin hogar habían pasado por la cárcel en el año anterior, se trataba de personas que no podían encontrar un lugar donde vivir después de salir de los muros de la cárcel.

De manera similar, un estudio en California señaló que entre un 30 y un 50% de individuos en supervisión condicional en San Francisco y Los Ángeles no tenía hogar.[16] El acceso a una vivienda decente,

---

[16] California Department of Corrections, *Preventing Parolee Failure Program: An Evaluation,* Sacramento, California Department of Corrections, 1997. Disponible en: www.ncjrs.gov/App/publications/Abstract.aspx?id=180542.

estable y económica es un derecho humano básico y también aumenta sustancialmente la probabilidad de que una persona con un historial delictivo en el pasado consiga y mantenga un empleo y se aparte de las drogas y la delincuencia. La investigación llevada a cabo por *Corporation for Supportive Housing* del estado de Nueva York demuestra que la utilización de las prisiones del estado y de la ciudad cayó un 74 y un 40% respectivamente cuando a las personas con historiales delictivos pasados se les proporcionó vivienda de apoyo.[17]

Los reclusos que vuelven al «hogar» son generalmente los más pobres de los pobres, no tienen posibilidad de pagar vivienda privada y se les priva de la ayuda de la vivienda pública de forma sistemática, que es justamente el tipo de prestación que podría proporcionarles algo de estabilidad, tan necesaria en sus vidas. Para ellos, «volver al hogar» es más una expresión que una opción realista. Más de 650.000 personas salen de las cárceles cada año, y para muchos encontrar un nuevo hogar parece una tarea casi imposible, no solo a corto plazo, sino para el resto de sus vidas. Como exclamó una madre afroamericana de 41 años después de que se le negara la vivienda por una sola detención cuatro años antes de su solicitud, «Estoy intentando hacer lo que debo; merezco una oportunidad. Incluso si fuera la peor de las delincuentes, merezco una oportunidad. Todo el mundo merece una oportunidad.»[18]

Encasillados

Además de agenciarse un lugar para dormir, nada causa más preocupación a quienes salen de la cárcel que conseguir un trabajo. De hecho, un estudio del Vera Institute señaló que durante el primer mes tras la salida de la cárcel, las personas estaban más preocupadas por encontrar trabajo que por cualquier otra cosa.[19] Parte de la presión para encontrar trabajo proviene directamente del sistema de justicia

---

[17] Dennis Culhane *et al.*, *The New York/New York Agreement Cost Study: The Impact of Supportive Housing on Services Use for Homeless Mentally Ill Individuals*, Nueva York, Corporation for Supportive Housing, 2001, p. 4.

[18] Human Rights Watch, *No Second Chance*, i.

[19] Martha Nelson, Perry Dees y Charlotte Allen, *The First Month Out: Post-Incarceration Experiences in New York City*, Nueva York, Vera Institute of Justice, 1999.

penal. De acuerdo con una encuesta de las agencias estatales de libertad condicional, cuarenta de las cincuenta y una jurisdicciones encuestadas (los cincuenta estados y el distrito de Columbia) exigían que las personas en libertad condicional «mantuvieran empleo remunerado».[20] De lo contrario, podían volver a ingresar en prisión.

Incluso por encima de la necesidad de cumplir las condiciones de la libertad condicional, el empleo satisface una de las necesidades humanas más básicas: la necesidad fundamental de ser autosuficiente, de contribuir, de mantener a la propia familia y de añadir valor a la sociedad en general. Encontrar un trabajo permite que la persona desempeñe un papel positivo en su comunidad, construya una imagen sana de sí misma y se mantenga apartada de influencias y oportunidades negativas e ilegales. El trabajo se considera tan fundamental para la existencia humana en muchos países del mundo que está considerado como un derecho humano básico. La privación del trabajo, especialmente entre los hombres, se asocia fuertemente con la depresión y la violencia.

Conseguir un trabajo después de salir de la cárcel no es un logro menor. «He visto la discriminación y la he experimentado de primera mano a la hora de rellenar la casilla», dice Susan Burton, una mujer que pasó por la cárcel y que ha dedicado su vida a brindar a las mujeres que salen de la cárcel el apoyo necesario para volver a incorporarse a la vida laboral. La «casilla» a la que se refiere es la pregunta en las solicitudes de empleo en la que a los solicitantes se les pide que marquen «sí» o «no» si han sido condenados alguna vez por un delito. «No solo ocurre con las solicitudes de empleo», explica Burton. «También con la vivienda. En las solicitudes escolares. En las solicitudes de la sanidad. Está en todas partes.»[21]

Casi todos los Estados permiten que los empresarios privados discriminen sobre la base de condenas penales previas. De hecho, los empresarios de la mayoría de los Estados pueden negar empleo a

---

[20] Edward Rhine, William Smith y Ronald Jackson, *Paroling Authorities: Recent History and Current Practice,* Laurel, MD, American Correctional Association, 1991.

[21] Gene Johnson, «"Ban the Box" Movement Gains Steam», *Wave Newspapers*, New America Media, 15 de agosto de 2006.

personas que han sido detenidas pero nunca condenadas por ningún delito. Solo diez Estados prohíben a todos los empresarios y agencias de licencias tener en cuenta las detenciones, y tres Estados prohíben hacerlo a algunos empresarios y agencias de empleo y licencias.[22] Los empresarios de un número creciente de profesiones tienen prohibido por las agencias estatales de licencias contratar a personas con antecedentes penales de tipos muy diversos, incluso condenas no relacionadas con el trabajo o la licencia solicitada.[23]

El resultado de estas leyes discriminatorias es que casi todas las solicitudes de empleo, ya sea para trabajar en la perrera, como conductor de autobús, cajero en Burger King o contable, exigen a los ex delincuentes que «rellenen la casilla». La mayoría de ellos tienen dificultades incluso para conseguir una entrevista después de haberla rellenado, porque la mayoría de los empresarios no están dispuestos a contratar a un delincuente que se identifica como tal. Una encuesta demostró que, aunque el 90% de los empresarios dice que está dispuesto a completar sus vacantes con una persona que recibe prestaciones sociales, solo el 40% está dispuesto a hacerlo con un ex delincuente.[24] De manera similar, una encuesta de 2002 realizada a 122 empresarios de California reveló que aunque la mayoría de los empresarios contratarían a alguien condenado por una falta, el porcentaje caía dramáticamente cuando se trataba de personas condenadas por delitos. Menos de una cuarta parte de los empresarios estaban dispuestos a contratar a alguien condenado por un delito relacionado con las drogas; el número caía a plomo hasta el 7% por un delito relacionado con la propiedad y menos del 1% por un delito violento.[25] Incluso los que esperan trabajar como autónomos, por ejemplo,

---

[22] Legal Action Center, *After Prison: Roadblocks to Reentry, a Report on State Legal Barriers Facing People with Criminal Records*, Nueva York, Legal Action Center, 2004, p. 10.

[23] *Ibid.*

[24] Harry Holzer, Steven Raphael y Michael Stoll, «Will Employers Hire Ex-Offenders? Employer Preferences, Background Checks and Their Determinants», *The Impact of Incarceration on Families and Communities*, Mary Pattillo, David Weiman y Bruce Western (eds.), Nueva York, Russell Sage Foundation, 2002.

[25] Employers Group Research Services, *Employment of Ex-Offenders: A Survey of Employers' Policies and Practice»*, San Francisco, SF Works, 12 de abril de 2012.

peluqueros, manicuristas, jardineros o psicólogos, pueden encontrarse con que se les niegan las licencias profesionales por sus detenciones o condenas anteriores. Aunque sus faltas no tengan en absoluto nada que ver con su capacidad profesional.

Para la mayoría de las personas que salen de la cárcel, una condena penal complica su ya problemático perfil. Aproximadamente el 70% de los convictos y ex convictos han abandonado la educación secundaria y, de acuerdo con por lo menos un estudio, aproximadamente la mitad son analfabetos funcionales.[26] Muchos convictos entran en la cárcel a temprana edad, son etiquetados como delincuentes en la adolescencia y transferidos de sus decrépitos colegios del centro de las ciudades a cárceles nuevecitas y con alta tecnología. Las comunidades y los colegios de los que vienen no han conseguido prepararlos para el mundo laboral y, una vez han sido etiquetados como delincuentes, sus perspectivas de empleo son muy limitadas para el resto de sus vidas.

A sus problemas se añade el «desequilibrio espacial» entre su residencia y las oportunidades de empleo.[27] La disposición para contratar ex convictos es mayor en la construcción o en la industria, trabajos que requieren poco contacto con el cliente, y menor en el comercio al por menor y otros negocios del sector servicios.[28] Los empleos en la industria, sin embargo, casi han desaparecido del centro de las ciudades durante los últimos treinta años. No hace mucho tiempo, los jóvenes no cualificados podían encontrar empleos decentes y bien pagados en fábricas enormes en la mayoría de las ciudades

---

[26] Jeremy Travis, Amy Solomon y Michelle Waul, *From Prison to Home: The Dimensions and Consequences of Prisoner Reentry*, Washington DC, Urban Institute, 2001; y Amy Hirsch *et al.*, *Every Door Closed: Barriers Facing Parents with Criminal Records*, Washington DC, Center for Law and Social Policy and Community Legal Services, 2002.

[27] Keith Ihlanfeldt y David Sjoquist, «The Spatial Mismatch Hypothesis: A Review of Recent Studies and Their Implications for Welfare Reform», *Housing Policy Debate* 9, n°. 4, 1998, p. 849; y Michael Stoll, Harry Holzer, y Keith Ihlanfeldt, «Within Cities and Suburbs: Employment Decentralization, Neighborhood Composition, and Employment Opportunities for White and Minority Workers», *Journal of Policy Analysis and Management*, primavera de 2000.

[28] Harry Holzer *et al.*, «Employer Demand for Ex-Offenders: Recent Evidence from Los Angeles», marzo de 2003, manuscrito no publicado.

principales del Norte. Actualmente, debido a la globalización y a la desindustrialización, ese ya no es el caso. Se puede encontrar empleo en los suburbios, principalmente trabajos en el sector servicios, pero el empleo para personas sin cualificar con condenas penales, si ya es difícil encontrarlo en todas partes, es especialmente difícil de encontrar cerca de casa.

Un ex convicto cuyo permiso de conducir haya sido anulado o que no tenga acceso a un coche se encuentra a menudo con barreras casi insuperables para conseguir trabajo. Llegar hasta los barrios de las afueras para recoger y entregar solicitudes, realizar entrevistas y buscar posibles trabajos es perfectamente factible si tienes permiso de conducir y acceso a un vehículo, pero intentar hacerlo en autobús es otra cuestión. Un hombre negro desempleado del sur de Chicago lo explica así: «La mayoría de las veces, el trabajo está demasiado lejos y necesitas coche y yo actualmente no tengo. Si lo tuviera, probablemente podría encontrar [un empleo]. Si tuviera un coche y fuera a los suburbios, porque aquí en la ciudad no hay nada».[29] De hecho, a quienes consiguen trabajo en los suburbios les resulta difícil mantenerlo sin transporte fiable y económico.

Murray McNair, afroamericano de veintidós años, volvió a Newark, New Jersey, después de estar encarcelado por temas de drogas. Comparte un apartamento pequeño con su novia embarazada, su hermana y los dos hijos de ella. Por medio de un programa de formación de empleo financiado por el Gobierno Federal y gestionado por Goodwill Industries, McNair consiguió un empleo de 9 dólares la hora en un almacén a veinte millas de distancia: dos autobuses y una carrera de taxi. «Sé que va a ser duro», le dijo al periodista de *The New York Times*. «Pero ya no puedo pensar en mí mismo nunca más.»[30]

Las posibilidades de que McNair, o cualquier ex convicto en una situación parecida, salga adelante en estas circunstancias son escasas. Si ganas nueve dólares por hora pero gastas veinte dólares o más en ir y volver del trabajo cada día, ¿cómo te las arreglas para pagar el alquiler, comprar comida y ayudar a mantener una familia que es

[29] Wilson, *When Work Disappears*, p. 40.

[30] Andrew Jacobs, «Crime-Ridden Newark Tries Getting Jobs for Ex-Convicts, but finds Success Elusive», *The New York Times*, 27 de abril de 2008.

cada vez más grande? Un desempleado negro de 36 años dejó su empleo en las afueras por el problema del transporte. «Me gastaba más dinero en llegar al trabajo de lo que ganaba trabajando.»[31]

La caja negra

Los ex convictos negros son los solicitantes de empleo con más desventajas en el mercado laboral moderno. Aunque todos los solicitantes de empleo, sea cual sea la raza, se ven perjudicados por un historial delictivo, el daño no se siente por igual. No solo es mucho más probable que los afroamericanos sean etiquetados como delincuentes, sino que también son los más afectados por el estigma de un historial delictivo. Los hombres negros condenados por delitos son el grupo demográfico que menos posibilidades tiene de recibir ofertas de trabajo, y los empresarios de las afueras, los menos dispuestos a contratarlos.[32]

La socióloga Devah Pager explica que las personas enviadas a la cárcel «son etiquetadas institucionalmente como una clase especial de individuos», con consecuencias importantes para su lugar y estatus en la sociedad.[33] El «credencial negativo» asociado con un historial penal representa un mecanismo único de estratificación promovido por el Estado. Tal como explica Pager, «el Estado es el que certifica a los individuos concretos, de forma que los califica para la discriminación o la exclusión social». El «estatus oficial» de este credencial negativo lo diferencia de otras fuentes de estigma social, a la vez que legitima su utilización como base para la discriminación. Hace cuatro décadas, los empresarios eran libres de discriminar explícitamente sobre la base de la raza; actualmente, los empresarios

[31] Wilson, *When Work Disappears*, p. 41.

[32] Harry Holzer y Robert LaLonde, «Job Stability and Job Change Among Young Unskilled Workers», en *Finding Jobs: Work and Welfare Reform*, David Card y Rebecca Blank (eds.), Nueva York, Russell Sage Foundation, 2000; y véase también Joleen Kirshenman y Kathryn Neckerman, «We'd Love to Hire Them But ...» *The Urban Underclass*, Christopher Jencks y Paul Peterson (eds.), Washington DC, Brookings Institution Press, 1991.

[33] *Ibid.*, p. 942.

son libres de discriminar contra los que llevan la etiqueta de la cárcel: es decir, los que han sido etiquetados como delincuentes por el Estado. El resultado es un sistema de estratificación basado en la «certificación oficial de la personalidad y la competencia individual», una forma de clasificar por parte del Gobierno.[34]

Teniendo en cuenta el altísimo nivel de discriminación que sufren los hombres negros en el mercado laboral y las barreras estructurales al empleo en la nueva economía, no debería sorprender que un alto porcentaje de hombres afroamericanos estén desempleados. Casi un tercio de los jóvenes negros en Estados Unidos está actualmente sin trabajo.[35] La tasa de desempleo para jóvenes negros que han abandonado la escuela, incluyendo a los recluidos en prisión, es un apabullante 65%.[36]

En un intento de luchar contra el aumento desenfrenado del desempleo entre los hombres negros etiquetados como delincuentes, un creciente número de abogados ha lanzado en estos últimos años campañas de *Ban the Box* [Prohibir la casilla]. Estas campañas han tenido éxito en ciudades como San Francisco, donde *All of Us or None*, una organización de base sin ánimo de lucro que lucha contra la discriminación que sufren los ex convictos, convenció a la junta de supervisores de San Francisco de que aprobara una resolución para eliminar la discriminación en la contratación de las personas con un historial penal. La nueva norma de San Francisco (que se hizo efectiva en junio de 2006) busca evitar la discriminación por tener antecedentes penales quitando la casilla de la historia penal de la solicitud inicial. Las condenas anteriores de un individuo no dejarán de considerarse, pero más adelante, en el proceso de contratación, cuando el solicitante ya haya sido identificado como candidato para el puesto. La única excepción se da en los trabajos para los que las leyes estatales o locales eliminan expresamente a las personas con ciertas condenas específicas. Estos solicitantes todavía tendrán que proporcionar información sobre su historial penal al principio del

---

[34] *Ibid.*, p. 962.
[35] Bruce Western, *Punishment and Inequality in America*, Nueva York, Russell Sage Foundation, 2006, p. 90.
[36] *Ibid.*, p. 91.

proceso de contratación. Sin embargo, al contrario que una norma similar adoptada en Boston, la norma de San Francisco es aplicable solo al empleo público, no a empresarios privados que tengan contratos con la ciudad o el distrito de San Francisco.

Aunque estas iniciativas de base y propuestas normativas son grandes logros, plantean preguntas sobre cuál es la mejor forma de abordar las complejas e interrelacionadas formas de discriminación que sufren los ex convictos negros. Algunos analistas creen, basándose en los datos disponibles, que los varones negros pueden sufrir más discriminación (no menos) cuando la información sobre el historial penal específico no esté disponible.[37] La asociación de raza y criminalidad está tan impregnada que los empresarios pueden utilizar métodos menos precisos y discriminatorios para eliminar a los que perciben como posibles delincuentes. Los perfiles que se asocian popular pero equivocadamente con la criminalidad, como la raza, el recibir ayuda pública, el bajo nivel educativo y los saltos en la vida laboral podrían ser usados por los empresarios cuando no dispusieran de una casilla en la solicitud para identificar a los delincuentes. Esta preocupación se apoya en análisis etnográficos que sugieren que los empresarios tienen miedo a la violencia de los varones negros en comparación con otros grupos de solicitantes y hacen caso a esos miedos cuando toman decisiones de contratación. Sin un dato en la propia solicitud de empleo que deniegue el historial penal, los empresarios pueden (consciente o inconscientemente) tratar a todos los varones negros como si tuvieran antecedentes, poniendo, en la práctica, a todos o a la mayoría de ellos en el mismo lugar que a los ex convictos negros. Esta investigación sugiere que prohibir la casilla no es suficiente, debemos librarnos también de la mentalidad que coloca a los varones negros «en la casilla». No es un desafío pequeño.

---

[37] Véase Devah Pager, *Marked: Race, Crime and Finding Work in an Era of Mass Incarceration*, University of Chicago Press, 2007, p. 157; Steven Raphael, «Should Criminal History Records Be Universally Available?», en Greg Pogarsky, «Criminal Records, Employment and Recidivism», *Criminology & Public Policy*, vol. 5, nº. 3, agosto 2006, pp. 479-521; y Shawn Bushway, «Labor Market Effects of Permitting Employer Access to Criminal History Records», *Journal of Contemporary Criminal Justice*, vol. 20, 2004, pp. 276-291.

Una investigación reciente del *National Employment Law Project* (Proyecto para una Ley de Empleo Nacional, NELP por sus siglas en inglés) señala que muchos empresarios se niegan a tener en cuenta para un amplio abanico de empleos a personas con historiales penales, a pesar del hecho de que la *Equal Employment Opportunity Commission* (Comisión para la Igualdad de Oportunidades de Empleo, EEOC, por sus siglas en inglés) ha advertido a los empresarios de que las negativas rotundas pueden ser ilegales. En 1987 la EEOC publicó unas pautas para informar a los empresarios de que la discriminación contra las personas con antecedentes solo es permisible si los empresarios tienen en cuenta la naturaleza y la gravedad del delito o delitos, el tiempo que ha transcurrido desde la condena y/o el cumplimiento de la sentencia y la naturaleza del trabajo solicitado. De acuerdo con la agencia, una negativa total a dar empleo basada en condenas anteriores pero sin considerar esos factores viola el Título VII de la Ley de Derechos Civiles, si tal negativa produce un resultado racialmente desigual.

Las orientaciones de la EEOC no tienen rango de ley, pero los jueces recurren frecuentemente a ellas para evaluar si ha habido una discriminación ilegal y la EEOC tiene capacidad para llevar a los tribunales a empresarios que se salten el título VII. Pero, aparentemente, son pocos los empresarios que son disuadidos. Un estudio del NELP sobre *Craigslist.com*, que funciona en más de cuatrocientas áreas geográficas, señaló que los empresarios se saltan descaradamente las orientaciones de la EEOC. Cientos de anuncios descartaban considerar a individuos con antecedentes penales.[38] Por ejemplo:

«Ni detenciones ni condenas de ningún tipo durante los últimos siete años. Ni detenciones ni condenas por delitos de ningún tipo en toda la vida», (anuncio para un trabajo de electricista, 29 de septiembre de 2010, OMNI Energy Services Corp).

---

[38] Michelle Natividad Rodriguez y Maurice Emsellem, *65 Million «Need Not Apply»: The Case for Reforming Criminal Background Checks for Employment*, Nueva York, National Employment Law Project, 2011. Disponible en: www.nelp.org/page/-/65_Million_Need_Not_Apply.pdf?nocdn=1.

«Estamos buscando personas con… un historial penal impecable», (anuncio para un empleo de trabajador en un almacén o conductores de entrega a domicilio, 2 de septiembre de 2010, CORT Furniture Rental).

«TODOS LOS CANDIDATOS SERÁN VERIFICADOS POR INTERNET Y DEBEN TENER UN HISTORIAL LIMPIO (SIN ANTECEDENTES)», (anuncio para trabajos en una fábrica, 5 de octubre de 2010, Carlisle Staffing), (empresa de recursos humanos que trabaja en la zona de Chicago).

«PARA ESTAR CUALIFICADO COMO CONDUCTOR PARA FEDEX, DEBES TENER LO SIGUIENTE: historial penal limpio, ni faltas ni delitos», (anuncio para empleo como mecánico diesel/conductor de entregas, 24 de septiembre de 2010 para FedEx Ground).

«NO ACEPTAMOS SOLICITUDES CON FALTAS/DELITOS», (anuncio de empleo para técnico de alcantarillas, 10 de febrero de 2010, Luskin-Clark Service Company).

«Requisitos mínimos para ser considerado para el empleo ¡sin excepciones!: ninguna falta y/o delito de ningún tipo nunca en el historial», (anuncio para empleo en almacenes y fábricas, 18 de febrero de 2010, Perimeter Staffing), (empresa de empleo que trabaja en Atlanta).

Aunque cada uno de estos anuncios viola la prohibición de la EEOC contra el bloqueo de la contratación de sectores específicos, los empresarios y sus agencias de empleo limitan de forma habitual el grupo de candidatos cualificados a quienes tienen historiales impecables, excluyendo así a millones de personas incluso de la posibilidad de tener una entrevista para un empleo. Millones de personas se encuentran apartadas de la economía legal y nadie que tenga antecedentes tendrá más dificultades de conseguir un contrato que los varones negros.

La cárcel del deudor

Los pocos afortunados que consiguen un empleo decente, con un salario que permita vivir y situado a una distancia razonable de su residencia, descubren a menudo que el sistema está estructurado de tal forma que no pueden sobrevivir en la economía legal dominante. Al salir de la cárcel, los ex reclusos arrastran normalmente enormes deudas, ataduras financieras que los limitan en su lucha por construir una vida nueva. En este sistema de control, como en el que prevalecía durante el periodo Jim Crow, la «deuda con la sociedad» refleja a menudo el coste de la condena.

En Estados Unidos, las personas recién salidas de la cárcel tienen que hacer pagos a una multitud de agencias, entre las que figuran departamentos de libertad condicional, tribunales, y las oficinas de pago de pensión alimenticia. En algunas jurisdicciones, los ex convictos reciben facturas por análisis de drogas e incluso por el tratamiento de deshabituación que se supone que reciben como requisito de la libertad condicional. Estas tasas, costes y multas son en general bastante nuevas, creadas por ley en los últimos veinte años y están asociadas a un amplio rango de faltas. Cada Estado tiene sus propias reglas y normativas que regulan su imposición. Por ejemplo, Florida ha añadido más de veinte categorías nuevas de obligaciones financieras a los acusados de delitos desde 1996, a la vez que ha eliminado la mayoría de las excepciones para quienes no pueden pagar.[39]

Ejemplos de pagos impuestos en Estados Unidos por servicios previos a la condena incluyen actualmente: tasas de ingreso en la cárcel impuestas en el momento de la detención, dietas carcelarias calculadas para cubrir el coste de la detención anterior al juicio, tasas de solicitud de asistencia letrada y la tasa de investigación de la fianza impuesta cuando el tribunal determina la probabilidad de que el acusado se presente al juicio. Las tasas posteriores a la condena incluyen tasas del informe de la sentencia inicial, tasas de compensación del abogado de oficio y tasas impuestas a las personas condenadas que son ubicadas en un programa de conmutación de penas por trabajo.

---

[39] Rebekah Diller, *The Hidden Costs of Florida's Criminal Justice Fees,* Nueva York, Brennan Center for Justice, 2010.

En el momento de la liberación, pueden añadirse otras nuevas, incluyendo tasas por el servicio de libertad condicional. Dichas tasas se devengan por lo general mensualmente durante el periodo de supervisión.[40] Por ejemplo, en Ohio, un tribunal puede ordenar que las personas en libertad condicional paguen una tasa de supervisión mensual de 50 dólares como condición para la libertad condicional. La falta de pago puede acarrear sanciones de control adicionales o una modificación en la condena del acusado.[41]

Muchos Estados utilizan «sanciones a la pobreza»: apilando tasas adicionales por retraso, tasas por planes de pago e intereses cuando los individuos no pueden hacer frente a todas sus deudas de inmediato, enriqueciendo así, en este proceso, a los recaudadores privados de deudas. Algunas de las tasas de recaudación son exorbitantes. Alabama carga una tasa de recaudación del 30% y Florida permite a los recaudadores privados de deuda añadir un 40% a la deuda subyacente.[42]

Dos tercios de las personas detenidas en las cárceles declaran una renta anual por debajo de 12.000 dólares antes de la detención. Previsiblemente, la mayoría de los ex convictos no puede pagar las tasas, costes y multas asociadas con su encarcelamiento, así como sus deudas de pensión alimenticia (que continúan acumulándose mientras la persona está en prisión). Como resultado, muchos tienen sus nóminas embargadas. La ley federal garantiza que el funcionario encargado de supervisar el pago de la pensión alimenticia puede embargar hasta el 65% del salario de un individuo por este concepto. Además de eso, los agentes de seguimiento de la libertad condicional de la mayoría de los Estados pueden exigir que un individuo dedique el 35% de sus ingresos al pago de multas, tasas,

---

[40] Kirsten Livingston, «Making the Bad Guy Pay: Growing Use of Cost Shifting as Economic Sanction», *Prison Profiteers: Who Makes Money from Mass Incarceration*, Tara Herivel y Paul Wright (eds.), Nueva York, The New Press, 2007, p. 61.

[41] *Ibid.*, p. 69, cita del Ohio Rev. Code Ann. Sec. 2951.021 y Ohio Rev. Code Sec. 2951.021.

[42] Alicia Bannon, Mitali Nagrecha y Rebekah Diller, *Criminal Justice Debt: A Barrier to Reentry*, Nueva York, Brennan Center for Justice, 2010.

cargos y restitución, solicitadas por las numerosas agencias.[43] Por consiguiente, un antiguo recluso que viva en el umbral de la pobreza o por debajo puede recibir facturas de cuatro o cinco departamentos a la vez solicitándole que entregue el 100% de sus ganancias. Como señaló sobriamente un editorial de *The New York Times*, «las personas atrapadas en esta situación imposible es menos probable que intenten buscar un empleo fijo, por lo que son más susceptibles de una recaída delictiva».[44]

Tanto si los ex convictos dan el lógico paso de participar en la economía ilegal, como si no (en lugar de tener el 100% de su salario embargado), pueden volver a la cárcel por no poder cumplir la parte financiera de sus obligaciones de supervisión de la condicional. Aunque «la cárcel de deudores es ilegal en todos los Estados», muchos Estados utilizan la amenaza de la revocación de la libertad condicional como una herramienta para recaudar las deudas. De hecho, en algunas jurisdicciones, los individuos pueden «elegir» ir a la cárcel para reducir sus cargas deudoras, una práctica que ha sido considerada por algunos como inconstitucional.[45] Para mayor demencia, muchos Estados suspenden los permisos de conducir por impago de las deudas, una práctica que a menudo provoca que las personas pierdan su empleo (si lo tienen) y crea una posibilidad más de ir a la cárcel: conducir con un permiso anulado.[46] En este régimen, muchas personas vuelven a la cárcel simplemente porque no han podido, sin lugar donde vivir ni empleo decente, devolver los miles de dólares de las tasas, multas y pago de pensión alimenticia relacionadas con la cárcel.

Algunos convictos. como Ora Lee Hurley se encuentran atrapados en la cárcel por las tasas y las multas. En 2006, Hurley estaba recluida en el *Gateway Diversion Center* de Atlanta. Había ido a la cárcel porque debía una multa de 705 dólares. Como parte del programa de redirección, a Hurley se le permitía trabajar durante el día y

---

[43] Rachel L. McLean y Michael D. Thompson, *Repaying Debts*, Nueva York, Council of State Governments Justice Center, 2007.

[44] «Out of Prison and Deep in Debt», editorial, *The New York Times*, 5 de octubre de 2007.

[45] Bannon, Nagrecha y Diller, *Criminal Justice Debt*.

[46] *Ibid.*

volver al centro durante la noche. «Trabajaba cinco días a la semana a tiempo completo en un restaurante ganando 6,50 dólares por hora, lo que venía a ser unos 700 dólares netos al mes».[47] La estancia en el centro de redirección suponía unos 600 dólares mensuales y su gasto en transporte durante ese periodo era de 52 dólares; otros gastos, que incluían ropa, zapatos y artículos personales como pasta de dientes agotaban rápidamente lo que quedaba. El abogado de Hurley denunció la trampa en la que estaba metida: «Es una situación en la que si esta mujer pudiera hacer un cheque por la cantidad de la multa estaría fuera. Y como no puede, sigue encerrada. Es así de simple».[48] Aunque trabajaba en un empleo a tiempo completo mientras estaba encerrada, la mayoría de sus ingresos iban a pagar el programa de redirección, no la multa originaria que le había hecho ingresar en prisión.

Esta cruel realidad se remonta a la época tras la Guerra Civil cuando los antiguos esclavos y sus descendientes eran arrestados por faltas menores, castigados con multas exorbitantes y luego encarcelados hasta que pudieran pagar sus deudas. El único medio de pago era por medio del sistema de trabajo en las plantaciones y granjas, conocido como préstamo de convictos, o en cárceles que habían sido convertidas en granjas de trabajo. Con salarios ridículos, los reclusos, en la práctica, estaban esclavizados a perpetuidad, pues no podían ganar lo suficiente para pagar sus deudas.

Actualmente, muchos reclusos trabajan en las cárceles, generalmente ganando mucho menos del salario mínimo, a menudo menos de tres dólares por hora, a veces 25 céntimos. En sus cuentas se «cargan» diversos gastos relacionados con su encarcelamiento, haciendo imposible que ahorren el dinero que les permitiría pagar sus deudas o ayudarles a realizar la transición con éxito cuando salgan de la cárcel. Generalmente, cuando los convictos son puestos en libertad, salen solo con su ropa y una cantidad ridícula de dinero, que a veces no llega ni para cubrir el coste de un billete de autobús de vuelta a casa.

---

[47] Livingston, «Making the Bad Guy Pay», p. 55.
[48] *Ibid.*

¡Que coman pasteles!

Entonces, esta es la situación: un preso recién puesto en libertad, sin hogar, desempleado y con una deuda descomunal. ¿Cómo te alimentas? ¿Cuidados para tus hijos? No hay una respuesta definida para esa pregunta, pero una cosa sí es segura: no cuentes con la ayuda del Gobierno. No solo te negarán la vivienda, también puede que te nieguen la alimentación.

La normativa de la reforma de la seguridad social sancionada por el presidente Bill Clinton en 1996 terminó con el derecho del individuo a la seguridad social y proporcionó a los Estados fondos en bloque. El Programa TANF introduce un límite para disfrutar de las prestaciones de cinco años en toda la vida y obliga a los beneficiarios, incluyendo a quienes tienen niños pequeños y no tienen con quién dejarlos, a trabajar para recibir esos subsidios. En teoría, un límite de cinco años puede sonar razonable, pero consideremos lo siguiente: cuando a uno se le considera un delincuente, condenado a «marcar la casilla» en las solicitudes de empleo y vivienda, y aplastado por miles de dólares de deuda, ¿es posible que viva al borde de la pobreza durante más de cinco años y por lo tanto necesite cupones de alimentos para él y su familia? Hasta 1996, existía un acuerdo básico por el que las madres pobres que estuvieran criando niños debían recibir un mínimo nivel asistencial de alimentos y vivienda.

El límite de cinco años de las prestaciones, sin embargo, no es la peor característica de la ley. La ley también exige que los Estados excluyan *permanentemente* de recibir ayuda pública del Gobierno Federal a los individuos con condenas por delitos relacionados con las drogas. La norma contiene una cláusula de autoexclusión, pero hasta 2010 solo trece Estados y el distrito de Columbia se habían excluido por completo. La mayoría de los estados se han excluido parcialmente, proporcionando excepciones para personas en tratamiento de deshabituación, por ejemplo.[49] La situación sigue siendo, sin embargo, que miles de personas con condenas por delitos de drogas en Estados

---

[49] Véase Legal Action Center, «Opting Out of Federal Ban on Food Stamps and TANF: Summary of State Laws», disponible en: www.lac.org/toolkits/TANF/TANF.htm

Unidos no pueden optar a los cupones de alimentos durante el resto de sus vidas, incluyendo mujeres embarazadas, personas en tratamientos de desintoxicación y personas que padecen VIH/SIDA, simplemente porque alguna vez las pillaron con alguna droga.

La mayoría silenciosa

Si encadenar a los que han estado en la cárcel a una vida entera de deuda y discriminación autorizada en el empleo, la vivienda, la educación y las prestaciones públicas no fuera suficiente para transmitir el mensaje de que no se les aprecia y que ni siquiera se les considera ciudadanos completos, quitarles los derechos de voto desde luego deja las cosas claras.

Cuarenta y ocho Estados y el distrito de Columbia prohíben el voto a los reclusos mientras estén encarcelados por un delito. Solo dos Estados, Maine y Vermont, les permiten el voto. La gran mayoría de los Estados mantiene la privación de voto cuando los presos salen en libertad condicional. Incluso cuando el periodo de castigo ha expirado, algunos niegan el derecho a votar durante un periodo que va de un número determinado de años al resto de la vida.[50]

Esta situación es muy distinta a la de otros países, como Alemania por ejemplo, que permite e incluso anima a que los presos voten. De hecho, aproximadamente la mitad de los países europeos permiten que voten todos los presos mientras que otros solo se lo impiden a unos pocos.[51] Los presos votan o bien en las instalaciones en las que cumplen condena o mediante alguna versión de sufragio por ausencia, en la ciudad donde tuvieran su residencia previa. Casi todos los países en los que existe alguna restricción al voto en la cárcel están en Europa del Este, parte del antiguo bloque comunista.[52]

---

[50] Ryan S. King, *Felony Disenfranchisement Laws in the United States,* Washington DC, The Sentencing Project, 2008.

[51] Laleh Ispahani, *Out of Step with the World: An Analysis of Felony Disenfranchisement in the U.S. and Other Democracies,* Nueva York, American Civil Liberties Union, 2006, p. 4.

[52] *Ibid.*

Ningún otro país del mundo priva del derecho de voto a personas que han salido de la cárcel de forma remotamente parecida a la de Estados Unidos. De hecho, el Comité de Derechos Humanos de la ONU ha dictaminado que las políticas de privación del derecho al voto en Estados Unidos son discriminatorias y violan la ley internacional. En los pocos países europeos en los que se permite una descalificación limitada posterior al encarcelamiento, la sanción está dirigida de manera muy específica y el número de personas que pierde su derecho no pasa de algunas decenas o cientos.[53] En comparación, en Estados Unidos, la privación del derecho de voto al salir de la cárcel es automática, sin ningún propósito legítimo y afecta a millones de personas.

Incluso los ex presos que técnicamente podrían votar, a menudo continúan privados de ese derecho de por vida. Cada Estado ha desarrollado su propio proceso para devolver los derechos de voto a los ex convictos. Generalmente, el proceso de devolución es un laberinto burocrático que requiere el pago de multas o costas judiciales. El proceso es tan problemático, confuso y caro, que muchos antiguos reclusos que en teoría podrían votar, nunca consiguen recuperar su derecho de voto.[54] En gran parte de Estados Unidos, se espera que los antiguos convictos paguen multas y costes judiciales y presenten documentación en múltiples agencias para conseguir recuperar un derecho del que nunca se les debería haber privado en una democracia. Estos campos de minas burocráticos son el equivalente actual de los impuestos electorales y las pruebas de alfabetización: normas «neutras en cuanto al color racial» diseñadas para convertir el hecho de votar en una imposibilidad práctica para un grupo definido mayoritariamente por la raza.

El mensaje que transmiten las leyes, políticas y procedimientos burocráticos de privación del derecho de voto a los delincuentes lo reciben de lleno personas como Clinton Drake, que efectivamente ha sido privado del voto de por vida.[55] Drake, un hombre afroamericano

---

[53] *Ibid.*,p. 6.

[54] Véase Laleh Ispahani y Nick Williams, *Purged!*, Nueva York, American Civil Liberties Union, 2004; y Alec Ewald, *A Crazy Quilt of Tiny Pieces: State and Local Administration of American Criminal Disenfranchisement Law*, Washington DC, The Sentencing Project, 2005.

[55] Sasha Abramsky, *Conned: How Millions Went to Prison, Lost the Vote, and Helped Send George W. Bush to the White House*, Nueva York, The New Press, 2006, p. 224.

de 55 años de Montgomery, Alabama, fue detenido en 1988 por posesión de marihuana. Cinco años más tarde fue detenido de nuevo, esta vez por estar en posesión de droga por un valor aproximado de diez dólares. Ante la posibilidad de ser condenado a entre diez y veinte años de cárcel por ser reincidente, Drake, veterano de Vietnam y en aquel momento cocinero en una base aérea local, siguió el consejo del abogado de oficio y aceptó un acuerdo de reducción de condena, bajo el cual «solo» tendría que pasar cinco años encerrado. Cinco años por cinco porros.

Cuando salió, Drake se encontró que la ley le prohibía votar hasta que pagara 900 dólares en costas judiciales, una tarea imposible, puesto que estaba desempleado y los empleos mal pagados que quizá podría encontrar nunca le permitirían acumular cientos de dólares de ahorro. A todos los efectos prácticos, nunca podrá votar de nuevo. Poco antes de la elección presidencial de 2004 señaló con desesperación:

Me jugué la vida por este país. Para mí, no votar no está bien; conlleva mucha frustración, mucha cólera. Mi hijo está en Irak. En el Ejército, como estuve yo. Mi hijo mayor luchó en el primer conflicto del Golfo Pérsico. Estuvo en los marines. Ahora mismo está allí mi hijo pequeño. Pero yo no puedo votar. Dicen que debo 900 dólares en multas. Para mí, es un impuesto electoral. Tienes que pagar para votar. Es la «restitución», dicen. Salí en libertad condicional el 13 de octubre de 1999, pero todavía no me permiten votar. La última vez que voté fue en 1988. Bush contra Dukakis. Ganó Bush. Yo voté a Dukakis. Si por mí fuera, también apartaría a su hijo con mi voto esta vez. Tengo muchos amigos que están en el mismo caso, sin poder votar. Un montón de tipos que hacen lo mismo que hacía yo. Simplemente marihuana. En Alabama tratan el tema de la marihuana como si hubieras cometido traición o algo así. Participé en la marcha por los derechos de voto de 1965 desde Selma. Tenía 15 años. A los 18 estaba en Vietnam luchando por mi país. ¿Y ahora? Desempleado y no me dejan votar.[56]

---

[56] *Ibid.*

El voto de Drake, junto con los votos de otros millones de personas etiquetados como delincuentes, podría haber marcado la diferencia en 2004. No hay duda de que sus votos habrían cambiado las cosas en el año 2000. Después de las elecciones, salió a la luz que si los 600.000 antiguos reclusos que habían completado su condena en Florida hubieran podido votar, Al Gore habría sido elegido presidente de Estados Unidos en lugar de George W. Bush.[57]

Cuatro años más tarde, empleados del registro electoral del Sur encontraron muchísimos antiguos presos que no se atrevían a registrarse para votar, incluso cuando técnicamente cumplían los requisitos. Tenían miedo de cualquier contacto con las autoridades gubernamentales. Muchos dependían de la seguridad social y les preocupaba que cualquier mínima cosa que hicieran para llamar la atención pudiera poner en riesgo sus cupones de alimentos. A otros, los funcionarios de la condicional les habían dicho que no podían votar y, aunque no era cierto, lo creían, y la información se extendió a la velocidad del rayo. «Si alguien te dice que no puedes votar, ¿cuánto tiempo crees que hace falta para que todos lo sepan?», preguntaba un antiguo recluso. «Son años y años diciéndote que no puedes votar. Vives en un barrio pobre, no cuentas.»[58]

Incluso quienes sabían que podían registrarse temían que hacerlo de alguna forma atraería la atención hacia ellos: quizá acabaran de nuevo en la cárcel. Aunque esto pueda parecer una paranoia, muchos negros del Sur recuerdan vivamente las terribles consecuencias que sufrieron sus padres y abuelos al intentar votar desafiando los impuestos electorales, las pruebas de alfabetización y otros métodos que se adoptaron para evitar el voto negro. Muchos estaban aterrorizados por el Ku Klux Klan. Actualmente, los antiguos convictos viven con un miedo constante a una forma diferente de represión racista: registros arbitrarios por criterios raciales, brutalidad policial y revocación de la condicional. Un periodista de investigación describió la situación de la siguiente manera: «En su gran mayoría, las personas negras [de Misisipi] tienen miedo de cualquier contacto

---

[57] Gail Russell Chaddock, «U.S. Notches World's Highest Incarceration Rate», *Christian Science Monitor*, 18 de agosto de 2003.
[58] Abramsky, *Conned*, p. 207.

con las autoridades, pues consideran que están buscando excusas para volver a encarcelarlos. Barrio tras barrio, los nietos de los pioneros de los derechos civiles de la década de 1950 tienen tanto miedo a votar por culpa de las cárceles y su amenaza como sus abuelos hace medio siglo por la amenaza de las partidas de linchamiento».[59] Nshombi Lambright, del ACLU de Jackson está de acuerdo. «La gente ni siquiera está intentando recuperar su voto», dijo. «Cuesta incluso conseguir que intenten registrarse. Están aterrorizados. Tienen tanto miedo de volver a la cárcel que ni siquiera lo intentan.»[60]

Varias investigaciones señalan que un gran número de elecciones disputadas habrían tenido un resultado diferente si los delincuentes hubieran podido votar, incluidas por lo menos siete campañas al Senado entre 1980 y 2000.[61] El impacto en esas importantes elecciones sin duda hubiera sido mayor si se hubiera tenido en cuenta a todos aquellos a los que se les obstaculizó su derecho al voto. Pero tal como muchos ex convictos se apresuran a destacar, no solo son las «grandes» elecciones las que importan. Uno lo expresaba así: «No tengo derecho a votar en los referéndums escolares que... afectan a mis hijos. No tengo derecho a votar sobre cómo se van a gastar o utilizar mis impuestos, que tengo que pagar sea o no un delincuente, ¿sabe usted? Así que básicamente he perdido toda influencia o control sobre mi Gobierno... Me desquicia pensar que no puedo decir nada porque no me dan voz.»[62]

A los que les restituyen sus derechos de voto, lo describen a menudo como un sentimiento de validación, incluso orgullo. «Ahora tengo voz», dijo Willa Womack, una mujer afroamericana de 44 años que había estado encarcelada por drogas. «Ahora puedo decidir quién será mi gobernador, quién será mi presidente. «Ahora tengo un voto. Me siento alguien. Es un sentimiento de alivio con respecto a mi situación anterior: siento que de hecho, soy alguien».[63]

---

[59] *Ibid.*, pp. 207-208.

[60] *Ibid.*

[61] Christopher Uggen y Jeff Manza, «Democratic Contraction? Political Consequences of Felon Disenfranchisement in the United States», *American Sociological Review*, vol. 67, 2002, p. 777.

[62] Manza y Uggen, *Locked Out*, p. 137.

[63] Abramsky, *Conned*, pp. 206-207.

Los parias

Para los estadounidenses que *no* están atrapados en este sistema de control, es difícil imaginar cómo sería la vida si la discriminación contra ellos fuera perfectamente legal, si no pudieran participar en el sistema político ni siquiera tener derecho a los cupones de alimentos o a la seguridad social y les pudieran negar la ayuda para la vivienda. Sin embargo, por malas que sean estas formas de discriminación, muchos ex convictos opinan que los mecanismos formales de exclusión no son lo peor. Lo peor es la vergüenza y el estigma que te acompaña el resto de tu vida. No es solo la negativa de empleo, sino la mirada que te echa un empresario potencial cuando advierte que «la casilla» ha sido marcada, la manera en que repentinamente se niega a mirarte a la cara. No es solo la negación de la solicitud de vivienda, sino la vergüenza de ser un adulto que tiene que implorar a su abuela un lugar para pasar la noche. No es solo la negación del derecho al voto, sino la vergüenza que uno siente cuando un compañero de trabajo pregunta de manera inocente: «¿A quién vas a votar el martes?».

No hace falta estar condenado formalmente en un tribunal para llevar esta vergüenza y este estigma. Si «tienes pinta» o «pareces» un delincuente, te tratarán con la misma sospecha y desprecio, no solo la policía, los guardias de seguridad o los monitores escolares, sino también la mujer que se cambia de acera para evitarte y los empleados de la tienda que te siguen por los pasillos deseando pillarte in fraganti como «hombre-negro-criminal»: el arquetipo que justifica el Nuevo Jim Crow.[64]

Prácticamente desde la cuna hasta la tumba, los varones negros de los guetos urbanos son tratados como delincuentes actuales o futuros. Se puede aprender a llevar el estigma de la delincuencia, pero igual el estigma de la raza, la etiqueta de la cárcel es algo de lo que un varón negro en el gueto no puede escapar por completo nunca. Para los recién salidos de la cárcel, el dolor es particularmente agudo. Tal como Dorsey Nunn, un ex convicto y cofundador de *All*

---

[64] Véase Kathryn Russell-Brown, *The Color of Crime: Racial Hoaxes, White Fear, Black Protectionism, Police Harassment, and Other Macroaggressions*, Nueva York, New York University Press, 1998, donde acuña el término *hombre-negro-criminal*.

of Us or None, dijo una vez, «El mayor obstáculo que hay que superar cuando sales de la cárcel es la vergüenza, esa vergüenza, ese estigma, esa etiqueta, esa cosa que llevas alrededor del cuello que dice "soy un delincuente". Es como un yugo en el cuello y te tumba, incluso te mata si le dejas». Muchos ex convictos sufren una angustia existencial asociada a su exclusión social permanente. Henry, un afroamericano joven condenado por un delito, explica: «Quebrantaste la ley, eres malo. Quebrantaste la ley, ¡bang! Ya no eres de los nuestros».[65] Ese sentimiento lo comparte una mujer encarcelada actualmente que describe la experiencia de esta manera:

> Cuando salga de aquí será muy difícil para mí, en el sentido de que soy una delincuente, que siempre seré una delincuente… Cuando salga de aquí afectará a mi empleo, afectará a mi educación… la custodia de mis hijos, puede afectar al apoyo infantil, puede afectar a todo: la familia, los amigos, la vivienda… La gente que está condenada por delitos de drogas ni siquiera puede tener acceso a la vivienda nunca más… Si, cumplí mi condena. ¿Durante cuánto tiempo vais a castigarme por ello? Y no solo en teoría, la teoría dice que cuando salga de aquí solo me quedan diez meses, esa es toda la condicional que tengo. Pero la condicional no va a ser todo, es la vivienda, es restablecer el crédito… Quiero decir, incluso ir al colegio, trabajar con la clase de mi hijo, y no soy una delincuente sexual, pero solo hace falta que un padre diga: «¿No es una delincuente? No quiero que esté con mi hijo».[66]

La continuidad del exilio social es a menudo lo más difícil de digerir. Para muchos, parece inconcebible que, por una falta menor, puedas estar sometido a discriminación, burla y exclusión durante el resto de tu vida. *Human Rights Watch*, en un informe en el que documenta las vivencias de las castas bajas de Estados Unidos, cuenta el caso de una mujer afroamericana de 57 años a la que un casera con financiación federal le niega la vivienda de alquiler, debido a una condena menor de la que ni siquiera sabía que estaba en su historial. Tras el

---

[65] Manza y Uggen, Locked Out, p. 154.
[66] *Ibid.*, p. 152.

rechazo de su recurso, preguntó desesperada a su trabajador social: «¿Es que voy a ser una delincuente durante el resto de mi vida?».[67]

Hoy en día, si una persona es condenada por un delito, nunca saldará su «deuda con la sociedad». La «mano cruel» de la que habló Frederick Douglass hace más de 150 años ha aparecido de nuevo. En este nuevo sistema de control, como en el anterior, muchos negros «mantienen la cabeza alta contra el efecto devastador del desprecio y la burla de la nación». Willie Johnson, un hombre afroamericano de 43 años que ha salido recientemente de la cárcel en Ohio, lo explicaba de la siguiente manera:

> Mi condena penal ha sido como un castigo mental, por todos los obstáculos… cada vez que voy a presentar una solicitud de empleo… ha habido tres empresas que me han contratado, y me han dicho que vaya a trabajar al día siguiente. Pero entonces me llaman y me dicen que no vaya, porque tengo un delito. Y eso te destroza, porque piensas que estás a punto de trabajar y te llaman y te dicen que por tu delito no pueden contratarte. Me ha pasado por lo menos una docena de veces. Dos de las veces me deprimí mucho, porque sentía que no era capaz de cuidar de mí mismo. Era como si quisiera rendirme, porque en la sociedad nadie quiere echarnos una mano. Ahora mismo se me considera persona sin hogar, nunca he estado sin casa hasta que salí de la cárcel, y ahora sé lo que se siente al estar sin casa. Si no fuera por mi familia, estaría en las calles, durmiendo a la intemperie… Nosotros los negros tenemos tres cosas en contra: 1) que somos negros y 2) que somos varones negros, y la tercera es un delito. Estas son las tres grandes desventajas que un varón negro tiene en su contra en este país. Tengo amigos que tienen un delito, y tienen grandes dificultades para encontrar un empleo, pero si un varón negro no encuentra un empleo para poder cuidar de sí mismo, se avergüenza de que no puede cuidar de sus hijos.[68]

---

[67] Human Rights Watch, *No Second Chance*, p. 79.

[68] Willie Thompson, entrevistado por Guylando A. M. Moreno, marzo de 2008, Cincinnati, OH.

No es sorprendente que muchos hombres negros conviertan el dolor y la depresión en cólera. Un sacerdote negro de Waterloo, Misisipi, explicaba su ira ante el destino que les espera a los afroamericanos en la era postderechos civiles. «Es un timo», decía con enfado. «La "delincuencia" es la nueva palabra clave. Ya no necesitan llamarte negrata, simplemente dicen que eres un delincuente. En cada gueto hay un número alarmante de jóvenes con condenas penales. Una vez que tienes el sello penal, tu esperanza de encontrar empleo, para cualquier tipo de integración en la sociedad, comienza a desvanecerse. Las acusaciones penales son los linchamientos de ahora. El encarcelamiento es el linchamiento de ahora. Los profesionales son las partidas de linchamiento de ahora. Llevan una chapa, tienen un título de Derecho. Una condena penal es una forma moderna de decir, "te voy a colgar y quemar". Una vez que tienes la "D" de delincuente estás en la hoguera.»[69]

Sorprendentemente, hoy en día no es raro escuchar a los expertos en medios de comunicación, los políticos, los críticos sociales y las celebridades (muy especialmente a Bill Cosby) quejarse de que el mayor problema que tienen los hombres negros es que no tienen «vergüenza». Muchos se preocupan de que haber estado en la cárcel se ha convertido en una señal de honor en algunas comunidades: «un rito de paso» es el término más utilizado en la prensa. Otros defienden que los residentes de los barrios bajos no comparten ya el mismo sistema de valores que la sociedad dominante, y por consiguiente no están estigmatizados por la delincuencia. Sin embargo, tal como afirma Donald Braman, autor de *Doing Time on the Outside*, «Es evidente que la mayoría de los participantes en estos debates han tenido poco contacto directo con las familias y las comunidades que están analizando».[70]

Durante cuatro años, Braman realizó un estudio etnográfico importante sobre las familias afectadas por el encarcelamiento masivo en Washington DC, ciudad en la que tres de cada cuatro jóvenes

---

[69] Abramsky, *Conned*, p. 140.
[70] Donald Braman, *Doing Time on the Outside: Incarceration and Family Life in Urban America,* Ann Arbor, University of Michigan Press, 2004, p. 219.

negros tienen la expectativa de pasar algún tiempo entre rejas.[71] Descubrió que, en contra de lo que la gente cree, los jóvenes etiquetados como delincuentes y sus familias, están profundamente dolidos y estigmatizados por su estatus: «Tienen vergüenza; no solo sienten el estigma del encarcelamiento sino todos los otros estereotipos que lo acompañan: orfandad paterna, pobreza y, a menudo, a pesar de los intentos de que no sea así, merma de amor». Los resultados del estudio de Braman han sido corroborados ampliamente por estudios similares en otros lugares de Estados Unidos.[72]

Estos estudios indican que el mayor problema de la comunidad negra hoy en día no es la «sinvergonzonería» sino el aislamiento profundo, la desconfianza y la alienación provocada por el encarcelamiento masivo. Durante el periodo Jim Crow, los negros estaban profundamente estigmatizados y segregados sobre la base de la raza, pero en sus propias comunidades encontraban apoyo, solidaridad, aceptación…, amor. Actualmente, cuando las personas a las que se les pone la etiqueta de delincuentes vuelven a sus comunidades, a menudo se les recibe con burla y desprecio, no solo por parte de los empresarios, los trabajadores sociales y los funcionarios de la vivienda, sino también por sus propios vecinos, profesores e incluso miembros de sus propias familias. Esto es así, incluso si han sido encarcelados por faltas menores tales como la posesión y venta de pequeñas dosis de droga. A los adolescentes negros se les dice a menudo «no llegarás a nada» o «acabarás en la cárcel, como tu padre», una sugerencia no muy sutil de que esconden en su interior un defecto vergonzante, quizá una tendencia hereditaria, parte de su constitución genética. «Eres un delincuente, eso es lo único que eres. Eres un delincuente que no vale para nada.»[73]

La rabia y la frustración contra los jóvenes negros que vuelven al hogar desde la prisión se puede entender teniendo en cuenta que

---

[71] *Ibid.*, p. 3, cita datos del D.C. Department of Corrections, 2000.

[72] Véase Todd R. Clear, *Imprisoning Communities: How Mass Incarceration Makes Disadvantaged Neighborhoods Worse*, Nueva York, Oxford University Press, 2007, pp. 121-148.

[73] Véase, por ejemplo, Steve Liss, *No Place for Children: Voices from Juvenile Detention*, Austin, University of Texas Press, 2005. Los relatos incluyen a jóvenes que describen el abuso verbal que reciben de sus padres.

vuelven a comunidades que están golpeadas por el desempleo y la delincuencia. Estas comunidades necesitan desesperadamente que sus jóvenes tengan empleos y mantengan a sus familias, en lugar de desperdiciarse en las celdas. Aunque hay un reconocimiento amplio de que la Guerra contra la Droga es racista y de que los políticos han rechazado invertir en empleos o colegios en sus comunidades, los padres de los convictos y ex convictos siguen sintiendo una vergüenza intensa. Vergüenza de que sus hijos se hayan entregado a la delincuencia a pesar de la falta de alternativas evidentes. La madre de un adolescente encarcelado, Constance, describía su angustia de la siguiente manera: «A pesar de lo que puedas sentir que has hecho por tu hijo, se vuelve contra ti, y sientes algo así como: "Bueno, quizá metí la pata. ¿Sabes? Quizá si lo hubiera hecho de esta manera, habría sucedido de esta otra"». Después de la detención de su hijo, no se atrevía a decírselo a los amigos y familiares y mantuvo oculto el sufrimiento familiar. Constance no es la única.

Silencio escalofriante

La investigación etnográfica de David Braman demuestra que el encarcelamiento en masa, lejos de reducir el estigma asociado con la delincuencia, crea de hecho un profundo silencio en las comunidades de color, basado en la vergüenza. La cárcel se considera tan vergonzante que muchas personas evitan mencionarla, incluso en sus propias familias. Algunas, como Constance, se callan porque se culpan a sí mismas del destino de sus hijos y creen que otros les echan la culpa también. Otros se callan porque creen que ocultar la verdad protegerá a los amigos y a los miembros de la familia; por ejemplo: «No sé qué le pasaría a su tía si se entera. Tiene tan buena opinión de él». Otros reivindican que la delincuencia de un ser querido es una cuestión privada, de familia: «Los problemas de uno no son asunto de nadie».[74]

Sorprendentemente, incluso en las comunidades destrozadas por el encarcelamiento masivo, muchas personas que luchan por sobrellevar

---

[74] Braman, *Doing Time on the Outside*, p. 171.

el estigma de la cárcel no tienen ni idea de que sus vecinos están luchando con el mismo dolor, vergüenza y aislamiento. Braman señaló que «cuando preguntaba a los participantes [en la investigación] si conocían a otras personas en el barrio, muchos sabían de uno o dos de los muchos hogares de su manzana en los que había miembros en la cárcel, pero que no se sentían cómodos para hablarlo con los demás».[75] Este tipo de fenómeno en el que la gente malinterpreta la norma ha sido descrito en la los libros de psicología como *ignorancia plural*. Encontramos un ejemplo en estudios sobre novatos en las universidades, que sobreestiman la bebida entre los otros novatos.[76] Cuando se trata de familias de reclusos, sin embargo, la subestimación del grado de encarcelamiento en sus comunidades multiplica su sensación de aislamiento, pues da la impresión de que el encarcelamiento de los miembros de su familia es más anormal de lo que es.

Incluso en la iglesia, lugar donde mucha gente busca consuelo en momentos de dolor y pena, las familias de los reclusos a menudo mantienen en secreto la reclusión de sus hijos o familiares. Tal como contestó una mujer cuando se le preguntó si podía buscar apoyo entre los miembros de la iglesia: «¿La iglesia? No me atrevería a decírselo a nadie en la iglesia».[77] Lejos de ser un lugar de consuelo o refugio, las iglesias pueden ser lugares donde el juicio, la vergüenza y el desprecio se sienten más agudamente. Los servicios en las iglesias a las que acuden personas negras contienen con frecuencia una fuerte mezcla de preocupación por los menos afortunados y una llamada a la responsabilidad personal. Tal como Cathy Cohen ha señalado, los sacerdotes y los miembros de las congregaciones negras han ayudado a desarrollar lo que ella denomina «la imagen autóctona del "buen negro cristiano"».[78] Las iglesias de negros, en este relato cultural, son lugares donde está la «buena» gente negra de la comunidad. Por eso, el encarcelamiento de un hijo o un familiar (o el de uno mismo) se

---

[75] *Ibid.*, p. 219, fn. 2.

[76] Véase Deborah A. Prentice y Dale T. Miller, «Pluralistic Ignorance and Alcohol Use on Campus: Some Consequences of Misperceiving the Social Norm», *Journal of Personality and Social Psychology,* vol. 64, n°. 2, 1993, pp. 243-256.

[77] Braman, *Doing Time on the Outside*, p. 216.

[78] Cathy Cohen, *The Boundaries of Blackness: AIDS and the Breakdown of Black Politics,* Chicago, University of Chicago Press, 1999, p. 287.

vive como un fracaso personal, un fracaso de responsabilidad personal, y la iglesia puede ser una fuente de nuevo dolor, más que de consuelo.

Quienes han tenido experiencias positivas de aceptación y cariño tras revelar la situación de alguien querido (o la de uno mismo) señalan que les ha ayudado a llevarlo mejor. Sin embargo, incluso tras experiencias tan positivas, la mayoría de los miembros de la familia siguen comprometidos con mantener un estricto control sobre quién sabe y quién no sabe de la situación de un ser querido. De acuerdo con Braman, ni un solo miembro de las familias en su estudios «se ha "abierto" totalmente a su comunidad en la iglesia y en el trabajo».[79]

Hacerse pasar (El retorno)

Mentir sobre los miembros de la familia que están en la cárcel es otra estrategia común para sobrellevarlo: una forma de hacerse pasar por algo diferente. Así como los negros de piel clara durante la época de Jim Crow a veces cortaban las relaciones con los amigos y la familia para «hacerse pasar» por blancos y disfrutar de la movilidad ascendente y los privilegios asociados con los blancos, hoy en día muchos miembros de familias de reclusos mienten e intentan esconder la situación de sus familiares en un intento de mitigar el estigma de la delincuencia. Esto se da especialmente en el trabajo, en contextos laborales donde los miembros de la familia se relacionan con personas que creen que no podrían entender por lo que están pasando.

Ruth, una mujer cuyo hermano menor está en la cárcel, dice que nunca mencionaría a su hermano delante de sus compañeros o su jefe, aunque comparten desde hace tiempo detalles de sus vidas personales. «A mi jefe le cuento cosas, pero esto no, esto fue demasiado, y desde luego ha hecho que hablar con él sea imposible, bueno desde luego más difícil. Quiere saber cómo está mi hermano. No puedo decírselo, ¿qué sabe él de la cárcel?»[80] Cuando se le pidió que explicara por qué sus compañeros y jefes iban a tener problemas para entender la encarcelación

---

[79] Braman, *Doing Time on the Outside*, p. 174.
[80] *Ibid.*, p. 184.

de su hermano, Ruth explicó que no solo era la cárcel, sino «todo»: todo lo relacionado con la raza. Como ejemplo, mencionó las noches en las que sale tarde del trabajo: «Le digo a mi jefe todo el rato, le digo, "si quieres que coja un taxi sal tú y párame uno. No voy a salir ahí fuera y esperar veinte minutos a un taxi porque me arrollarán para llegar a donde estás tú"... Él es blanco, sabe, así que no entiende la diferencia, porque es de Seattle, Washington. Me mira alucinado, como diciendo: "¿De qué estás hablando?"».[81]

Muchos antiguos presos y familias de reclusos intentan desesperadamente que se les perciba como parte de una clase moderna que progresa, incluso si su nivel de renta no los sitúa ahí. Los ex reclusos mienten (al negarse a marcar la casilla en las solicitudes de empleo) y los miembros de la familia mienten por omisión u ofuscación, porque desgraciadamente son conscientes de los estereotipos de intransigencia histórica relacionados con las familias disfuncionales de delincuentes que impregnan no solo las discusiones públicas de la ciudad, sino también a la comunidad negra en general. Esta percepción puede llevarles más allá de la vergüenza, hacia el odio a sí mismos.

La madre de un adolescente encarcelado describía el odio hacia sí mismos que percibía en la comunidad negra de esta manera:

> Durante toda la vida te enseñan que no eres una persona que merezca la pena o que fallas en algo. Así que no te respetas a ti mismo. Ya ves, la gente de color tiene, no todos pero muchos, una autoestima muy baja, porque nos han marcado. Nos odiamos a nosotros mismos, ¿sabes? Nos han programado para pensar que hay algo que está mal dentro de nosotros. Nos odiamos a nosotros mismos.[82]

Este odio hacia sí mismo, explicaba, no solo afecta a los jóvenes que están metidos en problemas y cumpliendo las expectativas negativas de la comunidad. Ese sentimiento es también parte del motivo por el que la gente de su barrio no habla entre sí sobre el impacto de la encarcelación en sus familias y en sus vidas. En su barrio, donde casi

---

[81] *Ibid.*, p. 185.
[82] *Ibid.*, p. 186.

solo viven negros, a ella le preocupa lo que los vecinos pensarán si revela que su hija ha sido etiquetada como delincuente: «Es duro porque, como digo yo... nos han etiquetado como mala gente para toda la vida».[83]

El silencio que engendra este estigma entre los miembros de la familia, los vecinos, los amigos, los parientes, los compañeros de trabajo y los extraños es quizá el aspecto más doloroso (a pesar de ser el menos reconocido) del nuevo sistema de control. El antropólogo histórico Gerald Sider escribió: «No es posible comprender ninguna cultura sin conocer los silencios que se crearon institucionalmente y quedaron garantizados en ella».[84] No hay ningún lugar donde esa observación tenga más relevancia en la sociedad estadounidense hoy en día que en la cultura de la reclusión masiva.

Las descripciones del silencio que se ciernen sobre el encarcelamiento masivo son escasas porque la gente (ya sean científicos sociales, jueces, políticos o periodistas) está normalmente más interesada en lo que se dice, se hace u ocurre que en el negativo campo del silencio y el aislamiento que acecha por debajo de la superficie. Pero, tal como señala apropiadamente Braman, los que viven en las sombras de este silencio quedan devaluados como seres humanos:

> En su silencio estas familias sufren una represión del ser. El distanciamiento de la madre o la esposa de sus amistades en la iglesia y el trabajo, lo que se calla entre amigos, el silencio persistente de los niños que se callan lo que para ellos es una información profunda e importante, todo son indicadores significativos de los efectos sociales de la cárcel. Cuando las relaciones entre la familia y los amigos se distancian o se falsean, no solo disminuye la comprensión entre sus miembros, sino que, como seres sociales que somos, ellos mismos quedan disminuidos.[85]

---

[83] *Ibid.*

[84] Gerald Sider, «Against Experience: The Struggles for History, Tradition, and Hope Among a Native American People», *Between History and Histories*, Gerald Sider y Gavin Smith (eds.), Toronto, University of Toronto Press, 1997, pp. 74-75.

[85] Braman, *Doing Time on the Outside*, p. 220.

El daño que provoca este silencio social, va más allá de lo inter-personal. El silencio, empujado por el estigma y el miedo a la ver-güenza, tiene como resultado una represión del pensamiento públi-co, una negación colectiva de la experiencia sufrida. Tal como señala Braman, «al expulsar de la vista pública los problemas a los que estas familias se enfrentan en sus acciones más simples y fundamentales (vivir juntos y cuidarse entre ellos), este silencio social general hace que parezca como si [las familias de los guetos] fueran simplemente "así": rotas, sin valor, irreparables».[86] También hace que la recupera-ción de la comunidad y la acción política colectiva sea algo práctica-mente imposible.

Amor *gangsta*

Para algunos, la idea de que las comunidades negras están profunda-mente estigmatizadas y avergonzadas por la delincuencia no es lógica: si la encarcelación en muchas zonas urbanas es la norma estadística, ¿por qué no está también aceptada socialmente? Es verdad que la encarcelación se ha «normalizado» en las comunidades de los guetos. En las grandes ciudades de Estados Unidos, la mayoría de los jóvenes negros están controlados por el sistema de justicia penal o llevan ya a cuestas un historial penal. Pero el hecho de que la etiqueta de la cárcel se haya normalizado no significa que sea considerada generalmente como aceptable. Las personas pobres de color, como el resto de los estadounidenses, de hecho, como prácticamente todas las personas del mundo, desean calles seguras, comunidades pacíficas, familias saluda-bles, buenos empleos y oportunidades significativas para contribuir a la sociedad. La idea de que las familias de los guetos no desean esas cosas, y en cambio están perfectamente felices viviendo en comuni-dades dominadas por la delincuencia, sin sentir vergüenza o remor-dimientos sobre el destino de sus jóvenes es simplemente racista. Es imposible imaginar que pensáramos tal cosa de los blancos.

¿Qué hay del *gangsta rap* y la cultura de la violencia que ha sido adoptada por tantos jóvenes negros? ¿No hay algo de razón en la idea

---

[86] *Ibid.*

de que la cultura negra ha cambiado en los últimos años, como reflejan los jóvenes plantados en las esquinas con los pantalones colgando por debajo del trasero? ¿Y los raperos que presumen de pegar a sus «zorras» y de ir a la cárcel? ¿No hay algo de razón en preguntarse si la comunidad negra, hasta cierto punto, ha perdido su equilibrio moral?

La respuesta fácil es decir que sí y reprender a los que se están portando mal. Es el camino más trillado y no ha servido para nada. Los medios de comunicación adulan a Bill Cosby y a otros famosos cuando sueltan sus severos sermones al público negro, sobre que los varones negros no son buenos padres y no consiguen llevar vidas respetables. Actúan como si este fuera un mensaje que el público negro no ha oído ya muchas veces antes por parte de sus sacerdotes, miembros de su familia y políticos que hablan sobre la necesidad de tener más «responsabilidad personal». Muchos parecen auténticamente sorprendidos de que los negros del público aplaudan estos mensajes; parece que es noticia que las personas negras piensen que los hombres deben ser buenos padres y ayudar a mantener a sus familias.

La respuesta más difícil, la más valiente, es decir que sí, que sí deberíamos estar preocupados por el comportamiento de los hombres atrapados en las comunidades de los guetos, pero que el fracaso profundo de moralidad es nuestro. El economista Glenn Loury planteó la siguiente pregunta: «¿Estamos dispuestos a enquistarnos en una sociedad que crea condiciones de delincuencia endémica para algunos de sus miembros y después lleva a cabo rituales de castigo contra ellos como si estuviéramos cumpliendo una especie de horrendo sacrificio humano?». Se puede plantear una pregunta parecida respecto a avergonzar a quienes están atrapados en los guetos: ¿estamos dispuestos a demonizar a una población, declararle la guerra y después dar un paso atrás y arrojar vergüenza y desprecio sobre ella porque no se comportan como ciudadanos modelo mientras están siendo atacados?

En este asunto ayuda dar un paso atrás y situar en la perspectiva adecuada el comportamiento de los jóvenes negros que parecen adoptar la «cultura *gangsta*». No hay absolutamente nada anormal o sorprendente en que un grupo fuertemente estigmatizado adopte su estigma. Ya hace mucho tiempo que la psicología señaló que cuando las personas se sienten desesperadamente estigmatizadas, una fuerte estrategia para sobrellevarlo (a menudo el único camino viable hacia la autoestima) es adoptar el estigma de uno mismo. De ahí, «lo negro es bello» y el «orgullo gay», himnos y consignas de movimientos políticos cuyo objetivo es terminar no solo con la discriminación legal sino con el estigma que la justificó. Desde luego, el hecho de adoptar el propio estigma nunca es solamente una maniobra psicológica; es una acción política: una acción de resistencia y desafío en una sociedad que busca debilitar a un grupo basándose en un rasgo inalterable. Tal como señaló un activista gay, «solo adoptando totalmente el propio estigma puede uno neutralizar la herida y reírse de ella».[87]

Para los jóvenes negros, seguidos constantemente por la policía, avergonzados por profesores, familiares y personas desconocidas, adoptar el estigma de la criminalidad es un acto de rebelión: un intento de crearse una identidad positiva en una sociedad que solo les ofrece burlas, desprecio y vigilancia constante. Ronnie, un afroamericano de dieciséis años en libertad condicional por un delito relacionado con drogas, lo explica de la siguiente manera:

Mi abuela no para de preguntarme cuándo me van a detener de nuevo. Piensa que como ya estuve dentro caeré otra vez… En el colegio mis profesores hablan de llamar a la poli de nuevo para que me lleven… Un poli me sigue vigilando. Está siempre en el parque asegurándose de que no me meto en líos otra vez… Mi agente de la condicional se pasa el día llamando a la puerta dándome la chapa. Incluso en el *BYA* [la organización local de desarrollo de los jóvenes] el personal me trata como si fuera un fracaso… las cosas no cambian. No importa a dónde vaya, me ven como un delincuente. Y digo yo, si me tratáis como un delincuente entonces voy a trataros como si lo fuera, ¿comprendéis? Os voy a hacer temblar, para que podáis decir que es lógico llamarme delincuente… Crecí sabiendo que tenía que demostrar a estos locos [adultos que criminalizan a la juventud] que no iba a aceptar su mierda. Empecé a actuar como un gamberro aunque no lo

---

[87] James Thomas Sears, *Growing Up Gay in the South: Race, Gender, and Journeys of the Spirit*, Nueva York, Routledge, 1991, p. 257.

fuera… en parte era yo intentando ser duro, pero también eran ellos tratándome como si fuera un delincuente.[88]

El problema, por supuesto, es que adoptar la delincuencia aunque sea una respuesta natural al estigma es inherentemente derrotista y destructivo. Mientras que «lo negro es bello» es un antídoto poderoso contra la lógica de Jim Crow y el «orgullo gay» es un lema liberador para quienes desafían la homofobia, el corolario natural para los jóvenes atrapados en los guetos en la era de la encarcelación masiva es algo parecido al «amor *gangsta*». Mientras que la orientación racial y sexual son aspectos de la propia identidad que se pueden adoptar sin problemas, la delincuencia por sí misma ciertamente no lo es. La Guerra contra la Droga ha multiplicado los problemas asociados con la adicción a las drogas en lugar de solucionarlos, pero sin embargo sigue siendo un hecho que la violencia asociada con el tráfico ilegal de drogas es terrible. La delincuencia negra perjudica a la comunidad negra y no hace ningún favor al convicto individual.

Así que aquí está la paradoja y el dilema de los jóvenes negros etiquetados como delincuentes. Se ha declarado una guerra contra ellos y han sido atrapados por exactamente los mismos delitos que pasan mayoritariamente ignorados en las comunidades blancas de clase media y alta: posesión y venta de drogas ilegales. Para los que viven en las comunidades de los guetos, el empleo escasea, a veces no existe. Los colegios situados en los guetos se parecen más a cárceles que a lugares de aprendizaje, creatividad o desarrollo moral. Y como la guerra contra las drogas dura ya décadas, los padres de los niños de ahora ya fueron objetivo de la Guerra contra la Droga en su momento. Como resultado, muchos padres están en la cárcel y los que están «libres» cargan con la etiqueta de la cárcel. A menudo no pueden contribuir significativamente a la familia. En esta situación, ¿cómo puede sorprender que muchos jóvenes adopten su identidad estigmatizada como forma de sobrevivir en este nuevo sistema de castas? ¿Deberíamos sorprendernos cuando se refugian en las bandas

---

[88] Victor M. Rios, «The Hyper-Criminalization of Black and Latino Male Youth in the Era of Mass Incarceration», manuscrito no publicado, en el archivo del autor.

o en otros compañeros para apoyarse cuando no hay ninguna estructura de apoyo viable en la familia? Después de todo, en muchos aspectos simplemente están haciendo lo que los negros hicieron durante la época de Jim Crow: se apoyan entre ellos para buscar consuelo en una sociedad que les desprecia.

Sin embargo, cuando estos jóvenes hacen lo que hacen todos los grupos fuertemente estigmatizados, es decir intentar sobrellevar la situación mediante el apoyo mutuo y adoptando su estigma en un intento desesperado de recuperar cierta autoestima, nosotros, como sociedad, volcamos más vergüenza y desprecio sobre ellos. Les decimos que sus amigos no son «buenos», que «no serán nada», que están «desperdiciando su vida» y que «no son más que delincuentes». Criticamos sus pantalones anchos (una tendencia de la moda que imita los pantalones de la cárcel) y la música que glorifica un tipo de vida que muchos sienten que no pueden evitar. Cuando hemos terminado de avergonzarlos, clamamos al cielo y les damos la espalda mientras los llevan en dirección a la cárcel.

Los espectáculos Minstrel[89]

Nada de lo anterior debe interpretarse como una disculpa de la violencia, decadencia o misoginia presente en lo que ha llegado a conocerse como cultura *gangsta*. Las imágenes y los mensajes son tremendamente dañinos. Una noche cualquiera, solo hace falta dedicar unos pocos minutos a recorrer los canales de televisión durante la hora de máxima audiencia para toparse con imágenes de cultura *gangsta,* son tan familiares que no hace falta explicar nada más. A menudo, estas imágenes parten de los *reality shows BET* (de temas negros) y entonces se consideran expresiones «auténticas» de las actitudes, la cultura y las costumbres negras.

---

[89] Los *minstrel shows* son un género de teatro musical de Estados Unidos entre 1840 y 1900. En estos espectáculos los actores blancos se pintaban la cara de negro y parodiaban la cultura negra, a la vez que reforzaban sus propios estereotipos acerca de la misma. Hacia 1855 comenzaron también a actuar actores negros, que se pintaban la cara para exagerar sus rasgos. (*N. de las TT.*)

Sin embargo, una vez más resulta útil colocar la comercialización de la cultura *gangsta* en una perspectiva adecuada. Lo peor del *gangsta rap* y otras formas de *blaxplotation* (tales como *Flavor of Love* de la cadena VH1) se comprende mejor si se ve como un *minstrel show* actualizado. Solo que esta vez televisado a todas horas para un público global. Es una exhibición con ánimo de lucro de los peores estereotipos raciales y de las imágenes asociadas con la época de la reclusión masiva: una época en la que las personas negras son criminalizadas y retratadas como personas sin control, sin vergüenza, violentas, hipersexuadas y generalmente no merecedoras de nada.

Como los *minstrel* de las épocas de la esclavitud y de Jim Crow, las exhibiciones actuales están diseñadas generalmente para el público blanco. La mayoría de los consumidores del *gangsta rap* son adolescentes blancos de los barrios residenciales. El canal VH1 obtuvo sus mejores índices de audiencia durante la primera temporada de *Flavor of Love*, conseguidos gracias al público blanco. El canal MTV ha aumentado su oferta de *reality shows* de temas negros con la esperanza de atraer al mismo público masivo. Los beneficios que se obtienen con los estigmas raciales son considerables, y el hecho de que los negros (al igual que los blancos) traten la opresión racial como un artículo de consumo no resulta sorprendente. Es una conocida forma de complicidad negra con los sistemas de control racial.

Muchas personas no son conscientes de que, aunque los *minstrel* estaban claramente diseñados para hacer el juego al racismo blanco y conseguir que los blancos se sintieran cómodos con la opresión racial (de hecho, que se divirtieran con ella), los afroamericanos aportaron una gran parte del público de los *minstrel*. De hecho, en algunas zonas eran tantos que los propietarios de los teatros tuvieron que relajar las normas que segregaban a los clientes negros y los limitaban a ocupar solo ciertas partes del teatro.[90]

Los historiadores han debatido largamente por qué asistían los negros a los *minstrel shows* si las imágenes y el contenido eran tan brutalmente racistas. Los *minstrels* proyectaban una imagen de la vida negra en las plantaciones profundamente romántica y exagerada,

---

[90] Robert Toll, *Blacking Up: The Minstrel Show in Nineteenth-Century America*, Nueva York, Oxford University Press, 1974, p. 227.

con esclavos contentos, sencillos y sonrientes, siempre dispuestos a cantar, bailar y agradar a sus amos. Algunos han sugerido que quizá los negros aceptaron la broma riéndose de los personajes exagerados debido a un sentido de «identificación intragrupal».[91] También se ha alegado que quizá sintieran algún tipo de conexión con elementos de la cultura africana que había sido suprimida y condenada durante tanto tiempo y que ahora aparecían repentinamente en escena, aunque en una expresión racista y exagerada.[92] Sin embargo, es innegable que una atracción importante para el público negro era simplemente ver a compañeros afroamericanos en escena. Los intérpretes negros eran considerados celebridades, ganaban más dinero y conseguían más fama de la que los afroamericanos habían disfrutado nunca.[93] Representaron la primera oportunidad a gran escala para que los afroamericanos entraran en el mundo del espectáculo. Hasta cierto punto, los intérpretes negros (por muy degradante que fuera su actividad) representaban el éxito.

Es probable que los historiadores algún día estudien las imágenes de los negros en los vídeos de *gangsta rap* con una curiosidad parecida. ¿Por qué estos jóvenes, objetivo de una brutal guerra contra la droga, montarían un espectáculo que trata de forma romántica su propia criminalización y la glorifica? ¿Por qué suscribirían abiertamente estos jóvenes y perpetuarían los mismos estereotipos que se invocan para justificar su situación de segunda categoría y su exclusión de la sociedad dominante? Puede que los historiadores descubran que las respuestas no son tan diferentes de las respuestas al misterio de los actores de *minstrel*.

Es importante recordar, sin embargo, que muchos artistas de hiphop no adoptan ni perpetúan los peores estereotipos raciales asociados con el encarcelamiento masivo. Artistas como Common, por ejemplo, articulan una crítica aguda de la política y la cultura estadounidenses y rechazan la misoginia y la violencia predicada

---

[91] *Ibid.*, p. 258.
[92] Mel Watkins, *On the Real Side: Laughing, Lying and Signifying: The Underground Tradition of African-American Humor That Transformed American Culture, from Slavery to Richard Pryor,* Nueva York, Simon & Schuster, 1994, pp. 124-129.
[93] *Ibid.;* véase también Toll, *Blacking Up,* p. 226.

por los raperos *gangsta*. Y mientras que el rap se asocia a menudo con la «vida *gangsta*» en la prensa comercial, los orígenes de la cultura rap y hip hop no provienen de una ideología de proscritos. Cuando nació el rap, las primeras estrellas que surgieron no rapeaban sobre la vida *gangsta* sino sobre «Mis Adidas» y los buenos momentos en el barrio con canciones como «Rapper's Delight». La música rap cambió después de que la Guerra contra la Droga se acelerara y miles de jóvenes negros de pronto fueran barridos de las calles y metidos en las cárceles. La violencia en las comunidades urbanas estalló, no solo por la nueva droga (el crac) sino también por la represión masiva, que alteró radicalmente el curso tradicional de la vida de los jóvenes negros. Cuando la ola de la marea represora, el estigma y la desesperación se abatieron sobre las comunidades pobres de color, los que fueron demonizados, no solo en la prensa comercial sino también en sus propias comunidades, hicieron lo que hacen todos los grupos estigmatizados: lucharon para mantener una identidad positiva adoptando su estigma. El *gangsta rap*, aunque pueda parecer poco más que un *minstrel show* cuando sale en el canal MTV a día de hoy, tiene sus raíces en la lucha por una identidad positiva entre los proscritos.

El antídoto

Resulta difícil mirar fotos de negros actuando en *minstrel shows* durante la época de Jim Crow. Es casi inconcebible que las personas negras se embadurnaran la cara con pintura negra, los labios con pintura blanca, posaran con una sonrisa de payaso exagerada y brincaran por el escenario para solaz del público blanco, que se desternillaba al ver como los negros representaban los peores estereotipos racistas que justificaban la esclavitud y después el Jim Crow. Las imágenes son tan penosas que producen una reacción visceral inmediata. El daño producido por la complicidad de los actores negros con el régimen de Jim Crow fue considerable. Aun así, ¿odiamos al actor?, ¿lo despreciamos?, ¿o lo entendemos como una expresión desgraciada de la época?

La mayoría de la gente de cualquier raza probablemente condenaría el *minstrel show* pero no al actor como persona. La piedad, más que el desprecio parece la respuesta probable. ¿Por qué? A posteriori, vemos al intérprete en su contexto social, haciendo el tonto para el público blanco, estaba devolviéndole la vergüenza y el desprecio proyectado sobre él. Puede que consiguiera ganarse bien la vida de esa manera, incluso ser tratado como una celebridad, pero desde la perspectiva actual observamos el vacío, el dolor.

Cuando el sistema de reclusión masiva se derrumbe (y si la historia sirve de guía, lo hará), los historiadores lo analizarán y se quedarán estupefactos de que un modelo tan extraordinariamente completo de control social racista existiera en Estados Unidos. Qué interesante, dirán probablemente, que una guerra contra las drogas fuera lanzada casi exclusivamente contra la gente pobre de color, gente que ya estaba atrapada en los guetos, que no tenía empleo ni colegios decentes. Fueron detenidos por millones, metidos en cárceles y cuando salían estaban estigmatizados de por vida, no tenían derecho a votar y se les arrojaba a un universo de discriminación. Con la prohibición legal de empleo, vivienda y prestaciones sociales (y cargadas con miles de dólares de deudas), estas personas fueron avergonzadas y condenadas por no conseguir mantener a sus familias unidas. Fueron castigadas por sucumbir a la depresión y a la ira y se las culpó por volver a la cárcel. Los historiadores se preguntarán probablemente por qué describíamos el nuevo sistema de castas como un modelo de control de la delincuencia, cuando es difícil imaginar un sistema mejor diseñado para crear, en lugar de prevenir, delincuencia.

Nada de esto quiere sugerir que los que infringen la ley no sean responsables de su conducta o meros «productos de su entorno». Negar la actuación individual de los atrapados por el sistema, su capacidad de superar probabilidades supuestamente imposibles, sería negar un elemento esencial de su humanidad. Como seres humanos, no somos organismos o animales que simplemente respondemos a los estímulos. Tenemos una identidad superior, la capacidad para trascender.

Sin embargo nuestra capacidad para ejercitar la voluntad libre y trascender los obstáculos más extraordinarios no convierte nuestras condiciones de vida en irrelevantes. La mayoría de nosotros lucha y a menudo fracasa ante los mayores desafíos de nuestra vida. Incluso los desafíos menores, como abandonar un mal hábito o seguir un régimen alimenticio, a menudo resultan demasiado difíciles, incluso para quienes somos relativamente privilegiados y tenemos una vida cómoda.

De hecho, lo más destacable sobre los cientos de miles de personas que vuelven de la cárcel a sus comunidades cada año no es cuántos fracasan, sino cuántos consiguen sobrevivir y mantenerse lejos de la cárcel contra toda probabilidad. Si tenemos en cuenta el diseño de este nuevo sistema de control, es sorprendente que tantas personas etiquetadas como delincuentes consigan cuidar y alimentar a sus hijos, mantener matrimonios, conseguir empleo y comenzar negocios. Quizá los más heroicos son los que, cuando salen, fundan organizaciones de justicia social que desafían la discriminación contra los ex convictos y proporcionan un apoyo tremendamente necesario a los recién salidos de la cárcel. Estos héroes pasan desapercibidos a los políticos que prefieren culpar a quienes fracasan, en lugar de alabar con admiración y estupefacción a todos los que consiguen sobrevivir a pesar de los obstáculos aparentemente infranqueables. Como sociedad, nuestra decisión de arrojar vergüenza y desprecio sobre los que luchan y fracasan en un sistema diseñado para mantenerlos encerrados y aislados dice más sobre nosotros mismos que sobre ellos.

Hay otro camino. En lugar de avergonzar y condenar a un grupo que ya está profundamente estigmatizado, podemos adoptarlos colectivamente, no su comportamiento sino a ellos, a su humanidad. Tal como se dice, «Hay que odiar el delito, pero amar al delincuente». Esto no es un simple tópico; es una receta para la liberación. Si hubiéramos aprendido a mostrar amor, cariño, compasión y preocupación por los temas raciales durante el Movimiento de Derechos Civiles, en lugar de neutralizar el color, el encarcelamiento masivo no existiría actualmente.

5

EL NUEVO SISTEMA JIM CROW

L a mañana en la que el candidato a la presidencia Barack Obama se subió al podio de la Iglesia Apostólica de Dios de Chicago, no era la de un domingo cualquiera. Era el Día del Padre. Cientos de feligreses entusiastas abarrotaban los bancos de la iglesia, mayoritariamente negra, deseosos de oír al primer negro nominado para presidente de Estados Unidos por los demócratas.

El mensaje era el de siempre: los varones negros debían ser mejores padres, hay demasiados que están ausentes de sus hogares. Para las personas del público, el discurso de Obama era una vieja canción interpretada por un nuevo actor fascinante. Su mensaje de responsabilidad personal, especialmente en lo relacionado con la paternidad, no era nuevo en absoluto; había sido pronunciado innumerables veces por sacerdotes negros en iglesias de todo el país. También en la escena nacional, por personajes famosos como Bill Cosby y Sidney Poitier, y con gran pasión por Louis Farrakhan, que hacía más de una década había atraído a un millón de hombres negros a Washington DC para una jornada de «desagravio» y recuperación del compromiso con sus familias y comunidades.

La prensa comercial, sin embargo, trató el tema como una gran noticia y muchos analistas parecieron sorprenderse de que los feligreses negros aplaudieran el mensaje. Para ellos, resultaba extraordinario que las personas negras asintieran con aprobación cuando Obama decía: «Si somos sinceros, admitiremos que hay demasiados padres desaparecidos: desaparecidos de demasiadas vidas y de demasiados hogares. Demasiados padres están desaparecidos en combate. Demasiados son desertores. Han desertado de sus responsabilidades. Actúan como niños en lugar de hombres y los fundamentos de nuestras familias son más débiles por ello. Sabemos que esto es así en todas partes, pero en ningún sitio tanto como en la comunidad afroamericana».

Los medios de comunicación no preguntaron y Obama no dijo dónde podían encontrarse los padres desaparecidos.

Al día siguiente, el crítico social y sociólogo Michael Eric Dyson publicó una reseña del discurso de Obama en la revista *Time*. Señaló que el estereotipo de que los varones negros sean malos padres podía perfectamente ser falso. Las investigaciones de la psicóloga social del Boston College, Rebekah Levine Coley, han demostrado que los padres negros que no vivían en el hogar son más proclives a mantener contacto con sus hijos que los padres de cualquier otro grupo étnico y racial. Dyson reprendió a Obama por sacar a relucir un estereotipo negro para obtener un beneficio político, señalando que «las palabras de Obama puede que se hayan pronunciado ante personas negras, pero estaban dedicadas a los blancos que todavía dudan sobre a quién enviar a la Casa Blanca».[1] La reseña de Dyson era justa, pero como otros analistas mantenía silencio sobre dónde se podía encontrar a todos los padres negros ausentes. Identificó numerosos problemas sociales que afectan a las familias negras, como los altos niveles de desempleo, las prácticas discriminatorias de las hipotecas y la destrucción de programas de aprendizaje para niños pequeños. No se decía ni una palabra sobre las cárceles.

El discurso público en relación a los «padres negros desaparecidos» se asemeja mucho al debate sobre la falta de hombres negros que puedan ser candidatos al matrimonio. La mayoría de las mujeres negras no está casada actualmente, incluyendo el 70% de las mujeres negras que desempeñan profesiones.[2] «¿Adónde han ido a parar todos los hombres negros?»[3] es un estribillo común que puede escucharse

---

[1] Michael Eric Dyson, «Obama's Rebuke of Absentee Black Fathers», *Time*, 19 de junio de 2008.

[2] Sam Roberts, «51% of Women Now Living with a Spouse», *The New York Times*, 16 de enero de 2007.

[3] Hace referencia a la mítica canción de Pete Seeger y Joe Hickerson *Where have all the flowers gone?*, que fue un himno contra la guerra y que ha sido versionada y traducida por muchos músicos en el mundo entero. (*N. de las TT.*)

a las mujeres negras frustradas en sus esfuerzos por encontrar compañeros para toda la vida.

La sensación de que los hombres negros han desaparecido está bien fundada, el Secretariado del Censo de Estados Unidos informó en 2002 que hay casi tres millones más de mujeres negras adultas que de hombres. Una diferencia de género del 26%.[4] En muchas zonas urbanas la diferencia es todavía peor: en la ciudad de Nueva York, por ejemplo, se eleva por encima del 37%. Para los blancos, ese porcentaje es del 8%.[5] Aunque un millón de hombres negros se encuentra en la cárcel, el reconocimiento público del papel del sistema judicial en las «desapariciones» de hombres negros es escaso. Incluso en los medios de comunicación negros, que generalmente están más dispuestos a presentar y debatir asuntos relacionados con la justicia penal, aparece un silencio tenebroso.[6]

La revista *Ebony*, por ejemplo, publicó un artículo en diciembre de 2006 titulado «¿Adónde han ido a parar los hombres negros?». El autor planteaba la conocida pregunta pero no la respondía.[7] Sugería que encontraremos a nuestros hombres negros cuando nos reencontremos con Dios, la familia y la autoestima. Un enfoque más cínico fue adoptado por Tyra Banks, la popular presentadora de televisión, que dedicó un programa en mayo de 2008 a la recurrente pregunta «¿Adónde han ido a parar todos los buenos hombres negros?». Se preguntaba en voz alta si las mujeres negras no pueden encontrar «buenos hombres negros» porque muchos de ellos son homosexuales o gays o salen con mujeres blancas. No se mencionaba la Guerra contra la Droga o la encarcelación masiva.

El hecho de que Barack Obama pueda dar un discurso el Día del Padre dedicado a los padres que han desertado sin reconocer en ningún momento que la mayoría de los jóvenes negros en muchas de las grandes zonas urbanas están actualmente bajo el control del

---

[4] Véase Jonathan Tilove, «Where Have All the Men Gone? Black Gender Gap Is Widening», *Seattle Times*, 5 de mayo de 2005; y Jonathan Tilove, «Where Have All the Black Men Gone?», *Star-Ledger*, Newark, 8 de mayo de 2005.

[5] *Ibid.*

[6] Consulte Salim Muwakkil, «Black Men: Missing», *In These Times*, 16 de junio de 2005.

[7] G. Garvin, «Where Have the Black Men Gone?», *Ebony*, diciembre de 2006.

sistema de justicia penal es como mínimo alarmante. Sin embargo, es más problemático que prácticamente nadie en la prensa comercial señalara la omisión. No podemos esperar nada de Tyra Banks, pero ¿no deberíamos esperar algo más de *The New York Times* y de la *CNN*? Hay cientos de miles de hombres negros que no pueden ser buenos padres para sus hijos, no por falta de compromiso o deseo, sino porque están almacenados en las cárceles, encerrados en jaulas. No han abandonado a sus familias voluntariamente, se les sacó de sus barrios esposados, en muchos casos debido a un programa federal masivo conocido como la Guerra contra la Droga.

Hoy en día hay más adultos afroamericanos bajo control penal (en la cárcel o en libertad condicional) de los que estaban esclavizados en 1850, una década antes de que empezara la Guerra Civil.[8] La encarcelación masiva de gente de color es la razón principal por la que un niño negro que nazca hoy tiene menos probabilidades de ser criado por ambos progenitores que un niño negro nacido durante la esclavitud.[9] La ausencia de padres negros en las familias de Estados Unidos no es simplemente culpa de la pereza, la falta de madurez o de pasar demasiado tiempo viendo deportes en televisión. A miles de hombres negros se los han tragado las cárceles, encerrados por delitos de drogas que son mayoritariamente ignorados cuando los cometen los blancos.

Se ha dado marcha atrás al progreso racial en Estados Unidos, aunque parece que casi nadie se da cuenta. Todas las miradas están fijadas en Barack Obama y Oprah Winfrey, que han desafiado las probabilidades y alcanzado el poder, la fama y la fortuna. A los que han quedado detrás, especialmente dentro de los muros de las cárceles, la celebración del triunfo racial en Estados Unidos les debe parecer un poco prematura. Hay más hombres negros en la cárcel actualmente que en ningún otro momento de la historia de nuestra nación. Hay más que han perdido sus derechos actualmente que en

---

[8] Uno de cada once adultos negros estaba bajo control penal a final del año 2007, o aproximadamente 2,4 millones de personas. Véase Pew Center on the States, *One in 31: The Long Reach of American Corrections*, Washington DC, Pew Charitable Trusts, 2009. Según el censo de 1850, cerca de 1,7 millones de adultos (a partir de 15 años) eran esclavos.

[9] Véase Andrew J. Cherlin, *Marriage, Divorce, Remarriage*, edición revisada, Cambridge, MA, Harvard University Press, 1992, p. 110.

1870, el año en el que la Quinta Enmienda fue ratificada para abolir leyes que negaran explícitamente el derecho a votar por razones de raza.[10] Actualmente, los jóvenes negros tienen las mismas probabilidades de sufrir discriminación en el empleo, la vivienda, las prestaciones públicas y la participación en jurados como en la época de Jim Crow: una discriminación que es totalmente legal, porque está basada en los antecedentes penales de cada uno. Es la normalidad actual, el nuevo equilibrio racial.

El lanzamiento de la Guerra contra la Droga y el establecimiento inicial del nuevo modelo requirió un uso enorme de recursos e iniciativa política. Se lanzaron campañas publicitarias; los políticos denigraron a los jueces «blandos» y aprobaron leyes condenatorias duras; la gente pobre de color fue vilipendiada. Sin embargo, en este momento el sistema requiere muy poco mantenimiento o justificación. De hecho, si eres blanco y de clase media, puede que ni te enteres de que hay una Guerra contra la Droga que sigue en marcha. La mayoría de los alumnos actuales de instituto y universidad no se acuerdan del frenesí político y mediático que rodeó la Guerra contra la Droga en sus primeros años. Cuando se declaró, eran pequeños o ni siquiera habían nacido. El crac está pasado de moda, ahora manda el terrorismo.

Actualmente, la fanfarria política y la retórica racista vehemen en relación a los delitos y a las drogas ya no son necesarias. La reclusión masiva se ha normalizado y todos los estereotipos y presunciones raciales que dieron lugar al sistema han sido aceptados (o por lo menos interiorizados) por personas de todas las razas, todas las profesiones y de cualquier partido político importante. Podemos preguntarnos en voz alta «¿Adónde han ido a parar los hombres negros?» Pero en nuestro fuero interno ya lo sabemos. Sencillamente se da por supuesto que en ciudades como Baltimore y Chicago la gran mayoría de los jóvenes negros se encuentra actualmente bajo el control del sistema de justicia penal o marcados como delincuentes de por vida. Esta circunstancia extraordinaria, desconocida en el resto del mundo, se toma en Estados Unidos como algo corriente, tan normal como lo eran los comedores segregados hace tan solo medio siglo.

---

[10] Véase Glenn C. Loury, *Race, Incarceration, and American Values*, Cambridge, MA, MIT Press, 2008, comentario de Pam Karlan.

Estados de negación

La afirmación de que en realidad sabemos dónde han ido a parar todos los hombres negros puede inspirar dudas considerables. Si lo sabemos, ¿por qué fingimos ignorancia? ¿Podría ser que la mayoría de la gente no lo sepa en realidad? ¿Es posible que la detención, el encarcelamiento y la exclusión de los negros en masa del cuerpo político haya pasado mayoritariamente desapercibido? La respuesta es sí y no.

Se ha escrito mucho sobre las formas en las que la gente consigue negar, incluso ante sí misma, que ocurran o estén ocurriendo atrocidades extraordinarias, opresión racista y otras formas de sufrimiento humano. El criminólogo Stanley Cohen escribió quizá el libro más importante sobre el tema: *Estados de negación*. El libro analiza cómo los individuos y las instituciones (víctimas, autores y observadores) conocen y sin embargo niegan la existencia de acciones de opresión. Ven solo lo que quieren ver. Y se ponen máscaras para evitar ver el resto. Esto ha sucedido con la esclavitud, el genocidio, la tortura y todas las formas de opresión del sistema.

Cohen destaca que la negación, aunque deplorable, es complicada. No solo es cuestión de rechazar el reconocimiento de una verdad obvia aunque incómoda. Mucha gente «sabe» y «no sabe» al mismo tiempo la verdad sobre el sufrimiento humano. En propias palabras de Cohen, «la negación puede no ser una cuestión de decir la verdad ni de mentir a propósito. Parecen existir estados mentales e incluso culturas enteras en las que sabemos y no sabemos al mismo tiempo».[11]

Actualmente, la mayoría de los estadounidenses saben y no saben la verdad sobre la encarcelación masiva. Durante más de tres décadas, las imágenes de negros esposados ha sido un ingrediente cotidiano de las noticias de la tarde. Sabemos que un gran número de negros ha sido encerrado en jaulas. De hecho, precisamente porque sabemos que las personas negras y de piel oscura tienen muchas más posibilidades de estar en la cárcel, no nos ha importado mucho como

---

[11] Stanley Cohen, *States of Denial: Knowing About Atrocities and Suffering*, Cambridge, UK, Polity, 2001, p. 4-5.

nación. Pensamos que «merecen» su destino, incluso sabiendo (y no sabiendo) que los blancos tienen las mismas probabilidades de cometer muchos delitos, especialmente los relacionados con drogas. Sabemos que las personas que salen de la cárcel se enfrentan a toda una vida de discriminación, burla y exclusión, y sin embargo pretendemos no saber que existe una casta inferior. Sabemos y no sabemos al mismo tiempo.

Si lo pensamos bien, es relativamente fácil entender por qué los estadounidenses han llegado a negar los desastres de la reclusión masiva. La negación es más fácil gracias a la segregación racista continua en la vivienda y en los colegios, a la demagogia política, a las imágenes racistas de los medios de comunicación y a la facilidad para cambiar las percepciones de la realidad simplemente cambiando de canal de televisión. Cuando se utilizan fuentes de información dominantes, no hay motivos para dudar del «sentido común» mayoritario, que señala que los hombres negros y de piel oscura han sido encerrados en masa simplemente como respuesta a índices de criminalidad. En muchos aspectos, es más fácil desconocer la realidad del encarcelamiento masivo que las injusticias y los sufrimientos asociados con la esclavitud o el sistema Jim Crow. No se ve ni se piensa en los que están encerrados en las cárceles; una vez que salen, están confinados en los guetos. La mayoría de los estadounidenses solo llegan a «saber» sobre las personas que pasan de dentro a fuera por medio de series policiacas de ficción, videos musicales, *gangsta rap* y relatos «auténticos» de experiencias de los guetos en las noticias de la noche. Estas narraciones racistas tienden a conformar y reforzar el consenso público mayoritario de que no necesitamos preocuparnos por «esas personas»; se merecen lo que tienen.

Sin embargo, de todas las razones por las que no nos enteramos de la verdad sobre la encarcelación masiva, destaca una: la incomprensión profunda sobre cómo funciona realmente la opresión racista. Si alguien de otro país (u otro planeta) visitara Estados Unidos y preguntara: ¿el sistema de justicia penal de Estados Unidos es una herramienta de control racial? La mayoría de los estadounidenses lo negarían inmediatamente. Les vendría a la cabeza una multitud de razones por las que eso no puede ser verdad. Al visitante se le diría que los índices de delincuencia, la cultura negra o los malos colegios tienen la culpa. «El sistema no está gestionado por un puñado de racistas», explicaría el apologista. «Está gestionado por personas que están intentando luchar contra la delincuencia.» Esa es la respuesta previsible, porque la mayoría de las personas piensa que el racismo y en general los sistemas raciales son fundamentalmente una cuestión de actitud. Debido a que oficialmente la encarcelación masiva es racialmente neutra, parece inconcebible que el sistema pueda funcionar como una estructura racial de castas. La creencia extendida y errónea de que es necesaria una voluntad racial para la creación y el mantenimiento de sistemas raciales de control social es el motivo más importante para que nosotros, como nación, hayamos permanecido en un estado de negación profunda.

El malentendido no es sorprendente. Como sociedad, nuestra comprensión colectiva del racismo ha estado poderosamente influenciada por las impactantes imágenes de la época de Jim Crow y la lucha por los derechos civiles. Cuando pensamos en el racismo, pensamos en el gobernador de Alabama, Wallace, bloqueando la puerta de una escuela; pensamos en mangueras de agua, linchamientos, epítetos racistas y letreros de «Solo blancos». Estas imágenes hacen que sea fácil olvidarse de que muchas personas blancas maravillosas y de buen corazón, que eran generosas con los demás, respetaban a su vecino y eran incluso amables con sus criadas, jardineros y limpiabotas negros (y les deseaban lo mejor), acudieron a votar y votaron por la segregación racial. Muchos blancos que apoyaban el sistema Jim Crow lo justificaban con argumentos paternalistas, creían de verdad que les hacían un favor a los negros o que entonces no era todavía el momento «justo» para la igualdad. Las perturbadoras imágenes de la época de la legislación segregacionista nos hacen olvidar que muchos afroamericanos fueron cómplices del sistema, beneficiándose directa o indirectamente o silenciando sus objeciones por miedo a las repercusiones. Nuestra comprensión del racismo está por consiguiente moldeada por las expresiones más radicales de la intolerancia individual, no por la manera en que funciona de forma natural, casi invisible (y a veces con auténticas buenas intenciones) cuando está encastrado en la estructura del sistema social.

La desafortunada realidad a la que debemos enfrentarnos es que el racismo se manifiesta no solo en actitudes individuales y estereotipos, sino también en la estructura básica de la sociedad. Los académicos han desarrollado complicadas teorías y una oscura jerga para intentar describir lo que se denomina actualmente *racismo estructural*, aunque el concepto es bastante directo. Una teórica, Iris Marion Young, basándose en la famosa metáfora de la «jaula de pájaros», lo explica de la siguiente manera: si se piensa sobre el racismo examinando únicamente un alambre de la jaula o una forma de desventaja, es difícil entender cómo y por qué está atrapado el pájaro. Solo un gran número de alambres colocados de manera específica y ensamblados entre sí sirven para encerrar al pájaro y asegurase de que no escape.[12]

Lo que es particularmente importante y no debemos olvidar es que cualquier alambre aislado de la jaula puede o no estar específicamente fabricado con el objetivo de atrapar al pájaro y, sin embargo, sirve (junto con los otros alambres) para restringir su libertad. Del mismo modo, para que funcione bien (junto con otras leyes, instituciones y costumbres), no todos los aspectos del sistema racista de castas tienen que estar desarrollados con el objetivo específico de controlar a las personas negras, de condenarlas a lo más profundo de la jerarquía racial. En el sistema de encarcelación masiva, una gran variedad de leyes, instituciones y costumbres, desde las detenciones racistas arbitrarias hasta las políticas tendenciosas de condenas, la pérdida de derechos políticos y la legalización de la discriminación laboral, mantiene a los afroamericanos atrapados en una jaula virtual (y literal).

Afortunadamente, tal como ha señalado Marilyn Frye, todas las jaulas tienen una puerta y pueden romperse y oxidarse.[13] Lo más preocupante del nuevo sistema de castas raciales, sin embargo, es que puede ser más duradero que sus predecesores. Debido a que no está explícitamente basado en la raza, es más fácil de defender sobre la base de argumentos supuestamente neutrales. Y mientras todos los métodos de control previo han echado la culpa a la víctima de una u otra manera, el sistema actual invita a los observadores a pensar que

---

[12] Iris Marilyn Young, *Inclusion and Democracy*, Nueva York, Oxford University Press, 2000, pp. 92-99.

[13] Marilyn Frye, «Oppression», *The Politics of Reality*, Trumansburg, NY, Crossing Press, 1983.

los que están atrapados en el sistema podrían haber evitado esa situación de segunda categoría en la que viven o su eliminación permanente de la sociedad, simplemente si hubieran escogido no cometer delitos. Es mucho más conveniente pensar que una mayoría de los jóvenes afroamericanos de los barrios pobres escoge libremente una vida de delincuencia que aceptar la posibilidad real de que sus vidas estuvieran estructurada de tal forma que estaba virtualmente garantizada su entrada temprana en un sistema del que no podrían escapar jamás. La mayoría de la gente está dispuesta a reconocer la existencia de la jaula, pero insiste en que se ha dejado una puerta abierta. Una forma de entender nuestro sistema actual de encarcelación masiva es considerarlo una jaula con la puerta cerrada. Es un conjunto de conexiones estructurales que aísla a un grupo racialmente distintivo en una posición política, social y económica subordinada, creando en la práctica una ciudadanía de segunda clase.

Cómo funciona

Para entender mejor cómo funciona el sistema de reclusión masiva que atrapa a los afroamericanos en una jaula virtual (y literal), conviene analizar la estructura en su conjunto. En los capítulos anteriores hemos considerado varios alambres de la jaula aisladamente; aquí juntamos las piezas, nos apartamos y observamos la jaula en su conjunto. Solo cuando vemos la jaula desde una cierta distancia, podemos desligarnos del laberinto de explicaciones que se ofrecen para cada uno de los alambres y observar cómo funciona en su totalidad el aparato para mantener a las personas afroamericanas atrapadas para siempre.

Resumiendo, sería algo así: la Guerra contra la Droga es el vehículo mediante el cual un gran número de hombres negros son enjaulados. La trampa tiene tres fases distintas, cada una de las cuales ha sido analizada anteriormente, pero en este punto resulta útil un breve resumen. La primera etapa es la detención: gran número de personas son entregadas por la policía al sistema de justicia penal tras los operativos contra la droga llevados a cabo principalmente en comunidades pobres de gente de color. La policía es recompensada con dinero en efectivo (por medio de leyes antidroga y programas de ayuda federal) por detener al máximo de personas posible y actúa sin las restricciones de normas constitucionales de procedimiento que antes se consideraban inviolables. La policía puede dar el alto, interrogar y registrar a cualquiera en el curso de una investigación contra la droga, siempre que tengan «consentimiento». Como no hay ningún control serio del ejercicio de la discrecionalidad policial, la parcialidad racial se practica a rienda suelta. De hecho, a la policía se le permite basarse en la raza como factor para seleccionar a quién para y registra (aunque la gente de color tenga las mismas probabilidades de ser culpable de delitos de droga que los blancos). Lo que esto garantiza en la práctica es que los que son entregados al sistema son mayoritariamente negros y de piel oscura.

La condena marca el principio de la segunda etapa: el periodo de control formal. Una vez detenidos, a los acusados se les niega representación legal significativa y se les presiona para que se declaren culpables, lo sean o no. Los fiscales tienen libertad para «cargar» a los acusados con otras acusaciones y no se puede recurrir sus decisiones sobre la base de la parcialidad racial. Una vez condenados, y debido a las duras leyes de condena de la Guerra contra la Droga, los convictos de delitos de droga en Estados Unidos pasan más tiempo bajo el control formal del sistema de justicia penal (en la cárcel o en libertad condicional) que en cualquier otra parte del mundo. Mientras permanecen bajo control formal, prácticamente cada uno de los aspectos de la vida de una persona está regulado y monitorizado por del sistema, de forma que cualquier forma de resistencia o desobediencia está sujeta a una sanción inmediata. Este periodo de control puede durar toda la vida, incluso para los condenados por faltas muy pequeñas y no violentas, pero la gran mayoría de las personas que ingresan en el sistema carcelario acaba siendo liberada. Son transferidos de sus celdas en la cárcel a una jaula invisible mucho más grande.

La etapa final ha sido denominada por algunos abogados como el periodo del castigo invisible.[14] Este término, acuñado por

---

[14] Véase Marc Mauer y Meda Chesney-Lind, *Invisible Punishment: The Collateral Consequences of Mass Imprisonment* (eds.), Nueva York, The New Press, 2002;

primera vez por Jeremy Travis, describe el conjunto de sanciones penales que se imponen a los individuos una vez que salen de las puertas de la cárcel. Una forma de castigo que actúa fundamentalmente fuera de la mirada pública y tiene efecto fuera del marco tradicional de las condenas. Estas sanciones se imponen por el funcionamiento de la ley, más que por la decisión de un juez; sin embargo, a menudo tienen un impacto mayor sobre el curso de la vida de una persona que los meses o años pasados tras los barrotes. Estas leyes funcionan colectivamente para asegurar que la gran mayoría de los convictos nunca se reintegre en la sociedad blanca dominante. Estarán discriminados legalmente durante el resto de sus vidas: se les negará el empleo, la vivienda, la educación y las prestaciones públicas. Incapaces de superar estos obstáculos, la mayoría acabará volviendo a la cárcel y será de nuevo liberada, completando un círculo vicioso de marginalidad perpetua.

En los últimos años, abogados y políticos han pedido mayores recursos para el problema de la «reinserción del recluso», en vista de la cantidad sin precedentes de personas que sale de la cárcel y vuelve a sus comunidades cada año. Aunque la expresión sea bien, intencionada, no refleja en absoluto la gravedad de la situación en la que se encuentran los reclusos cuando salen. Las personas que han sido condenadas por delitos casi nunca regresan a la sociedad en la que vivían antes de su condena. En lugar de ello, entran en una sociedad distinta, un mundo apartado de la vista pública, gobernado por un conjunto de normas y leyes opresivas y discriminatorias que no se aplican a nadie más. Se convierten en miembros de una casta inferior, una población enorme de personas predominantemente negras y de piel oscura, a quienes, por culpa de la Guerra contra la Droga, se niegan los derechos básicos y los privilegios de ciudadanía y están permanentemente relegados a un estatus inferior. Esta es la etapa final y no tiene vuelta atrás.

---

y Jeremy Travis, *But They All Come Back: Facing the Challenges of Prisoner Reentry,* Washington DC, Urban Institute Press, 2005.

¿Nada nuevo?

Se puede argumentar que, por muy perturbador que parezca este sistema, no hay nada especialmente nuevo en el encarcelamiento masivo; es simplemente la continuación de antiguas guerras contra la droga y prácticas sectarias de cumplimiento de la ley. La parcialidad racial en nuestro sistema de justicia penal es un antiguo problema que se ha deteriorado aún más, y el aislamiento social de «delincuentes» tiene una larga tradición; no es una invención reciente. Algo hay de cierto en esta reflexión.

La raza ha influido siempre en la administración de justicia en Estados Unidos. Desde el día en el que se inauguró la primera cárcel, la gente de color ha estado desproporcionadamente representada entre rejas. De hecho, la primera persona que ingresó en prisión en Estados Unidos fue un «negro de piel clara en un excelente estado de salud», según la descripción de un observador, «una persona nacida de una raza degradada y deprimida que nunca había experimentado nada más que indiferencia y crueldad».[15] Las prácticas policiales sesgadas tampoco son nada nuevo, son un tema recurrente de las vivencias afroamericanas desde que los negros eran el objetivo de la policía como esclavos sospechosos de haber escapado. Y todas las guerras contra la droga que se han librado en Estados Unidos, incluyendo la prohibición del alcohol, han estado manchadas por el prejuicio racial.[16] Incluso los castigos tras el cumplimiento de condena vienen de lejos. En la época colonial se aprobaron leyes que prohibían a los convictos penales desempeñar una amplia variedad de empleos y recibir prestaciones, anulando automáticamente sus matrimonios y negándoles el derecho a firmar contratos. Estas normas seguían

---

[15] Negley K. Teeters y John D. Shearer, *The Prison at Philadelphia, Cherry Hill: The Separate System of Prison Discipline, 1829-1913*, Nueva York, Columbia University Press, 1957, p. 84.

[16] Véase David Musto, *The American Disease: Origins of Narcotics Control*, 3ª edición, Nueva York, Oxford University Press, 1999, pp. 4, 7, 43-44 y 219-220, que describe el papel del sesgo racial en guerras contra la droga anteriores; y Doris Marie Provine, *Unequal Under Law: Race in the War on Drugs*, Chicago, University of Chicago Press, 2007, pp. 37-90, describe el sesgo racial en la prohibición del alcohol y las guerras contra la droga.

una tradición antigua que se remontaba a la Grecia clásica y que consistía en tratar a los criminales como inferiores a los ciudadanos de pleno derecho. Aunque muchas sanciones colaterales se suprimieron a final de la década de 1970, se puede argumentar que la Guerra contra la Droga revivió y extendió una tradición con raíces antiguas, una tradición independiente del legado de la esclavitud en Estados Unidos.

En vista de esta tradición y considerando la falta de originalidad de muchas de las tácticas y las prácticas empleadas en la época del internamiento masivo, tenemos suficientes razones para creer que esta última guerra contras la drogas es otra guerra corrompida por prejuicios raciales y étnicos. Pero esta teoría solo es correcta hasta cierto punto.

En el pasado el sistema de justicia penal, por muy punitivo que pueda haber sido durante varias guerras contra el crimen y las drogas, afectaba solo a un porcentaje relativamente pequeño de la población. Debido a que los castigos civiles y las sanciones impuestas a los ex convictos se aplicaban a unos pocos nada más, nunca funcionaron como un sistema de control completo sobre ninguna población definida racial o étnicamente. Las minorías raciales siempre estuvieron sobrerrepresentadas entre los convictos y los ex convictos, pero tal como han señalado algunos sociólogos, hasta mediados de la década de 1980 las comunidades de color no tenían mucha relación con el sistema de justicia penal. Aunque los jóvenes pertenecientes a minorías con poca escolarización han tenido siempre índices relativamente altos de encarcelación, «antes de la década de 1980 el sistema penal no tenía una presencia dominante en los barrios pobres».[17]

Actualmente, la Guerra contra la Droga ha dado lugar a una estructura de reclusión masiva que rige no solo una pequeña fracción de una minoría racial o étnica, sino a comunidades enteras de color. En las comunidades de los guetos, prácticamente todo el mundo está sujeto directa o indirectamente al nuevo sistema de castas. El sistema sirve para redefinir los términos de la relación de la gente pobre de color y sus comunidades con la sociedad blanca dominante, asegurando

---

[17] Mary Pattillo, David F. Weiman y Bruce Western, *Imprisoning America: The Social Effect of Mass Incarceration*, Nueva York, Russell Sage Foundation, 2004, p. 2.

su situación subordinada y marginal. Las sanciones penales y civiles que estaban reservadas para una pequeña minoría se utilizan ahora para controlar y oprimir a una mayoría definida racialmente en muchas comunidades, y el modo sistemático en que se logra el control no solo refleja una diferencia en escala. La naturaleza del aparato de justicia penal ha cambiado. Ya no se ocupa fundamentalmente de la prevención y el castigo de los delitos, sino más bien de la gestión y el control de los desposeídos. Las guerras contra la droga anteriores estaban subordinadas al sistema de castas que prevalecía entonces. Ahora, la Guerra contra la Droga *es* el sistema de control.

Si se duda de que este sea el caso, considérese el efecto de la guerra sobre el terreno, en lugares concretos. Tomemos Chicago, Illinois, por ejemplo. Chicago está considerada por mucha gente una de las ciudades más diversas y activas de Estados Unidos. Presume de alcaldes negros, jefes de policía negros, legisladores negros y es el lugar de origen del primer presidente negro de la nación. Tiene una economía boyante, una comunidad latina en aumento y una clase media negra significativa. Sin embargo, tal como señaló la Urban League de Chicago en 2002: hay otra historia que contar.[18]

Si Martin Luther King Jr. volviera milagrosamente a Chicago, unos cuarenta años después de llevar su Movimiento por la Libertad a la ciudad, se entristecería al descubrir que los mismos asuntos en los que él se implicó entonces generan todavía patrones severos de desigualdad racial, segregación y pobreza. También le alarmaría la gran importancia que ha adquirido en la perpetuación y agravamiento de esos patrones una institución en concreto: el sistema de justicia penal. En las pocas décadas que han pasado desde la muerte de King, un nuevo régimen de encarcelación masiva y discriminación racial ha surgido en Chicago y se ha convertido en el principal mecanismo para la opresión racial y la negación de la igualdad de oportunidades.

En Chicago, como en el resto del país, la Guerra contra la Droga es el motor de la encarcelación masiva, así como la principal causa

---

[18] Paul Street, *The Vicious Circle: Race, Prison, Jobs, and Community in Chicago, Illinois, and the Nation*, Chicago, Chicago Urban League, Department of Research and Planning, 2002.

de las profundas disparidades raciales en el sistema de justicia penal y en el número de ex convictos. Aproximadamente el 90% de los condenados a prisión por un delito de drogas en Illinois son afroamericanos.[19] Muy rara vez se detiene a los blancos por este tipo de delitos y, cuando eso ocurre, se les trata más favorablemente en cada etapa del proceso de justicia penal, incluida la libertad bajo fianza y la condena.[20] De manera consistente, los blancos tienen más posibilidades de evitar la cárcel y la calificación de delincuente grave, incluso cuando son reincidentes.[21] Por el contrario, a los convictos negros se les etiqueta de manera rutinaria como delincuentes y cuando salen pertenecen a una casta inferior racial para siempre.

La población total de varones negros en Chicago con un historial delictivo (incluyendo tanto a los convictos como a los ex convictos) equivale al 55% de la población adulta masculina negra y a un increíble 80% de la población activa negra masculina.[22] Esta apabullante situación refleja el dramático aumento en número y raza de quienes son enviados a la cárcel por delitos de drogas. Solo en la región de Chicago, el número de personas enviadas a la cárcel por delitos relacionados con drogas aumentó casi un 2000%, de 469 en 1985 a 8.755 en 2005.[23] Esa cifra, por supuesto, no incluye a los miles que evitan la cárcel pero que son detenidos, declarados culpables y condenados a prisión o a libertad condicional. También tienen historiales penales que les acompañarán de por vida. Más del 70% de todos los casos penales en la zona de Chicago son acusaciones de posesión de droga de tipo D, la acusación por un delito del nivel más bajo.[24] Los que van a la cárcel encuentran poca libertad cuando salen.

---

[19] Street, *Vicious Circle*, p. 3.

[20] Alden Loury, «Black Offenders Face Stiffest Drug Sentences», *Chicago Reporter*, 12 de septiembre de 2007.

[21] *Ibid.*

[22] Street, *Vicious Circle*, p. 15.

[23] Donald G. Lubin *et al.*, *Chicago Metropolis 2020: 2006 Crime and Justice Index*, Washington DC, Pew Center on the States, 2006, p. 5, disponible en: www.pewcenteronthestates.org/report_detail.aspx?id=33022.

[24] *Report of the Illinois Disproportionate Justice Impact Study Commission*, diciembre de 2010, disponible en: www.centerforhealthandjustice.org/DJIS_ExecSumm_FINAL.pdf.

Cuando las personas salen de las cárceles de Illinois, reciben tan solo diez dólares en concepto de peculio y un billete de autobús para cualquier lugar de Estados Unidos. La mayoría vuelve a barrios pobres de la zona de Chicago, aportando pocos recursos y arrastrando el estigma de su historial carcelario.[25] En Chicago, como en la mayoría de las ciudades a lo largo del país, los ex convictos tienen prohibido o gravemente restringido el acceso a un gran número de profesiones, categorías de empleo y campos, porque los estatutos, las reglas y las prácticas de licencias profesionales discriminan a los empleados potenciales con historiales delictivos. Según un estudio llevado a cabo por la Facultad de Derecho de la Universidad de DePaul en 2000, de las noventa y ocho ocupaciones que precisaban licencias en Illinois, cincuenta y siete contenían estipulaciones y/o restricciones para los solicitantes con un historial penal.[26] Para los ex convictos de Chicago, incluso cuando no se les impide por ley realizar determinados empleos, resulta extraordinariamente difícil encontrar empresarios que los contraten, independientemente de la naturaleza de su condena. También se les niega de forma rutinaria el acceso a la vivienda pública y las prestaciones sociales, y les resulta cada vez más difícil obtener educación, especialmente ahora que la financiación de la educación pública ha sido golpeada duramente, debido a los crecientes presupuestos carcelarios.

El impacto del nuevo sistema de castas se hace sentir más trágicamente entre los jóvenes. En Chicago (como en las otras ciudades a lo largo de Estados Unidos), los jóvenes negros tienen más probabilidades de ir a la cárcel que a la universidad.[27] En junio de 2001, había casi veinte mil varones negros más en el sistema carcelario del estado de Illinois que matriculados en las universidades públicas.[28] De hecho, ese año había más varones negros en las instalaciones correccionales de ese estado *solo por delitos de drogas* que el número total de varones negros matriculados en estudios de grado en las

---

[25] Lubin *et al.*, *Chicago Metropolis 2020*, p. 37.

[26] *Ibid.*, p. 35.

[27] *Ibid.*, p. 3; véase también Bruce Western, *Punishment and Inequality in America*, Nueva York, Russell Sage Foundation, 2006, p. 12.

[28] Street, *Vicious Circle*, p. 3.

universidades.[29] Para concretar todavía más la crisis, consideremos lo siguiente: solo 992 varones negros recibieron un título universitario en las universidades del estado de Illinois en 1999, mientras que aproximadamente 7.000 salieron de las cárceles al año siguiente por condenas por drogas.[30] Los jóvenes que van a la cárcel en lugar de ir a la universidad se enfrentan a una vida de puertas cerradas, discriminación y ostracismo. Sin embargo, las noticias de la noche no nos hablan de su drama. Por desgracia, al igual que el sistema racial de castas que lo precedió, el sistema de encarcelación masiva, hoy es, para la mayoría, normal y natural, una necesidad lamentable.

Cartografiar el paralelismo

A día de hoy, quienes circulan dentro y fuera de las cárceles son miembros de la nueva casta inferior racial de Estados Unidos. Nuestro país ha tenido casi siempre una casta inferior racial: un grupo definido total o mayoritariamente por la raza que está permanentemente apartado de la sociedad blanca dominante por la ley, la costumbre y la práctica. Los motivos y las justificaciones cambian con el tiempo, según como cada nuevo modelo de castas refleje los cambios en el contexto social, político y económico y se adapte a ellos. Lo más llamativo del diseño del actual sistema de castas, sin embargo, es lo mucho que se parece al anterior. Por supuesto que hay diferencias importantes entre el encarcelamiento masivo y el Jim Crow. Muchas de estas diferencias serán comentadas más adelante, pero cuando analizamos el sistema en su conjunto nos invade una profunda sensación de *déjà vu*. El estigma y la vergüenza nos resultan familiares, así como la existencia de un sistema de control sofisticado que se completa con la pérdida de derechos políticos y la discriminación legalizada en todos los campos importantes de la vida económica y social. También la producción de significado racial y de fronteras raciales.

Muchos de estos paralelismos han sido explorados en profundidad en los capítulos anteriores; otros todavía tienen que ser analizados.

---

[29] *Ibid.*
[30] *Ibid.*

A continuación se enumeran varias de las similitudes más evidentes entre el modelo Jim Crow y la encarcelación masiva, seguidas de un comentario sobre algunos paralelismos que todavía no se han mencionado. Comencemos por los paralelismos históricos.

Paralelismos históricos. El Jim Crow y la reclusión masiva tienen orígenes políticos parecidos. Como se describió en el capítulo 1, ambos sistemas de castas nacieron en parte debido a un deseo entre las élites blancas de explotar los resentimientos, vulnerabilidades y prejuicios raciales de las clases pobres y trabajadoras blancas, con objeto de obtener beneficios económicos o políticos. Las leyes segregacionistas fueron propuestas como parte de un intento deliberado y estratégico de desviar hacia los afroamericanos la ira y la hostilidad que habían ido incubándose contra la élite blanca. El origen de la encarcelación masiva puede rastrearse hasta una dinámica política similar. En las décadas de 1970 y 1980, los conservadores apelaron a los prejuicios raciales y a las vulnerabilidades económicas de las clases pobres y trabajadoras blancas por medio de discursos codificados racialmente sobre la delincuencia y el bienestar. En ambos casos, los oportunistas raciales ofrecieron pocas o ninguna reforma económica que respondiera a los legítimos temores económicos de las clases pobres y trabajadoras blancas, y en su lugar propugnaron el castigo para los que definían racialmente como «otros». En los primeros años del Jim Crow, las élites blancas conservadoras competían entre ellas para aprobar una legislación segregacionista cada vez más severa y opresiva. Un siglo más tarde, los políticos en los primeros años de la Guerra contra la Droga compitieron entre ellos para demostrar quién era más duro con la delincuencia, aprobando leyes cada vez más duras en un intento ligeramente velado de atraer a las clases pobres y trabajadoras blancas que, una vez más, se mostraron dispuestas a aceptar la reforma económica y estructural a cambio de un aparente esfuerzo para poner a los negros «en su sitio».[31]

---

[31] Véase capítulo 1, p. 84, que defiende la idea de que el llamamiento del presidente Ronald Reagan se fundaba en «la angustia emocional de quienes temen a los negros o están resentidos con ellos y esperan que Reagan les mantenga de alguna forma "en su sitio" o por lo menos que se haga eco de su propia ira y frustración».

Discriminación legalizada. El paralelismo más evidente entre el periodo de la legislación Jim Crow y el internamiento masivo es la discriminación legalizada. Durante el Mes de la Historia Negra, los estadounidenses se felicitan de haber acabado con la discriminación hacia los afroamericanos en el empleo, la vivienda, las prestaciones y los espacios públicos. Los escolares se preguntan en voz alta cómo pudo ser legal alguna vez tal discriminación en esta gran patria nuestra. Rara vez se les cuenta que *todavía* es legal. Muchas de las formas de discriminación que relegaron a los afroamericanos a una casta inferior durante el periodo Jim Crow continúan siendo aplicadas a enormes segmentos de la población negra hoy en día: siempre que se les etiquete primero como delincuentes. Si se les marca como delincuentes antes de que lleguen a los veintiún años de edad (como les ocurre a muchos), están sujetos a la discriminación legalizada durante toda su vida adulta. Las formas de discriminación que se aplican a los ex convictos por drogas, descritas con detalle en el capítulo 4, significan que, una vez que los reclusos salen de la cárcel, entran en un universo social paralelo (muy parecido al del periodo Jim Crow) en el que la discriminación en prácticamente todos los aspectos de la vida social, política y económica es perfectamente legal. La gran mayoría de los hombres negros de las ciudades de Estados Unidos están de nuevo sometidos a la discriminación legalizada que les impide en la práctica la integración total en la sociedad blanca dominante. La encarcelación masiva ha anulado muchos de los logros del Movimiento por los Derechos Civiles, colocando a millones de hombres negros en una situación que recuerda a la del sistema Jim Crow.

Pérdida de derechos políticos. Durante la época de la legislación Jim Crow, a los afroamericanos se les negó el derecho al voto por medio de impuestos electorales, pruebas de alfabetización, cláusulas no retroactivas de las nuevas leyes, y leyes de pérdida de derechos por delincuencia, incluso a pesar de que la Quinta Enmienda de la Constitución de Estados Unidos especifica que «el derecho de los ciudadanos a votar no debe ser negado... por motivos de raza, color o condiciones anteriores de servidumbre». Se adoptaron mecanismos que eran formalmente neutrales desde el punto de vista racial para lograr un electorado únicamente blanco, sin violar los términos de la Quinta Enmienda. Los mecanismos funcionaron bastante bien. Debido a que los afroamericanos eran pobres, frecuentemente no podían pagar los impuestos electorales, y debido a que se les habían negado el acceso a la educación, no aprobaban los exámenes de alfabetización. Las cláusulas no retroactivas permitían que los blancos votaran incluso si no reunían los requisitos, siempre que sus antepasados hubieran podido votar. Finalmente, como a los negros se les cargaba de manera desproporcionada con delitos (de hecho, algunas delitos fueron específicamente definidos como graves con el objetivo de eliminar a los negros del electorado), las leyes de pérdida de derechos por delincuencia suprimieron de manera eficaz el voto negro.[32]

Tras el colapso del sistema Jim Crow, todos los mecanismos neutrales desde el punto de vista racial para excluir a los negros del electorado se eliminaron por medio de demandas legales o legislación, excepto las leyes de pérdida de derechos por delincuencia. Algunos tribunales han señalado que estas leyes han perdido su «sesgo discriminatorio» porque han sido modificadas desde el colapso del Jim Crow. Otros tribunales han permitido que las leyes permanezcan porque carecen de un prejuicio racial evidente según el historial legislativo.[33] El fracaso de nuestro sistema legal para erradicar todas las tácticas adoptadas durante la época de Jim Crow para suprimir el voto negro tiene actualmente consecuencias importantes. Las leyes de pérdida de los derechos por delincuencia han sido más eficaces en la eliminación de los votantes negros en la época de la encarcelación masiva de lo que lo fueron durante el periodo Jim Crow. Menos de dos décadas después de que comenzara la Guerra contra la Droga, uno de cada siete hombres negros ha perdido el derecho al voto, y hasta uno de cada cuatro en los estados con el índice más alto de

---

[32] Para un excelente análisis de la historia de las leyes que niegan los derechos civiles de los delincuentes, así como su impacto hoy en día, véase Jeff Manza y Christopher Uggen, *Locked Out: Felon Disenfranchisement and American Democracy,* Nueva York, Oxford University Press, 2006.

[33] *Cotton v. Fordice,* p. 157 F.3d p. 388, 391 (5º Cir. 1998); véase también Martine J. Price, «Note and Comment: Addressing Ex-Felon Disenfranchisement: Legislation v. Litigation», *Brooklyn Journal of Law and Policy,* vol. 11, 2002, pp. 369, 382 y 383.

pérdida de derechos de afroamericanos.[34] Estas cifras pueden subestimar el impacto de la pérdida de derechos por delincuencia, porque no tienen en cuenta a los millones de ex delincuentes que no pueden votar en aquellos estados que exigen que se paguen multas o tasas antes de devolverles su derecho al voto: un nuevo impuesto electoral. Tal como ha señalado la jurista Pamela Karlan, «la pérdida de derechos por delincuencia ha diezmado el potencial electorado negro».[35]

Se debe señalar, sin embargo, que la exclusión de votantes negros de las mesas electorales no es la única manera a través de la cual se ha suprimido la fuerza política negra. Existe otra dimensión de la pérdida de derechos que refleja no tanto el sistema Jim Crow, sino la esclavitud. Según el reglamento de residencia habitual, la oficina del censo cuenta a los individuos en prisión como residentes de la jurisdicción en la que están encarcelados. Debido a que la construcción de la mayoría de las nuevas cárceles tiene lugar en áreas rurales predominantemente blancas, las comunidades blancas se benefician de unas cifras de población infladas, a expensas de las comunidades urbanas de minorías de las que proceden los reclusos.[36] Esto tiene enormes consecuencias para el proceso de redistribución de distritos. Las comunidades rurales blancas que acogen cárceles tienen mayor representación en las legislaturas estatales, mientras que las comunidades pobres de color pierden representantes porque parece que su población ha disminuido. Esta estrategia recuerda de manera perturbadora a la cláusula de los tres quintos en la Constitución original, que mejoró la influencia política de los estados que mantenían esclavos al incluir un 60% de esclavos en la base de la población para el cálculo de los escaños al Congreso y los votos electorales, incluso a pesar de que los esclavos no podían votar.

---

[34] Véase Jamie Fellner y Marc Mauer, *Losing the Vote: The Impact of Felony Disenfranchisement Laws in the United States,* Washington, DC, The Sentencing Project, 1998.

[35] Loury, *Race, Incarceration, and American Values,* p. 48.

[36] Véase Eric Lotke y Peter Wagner, «Prisoners of the Census: Electoral and Financial Consequences of Counting Prisoners Where They Go, Not Where They Come From». *Pace Law Review,* vol. 24, 2004, p. 587, disponible en: www.prisonpolicy.org/pace.pdf.

Exclusión de los jurados. Otro claro paralelismo entre la encarcelación masiva y el Jim Crow es la exclusión sistemática de los negros de los jurados. Una seña distintiva de la época de Jim Crow eran los jurados de blancos que juzgaban a acusados negros en el Sur. Aunque la exclusión de los jurados sobre la base de la raza es ilegal desde 1880, en la práctica la eliminación de posibles jurados negros por medio de eliminaciones perentorias basadas en motivos raciales fue aprobada por el Tribunal Supremo hasta 1985, cuando el Tribunal dictaminó en el caso de Batson frente a Kentucky que las eliminaciones por prejuicios raciales violan la cláusula de protección igualitaria de la Decimocuarta Enmienda.[37] Actualmente, los acusados se enfrentan a una situación muy parecida a la que se enfrentaban hace un siglo. Como se describió en el capítulo 3, existe una prohibición formal contra las eliminaciones perentorias por motivos raciales; en la práctica, sin embargo, el Tribunal ha tolerado la exclusión sistemática de los negros de los jurados al permitir que los tribunales inferiores aceptaran razones «tontas» e incluso «supersticiosas» para eliminar a jurados negros.[38] Para empeorar las cosas, un gran porcentaje de hombres negros (aproximadamente el 30%) están excluidos automáticamente del servicio de jurados porque han sido etiquetados como delincuentes.[39] El efecto combinado de las eliminaciones perentorias por motivos raciales y la exclusión automática de los delincuentes de los jurados ha colocado a los acusados negros en una posición que les resulta familiar: encadenados en la sala del tribunal frente a un jurado blanco.

Cerrar las puertas de los tribunales. El paralelismo entre el encarcelamiento masivo y el sistema Jim Crow llega hasta el Tribunal Supremo de Estados Unidos. A lo largo de los años, el Tribunal Supremo ha seguido un patrón bastante consistente en su respuesta a los sistemas raciales de castas, en primer lugar protegiéndolos y después, tras cambios dramáticos en el clima político y social, desmontando estos sistemas de control y algunos de sus vestigios. En el caso de

---

[37] Véase *Batson v. Kentucky,* 476 U.S. 79, 1986, analizado en el capítulo 3.
[38] Véase *Purkett v. Elm,* 514 U.S. 765, analizado en el capítulo 3.
[39] Brian Kalt, «The Exclusion of Felons from Jury Service», *American University Law Review,* vol. 53, 2003, p. 65.

Dred Scott contra Sanford, el Tribunal Supremo inmunizó a la institución de la esclavitud de cualquier desafío legal sobre la base de que los afroamericanos no eran ciudadanos, y en el de Plessy contra Ferguson, el Tribunal estableció la doctrina de «separados pero iguales»: una ficción legal que protegió al sistema de Jim Crow del escrutinio judicial por prejuicios racistas.

Actualmente, el caso de McCleskey contra Kemp y su descendencia cumplen prácticamente la misma función que el de Dred Scott y Plessy. En el caso de McCleskey, el Tribunal Supremo demostró que se encuentra de nuevo en una racha de protección, comprometido firmemente con el sistema de control que prevalece. Como se demostró en el capítulo 3, el Tribunal ha cerrado las puertas de los tribunales a las demandas por prejuicios racistas en todas las etapas del proceso de justicia penal, desde las detenciones con registro hasta la negociación de las declaraciones de culpabilidad y las condenas. La encarcelación masiva está ahora libre de denuncias basadas en prejuicios racistas, tal como los sistemas anteriores en su día. El nuevo sistema racial de castas actúa sin los impedimentos de la Decimocuarta Enmienda y de la legislación federal sobre derechos civiles, leyes diseñadas para subvertir los anteriores sistemas de control. La famosa proclamación del Tribunal Supremo en 1857 —«[el negro] no tiene derechos que el blanco deba respetar»— sigue siendo verdadera hasta un grado muy significativo actualmente siempre que el negro haya sido etiquetado como delincuente.[40]

Segregación racial. Aunque los paralelismos enumerados anteriormente deberían ser suficientes para darnos qué pensar, hay otra serie de similitudes menos evidentes entre el internamiento masivo y el Jim Crow que no han sido analizadas en los capítulos anteriores. El principio y el mantenimiento de la segregación racial es un ejemplo. Como sabemos, las leyes de Jim Crow ordenaban la segregación residencial, y los negros fueron relegados a las peores partes de la ciudad. Las carreteras literalmente desaparecían en los límites de muchos barrios negros, cambiando de pavimento a arena. El agua, los sistemas de alcantarillado y otros servicios públicos que mejoraban las zonas blancas de la ciudad frecuentemente no se extendían a las

---

[40] Véase *Dred Scott v. Sandford*, 60 U.S., How. 19, p.393, 1857.

zonas negras. La pobreza extrema que acosaba a los negros debido a su situación inferior legalmente aprobada era mayoritariamente invisible para los blancos, siempre que permanecieran en sus propios barrios, que es lo que solían hacer. La segregación racial hizo invisible para los blancos la vida de los negros, facilitando que se mantuvieran los estereotipos raciales sobre los valores y la cultura negra. También hizo que fuera más fácil negar o ignorar su sufrimiento.

La encarcelación masiva funciona de manera similar. Logra la segregación racial al separar a los reclusos (la mayoría de ellos son negros y de piel oscura) de la sociedad dominante. Los reclusos están encerrados normalmente a más de 150 kilómetros de su hogar.[41] Incluso las cárceles, los propios edificios, son un paisaje poco común para muchos estadounidenses, al estar a menudo situadas lejos de los centros de población. Aunque los municipios rurales representan solo el 20% de la población de Estados Unidos, el 60% de la construcción de nuevas cárceles tiene lugar allí.[42] De esta manera, a los reclusos se les aparta de la vista pública: ojos que no ven, corazón que no siente. En cierto sentido, el encarcelamiento es una forma más extrema de segregación física y residencial que la del sistema Jim Crow. En lugar de quitarse de en medio a los negros mandándolos al otro extremo de la ciudad o encerrándolos en guetos, la reclusión masiva los encierra en jaulas. Los barrotes y los muros mantienen a cientos de miles de personas negras y de piel oscura apartadas de la sociedad mayoritaria en una forma de *apartheid* diferente a ninguna que se haya visto en el mundo.

Sin embargo, las cárceles no son el único vehículo para la segregación racial. La segregación también se crea y se perpetúa por medio de la corriente de reclusos que vuelven cada año a sus comunidades del gueto. Debido a que la Guerra contra la Droga se lleva a cabo casi exclusivamente en comunidades pobres de color, cuando los convictos salen de las cárceles, regresan generalmente a comunidades del gueto racialmente segregadas: lugares a los que llaman hogar. En muchas ciudades, el fenómeno de reinserción se concentra

---

[41] Travis, *But They All Come Back*, p. 132.
[42] Peter Wagner, «Prisoners of the Census»; para más información, véase www.prisonersofthecensus.org.

en un número pequeño de barrios. De acuerdo con un estudio realizado durante un periodo de doce años, el número de reclusos que volvieron al hogar, a «municipios céntricos» (los municipios que incluyen el centro de un área metropolitana) se triplicaron.[43] Los efectos se hacen notar por todo el país. En entrevistas con cien residentes de dos comunidades de Tallahassee, Florida, los encuestadores señalaron que casi todos ellos habían pasado o estaban a punto de pasar por la experiencia del retorno de prisión de un miembro de la familia.[44] De manera parecida, una encuesta sobre familias que habitan en las *Robert Taylor Homes* de Chicago señaló que la mayoría de los residentes tenía un miembro de la familia en la cárcel o esperaban que uno volviera de allí en los dos años siguientes.[45] El 70% de los hombres entre los 18 y los 45 años en el barrio empobrecido y mayoritariamente negro de North Lawndale, en la parte oeste de Chicago, son ex convictos, cargados de por vida con antecedentes penales.[46] La mayoría (60%) fueron encarcelados por faltas por drogas.[47] Estos barrios son un campo de minas para los que están en libertad condicional, porque un requisito habitual de la condicional es la promesa de no relacionarse con delincuentes. Tal como señala Paula Wolff, ejecutiva de *Chicago Metropolis 2020*, en esos barrios del gueto «Es difícil que una persona en libertad condicional llegue a la tienda de la esquina a comprarse un litro de leche sin incurrir en una violación de la condicional».[48]

En comparación, los blancos (incluso los blancos pobres) tienen muchas menos probabilidades de ser encarcelados por delitos de

---

[43] Travis, *But They All Come Back*, p. 281, cita a James Lynch y William Sabol, «Prisoner Reentry in Perspective», Crime Policy Report, vol. 3, Washington DC, Urban Institute, 2001.

[44] Dina R. Rose, Todd R. Clear y Judith A. Ryder, *Drugs, Incarcerations, and Neighborhood Life: The Impact of Reintegrating Offenders into the Community,* Washington DC, U.S. Department of Justice, National Institute of Justice, 2002.

[45] Sudhir Alladi Venkatesh, *The Robert Taylor Homes Relocation Study,* Nueva York, Center for Urban Research and Policy, Columbia University, 2002.

[46] Street, *Vicious Circle*, p. 16.

[47] *Ibid.*, p. 17.

[48] Discurso principal de Paula Wolff en la Comida Anual de *Appleseed Fund for Justice* y *Chicago Council of Lawyers,* y de octubre de 2008. Disponible en: www.chicagometropolis2020.org/10_25.htm.

drogas. Y cuando salen de la cárcel, rara vez se encuentran en el gueto. El blanco pobre tiene una experiencia completamente diferente en este país. Como los blancos no sufren segregación racial, los blancos pobres no están relegados a zonas de pobreza y segregación racial. En la ciudad de Nueva York, un estudio señaló que el 70% de los negros pobres y de los residentes latinos habitan en barrios de extrema pobreza, mientras que el 70% de los blancos pobres viven en barrios sin pobreza, en comunidades que tienen recursos significativos, incluyendo empleos, colegios, bancos y tiendas de alimentación.[49] A nivel nacional, casi siete de cada ocho personas que viven en zonas urbanas de extrema pobreza pertenecen a un grupo minoritario.[50]

De este modo, la encarcelación masiva perpetúa y profundiza los patrones preexistentes de segregación racial y aislamiento, no solo apartando a la gente de color de la sociedad y metiéndola en las cárceles, sino lanzándolas de nuevo a los guetos cuando salen de prisión. Jóvenes de color que podrían haber salido de las comunidades de los guetos (o ayudado a transformarlos) si se les hubiera dado una oportunidad en la vida y no hubieran sido etiquetados como delincuentes se encuentran sin embargo atrapados en un círculo cerrado de marginalidad perpetua, pasando del gueto a la prisión.[51]

Los guetos segregados racialmente y empobrecidos que existen en los barrios del centro de las ciudades en todo el país no existirían actualmente si no fuera por las estrategias gubernamentales de prejuicios racistas en las que nunca ha existido una rectificación inteligente.[52] Sin embargo, cada año cientos de miles de personas pobres de color que han sido el objetivo de la Guerra contra la Droga se ven forzadas a volver a esas comunidades racialmente segregadas: barrios

---

[49] Katherine Beckett y Theodore Sasson, *The Politics of Injustice: Crime and Punishment in America,* Thousand Oaks, CA, SAGE Publications, 2004, p. 36, cita a Mercer Sullivan, *Getting Paid: Youth Crime and Work in the Inner City,* Nueva York, Cornell University Press, 1989.

[50] *Ibid.*

[51] Loïc Wacquant, «The New "Peculiar Institution": On the Prison as Surrogate Ghetto», *Theoretical Criminology,* vol. 4, núm. 3, 2000, pp. 377-389.

[52] Vease, por ejemplo, Douglas Massey y Nancy Denton, *American Apartheid: Segregation and the Making of the Underclass,* Cambridge, MA, Harvard University Press, 1993.

todavía debilitados por el legado de un sistema de control anterior. En la práctica, no tienen otra opción. De esta manera, la encarcelación masiva, como el Jim Crow, crea y perpetúa la segregación racial.

Producción simbólica de raza. Quizá el paralelismo más importante entre el encarcelamiento masivo y el sistema Jim Crow es que ambos han servido para definir el significado y la significación de raza en Estados Unidos. Desde luego, una función primaria de cualquier sistema racial de castas es definir el significado de raza en su momento. La esclavitud definió lo que significaba ser negro (esclavo) y el Jim Crow definió lo que significaba ser negro (un ciudadano de segunda categoría). Actualmente la encarcelación masiva define el significado de la negritud en Estados Unidos: las personas negras, especialmente los varones negros, son delincuentes. Eso es lo que significa ser negro.

La tentación es insistir en que los hombres negros «deciden» ser delincuentes; el sistema no los hace delincuentes, por lo menos no de la misma manera que la esclavitud convertía a los negros en esclavos o que el sistema Jim Crow los hacía ciudadanos de segunda categoría. En este punto, el mito de la posibilidad de elección resulta seductor, pero debería ser resistido. Los afroamericanos no tienen significativamente más probabilidades de consumir o vender drogas prohibidas que los blancos, pero *se los convierte* en delincuentes a velocidades drásticamente superiores por exactamente la misma conducta. De hecho, los estudios sugieren que los profesionales blancos pueden ser el grupo que más probabilidades tiene de haberse involucrado en actividades ilegales con drogas a lo largo de su vida y, sin embargo, son los que menos probabilidades tienen de ser convertidos en delincuentes.[53] La existencia de actividades ilegales relacionadas con drogas en todos los grupos raciales y étnicos crea una

---

[53] Los blancos tienen muchas más posibilidades de completar sus estudios universitarios y los licenciados universitarios tienen más probabilidades de haber probado drogas ilegales que aquellos que no han terminado la enseñanza secundaria. Véase U.S. Department of Health and Human Services, Substance Abuse and Mental Health Services Administration, *Findings from the 2000 National Household Survey on Drug Abuse,* Rockville, MD, 2001. Los adultos que no han terminado la enseñanza secundaria son desproporcionadamente afroamericanos.

situación en la que, debido a los limitados recursos para hacer cumplir la ley y a restricciones políticas, a algunas personas se las convierte en delincuentes y a otras no. A las personas negras se las ha convertido en delincuentes por medio de la Guerra contra la Droga hasta tal grado que empequeñece el efecto de esta guerra sobre otros grupos raciales y étnicos, especialmente los blancos. Y el proceso de convertirlos en delincuentes ha generado un estigma racial. Cada sistema racial de castas en Estados Unidos ha creado un estigma racial. La encarcelación masiva no es ninguna excepción. El estigma racial se genera al definir de manera negativa lo que significa ser negro. El estigma de raza fue en su tiempo la vergüenza del esclavo; después fue la vergüenza del ciudadano de segunda categoría, hoy el estigma de raza es la vergüenza del delincuente. Tal como se describió en el capítulo 4, muchos ex convictos sufren una angustia existencial asociada a su situación de parias, una angustia que proyecta una sombra sobre todos los aspectos de su identidad y sus experiencias sociales. La vergüenza y el estigma no se limitan al individuo; se extienden a los miembros de la familia y los amigos, incluso hay comunidades enteras estigmatizadas por la presencia de personas etiquetadas como delincuentes. Las personas estigmatizadas adoptan a menudo estrategias de supervivencia que ya fueron adoptadas por los afroamericanos durante la época de Jim Crow y que incluyen mentir sobre su propio historial delictivo o sobre los miembros de su familia, en un intento de «hacerse pasar» por alguien que podría ser aceptado en la sociedad dominante.

El punto crítico es que, para los negros, el estigma de ser un «delincuente» en la época de la encarcelación masiva es fundamentalmente un estigma *racial*. Esto no significa que los delincuentes blancos no sufran el estigma; está presente y con fuerza. Más bien, la cuestión es que el estigma de la delincuencia para los convictos blancos es diferente: no es un estigma racial.

Un experimento puede ayudar a ilustrar cómo y por qué este es el caso. Diga lo siguiente a cualquier persona y observe su reacción: «Realmente hay que hacer algo con respecto al problema de la delincuencia blanca». La respuesta más probable es una carcajada. El *término* delincuencia blanca no tiene sentido en la época del internamiento masivo. A no ser que uno se refiera efectivamente a la delincuencia financiera, en cuyo caso se entiende que el término se refiere a los tipos de delitos que cometen personas blancas supuestamente respetables desde la comodidad de sus despachos de diseño. Como el término *delincuencia blanca* no tiene significado social, el término *delincuente blanco* también confunde. En esa expresión, *blanco* parece calificar el término *delincuente*, como si dijéramos «es un delincuente, pero no *ese* tipo de delincuente». O no es un delincuente *auténtico*, es decir, no lo que entendemos por *delincuente* hoy en día.

En la época de la reclusión masiva, lo que significa ser un delincuente en nuestra conciencia colectiva se ha fundido con lo que significa ser negro, así que el término *delincuente blanco* llama a la confusión, mientras que el término *delincuente negro* es casi redundante. Recordemos el estudio analizado en el capítulo 3, que revelaba que cuando a los encuestados se les pedía describir a un delincuente de drogas, casi todo el mundo describía a un negro. Este fenómeno ayuda a explicar por qué los estudios indican que en la práctica los ex convictos blancos pueden tener menos dificultades para conseguir empleo que los afroamericanos *sin* un historial penal.[54] Ser negro es ser tomado por delincuente y ser un delincuente negro es despreciable: un paria social. Ser un delincuente blanco no es fácil, por supuesto, pero como delincuente blanco no eres un proscrito *racial*. Aunque puedas enfrentarte a muchas formas de exclusión racial y económica, lo blanco mitiga la delincuencia, mientras que lo negro define al delincuente.

Como hemos visto en capítulos anteriores, la fusión de lo negro con la delincuencia no sucedió de manera orgánica; por el contrario, la construyeron las élites políticas y mediáticas como parte de un proyecto amplio conocido como la Guerra contra la Droga. Esta fusión sirvió para proporcionar una salida legítima al resentimiento antinegro, una válvula de liberación que resulta conveniente en un momento en que las formas explícitas de prejuicios raciales están estrictamente condenadas. En la época de la neutralidad racial ya no está permitido odiar a los negros, pero sí a los delincuentes. De hecho, se nos anima a hacerlo. Como señala el escritor John Edgar Wideman, «Es respetable emplumar a los delincuentes, defender que

---

[54] Devah Pager, *Marked: Race, Crime, and Finding Work in an Era of Mass Incarceration*, Chicago, University of Chicago Press, 2007, pp. 90-91 y 146-147.

se les encierre y se tire la llave. No es racista estar en contra de la delincuencia, incluso aunque el arquetipo de delincuente en los medios de comunicación y en el imaginario colectivo casi siempre lleva la cara de Willie Horton».[55]

Es precisamente porque nuestro sistema de justicia penal proporciona un vehículo para la expresión de sentimientos conscientes e inconscientes antinegros por lo que la etiqueta de la cárcel se ve como un estigma racial. El estigma existe tanto si una persona ha sido marcada formalmente como delincuente como si no, otro paralelismo más con el Jim Crow. Al igual que los afroamericanos del Norte fueron estigmatizados por el sistema de Jim Crow incluso aunque no estuvieran sometidos a su control formal, los hombres negros hoy en día están estigmatizados por la encarcelación masiva (y el invento social del «hombre-negro-criminal») tanto si han estado en la cárcel como si no. Para los que han sido marcados, la marca sirve para intensificar y profundizar el estigma racial, ya que se les recuerda constantemente que son los nuevos «intocables» en prácticamente todos los contactos que tienen con las agencias públicas, así como con los empresarios privados y los caseros.

De esta manera, el estigma de la raza se ha convertido en el estigma de la delincuencia. En todo el sistema de justicia penal, así como en los centros educativos y en los espacios públicos, joven + negro + varón equivale a sospecha razonable, que justifica el dar el alto, la interrogación, el registro y el arresto de miles de afroamericanos cada año, así como su exclusión del empleo y la vivienda y la negación de oportunidades educativas. Debido a que los jóvenes negros son vistos como delincuentes, se enfrentan a discriminaciones graves en el empleo y son también «expulsados» de los colegios por estrategias disciplinarias escolares con prejuicios racistas.[56]

Para los jóvenes negros, la experiencia de ser «hecho negro» comienza a menudo con la primera retención policial, la interrogación, el cacheo o la detención. La experiencia conlleva un significado

---

[55] John Edgar Wideman, «Doing Time, Marking Race», *The Nation*, 30 de octubre de 1995.

[56] Véase Julia Cass y Connie Curry, *America's Cradle to Prison Pipeline*, Nueva York, Children's Defense Fund, 2007.

social: *esto es lo que significa ser negro*. El relato de la «primera vez» puede que se cuente a la familia y a los amigos, pero para los jóvenes del gueto casi nadie piensa que la primera vez será la última. Se entiende que la experiencia define los términos de su relación no solo con el Estado sino con toda la sociedad. Esta realidad es frustrante para los que se esfuerzan en ayudar a que los jóvenes del gueto «den la vuelta a sus vidas». James Forman Jr., cofundador del colegio independiente *See Forever* para convictos juveniles en Washington, DC, lo expresó con claridad al describir cómo las retenciones y los registros arbitrarios y degradantes de los jóvenes del gueto «convencen a los chicos de que son parias, de que por mucho que se apliquen en el estudio seguirán siendo sospechosos potenciales». Un estudiante se quejaba de la siguiente manera: «Ya podemos ser perfectos, perfectos, hacerlo todo bien y aun así nos tratarán como a perros. No, peor que a los perros, porque a los delincuentes se les trata peor que a los perros». Otro estudiante formulaba una pregunta pertinente: «¿Por qué nos dices que podemos ser lo que queramos cuando nos tratan como si no fuéramos nada?».[57]

El proceso de marcar a los jóvenes negros *como* delincuentes negros es esencial para el funcionamiento de la encarcelación masiva como sistema racial de castas. Para que el sistema funcione, es decir, para que logre los objetivos políticos descritos en el capítulo 1, los negros deben ser etiquetados como delincuentes antes de estar formalmente sujetos al control. La etiqueta de la delincuencia es esencial, ya que las formas de exclusión racial explícita no solo están prohibidas sino ampliamente condenadas. Por consiguiente, los jóvenes negros deben ser convertidos (etiquetados) en delincuentes. Este proceso de ser convertido en delincuente, es, en gran medida, el proceso de «convertirse» en negro. Tal como explica Wideman, cuando «ser un hombre de color de determinada clase y contexto económico es equivalente para el público a ser un delincuente», ser procesado por el sistema de justicia penal equivale a ser convertido en negro, y «pasar tiempo» tras los barrotes es a la vez «marcar raza».[58]

[57] James Forman Jr., «Children, Cops and Citizenship: Why Conservatives Should Oppose Racial Profiling», *Invisible Punishment*, Mauer y Lind (eds.), p. 159.

[58] Wideman, «Doing Time, Marking Race».

La encarcelación masiva, como el sistema Jim Crow, es en esencia una «institución que marca raza». Sirve para definir el significado y la importancia de la raza en Estados Unidos.

Los límites de la analogía

Afirmar que el encarcelamiento en masa es el nuevo Jim Crow puede llevar a una impresión falsa. Los paralelismos entre los dos sistemas de control son llamativos, como mínimo; en ambos encontramos oportunismo racial por parte de los políticos, discriminación legalizada, pérdida de derechos políticos, exclusión de los negros de los jurados, estigmatización, el cierre de las puertas de los tribunales, segregación racial y la producción simbólica de raza; sin embargo, existen diferencias importantes. Al igual que el sistema Jim Crow como sistema de control racial era radicalmente diferente de la esclavitud, la encarcelación masiva es diferente de sus antecesores. De hecho, si elaborásemos una lista de las diferencias entre la esclavitud y el periodo Jim Crow, puede que fuera más larga que la lista de similitudes. Lo mismo sucede con el sistema Jim Crow y la reclusión masiva. Cada estructura de control ha sido única, adaptada adecuadamente a las circunstancias de su momento. Si no conseguimos apreciar las diferencias, nuestra capacidad de enfrentarnos a los desafíos creados por el momento actual se verá obstaculizada. Sin embargo, al mismo tiempo, debemos tener cuidado de no dar por supuesto que hay diferencias cuando no es así o de exagerar las diferencias que realmente existen. Algunas diferencias parecen mayores si se consideran superficialmente, pero un análisis más profundo demuestra que son menos significativas.

Un ejemplo de una diferencia que es menos importante de lo que podría parecer en un principio es el «hecho» de que la legislación Jim Crow se basaba explícitamente en la raza, mientas que la encarcelación masiva no lo hace. Esta afirmación es obvia a primera vista, pero está parcialmente equivocada. Aunque es muy común pensar en el periodo Jim Crow como un sistema explícitamente basado en la raza, de hecho, oficialmente, existía una serie de estrategias clave que eran racialmente neutras. Tal como se ha señalado anteriormente, los impuestos electorales, las pruebas de alfabetización y las leyes de pérdida de derechos por delincuencia eran todas prácticas formalmente neutrales desde el punto de vista de la raza, que fueron utilizadas para evitar la prohibición de la discriminación racial a la hora de votar, contenida en la Quinta Enmienda. Estas leyes funcionaban para crear un electorado solo blanco porque despojaban a los afroamericanos de su derecho al voto, pero no se aplicaban generalmente a los blancos. Los empleados de las oficinas electorales tenían la opción de cobrar un impuesto electoral o realizar un examen de alfabetización o no hacerlo, y optaban por ejercer la discriminación racial. Unas leyes que no mencionaban explícitamente la raza funcionaban para discriminar porque quienes estaban encargados de aplicarlas disponían de una discrecionalidad enorme y la ejercitaban de una manera profundamente discriminatoria.

Lo mismo es cierto sobre la Guerra contra la Droga. Las leyes que prohibían el consumo y la venta de drogas eran a primera vista neutrales respecto a la raza, pero se aplicaban de una manera altamente discriminatoria. La decisión de librar la Guerra contra la Droga principalmente en comunidades negras y de piel oscura, en lugar de en comunidades blancas y poner en el punto de mira a los afroamericanos y no a los blancos, en las autopistas y las estaciones de tren, ha tenido exactamente el mismo efecto que la alfabetización y los impuestos electorales de una época anterior. Un sistema de leyes a primera vista neutral respecto a la raza ha funcionado para crear un sistema de castas racial.

Otras diferencias entre el modelo Jim Crow y el encarcelamiento en masa son de hecho más importantes de lo que pueden parecer en principio. Un ejemplo se relaciona con el papel del estigma racial en nuestra sociedad. Como se analizó en el capítulo 4, durante el periodo Jim Crow el estigma racial contribuyó a la solidaridad racial en la comunidad negra. Sin embargo, el estigma racial hoy en día, es decir el estigma de la delincuencia negra, ha hecho que la comunidad negra se revuelva contra sí misma, ha destruido redes de apoyo mutuo y generado el silencio sobre el nuevo sistema de castas entre muchas de las personas más afectadas por el mismo.[59] Las implicaciones

---

[59] Véase el análisis sobre el estigma en el capítulo 4.

de esta diferencia son profundas. El estigma racial hoy en día hace extremadamente difícil la acción colectiva, a veces imposible. Mientras que el estigma racial durante el Jim Crow contenía las semillas de la revuelta.

A continuación se describen una serie de disparidades importantes entre el Jim Crow y la encarcelación masiva. Enumerarlas todas aquí no es práctico; en su lugar, nos centraremos en unas pocas de las más importantes que se citan con más frecuencia en defensa del encarcelamiento masivo, incluyendo la ausencia de hostilidad racial explícita, la inclusión de blancos en el sistema de control y el apoyo afroamericano a algunas políticas de «mano dura» y a las tácticas de la lucha contra la droga.

Ausencia de hostilidad racial. En primer lugar, consideremos la ausencia de hostilidad racial explícita entre los agentes de policía que apoyan leyes duras contra la droga y los funcionarios encargados de aplicarlas. La ausencia de hostilidad racial explícita es una diferencia importante con el sistema Jim Crow, pero puede ser exagerada. La encarcelación masiva, como el Jim Crow, fue el resultado del oportunismo racial: un intento de las élites blancas de aprovecharse de las hostilidades raciales, los resentimientos y la inseguridad de las clases pobres y trabajadoras blancas. Además, la hostilidad y la violencia raciales no han desaparecido del todo, teniendo en cuenta que las quejas de insultos racistas, de brutalidad policial y de los funcionarios de prisiones son bastante comunes. Algunos académicos y analistas han señalado que la violencia racial que antes se asociaba con los brutales amos de esclavos o con el Ku Klux Klan ha sido reemplazada hasta cierto punto por la violencia perpetrada por el Estado. La violencia racial se ha racionalizado, legitimado y canalizado por medio del sistema de justicia penal; se expresa en términos de brutalidad policial, confinamiento en celdas de aislamiento y la imposición discriminatoria y arbitraria de la pena de muerte.[60]

---

[60] Véase por ejemplo, Charles Ogletree y Austin Sarat (eds.), *From Lynch Mobs to the Killing State: Race and the Death Penalty in America,* Nueva York, New York University Press, 2006; y Joy James, *The New Abolitionists: (Neo) Slave Narratives and Contemporary Prison Writings,* Nueva York, State University of New York Press, 2005.

Pero incluso admitiendo que algunos afroamericanos temen a la policía actualmente tanto como sus abuelos temían al Ku Klux Klan (puesto que una cartera puede ser confundida con una pistola) y que el sistema penal puede resultar tan brutal en muchos aspectos como el de Jim Crow o la esclavitud, la ausencia de hostilidad racial en el discurso público y el declive acentuado de violencia racial de las cuadrillas de *vigilantes* no es un tema menor. También es significativo que los letreros de «Solo blancos» hayan desaparecido y que los niños de cualquier color puedan beber de las mismas fuentes, nadar en las mismas piscinas y jugar en los mismos parques. Los niños negros de hoy en día pueden incluso soñar con ser presidentes de Estados Unidos.

Quienes defienden que la encarcelación masiva es «exactamente igual» que el sistema Jim Crow cometen un error grave, las cosas han cambiado. El hecho de que una clara mayoría de estadounidenses dijeran a los encuestadores en los primeros años de la década de 1980 (cuando comenzaba la Guerra contra la Droga) que se oponían a la discriminación racial en casi todas sus formas no debería tomarse a la ligera.[61] Quizá algunos de los encuestados podrían estar diciendo a los encuestadores lo que pensaban que era apropiado en lugar de lo que realmente creían, pero no hay razón para creer que la mayoría de ellos mintiera. Es más probable que la mayoría de los estadounidenses en los primeros años de la década de 1980 rechazara el pensamiento y los valores segregacionistas, y no solo querían evitar que se les tomase por racistas, sino tampoco *serlo*.

Esta diferencia de actitudes públicas tiene implicaciones importantes para los intentos de reforma. Reivindicar que el encarcelamiento masivo es análogo al sistema Jim Crow caerá en oídos sordos y apartará a aliados potenciales si sus defensores no consiguen dejar claro que la reivindicación *no* pretende sugerir o dar por hecho que los que apoyan el sistema actual son racistas, tal y como entienden ese término los estadounidenses. La raza desempeña un papel importante, de hecho un papel definitorio, en el sistema actual, pero no por lo que se entiende comúnmente como intolerancia hostil y anticuada. Este sistema de control depende mucho más de la *indiferencia racial*, definida como una falta de compasión y cariño por la

---

[61] Véase el análisis de los datos sobre comicios en el capítulo 3.

raza y los grupos raciales, que de la hostilidad racial, algo que de hecho comparte con sus antecesores.

Todos los sistemas raciales de castas, no solo la reclusión masiva, se han visto apoyados por la indiferencia racial. Tal como se ha señalado anteriormente, durante la época de Jim Crow muchos blancos creían sinceramente que los afroamericanos eran intelectual y moralmente inferiores. No les deseaban ningún daño, pero creían que la segregación era un sistema sensato para gestionar una sociedad compuesta de personas fundamentalmente diferentes y desiguales. La sinceridad de las creencias raciales de muchas personas llevó a Martin Luther King Jr. a declarar: «Nada en el mundo es más peligroso que la ignorancia sincera y la estupidez concienzuda». La idea de que los sistemas raciales de castas se defienden por un deseo de dañar a otros grupos raciales y que la hostilidad racial es la esencia del racismo es un error. Ni siquiera la esclavitud responde a esta comprensión limitada del racismo y la casta racial. La mayoría de los propietarios de las plantaciones apoyaban la institución de la esclavitud negra, no por un deseo sádico de dañar a los negros, sino porque querían hacerse ricos, y la esclavitud negra era el medio más eficaz para conseguirlo. En su gran mayoría, a los propietarios de las plantaciones les daba igual el sufrimiento causado por la esclavitud; su motivación era la codicia. La preocupación hacia el papel de la hostilidad racial en los anteriores sistemas de castas puede impedirnos ver las formas en las que cada sistema de castas, incluyendo la encarcelación masiva, ha sido apoyada por la indiferencia racial, una falta de cariño y compasión hacia la gente de otras razas.

Víctimas blancas de la casta racial. Llegamos ahora a otra diferencia importante entre el encarcelamiento masivo y el sistema Jim Crow: el daño directo a los blancos provocado por el actual sistema de castas. Los blancos nunca tuvieron que sentarse al fondo del autobús durante el periodo Jim Crow, pero actualmente un blanco puede encontrarse compartiendo celda con un negro en la cárcel por un delito por drogas. El daño directo causado a los blancos por la encarcelación masiva parece diferenciarlo del Jim Crow; sin embargo, como muchas de las otras divergencias, esta precisa alguna puntualización. Algunos blancos fueron perjudicados directamente por el sistema Jim Crow: por ejemplo, una mujer blanca que se enamorase de un hombre negro y quisiera pasar el resto de su vida con él se vería perjudicada directamente por las leyes antimestizaje. Las leyes pretendían actuar en su beneficio, protegerla de la influencia corruptora del negro y la «tragedia» de niños mulatos, pero a pesar de todo resultaba directamente perjudicada.

Aun así, parece evidente que la encarcelación masiva perjudica directamente a muchos más blancos que el sistema Jim Crow. Para algunos, este hecho por sí solo es razón suficiente para rechazar la analogía. Un «sistema de castas racial interracial» parece un oxímoron. ¿Qué clase de orden racial de castas incluye a las personas blancas bajo su control? La respuesta: un sistema racial de castas en la época de la neutralidad racial.

Si el 100% de las personas detenidas y condenadas por delitos por drogas fueran afroamericanas, la situación provocaría indignación entre la mayoría de los estadounidenses que se consideran no racistas y que saben perfectamente que los latinos, los asiático-americanos y los blancos también cometen delitos por drogas. Como nación, parece que nos encontramos cómodos con que el 90% de las personas detenidas y condenadas por delitos de drogas en algunos estados sean afroamericanos, pero si la cifra fuera el 100% se caería el velo de la neutralidad racial. Ya no podríamos contarnos cuentos sobre por qué el 90% podría ser una cifra razonable ni podríamos continuar asumiendo que hay buenas razones para la extrema disparidad racial en la Guerra contra la Droga, incluso si somos incapaces de aclarar cuáles son esas razones. En resumen, la inclusión de algunos blancos en el sistema de control es esencial para preservar la imagen de un sistema de justicia penal racialmente neutral y mantener nuestra propia imagen de personas justas y sin prejuicios. Debido a que la mayoría de los estadounidenses, incluso quienes aplican las leyes, desean creer que no son racistas, el sufrimiento en la Guerra contra la Droga cruza la línea del color.

Por supuesto, el hecho de que las personas blancas se vean perjudicadas por la Guerra contra la Droga no quiere decir que sean los objetivos reales, el enemigo declarado. El daño que sufren las personas blancas en la Guerra contra la Droga es muy parecido al daño que sufren los civiles iraquíes por las acciones militares de Estados Unidos, cuyo objetivo son los presuntos terroristas o los insurgentes. En cualquier guerra, el daño colateral en enormes proporciones es inevitable. Las personas negras y de piel oscura son los objetivos principales en esta guerra, las personas blancas son los daños colaterales.

Decir que las personas blancas son daños colaterales puede parecer cruel, pero refleja una realidad especial. La encarcelación masiva tal como la conocemos no existiría hoy en día si no fuera por la racialización de la delincuencia en los discursos de los medios de comunicación y políticos. La Guerra contra la Droga se declaró como parte de una estratagema política para capitalizar el resentimiento racial blanco contra los afroamericanos. El Gobierno de Reagan utilizó el surgimiento del crac y la violencia que conllevaba como una oportunidad para construir un consenso público racista que apoyara una guerra sin cuartel. Un consenso que casi con total seguridad no se habría alcanzado si los consumidores principales y los traficantes de crac hubieran sido blancos.

El economista Glenn Loury hizo esta observación en su libro *The Anatomy of Racial Inequality*. Señaló que es casi imposible imaginar que nada remotamente similar al internamiento en masa pudiera suceder a los jóvenes blancos. ¿Podemos visualizar un sistema que aplicara las leyes antidroga casi exclusivamente contra los jóvenes blancos e ignorara mayoritariamente los delitos de drogas entre los jóvenes negros? ¿Podemos imaginar a un gran número de detenidos por delitos menores de drogas, colocados bajo el control del sistema de justicia penal, etiquetados como delincuentes y después sometidos a una vida de discriminación, burla y exclusión? ¿Podemos imaginar que esto sucediera mientras la mayoría de los negros conseguían empleos decentes o accedían a la universidad? No, no podemos. Si tal cosa ocurriese, «provocaría una profunda reflexión sobre qué se había hecho mal, no solo con ELLOS sino con NOSOTROS».[62] Nunca se cerraría el debate alegando que los blancos estaban cosechando lo que habían sembrado. La criminalización de los blancos nos perturbaría en lo más profundo. Así que las preguntas pertinentes son: «¿Qué nos perturba? ¿Qué es lo que suena mal? ¿Qué cosas

---

[62] Glenn C. Loury, *The Anatomy of Racial Inequality*, Cambridge, MA, Harvard University Press, 2003, p. 82.

nos parecen extrañas? ¿Qué consideramos contrario a nuestras expectativas?»[63] O para ser más directos: *¿quién nos importa?*

Podemos encontrar una respuesta a la última pregunta si consideramos la manera tan drásticamente distinta en que reaccionamos como nación ante la conducción en estado de embriaguez de mediados de la década de 1980, comparada con el crac. Durante la década de 1980, a la vez que el crac proporcionaba titulares, se puso en marcha un movimiento de base amplio que abordaba el problema, muy extendido y a veces fatal, de la conducción en estado ebrio. Al contrario que la Guerra contra la Droga, que fue iniciada por las élites políticas mucho antes de que la gente corriente la identificara como un asunto de extraordinario interés, el movimiento para eliminar a los conductores borrachos fue un movimiento desde abajo, liderado notablemente por madres cuyas familias habían quedado destrozadas por las muertes causadas por la conducción bajo los efectos del alcohol.

La atención mediática al movimiento alcanzó su punto máximo en 1988, cuando un conductor borracho que circulaba en dirección contraria por la carretera nacional 71 en Kentucky provocó una colisión frontal con un autobús escolar. Murieron 27 personas y varias decenas más quedaron heridas por el incendio subsiguiente. El trágico accidente, conocido como el desastre del autobús de Carrollton, fue uno de los peores en la historia de Estados Unidos. Varios padres y madres de las víctimas se involucraron activamente en *Mothers Against Drunk Driving* (Madres Contra los Conductores Ebrios, MADD, por sus siglas en inglés) y una de ellas se convirtió en su presidenta nacional. A lo largo de la década de 1980, la conducción en estado de embriaguez fue un tema recurrente en los medios de comunicación y el término *conductor designado* pasó a formar parte del léxico estadounidense.

Al final de esa década, los conductores ebrios provocaban aproximadamente 22.000 muertes anuales, mientras que las muertes relacionadas con el alcohol en general se acercaban a 100.000 al año. En comparación, durante el mismo periodo, no había estadísticas sobre el crac, mucho menos sobre las muertes relacionadas con esa sustancia. En realidad, el número de muertes relacionadas con *todas las*

---

[63] *Ibid.*, pp. 82-83.

drogas ilegales juntas era mínimo comparado con el número de muertes provocadas por los conductores ebrios. El total de todas las muertes relacionadas con las drogas, fuera por el SIDA, sobredosis o por la violencia relacionada con el tráfico ilegal de drogas, se estimaba en 21.000 al año, menos que el número de muertes directamente provocadas por los conductores borrachos y una fracción del número de muertes relacionadas con el alcohol que tenía lugar cada año.[64]

Como respuesta a la preocupación creciente, alimentada por grupos como MADD y la repercusión en los medios de los desastres producto de conducir bajo los efectos del alcohol, la mayoría de los Estados adoptaron leyes más duras para castigar a los conductores ebrios. Actualmente hay numerosos Estados que estipula algún tipo de condena obligatoria para este delito: generalmente dos días en la cárcel para una primera condena y de dos a diez días para una segunda.[65] La posesión de una cantidad mínima de crac, por otra parte, conlleva una condena mínima obligatoria de cinco años en una cárcel federal. Las condenas, tan inmensamente distintas, que se imponen a los conductores ebrios y a los acusados por un delito de drogas, dicen mucho sobre a quiénes se considera desechables (es decir, eliminables del cuerpo político) y a quiénes no. Los conductores ebrios son predominantemente blancos y varones. Los varones blancos representaban el 78% de las detenciones por este delito en 1990, cuando se comenzaban a adoptar los nuevos mínimos obligatorios en relación con la conducción en estado ebrio.[66] Normalmente se les acusa de una falta y generalmente se les condena a pagar multas, se les suspende el permiso de conducir y tienen que realizar servicios a la comunidad. Aunque el conducir en estado ebrio conlleva un riesgo mucho mayor de muerte violenta que el consumo o la venta de drogas ilegales, la respuesta social hacia los conductores ebrios ha concedido importancia a que a se mantenga a esas personas funcionales y en la sociedad, y trata de responder a su comportamiento peligroso

---

[64] Craig Reinarman, «The Crack Attack: America's Latest Drug Scare, 1986-1992», *Images of Issues: Typifying Contemporary Social Problems*, Nueva York, Aldine De Gruyter, 1995, p. 162.

[65] Marc Mauer, *Race to Incarcerate*, edición revisada, Nueva York, The New Press, 2006, p. 150.

[66] *Ibid.*, p. 151

por medio de tratamiento y asesoramiento.[67] Las personas acusadas de delitos por drogas, sin embargo, son mayoritariamente personas pobres de color y generalmente se las acusa de delitos graves y se las condena a penas de privación de libertad. Aquí podemos encontrar otra pista que indica que la encarcelación masiva, tal como la conocemos, no existiría si no fuera por la raza del enemigo imaginario en la historia de la aplicación de las leyes antidroga en Estados Unidos. David Musto, el historiador de Yale, y otros académicos han documentado un patrón perturbador pero no sorprendente: el castigo es más duro cuando el consumo de drogas se asocia con gente de color, pero se suaviza cuando se asocia con blancos.[68] La historia de la política con la marihuana es un buen ejemplo. En los primeros años del siglo xx la marihuana era percibida correcta o incorrectamente como una droga consumida por los negros y los mexicoamericanos, lo que desembocó en la ley *Boggs Act* de la década de 1950, que penalizaba la posesión de marihuana por primera vez, con una condena de dos a cinco años de cárcel.[69] Sin embargo, en la década de 1960, cuando la marihuana se asoció con la clase media blanca y los universitarios, se crearon rápidamente comisiones para estudiar si la marihuana era realmente tan dañina como se pensaba en un principio. En 1970, la Ley de Control, Prevención y Adicción a las Drogas separó la marihuana de otros narcóticos y rebajó las penas federales.[70] La misma droga que había sido considerada temible cuando se asociaba con los afroamericanos y los latinos fue recatalogada como una sustancia relativamente inofensiva cuando fue asociada con los blancos.

A la vista del tratamiento estatal que reciben los conductores ebrios y los convictos por drogas predominantemente blancos, es extremadamente difícil imaginar que nuestra nación hubiera declarado una guerra sin cuartel a los acusados por drogas si el enemigo hubiera estado clasificado en el imaginario público como blanco. Fue

---

[67] *Ibid.*

[68] Véase Musto, *American Disease*, pp. 4, 7, 43-44 y 219-220; y Doris Marie Provine, *Unequal Under Law*, pp. 37-90.

[69] Eric Schlosser, «Reefer Madness», *Atlantic Monthly*, agosto de 1994, p. 49.

[70] Mauer, *Race to Incarcerate*, p. 149.

la fusión de la negritud y el delito en el discurso político y mediático lo que hizo posible la Guerra contra la Droga y la repentina expansión masiva de nuestro sistema carcelario. Los «delincuentes» blancos por drogas son daños colaterales en la Guerra contra la Droga porque han sido perjudicados por una guerra declarada pensada contra los negros. Aunque esta circunstancia es muy desafortunada para ellos, crea oportunidades importantes para un movimiento de resistencia desde abajo, multirracial, en el que personas de todas las razas pueden tener una reivindicación clara. Por primera vez en la historia de nuestra nación, puede llegar a ser evidente para los blancos cómo ellos también pueden verse perjudicados por el racismo contra los negros, un hecho que, hasta ahora, para muchos ha sido difícil de entender.

Apoyo negro a las políticas de «mano dura». Otra diferencia importante entre el sistema Jim Crow y la encarcelación masiva es que muchos afroamericanos parecen apoyar el actual sistema de control, mientras que la mayoría cree que no se puede decir lo mismo del orden Jim Crow. A menudo se argumenta, en defensa de la reclusión masiva, que los afroamericanos desean más policía y más cárceles por la enorme delincuencia que existe en algunas de las comunidades de los guetos. Estos defensores proclaman que es un error que las tácticas de encarcelamiento masivo (tales como que las tareas de las fuerzas del orden se concentren en los barrios pobres de color, los programas de detención y registro que han proliferado por todo el país, la expulsión de los convictos de drogas y sus familias de la vivienda pública y las redadas contra la droga en los barrios del gueto) se consideren discriminatorias racialmente, porque esos programas y políticas han sido adoptados para beneficiar a las comunidades afroamericanas y están apoyadas por muchos residentes de los guetos.[71] Lo que sería discriminatorio racialmente es ignorar el crimen rampante de las comunidades de los guetos, responder con la fuerza no lo es.

A primera vista, esta defensa parece relativamente simple, pero en realidad tiene más vueltas de lo que parece y algunas son bastante problemáticas. Para empezar, implica que los afroamericanos prefieren

---

[71] La version más convincente de este análisis la argumentó Randall Kennedy en *Race, Crime and the Law,* Nueva York, Vintage Books, 1997.

políticas de justicia penal duras a otras formas de intervención gubernamental, tales como la creación de empleo, el desarrollo económico, la reforma educativa y los programas de justicia reparadora como solución a largo plazo de los problemas relacionados con la delincuencia. No hay ninguna prueba que apoye tal afirmación. Por el contrario, las encuestas muestran de manera consistente que los afroamericanos apoyan menos las políticas de justicia penal duras que los blancos, a pesar de que los negros tienen muchas más probabilidades de ser víctimas de la delincuencia.[72] Este patrón es especialmente notable por el hecho de que las personas con menor formación tienden a castigar más y, estadísticamente, los negros han recibido menos educación formal que los blancos.[73]

La idea de que los afroamericanos apoyan las políticas de «mano dura» contra la delincuencia se complica todavía más por el hecho de que la «delincuencia», no es una categoría genérica. Hay muchos tipos diferentes de delincuencia y la delincuencia violenta tiende a provocar la respuesta más visceral y punitiva. Sin embargo, tal y como hemos observado en el capítulo 2, la Guerra contra la Droga no ha tenido como objetivo la eliminación de los traficantes de droga más violentos, los capos. La gran mayoría de las personas detenidas por delitos de drogas no son acusadas de delitos graves, y la mayoría de las personas en las prisiones estatales con cargos por drogas no tiene ningún historial de violencia o actividad de tráfico significativa. Los «capos» a menudo consiguen pagar su libertad renunciando a sus posesiones, delatando a otros traficantes o convirtiéndose en informantes pagados del Gobierno. Por consiguiente, solo por el hecho de que algunos afroamericanos apoyen las políticas de mano dura hacia los convictos violentos, no se puede decir que apoyen la Guerra contra la Droga, que se ha librado principalmente

---

[72] Tracy Meares, «Charting Race and Class Differences in Attitudes Toward Drug Legalization and Law Enforcement: Lessons for Federal Criminal Law», *Buffalo Criminal Law Review,* vol. 1, 1997, p. 137; Stephen Bennett y Alfred Tuchfarber, «The Social Structural Sources of Cleavage on Law and Order Policies», *American Journal of Political Science,* vol. 19, 1975, pp. 419-438; y Sandra Browning y Ligun Cao, «The Impact of Race on Criminal Justice Ideology», *Justice Quarterly,* vol. 9, diciembre de 1992, pp. 685-699.

[73] Meares, «Charting Race and Class Differences», p. 157.

contra delincuentes no violentos de bajo perfil en comunidades pobres de color.

Lo que podemos observar claramente en los datos de las encuestas y en las investigaciones etnográficas es que los afroamericanos en las comunidades de los guetos experimentan una «doble frustración» intensa con respecto a la delincuencia y al cumplimiento de la ley. Tal como Glenn Loury explicó hace más de una década, cuando los índices de delincuencia violenta no paraban de aparecer en titulares, «los jóvenes negros que causan estragos en los guetos siguen siendo "nuestros jóvenes" para muchas personas decentes negras pobres y de clase trabajadora que son a veces sus víctimas».[74] En toda la comunidad negra existe una conciencia muy extendida de que los jóvenes negros de los guetos tienen pocas opciones realistas, si es que tienen alguna, y por consiguiente traficar con drogas puede constituir una tentación irresistible. Los jóvenes blancos de los barrios residenciales pueden vender drogas a sus amigos y conocidos como una forma de distracción y de conseguir un dinero extra, pero para los jóvenes de los guetos, las ventas de droga (aunque pocas veces lucrativas) son a menudo un medio para sobrevivir, un medio para ayudar a alimentar y vestir a sus familias. El hecho de que el camino de esta «carrera» lleva casi inevitablemente a la cárcel se entiende a menudo como una realidad desafortunada, una parte de lo que significa ser pobre y negro en Estados Unidos.

La mujeres, en especial, expresan puntos de vista complicados y opuestos sobre la delincuencia porque aman a sus hijos, maridos y compañeros, y entienden sus problemas como miembros actuales y futuros de la casta inferior racial. Sin embargo, al mismo tiempo, aborrecen las bandas y la violencia asociada a la vida en los barrios pobres. Un analista explicaba: «Las mujeres afroamericanas de los barrios pobres están partidas, se preocupan por que sus hijos jóvenes se involucren en las actividades de las bandas, se preocupan por que sus hijos posiblemente vendan o consuman drogas, se preocupan por que sus hijos se vean atrapados en el fuego cruzado de bandas enfrentadas... estas madres quieren un reforzamiento de la lucha contra

---

[74] Glenn Loury, «Listen to the Black Community», *Public Interest*, Sept. 22, 1994, p. 35.

la delincuencia. Sin embargo, entienden que si se aumentan los niveles de aplicación de la ley, a sus hijos les podría caer una condena por delincuencia, una marca que asegura la marginalización económica y social».[75]

Dado el dilema al que se enfrentan las comunidades negras pobres, no es correcto decir que las personas negras «apoyan» la encarcelación masiva o las políticas de «mano dura». El hecho de que algunas personas negras estén de acuerdo con una respuesta de mano dura contra la delincuencia se entiende mejor como una forma de *complicidad* con el encarcelamiento masivo, pero no de apoyo. Esta complicidad se entiende perfectamente porque la amenaza que supone la delincuencia es real, no imaginaria (especialmente la delincuencia violenta). Aunque los afroamericanos no se dedican al tráfico de drogas en porcentajes significativamente más altos que los blancos, los negros tienen índices mucho más altos de delincuencia violenta, y este tipo de delincuencia se concentra en las comunidades de los guetos. Varios estudios han demostrado que el desempleo (no la raza y la cultura negras) explica los altos índices de delincuencia violenta en las comunidades negras pobres. Cuando se analiza el desempleo, las diferencias en índices de delincuencia violenta entre jóvenes negros y blancos desaparecen.[76] A pesar de todo, la realidad de los negros pobres atrapados en los guetos sigue siendo la misma: tienen que vivir en un estado de inseguridad perpetua y miedo. Se entiende perfectamente entonces que algunos afroamericanos sean cómplices del sistema de encarcelación masiva, incluso si se oponen, como política social, a la creación de guetos racialmente aislados y al subsiguiente traslado de jóvenes negros de sus colegios cochambrosos y sin recursos a las modernas cárceles de alta tecnología. En la época de la encarcelación masiva, los afroamericanos pobres no tienen la opción de grandes colegios, inversiones en la comunidad y formación profesional. En lugar de eso, se les ofrece policía y cárceles. Si la única alternativa que se les ofrece a los negros es la delincuencia

---

[75] Meares, «Charting Race and Class Differences» pp. 160-161.

[76] Véase William Julius Wilson, *When Work Disappears: The World of the New Urban Poor,* Nueva York, Vintage Books, 1997, p. 22, cita el estudio de Delbert Elliott.

rampante o más prisiones, la respuesta previsible (y comprensible) será «más cárceles».

El dilema en el que se encuentran los afroamericanos actualmente no es muy distinto de la situación a la que se enfrentaban durante el sistema Jim Crow. El Jim Crow, por opresivo que fuera, ofrecía ciertos niveles de seguridad para los negros que estuvieran dispuestos a seguir el juego. Los que se saltaban las normas o se oponían a ellas se arriesgaban al terror del Ku Klux Klan. La cooperación con el sistema Jim Crow ofrecía a menudo mayores probabilidades de aumentar o mantener la seguridad de uno mismo que cualquier otra alternativa. Esa realidad, ayuda a explicar por qué algunos líderes afroamericanos como Booker T. Washington instaban a los negros a centrarse en el progreso individual en lugar de desafiar la discriminación racial. Es también el motivo por el que el Movimiento por los Derechos Civiles se topó inicialmente con una resistencia importante por parte de algunos afroamericanos del Sur. Los defensores de los derechos civiles argumentaban incansablemente que la mentalidad y la ideología que dio lugar al Jim Crow era el auténtico origen del peligro que sufrían los negros. Por supuesto, tenían razón. Pero es comprensible que algunos blancos creyeran que su seguridad inmediata estaba mejor protegida por medio de la cooperación con el sistema de castas existente. El hecho de que las personas negras durante el Jim Crow fueran a menudo cómplices con el sistema de control no significaba que apoyaran la opresión racial.

La falta de acuerdo dentro de la comunidad afroamericana sobre la mejor manera de responder a los sistemas de control, e incluso la falta de acuerdo sobre lo que es o no discriminatorio, viene de lejos. La idea de que las personas negras siempre han estado unidas contra los sistemas de castas estadounidenses es un puro mito. Tras la esclavitud, por ejemplo, hubo algunos afroamericanos que apoyaron la pérdida de derechos porque creían que las personas negras no estaban todavía «preparadas» para votar. Se argumentaba que los antiguos esclavos eran demasiado ignorantes para ejercer el voto de manera responsable y no estaban preparados para ejercen los deberes de los cargos públicos. Este sentimiento se encontraba incluso entre políticos negros como Isaiah T. Montgomery, quien en 1890 defendía que debían negarse los derechos de voto a las personas negras porque los derechos civiles solo debían concederse a hombres alfabetizados. En la misma línea tuvo lugar un debate encarnizado entre Booker T. Washington y W. E. B. Du Bois sobre si y hasta qué punto los prejuicios raciales y la discriminación eran los responsables de los problemas de los negros y debían ser atacados. Du Bois alababa y aceptaba la importancia que Washington concedía al «ahorro, la paciencia y la formación industrial para las masas», pero estaba en total desacuerdo con la aceptación pública de la segregación, la pérdida de derechos y la discriminación legalizada. Según Du Bois, las declaraciones públicas de Washington afirmando que la educación pobre y las malas opciones eran responsables de los problemas de los antiguos esclavos obviaban el daño provocado por las castas y amenazaban con racionalizar todo el sistema. En palabras de Du Bois:

> La impresión precisa que produce la propaganda del señor Washington es en primer lugar que el Sur está justificado en su actitud actual hacia el negro por culpa de la degradación del negro. Segundo, que la principal causa del fracaso del negro para mejorar más rápidamente es su mala educación en el pasado. Y tercero, que su futura mejora depende fundamentalmente de su propio trabajo. Cada una de estas afirmaciones es una peligrosa media verdad... La doctrina de Washington ha ayudado a que los blancos, del Norte y del Sur, carguen el peso del problema negro sobre los hombros negros y se aparten como espectadores críticos y bastante pesimistas, cuando de hecho la carga pertenece a la nación y nadie tiene las manos limpias si no empleamos nuestra energía en enmendar estos grandes errores.[77]

Actualmente tiene lugar un debate parecido en las comunidades negras sobre las causas subyacentes de la reclusión masiva. Mientras que algunos defienden que es atribuible principalmente al prejuicio racial y a la discriminación, otros mantienen que se debe a la educación pobre, la moral confusa y una falta de ahorro y perseverancia entre los pobres de las ciudades. De la misma manera que los antiguos esclavos eran considerados (incluso entre algunos afroamericanos)

---

[77] W. E. B. Du Bois, *The Souls of Black Folk*, 1903, Nueva York, Bantam, 1989.

no merecedores de la ciudadanía debido a su falta de educación y moralidad, se pueden escuchar actualmente argumentos parecidos por parte de personas negras en todo el espectro político que creen que los esfuerzos reformistas deben centrarse en mejorar la moralidad y la formación de los habitantes de los guetos, en lugar de desafiar el sistema de encarcelamiento masivo.

Los académicos, activistas y miembros de la comunidad que defienden que la elevación de la moralidad y la educación proporcionan la mejor solución ante la delincuencia negra y el fenómeno de encarcelación masiva han sido influenciados por lo que Evelyn Brooks Higginbotham ha llamado la «política de respetabilidad»: una política que nació en el siglo XIX y maduró durante la época de Jim Crow.[78] Esta estrategia política se basa en la idea de que el objetivo de la igualdad racial solo se puede lograr si las personas negras consiguen demostrar a los blancos que merecen un trato igual, dignidad y respeto. Los defensores de la política de respetabilidad creen que si los afroamericanos esperan ser aceptados por los blancos, deben portarse de manera que provoque respeto y simpatía en lugar de miedo e ira a las otras razas. Deben demostrar con palabras y hechos su capacidad para vivir con y aspirar a los mismos códigos morales que la clase media blanca incluso mientras se les discrimina sin razón.[79] La teoría básica de esta estrategia es que los estadounidenses blancos abandonarán las prácticas discriminatorias cuando sea evidente que las personas negras no son inferiores después de todo.

La política de respetabilidad tuvo sentido para muchos reformistas negros durante la época de Jim Crow, ya que los afroamericanos no tenían derecho de voto, no podían cambiar la política y vivían bajo la amenaza constante del Ku Klux Klan. Por aquel entonces, la única cosa que las personas negras podían controlar era su propio comportamiento. Muchos creían que simplemente no tenían otra opción, por lo menos de manera realista, más que cooperar con el

---

[78] Véase Evelyn Brooks Higginbotham, *Righteous Discontent: The Women's Movement in the Black Baptist Church, 1880-1920* Cambridge, MA, Harvard University Press, 1994, p. 188.

[79] *Ibid.* Véase también Karen Ferguson, *Black Politics in New Deal Atlanta,* Chapel Hill, University of North Carolina Press, 2002, pp. 5-11; y Randall Kennedy, *Race, Crime and the Law,* Nueva York, Vintage Books, 1997, p. 17.

sistema de castas mientras se portaban de una manera digna y respetable que, a la larga, dejaría claro a los blancos que su intolerancia estaba equivocada.

Esta estrategia funcionó hasta cierto punto para una parte de la comunidad afroamericana, especialmente para quienes tenían acceso a la educación y ciertos privilegios. Pero un segmento mucho más amplio, los que no recibían educación y eran desesperadamente pobres, fueron incapaces, tal como señaló un historiador, de «cumplir con los papeles de género, comportamiento público y actividad económica considerada legítima por los estadounidenses burgueses, pero que las fuerzas del sistema Jim Crow intentaban evitar que las personas negras lograsen».[80] En muchos casos, la élite negra relativamente privilegiada se revolvía contra el negro pobre de las ciudades, condenándolo y distanciándose de él, mientras que a la vez se presentaban a sí mismos como los portavoces legítimos de los desfavorecidos. Era un patrón que se repetía en las ciudades a lo largo de Estados Unidos, cuando las comunidades negras se encontraron envueltas en graves conflictos sobre los objetivos y las estrategias seguidas por la élite negra. Un ejemplo de esto es lo que sucedió en Atlanta al comienzo del *New Deal*.

Durante el periodo Jim Crow, todas las personas negras de Atlanta estaban unidas por el sistema racial de castas, pero existía un grupo significativo de afroamericanos que habían recibido una buena formación y tenían influencia en los salones de gobierno. Atlanta contaba con numerosas universidades negras y la ciudad acogía a la población más grande de afroamericanos universitarios del Sur. Los miembros de este grupo de relativa élite creían que podían demostrar su respetabilidad a los estadounidenses blancos y a menudo culpaban a los negros con menor formación de sabotear su lucha por la igualdad racial, especialmente cuando cometían delitos o no se adaptaban a las normas de la clase media blanca en cuanto a la ropa, la limpieza y el comportamiento. Según el punto de vista de estas élites negras, el «complejo de pobreza» perseguía a los negros pobres y les hacía políticamente apáticos para conformarse con condiciones de

---

[80] Ferguson, *Black Politics in New Deal Atlanta*, p. 5.

vida desastrosas, abarrotadas y sucias.[81] Durante décadas, las élites negras se empeñaron en intentar rescatar de manera privada a las comunidades negras, para hacerlas ordenadas, limpias y respetables en un vano intento de conseguir la aprobación blanca.[82]

Finalmente, estos intentos de rescate dieron lugar a la aprobación negra de políticas de castigo dirigidas contra el pobre de las ciudades. En la década de 1930 y los primeros años de la década de 1940, el presidente Franklin D. Roosevelt comenzó a desarrollar el *New Deal*: un programa masivo de obras públicas e inversión diseñado para sacar a la nación de la profunda depresión. Casi inmediatamente, las élites negras reconocieron la oportunidad de progreso individual y colectivo para los negros que pudieran dar una imagen favorable ante los blancos. Algunos negros de Atlanta salieron de la marginación por medio de este mundo de oportunidades de los programas del *New Deal*, pero la mayoría siguieron en un estado de abandono. Tal como señala la historiadora Karen Ferguson, «cuando los reformistas negros tuvieron la posibilidad de determinar quién iba a recibir la prodigalidad del *New Deal*, no escogieron a los más "tirados" de la clase trabajadora negra sino a los elementos prósperos que eran más capaces de ser respetables a ojos de los reformistas».[83] Lejos de priorizar las necesidades de los más desfavorecidos, muchos reformistas negros comenzaron a desarrollar de manera agresiva reformas políticas que beneficiarían a la élite negra en detrimento de los segmentos más pobres de la comunidad negra. Algunos de los programas federales más discriminatorios de la época del *New Deal,* incluyendo el programa de eliminación del chabolismo, recibieron un fuerte apoyo por parte de los burócratas y reformistas afroamericanos, que se presentaron a sí mismos como portavoces de la comunidad negra en su conjunto.[84]

Aunque muchos afroamericanos pobres rechazaron la filosofía, las tácticas y la estrategia de la élite negra, a la larga, la ideología de la elevación de la moralidad se convirtió en el nuevo sentido común. No solo en Atlanta, sino en otras ciudades en toda la nación, se

---

[81] *Ibid.,* p. 192.
[82] *Ibid.*
[83] *Ibid.,* p. 9.
[84] *Ibid.,* p. 13.

hicieron visibles una y otra vez las tensiones y los desacuerdos entre los reformistas negros que luchaban por mejorar y elevar a los habitantes de los barrios pobres y las personas comprometidas en desafiar la discriminación y el sistema Jim Crow. Las élites negras se dieron cuenta de que tenían mucho que ganar si se situaban como «gestores de la raza», y muchos afroamericanos pobres se convencieron de que quizá su situación degradada era, después de todo, culpa suya.

Partiendo de esta historia, no debería sorprendernos que hoy en día algunos alcaldes, políticos y asesores negros (así como predicadores, profesores, peluqueros y gente de todo tipo) suscriban las políticas de «mano dura» y pasen más tiempo reprendiendo a los pobres de las ciudades por su comportamiento que buscando soluciones con sentido a las repugnantes condiciones en las que esos pobres urbanos se ven forzados a vivir y a criar a sus hijos. El hecho de que muchos afroamericanos estén de acuerdo con algunos aspectos del sistema de castas actual e insistan en que los problemas del pobre de las ciudades se explican mejor por su comportamiento, cultura y actitud no diferencia para nada al encarcelamiento masivo de sus antecesores. Por el contrario, estas actitudes y creencias tienen sus raíces en las luchas para terminar con la esclavitud y el Jim Crow. Actualmente, muchos afroamericanos creen que la ideología de la superación ha funcionado en el pasado y debería funcionar de nuevo. Olvidan que en realidad se necesitó un movimiento importante para terminar con el pasado sistema de castas, no solamente buen comportamiento. Muchas personas negras no tienen clara la mejor manera de entender y responder ante la encarcelación masiva, y la propia comunidad negra está dividida al respecto. Ha surgido un sistema aparentemente neutro que encierra permanentemente a millones de afroamericanos en una casta inferior, y parece que los que están atrapados en ella podrían haberlo evitado simplemente no cometiendo delitos. ¿No es acaso la respuesta no desafiar al sistema sino tratar de evitarlo? ¿No deberíamos centrarnos en mejorarnos a nosotros mismos en lugar de desafiar a un sistema basado en prejuicios? Estas conocidas preguntas se siguen formulando décadas después del final del antiguo Jim Crow.

Una vez más, la complicidad con el sistema de control actual puede parecer la única opción. Los padres y los profesores de los colegios aconsejan a los niños negros que, si aspiran a escapar de este sistema y evitar la cárcel, deben portarse lo mejor que sepan, levantar los brazos y extender las piernas para que la policía los cachee sin quejarse, permanecer en colegios destartalados, subirse los pantalones y rechazar todo tipo de trabajo ilegal y de actividad lucrativa incluso a pesar de que encontrar trabajo en la economía legal sea imposible. A las chicas se les dice que no tengan hijos hasta que se casen con un negro «bueno» que pueda sacar adelante a la familia con un trabajo legal. Se les dice que esperen y esperen a que llegue el hombre adecuado, incluso si eso significa, en guetos en los que abunda el desempleo, no llegar a tener hijos nunca.

Cuando los jóvenes negros no consiguen estar a la altura de estas expectativas porque les resulta difícil o imposible, o cuando fracasan, se tropiezan y cometen errores como todos los humanos, la vergüenza y la culpa caen sobre ellos. Si hubieran tomado otras decisiones, se les dice con dureza, no estarían sentados en una celda en la cárcel; se estarían licenciando en la universidad. No importa que los niños blancos del otro extremo de la ciudad que toman exactamente las mismas decisiones, a menudo por motivos menos apremiantes, estén de hecho en la universidad.

La genialidad del actual sistema de castas, y lo que más lo distingue de sus predecesores, es que es aparentemente voluntario. Las personas deciden cometer delitos y por eso es por lo que están encerradas o apartadas, nos dicen. Esta característica hace que la política de responsabilidad resulte tan especialmente atractiva, ya que parece que el sistema puede ser evitado por medio del buen comportamiento. Pero es ahí donde está la trampa. Todas las personas cometen errores. Todos somos pecadores. Todos somos delincuentes. Todos violamos la ley en algún momento de nuestras vidas. De hecho, si lo peor que has hecho en tu vida es pasarte quince kilómetros del límite de velocidad en la autopista, te has puesto a ti mismo y a otros en más peligro que alguien que fume marihuana en la privacidad de su cuarto de estar. Sin embargo, hay personas en Estados Unidos que están cumpliendo condenas de por vida por su primer delito de drogas, algo absolutamente insólito en cualquier otro lugar del mundo.

La idea de que existe una gran separación entre los «delincuentes» y aquellos de nosotros que nunca hemos estado en la cárcel, y en concreto que hay algo fundamentalmente incorrecto y moralmente inferior en «ellos», es una ficción creada por la ideología racial que dio lugar a la encarcelación masiva. Sin embargo, la realidad es que todos hemos hecho algo malo. Como se señaló anteriormente, los estudios sugieren que la mayoría de los estadounidenses viola las leyes de drogas alguna vez en su vida. De hecho, la mayoría de nosotros infringimos la ley, no una vez sino en repetidas ocasiones a lo largo de nuestra vida. Sin embargo, solo algunos de nosotros seremos detenidos, acusados, condenados por un delito, marcados como delincuentes y arrojados a una casta inferior permanentemente. Quién se convierte en un paria social y queda incomunicado de la sociedad civil y quién entra felizmente en la universidad no tiene apenas relación con la moralidad de los delitos cometidos. ¿Quién tiene más culpa: el joven negro que trapichea en la esquina vendiendo yerba para ayudar a su madre a pagar el alquiler o el universitario que trafica con drogas desde la habitación de su residencia para tener dinero para pagarse las vacaciones de primavera? ¿A quién deberíamos temer? ¿Al chico de barrio que se unió a una banda y ahora lleva una pistola por seguridad, porque su barrio da miedo y es inseguro, o al estudiante de instituto de un barrio residencial que tiene un problema con la bebida pero se empeña en conducir? Nuestro sistema de encarcelamiento masivo racialmente prejuiciado explota el hecho de que todas las personas infringen la ley y cometen errores en diversos momentos de su vida y con diferentes grados de justificación. El fracaso, no conseguir estar a la altura de los propios ideales y valores, es parte de lo que nos hace humanos.

Instar al pobre de la ciudad, o a cualquiera, a que esté a la altura de sus ideales y valores es algo bueno, ya que demuestra confianza en la capacidad de todas las personas para superarse, crecer y evolucionar. Incluso en las circunstancias más extremas, todos tenemos fuerza y voluntad, capacidad para elegir lo que creemos y cómo queremos responder a las circunstancias de nuestra vida. Además, todos tenemos deberes y responsabilidades hacia los demás, y una de ellas —y no la menor— es no hacer daño. Nunca debemos justificar la violencia o tolerar comportamientos que pongan en peligro la seguridad de los demás. Igual que todas las personas, sin importar quiénes son y qué hayan hecho, deben ser consideradas con los mismos derechos humanos básicos de trabajo, vivienda, educación y alimentos. Los residentes de todas las comunidades tienen un derecho humano básico a la seguridad. La idea subyacente en las estrategias de superación moral es fundamentalmente correcta: nuestras comunidades nunca progresarán si no nos respetamos a nosotros mismos y a los demás.

Como estrategia de liberación, sin embargo, la política de responsabilidad está condenada al fracaso, no porque haya algo especialmente malo en los que están encerrados en los guetos y las cárceles hoy en día, sino porque no hay nada especial en ellos. Son simplemente humanos. Continuarán cometiendo errores e infringiendo la ley por motivos que pueden o no estar justificados y, mientras lo hagan, este sistema de reclusión masiva continuará funcionando bien. Se continuarán perdiendo generaciones enteras de hombres negros, detenidos por delitos ante los que se hace la vista gorda en el otro lado de la ciudad y arrojados defintivamente a una situación de segunda categoría. A primera vista, puede parecer que cooperar con el sistema y a la vez instar al buen comportamiento es la única opción disponible, pero en la práctica no es una estrategia de liberación en absoluto.

Encrucijada

Du Bois acertó hace un siglo: «La carga pertenece a la nación y ninguno de nosotros tiene las manos limpias si no empleamos nuestra energía en enmendar estos graves errores». La realidad es que, solo unas pocas décadas después del colapso de un sistema de castas, hemos construido otro. El país declaró una guerra a las personas que vivían atrapadas en los guetos segregados racialmente justo en el momento en que sus economías se derrumbaron, en lugar de proporcionarles inversión comunitaria, educación de calidad y formación profesional cuando desapareció el trabajo. Evidentemente, esas comunidades sufren hoy delincuencia y disfunciones graves. ¿Acaso esperábamos otra cosa? ¿Acaso pensábamos que progresarían milagrosamente? Y ahora, después de mantener esta guerra durante décadas, afirmamos que algunos negros «apoyan» la encarcelación masiva, como si prefiriesen tener a sus jóvenes almacenados en la cárcel que yendo a la universidad. Como ha señalado el politólogo Tommie

Shelby, «los individuos están obligados a elegir opciones en un entorno que ellos no eligieron. Seguro que preferirían tener una muestra más amplia de buenas oportunidades. La pregunta que nos debemos hacer (no en lugar de las preguntas sobre la política penal sino además de ellas) es si los habitantes de los guetos tienen derecho a un conjunto mejor de opciones y, si es así, quién tiene la responsabilidad de proporcionárselas».[85]

Es evidente que se podría proporcionar un conjunto mucho mejor de opciones a los afroamericanos y a toda la gente pobre hoy en día. Tal como recuerda elocuentemente el historiador Lerone Bennett Jr., «una nación es una elección». Podríamos elegir ser una nación que ofrece cariño, preocupación y compasión a los que están encerrados y apartados o que se encaminan a la cárcel antes de tener edad de votar. Podríamos buscar para ellos las mismas oportunidades que buscamos para nuestros propios hijos, podríamos tratarles como parte de un «nosotros». Podríamos hacer eso. O podemos elegir ser una nación que se avergüenza y echa la culpa a los más vulnerables, les impone medallas de deshonor cuando aún son jóvenes y después los relega a una situación de segunda categoría durante toda la vida. Ese es el camino que hemos elegido y conduce a un lugar conocido.

Una década después de la muerte de la Martin Luther King Jr. y Malcolm X, nos enfrentamos a una encrucijada. Tal como se describe en el capítulo 1, durante los últimos años de la década de 1970, los empleos desaparecieron repentinamente de las zonas urbanas de Estados Unidos y los índices de desempleo se dispararon. En 1954, los índices de desempleo juvenil de blancos y negros eran iguales, de hecho los negros tenían un índice ligeramente superior de empleo en el grupo de edad de dieciséis a diecinueve años. Sin embargo, en 1984 el índice de desempleo negro casi se había cuatriplicado, mientras que el índice blanco solo había aumentado marginalmente.[86] Esto *no* era debido a un cambio importante en los valores, al

---

[85] Glenn C. Loury, *Race, Incarceration and American Values*, Cambridge, MA, MIT Press, 2008, p. 81, comentario de by Tommie Shelby.
[86] Véase Troy Duster, «Pattern, Purpose, and Race in the Drug War: The Crisis of Credibility in Criminal Justice», en *Crack in America: Demon Drugs and Social Justice*, Craig Reinarman y Harry G. Levine (eds.), Berkeley, University of California Press, 1997.

comportamiento o a la cultura negros; este cambio radical fue el resultado de la desindustrialización, la globalización y el progreso tecnológico. Las fábricas de las ciudades se fueron cerrando según se fue reconvirtiendo la economía en una economía de servicios. De repente, los afroamericanos estaban atrapados en guetos de desempleo, desesperados por encontrar trabajo.

El colapso económico de las comunidades negras urbanas podría haber inspirado una explosión nacional de compasión y apoyo. Se podría haber lanzado una nueva guerra contra la pobreza. Se podrían haber aprobado en el Congreso programas de estímulo económico para salvar a quienes quedaron atrapados en los guetos del desempleo sin que fuera culpa suya. Se podría haber proporcionado educación, formación profesional, transporte público y ayuda para el realojo, de forma que la juventud de color hubiera podido sobrevivir en la dura transición a la nueva economía global y conseguir empleos en barrios alejados. Las intervenciones constructivas habrían sido buenas no solo para los afroamericanos atrapados en los guetos, sino también para todos los trabajadores sin cualificar, muchos de los cuales también tenían problemas aunque menos severos. Una ola de compasión y preocupación hubiera inundado los barrios pobres y de clase trabajadora en honor al difunto Martin Luther King Jr. Todo esto podría haber sucedido, pero no fue así. En lugar de ello, declaramos la Guerra contra la Droga.

El colapso de las economías del centro de las ciudades coincidió con la reacción conservadora contra el Movimiento por los Derechos Civiles y tuvo como resultado una tormenta perfecta. Casi de un día para otro, los hombres negros dejaron de ser necesarios para la economía estadounidense y fueron demonizados por la sociedad dominante. Como ya no eran necesarios para recoger algodón en los campos o trabajar en las fábricas, los hombres negros de clase social baja fueron masivamente arrojados a las cárceles. Fueron vilipendiados en los medios de comunicación y condenados por su situación como parte de una campaña política perfectamente diseñada para construir una nueva mayoría blanca en el Sur. Décadas más tarde, los observadores curiosos atrapados en la negación se preguntarían en voz alta: «¿Adónde han ido a parar todos los hombres negros?».

Nadie lo ha expresado mejor que el sociólogo Loïc Wacquant. Wacquant ha escrito profusamente sobre la naturaleza cíclica de la casta racial en Estados Unidos. Subraya que lo que hace el actual aparato penal, que es llamativamente diferente de los anteriores sistemas raciales de castas, es que «no conlleva la función económica positiva de reclutar y disciplinar a la fuerza de trabajo».[87] En su lugar, solo sirve para almacenar a personas pobres, negras y de piel oscura durante periodos de tiempo cada vez más largos, a menudo hasta la vejez. El nuevo sistema no está centrado en la búsqueda del beneficio injusto a costa del trabajo negro, como hicieron los sistemas de castas anteriores, sino que considera a los afroamericanos irrelevantes e innecesarios para la economía recién reestructurada, una economía que ya no se basa en el trabajo no cualificado.

Es justo decir que en Estados Unidos hemos sido testigos del paso de un sistema de castas racial basado enteramente en la explotación (la esclavitud), a uno basado fundamentalmente en la subordinación (Jim Crow), y finalmente a uno definido por la marginalización (la encarcelación masiva). A pesar de que la marginalización puede sonar muy preferible a la explotación, puede resultar incluso más peligrosa. La marginalización extrema, como hemos visto a lo largo de la historia del mundo, supone el riesgo de exterminio. Tragedias como el Holocausto en Alemania o la limpieza étnica en Bosnia tienen su origen en la marginalización extrema y la estigmatización de grupos raciales y étnicos. Tal como apuntó el jurista John A. Powell, solo medio en broma, «hasta cierto punto, en realidad es mejor ser explotado que marginalizado, porque si te explotan, probablemente te necesitan todavía».[88]

A la luz de estas circunstancias, las exaltadas acusaciones de genocidio por parte de los negros pobres en los primeros años de la Guerra contra la Droga parecen menos paranoicas. La intuición de quienes residían en las comunidades de los guetos de que de repente se habían convertido en personas desechables tenía sus raíces en

---

[87] Loïc Wacquant, «From Slavery to Mass Incarceration: Rethinking the Race Question», *New Left Review*, enero-febrero de 2002, p. 53.

[88] John A. Powell, Director del Kirwan Institute for the Study of Race and Ethnicity, comunicación personal, enero de 2007.

cambios reales en la economía, cambios que habían sido devastadores para sus comunidades por el cierre de las fábricas y la desaparición de los trabajos no cualificados. Todos los que pudieron, escaparon de los guetos. La sensación de quienes se quedaron atrás de que la sociedad ya no los necesitaba y que el Gobierno quería simplemente librarse de ellos refleja una realidad que muchos de nosotros, a quienes esto en teoría nos preocupa, preferimos evitar, simplemente cambiando de canal.

6

ESTA VEZ EL FUEGO

Poco después del amanecer del día 20 de septiembre de 2007 ya
habían llegado más de diez mil manifestantes a Jena, Louisiana, una pequeña ciudad de unos tres mil habitantes. Debido a lo
congestionado del tráfico en las carreteras de acceso, algunos dejaron
sus coches y entraron a la ciudad a pie. Jesse Jackson, Al Sharpton y
Martin Luther King Tercero estaban entre quienes habían viajado
cientos de kilómetros para participar en lo que se anunció como «el
inicio de un nuevo movimiento de derechos civiles».[1]

Los jóvenes negros llegaron en número inusitado y a ellos se unieron raperos como Mos Def, Ice Cube y Salt-n-Pepa. Los medios
nacionales atiborraron el pueblo y las cámaras no paraban de grabar,
a medida que los miles de manifestantes llegados de todo el país
inundaban la pequeña comunidad rural para condenar la acusación
de intento de asesinato presentada contra seis adolescentes negros
que supuestamente habían dado una paliza a un compañero blanco
en un instituto del pueblo.

No se trataba de la típica pelea de patio de colegio. Muchos pensaban que el ataque estaba relacionado con una serie de conflictos y
polémicas cargados racialmente que habían tenido lugar en el centro,
en especial el hecho de que aparecieran horcas colgadas de un árbol
en el patio principal de la escuela. El reverendo Al Sharpton captó el
espíritu de la manifestación al declarar con audacia: «Hemos pasado

---

[1] Salim Muwakkil, «Jena and the PostCivil Rights Fallacy», *In These Times*,
16 de octubre de 2007.

de las plantaciones a las penitenciarías. Han intentado crear un sistema de justicia penal que elige como objetivo prioritario a los jóvenes negros. Y ahora estamos en una ciudad para la cual colocar una soga de ahorcado es una broma, pero participar en una pelea es intento de asesinato. No podemos sentarnos y aceptar esto en silencio. Por eso es por lo que hemos venido, por eso es por lo que tenemos intención de seguir viniendo».[2]

Durante un momento, los ojos de la nación estuvieron puestos en la situación de los «Seis de Jena» y se podían oír las discusiones en barberías, cafés y en las colas de las tiendas de alimentación sobre si el sistema de justicia penal estaba verdaderamente prejuiciado en contra de los hombres negros o si los adolescentes negros se habían encontrado exactamente con lo que se merecían por una agresión brutal contra un chaval blanco que no podía defenderse. Se citaron copiosamente estadísticas terribles sobre el número de hombres negros en situación de privación de libertad y los periodistas discutieron sobre si esas cifras reflejaban tasas de delincuencia o prejuicios, y sobre si se acusaría alguna vez a adolescentes blancos por intento de asesinato y se les juzgaría como adultos por haber atacado a un chico negro en una pelea de patio.

El levantamiento en apoyo de los seis adolescentes dio sus frutos. Aunque el fiscal se negó a dar marcha atrás en su decisión de acusar a los jóvenes como adultos, al final una corte de apelación dictaminó que los adolescentes tenían que ser juzgados en tribunales de menores y muchos de los cargos se redujeron o se desestimaron. Aunque este resultado sin duda animó a las miles de personas que apoyaban a los Seis de Jena por todo el país, puede que el espectáculo fuera extrañamente inquietante para los padres de hijos encarcelados por delitos mucho menos graves, incluyendo los que lo están por delitos menores de drogas. ¿Dónde estaban los manifestantes y los líderes de derechos civiles cuando a sus hijos los juzgaron como adultos y se los llevaron a las cárceles de adultos? ¿Dónde estaban entonces los medios de comunicación nacionales? Sus hijos no estaban acusados

    [2] Democracy Now, «Rev. Al Sharpton: Jena Marks "Beginning of a 21st Century Rights Movement"», 21 de septiembre de 2007, disponible en: www.democracynow.org/shows/2007/9/21.

de delitos violentos ni de actos de crueldad y sin embargo se enfrentaron a acusaciones penales de persona adulta y a la perspectiva de pasar años, quizá incluso décadas, entre rejas por posesión o venta de estupefacientes, delitos que en gran medida son ignorados cuando los cometen jóvenes blancos. ¿Por qué ese despliegue de apoyo y las promesas de «un nuevo movimiento de derechos civiles» en respaldo de los jóvenes de Jena pero no de sus hijos?

Si no hubiera habido horcas colgadas en un patio de escuela, no habría habido Seis de Jena, ni manifestaciones de protesta ni conexiones en directo en la CNN. La decisión de acusar como adultos a seis adolescentes negros por intento de asesinato debido a una pelea de escuela se entendió como posiblemente racista por parte de los grandes medios y de algunos manifestantes solo por el hecho sensacional de que primero se colgaron horcas de un árbol. Fue aquella reliquia del pasado, la horca, al aparecer de forma tan descarada y al llevar a una serie de conflictos y controversias relacionadas con la raza, lo que hizo posible que los medios de comunicación y el país en su conjunto se plantearan la posibilidad de que aquellos seis jóvenes hubieran sido sometidos a una justicia tipo Jim Crow. Fue esta prueba de racismo de la vieja escuela lo que hizo posible que una nueva generación de manifestantes pudiera enmarcar las acusaciones de intento de asesinato contra seis adolescentes negros de una forma que el país en general podía conceptualizar como racista.

Irónicamente, fue precisamente esta interpretación lo que aseguró que los hechos de Jena *no* fueran el inicio de «un nuevo movimiento de derechos civiles». Un nuevo movimiento de derechos civiles no puede articularse en torno a las reliquias del anterior sistema de control si quiere abordar de forma pertinente las realidades raciales de nuestros tiempos. Para tener éxito, cualquier movimiento de justicia racial debe desafiar con fuerza el consenso general que subyace al sistema de control hegemónico. Horcas, insultos raciales y un fanatismo abierto son condenados por gente de todo el espectro político, se entienden como restos del pasado, se asume que ya no reflejan el consenso público dominante en torno a la raza. Desde luego, es necesario desafiar esas formas de racismo, pues siempre debemos mantener la vigilancia, pero eso no contribuirá mucho a que los cimientos del actual sistema de control se tambaleen. A diferencia de sus predecesores, el nuevo modelo de control es oficialmente neutro en términos de color racial. Debemos abordarlo en sus propios términos.

Volvamos a pensar en la negación o ¿dónde están los defensores de los derechos civiles cuando los necesitas?

Abordar el sistema en sus propios términos es complicado por el problema de la negación. Actualmente pocos norteamericanos reconocen el encarcelamiento masivo por lo que es: una nueva estructura de castas bajo la apariencia de la neutralidad para el color. Ese sistema se traga cada año a cientos de miles de personas de color y luego los expulsa, y sin embargo racionalizamos la discriminación y exclusión sistemáticas y hacemos oídos sordos al sufrimiento. Nuestra negación colectiva no es solo un hecho inconveniente, de hecho representa uno de los obstáculos principales para que se entienda el papel de la raza en la sociedad y limita de forma clave las oportunidades para una acción colectiva que sea verdaderamente transformadora.

La negación colectiva de la gente es bastante fácil de perdonar en general, si no de disculpar, por todas las razones comentadas en el capítulo 5. El incómodo silencio de la comunidad de derechos civiles, por otro lado, resulta más problemático. Si de verdad existe algo parecido a un sistema de castas raciales, ¿por qué la comunidad de derechos civiles ha tardado tanto en reconocerlo? De hecho, ¿cómo han podido las organizaciones de derechos civiles, algunas de las cuales son más grandes y cuentan con más fondos que en ningún otro momento de la historia, permitir que esta pesadilla de derechos humanos suceda cuando ellas tenían la responsabilidad de vigilar?

La respuesta no es que a los abogados defensores de los derechos civiles les es indiferente el prejuicio racial en el sistema de justicia penal. Por el contrario, les importa mucho. No se trata tampoco de que hayamos ignorado por completo las realidades de la nueva estructura de castas. En los últimos años, los abogados de derechos civiles han lanzado importantes esfuerzos de reforma, sobre todo las campañas para cuestionar las leyes de aislamiento para delincuentes graves, las políticas de condenas para delitos por crac y el uso de perfiles raciales por parte de las fuerzas del orden. Los grupos de derechos civiles también han formado importantes coaliciones para presentar demandas legales relacionadas con el hecho de que muchos adolescentes pasan directamente de la escuela a la cárcel, la inadecuada defensa de indigentes y la reforma legal de las leyes de delincuentes juveniles, por nombrar solo unos pocos.

A pesar de estos importantes esfuerzos, lo que más llama la atención de la respuesta de la comunidad de derechos civiles ante el encarcelamiento masivo de gente de color es el relativo silencio. Dada la magnitud, la enorme escala, del Nuevo Jim Crow, se podría esperar que la Guerra contra la Droga fuera la prioridad número uno de cada organización de derechos civiles en el país. Deberían celebrarse de forma continuada congresos, sesiones de estrategia y debates sobre la mejor forma de construir un movimiento que desmantelara esa nueva estructura de castas. Se llevarían a cabo importantes esfuerzos para organizarse desde la base en cada estado y por todo el país. Se haría campaña con las fundaciones para darle prioridad a la reforma del sistema de justicia penal. Se lanzarían campañas mediáticas en un esfuerzo para darle la vuelta al consenso punitivo sobre la raza. El discurso asociado con determinados esfuerzos de reforma haría hincapié en la necesidad de acabar con el encarcelamiento masivo, no solo darle unos retoques. Asimismo, se harían esfuerzos para construir coaliciones multirraciales, basadas en la idea de que las políticas raciales que dieron origen a la Guerra contra la Droga han perjudicado a los blancos pobres y de clase trabajadora, además de a la gente de color. Todo eso podría haber sucedido, pero no ha sido así. ¿Por qué no?

Parte de la respuesta es que las organizaciones de derechos civiles, como todas las organizaciones, están comprendidas de seres humanos falibles. El consenso público dominante afecta a todos, incluyendo a los abogados de los derechos civiles. Aquellos de nosotros que formamos parte de la comunidad de derechos civiles no somos inmunes a los estereotipos raciales que dominan el imaginario de los medios de comunicación y el discurso político, y tampoco operamos fuera del contexto político. Como la mayoría de la gente, tendemos a resistirnos a creer que nosotros mismos somos parte del problema.

Un día puede que las organizaciones de derechos civiles se sientan avergonzadas por lo mucho que tardaron en salir de su estado de negación y acometer el duro trabajo que hay que llevar a cabo para acabar con el internamiento en masa. Más que echar la culpa a los grupos de derechos civiles, es mucho más productivo, sin embargo, comprender las razones por las cuales la reacción ante el encarcelamiento masivo ha sido tan tibia. Una vez más, no se trata de que a los defensores de los derechos civiles no les importe, nos importa de verdad. Y no es solo que nos afecten de modo inconsciente los estereotipos raciales sobre quienes están entre rejas. Las organizaciones de derechos civiles tienen razones para su tibieza, razones que ya no tienen sentido, incluso si las pudieron tener en algún momento.

Puede que resulte de utilidad hacer un poco de historia de los derechos civiles. La defensa de estos derechos no siempre ha sido como es ahora. Durante la mayor parte de la historia de nuestra nación, desde los días del movimiento abolicionista hasta el Movimiento de Derechos Civiles, la defensa de la justicia racial en general se centró en el activismo de base y en la movilización estratégica de la opinión pública. Sin embargo, en los últimos años ha surgido un cierto mito sobre la centralidad de la lucha legal en las luchas por la justicia racial. El éxito de la brillante cruzada legal que desembocó en el caso Brown contra la Junta de Educación creó una percepción muy extendida de que los abogados de derechos civiles eran los agentes más importantes en la defensa de la justicia racial. Esta imagen se vio magnificada tras la aprobación de las leyes *Civil Rights Acts* (Leyes de Derechos Civiles) de 1965, cuando los abogados de derechos civiles se vieron envueltos en esfuerzos muy visibles y controvertidos para acabar con la discriminación en las contrataciones, crear planes de acción afirmativa y aplicar las órdenes de desegregación de las escuelas. A medida que la atención del público se movía desde las calles a los juzgados, el extraordinario movimiento de base que hizo posible la legislación de derechos civiles se fue desvaneciendo de la vista del público. Fue sustituido por los abogados.

Con la mayor celeridad posible, las organizaciones de derechos civiles se fueron haciendo «profesionales» y se fueron desconectando cada vez más de las comunidades a las que decían representar. El jurista y antiguo abogado del Fondo de Defensa Legal de la NAACP

Derrick Bell fue de los primeros en criticar este fenómeno, argumentando en un artículo de 1976 publicado en el *Yale Law Journal* que los abogados de derechos civiles perseguían sus propios fines en los casos de desegregación escolar, incluso cuando esos fines entraban en conflicto con los deseos expresos de sus clientes.[3] Dos décadas después, el antiguo abogado del Fondo de Defensa Legal de la NAACP y actual profesor de la Escuela de Derecho de Harvard Lani Guinier publicó una memoria en la que reconocía que «para comienzos de los noventa, los abogados [de derechos civiles] como yo se habían vuelto como los enteradillos de Washington de los que tanto desconfiábamos: de forma refleja nos distanciamos de la propia gente en cuyo nombre presentábamos las querellas».[4] Este cambio, observaba, tuvo profundas consecuencias para el ejercicio de la abogacía en defensa de los derechos civiles; de hecho, tuvo un efecto debilitador para el movimiento. En lugar de una cruzada moral, el movimiento se convirtió casi en una cruzada puramente legal. Los defensores de derechos civiles perseguían sus propios fines como representantes no elegidos de comunidades definidas por raza y mostraron enormes habilidades de navegación por los juzgados y salas de poder de todo el país. La ley se convirtió en lo que los abogados y los grupos de poder decían que era, con casi ninguna voz por parte de la gente cuyo destino estaba en juego. Guinier continuaba:

Estando al timón, canalizamos una pasión por el cambio hacia las negociaciones legales y las querellas. Definíamos los temas en términos de crear una doctrina legal y de sentar precedentes legales; nuestros clientes se volvieron actores importantes, pero secundarios, en un terreno formal que requería abogados para traducir las demandas a un lenguaje técnico. Luego traducíamos las alegaciones de los demandantes en términos manejables o aplicables jurídicamente, no aplicables sin más abogados. Simultáneamente, el centro de gravedad del movimiento se desplazó a

---

[3] Véase Derrick Bell, «Serving Two Masters: Integration Ideals and Client Interests in School Desegregation Litigation», *Yale Law Journal*, vol. 85, 1976, p. 470.

[4] Lani Guinier, *Lift Every Voice*, Nueva York, Simon & Schuster, 1998, pp.220-21.

Washington. A medida que los abogados y especialistas nacionales se hicieron más importantes que los clientes y ciudadanos, nos aislamos de la gente que era nuestro anclaje y en cuyo nombre habíamos trabajado. No solo dejamos a la gente atrás, sino que perdimos también contacto con la fuerza moral que estaba en el corazón del propio movimiento».[5]

Lógicamente, a medida que los defensores de los derechos civiles transformaban un movimiento de base en una campaña legal y a medida que los líderes de derechos civiles se convirtieron en enteradillos políticos, muchas organizaciones de derechos civiles se llenaron de abogados en la parte de dirección. Esto aumentó su capacidad para lanzar batallas legales pero entorpeció su habilidad para reconocer el nuevo modelo de castas o reaccionar ante su surgimiento. Los abogados tienen tendencia a identificar problemas que saben cómo resolver y centrarse solo en ellos. Esos son problemas que se pueden resolver mediante causas y litigios legales. El encarcelamiento masivo de personas de color no es ese tipo de problema.

Sin embargo, la obsesiva preocupación con las causas legales no es el único motivo por el que los grupos de derechos civiles han evitado desafiar el nuevo sistema de castas, ni siquiera la más importante. Desafiar el encarcelamiento masivo requiere algo que a los defensores de derechos civiles no les gusta hacer desde hace mucho: defender a delincuentes. Incluso en el momento culminante de la segregación Jim Crow, cuando era más probable que se linchara a los hombres negros en el Sur que fueran sometidos a un juicio justo, los abogados de la NAACP eran renuentes a defender a los negros acusados de delitos a menos que estuvieran convencidos de la inocencia de sus defendidos.[6] La principal excepción era la defensa contra la pena de muerte. A lo largo de los años, los abogados de derechos

---

[5] *Ibid.*, p. 222

[6] Véase Michael Klarman, «The Racial Origins of Modern Criminal Procedure», *Michigan Law Review,* vol. 99, 2000, pp. 48 y 86; Dan Carter, *Scottsboro: A Tragedy of the American South,* 2ª edición, Baton Rouge, Louisiana State University Press, 1979, pp. 52-53; y Mark Tushnet, *Making Civil Rights Law: Thurgood Marshall and the Supreme Court, 1936-1969,* Nueva York, Oxford University Press, 1994, pp. 28-29.

civiles hicieron esfuerzos heroicos para salvar la vida de delincuentes condenados. Pero, aparte de ese aspecto, los abogados de derechos civiles siempre han mostrado su desgana a la hora de defender a personas acusadas de delitos. La «política de respetabilidad» ha influido en la defensa y litigación de derechos civiles, haciendo que hasta las organizaciones más poderosas que trabajan en este campo se distanciaran de los elementos más estigmatizados de la comunidad, en especial los infractores. Los defensores han descubierto que tienen más éxito cuando atraen la atención hacia cierto tipo de personas negras (esas que los blancos en general pueden considerar fácilmente personas «buenas» y «respetables») y cuando cuentan determinado tipo de historias sobre ellas. Desde la época en que los abolicionistas luchaban para erradicar la esclavitud, los defensores de la justicia racial han hecho grandes esfuerzos por identificar a la gente negra que desafía los estereotipos raciales y han ejercido una considerable disciplina de mensaje, contando solo aquellas historias de injusticia racial que pueden evocar empatía entre los blancos.

Un ejemplo claro es la historia de Rosa Parks. Ella no fue la primera persona en negarse a ceder su asiento en un autobús segregado en Montgomery, Alabama. Los defensores de los derechos civiles habían pensado en otras dos mujeres negras como demandantes a la hora de plantear un caso clave que desafiara las prácticas segregacionistas y las habían rechazado. Esas mujeres eran Claudette Colvin y Mary Louise Smith. Ambas fueron arrestadas por negarse a ceder su asiento en los autobuses segregados de Montgomery, justo meses antes de que Rosa Parks hiciera lo mismo. Colvin tenía quince años cuando desafió a las leyes de segregación. Su caso atrajo la atención nacional, pero los defensores de derechos civiles se negaron a usarla como demandante porque se quedó embarazada de un hombre mayor poco después de su detención. A los defensores les preocupaba que su comportamiento «inmoral» pudiera detraer o minar sus esfuerzos para poner de manifiesto que los negros tenían derecho a un tratamiento igualitario y que lo merecían. Asimismo, decidieron no usar a Mary Louise Smith como demandante porque se rumoreaba que su padre era alcohólico. Se entendía que, en cualquier esfuerzo para desafiar la discriminación racial, el demandante, y hasta la familia del demandante, tenían que estar por encima de todo reproche y libres de todo rasgo negativo que pudiera usarse como justificación para un tratamiento desigual.

En este aspecto, Rosa Parks era un sueño hecho realidad. Ella era, en palabras de Jo Ann Gibson Robinson (otra figura clave en el boicot de autobuses de Montgomery) una «mujer mulata de altura normal con instrucción, una trabajadora religiosa y cívica, tranquila, nada orgullosa, agradable de aspecto y de modo, reservada y digna, de elevada moral y carácter firme».[7] Nadie dudaba de que Parks era el símbolo perfecto del movimiento para integrar el transporte público en Montgomery. Martin Luther King Jr. recordaba en sus memorias que «la señora Parks era ideal para el papel que le había asignado la historia», sobre todo debido a que «su carácter era intachable» y era «una de las personas más respetadas en la comunidad negra».[8]

La estrategia de eficacia probada de usar a quienes ejemplifican la virtud moral como símbolos de las campañas de justicia racial es más difícil de emplear en los esfuerzos para reformar el sistema de justicia penal. La mayor parte de la gente que se ve atrapada en el sistema de justicia penal tiene una historia personal menos pura. Aunque a muchos negros se les para y se les registra por delitos que no han cometido, no es tan fácil en estos momentos encontrar a personas negras jóvenes en zonas urbanas que nunca hayan sido condenadas por algún delito. El nuevo sistema de castas etiqueta desde temprana edad a los hombres negros y de piel oscura como delincuentes, a menudo cuando son adolescentes, convirtiéndolos en «mercancía defectuosa» desde la perspectiva de los defensores tradicionales de los derechos civiles. Al tener antecedentes penales, la mayor parte de los hombres negros jóvenes en zonas urbanas no son considerados demandantes atractivos para las querellas por derechos civiles ni buenos muchachos para aparecer en campañas mediáticas.

La extendida aversión a la defensa en nombre de aquellos etiquetados como delincuentes refleja una cierta realidad política. Mucha

---

[7] Jo Ann Gibson Robinson, *The Montgomery Bus Boycott and the Women Who Started It*, Knoxville, University of Tennessee Press, 1987, p. 43.

[8] Martin Luther King Jr. y Claybourne Carson, *The Autobiography of Martin Luther King, Jr.* Nueva York, Grand Central, 2001, p. 44.

gente alegaría que gastar recursos escasos en la reforma de la justicia penal es un error estratégico. Después de todo, los delincuentes son el grupo social que casi todo el mundo se siente libre de odiar, sin distinción de barreras políticas, raciales o de clase. ¿Por qué defender la causa de los despreciados cuando hay tantas otras historias sobre las injusticias raciales que se podrían contar e inspirar simpatía? ¿Por qué llamar la atención del público mayoritario hacia los «peores» de la comunidad negra, aquellos a quienes se ha etiquetado como delincuentes? ¿No deberíamos dirigir recursos escasos hacia batallas que se pueden ganar más fácilmente, como la acción afirmativa? ¿No deberíamos centrar la atención del público en las llamadas causas de raíz del encarcelamiento masivo, tales como la desigualdad educativa?

Podemos seguir por este camino, es un sendero bien trillado, pero tenemos que admitir que la estrategia no ha conseguido cambiar muchas cosas. En muchos aspectos, los afroamericanos como grupo no están mejor de lo que estaban en 1968.[9] De hecho, hasta cierto punto, están peor. Cuando se tiene en cuenta a la población reclusa a la hora de elaborar los índices de desempleo y de pobreza, los mejores tiempos para el resto del país han sido de los peores para los afroamericanos, en especial los hombres negros. Como ha mostrado el sociólogo Bruce Western, la idea de que los años noventa, los años de Clinton, fueron buenos tiempos para los afroamericanos y que «una marea creciente eleva a todos los barcos» es pura ficción. A medida que los índices de desempleo descendían a niveles históricos a finales de los años noventa para la población en general, las tasas de desempleo entre hombres jóvenes negros sin educación universitaria aumentaron a los niveles más elevados, alimentadas por unas tasas de encarcelamiento en tremendo ascenso.[10]

Una razón por la que tanta gente tiene una impresión falsa del bienestar material de los afroamericanos, como grupo, es que las estadísticas de la pobreza y el desempleo no incluyen a las personas que están entre rejas. A los presos literalmente se les borra del cuadro

---

[9] Véase Abby Rapoport, «The Work That Remains: A Forty-Year Update of the Kerner Commission Report», *Economic Policy Institute*, 19 de noviembre de 2008.

[10] Bruce Western, *Punishment and Inequality in America*, Nueva York, Russell Sage Foundation, 2006, p. 97.

económico del país, lo que hace que las aproximaciones normales infravaloren la verdadera tasa de desempleo en al menos veinticuatro puntos porcentuales para los hombres negros sin instrucción.[11] Los hombres afroamericanos jóvenes fueron el único grupo que sufrió un agudo aumento en la tasa de desempleo entre 1980 y 2000, un hecho cuyo origen se puede rastrear directamente hasta el incremento de la población penal. Durante el muy anunciado *boom* económico de los años noventa, la verdadera tasa de desempleo entre hombres negros que no han ido a la universidad era de un mareante 42% (65% entre los hombres negros que habían abandonado la educación).[12]

A pesar de estas verdades inconvenientes, spodemos continuar. Podemos seguir ignorando en nuestros esfuerzos legales y en las campañas mediáticas a aquellos etiquetados como delincuentes y centrar la atención pública en demandantes más atractivos, como abogados y doctores inocentes a quienes se da el alto y se registra en carreteras, escolares negros y de color que asisten a escuelas infradotadas, o inocentes niños de clase media o media alta a quienes se negará el acceso a Harvard, Michigan o Yale si desaparecen los programas de acción afirmativa. Podemos seguir por este camino bien trillado. Pero si lo hacemos, no deberíamos hacernos ilusiones de que vamos a conseguir acabar con el encarcelamiento masivo o hacer que se tambaleen los cimientos del actual orden racial. Puede que consigamos mejorar algunos distritos escolares, prolongar la acción afirmativa durante otros diez años o así, o incluso obligar a algunos departamentos de policía a condenar los estereotipos raciales, pero no le haremos ni un rasguño al sistema de castas dominante. Si esperamos acabar con el nuevo Jim Crow, tenemos que enfrentarnos a las realidades del nuevo modelo de castas y abrazar a quienes son más oprimidos por esa estructura.

Dicho eso, aquí no se hace ningún esfuerzo para describir, en ningún detalle, lo que se debería hacer o no en los meses y años que vendrán para desafiar al nuevo sistema de castas. Tal tarea está más allá del alcance de este libro. El objetivo de este capítulo es sencillamente reflexionar sobre si los enfoques tradicionales del tema de la

---

[11] *Ibid.*, p. 90.
[12] *Ibid.*, p. 91.

defensa en casos de justicia racial son adecuados para la tarea que tenemos por delante. Lo que viene a continuación no es un plan, sino una serie de preguntas y argumentos presentados para una reflexión a conciencia por parte de quienes están comprometidos con la justicia racial e interesados en desmantelar el sistema de encarcelamiento masivo. Se presentan como sugerencias para una conversación, para un debate, y, espero, para la acción colectiva. Cada una es un desafío a la opinión convencional o a las estrategias tradicionales. Cada punto habría que desarrollarlo en mayor profundidad, pero, como se ha indicado, esto tiene la intención de ser el comienzo de una conversación, no el final.

Cacharrear es para los mecánicos, no para los defensores de la justicia racial

El primer argumento, y el más importante, es que los esfuerzos por reformar el sistema de justicia penal por sí solos son inútiles. Se pueden conseguir mejoras, sí, pero el nuevo modelo de castas no será derribado por medio de victorias aisladas en legislaturas estatales o en juzgados. Si usted duda de que esto sea así, considere la mera escala del encarcelamiento masivo. Si esperamos volver a la tasa de encarcelamiento de los años setenta, un momento en que muchos activistas de derechos civiles pensaban que los índices de encarcelamiento eran enormemente altos, *tendríamos que poner en libertad aproximadamente a cuatro de cada cinco personas de las que están actualmente entre rejas.*[13] Habría que cerrar prisiones en todo el país, un hecho que sin duda inspiraría el pánico en esas comunidades rurales que han pasado a depender de las prisiones para conseguir trabajos y crecimiento económico. Cientos de miles de personas, muchas de ellas sindicadas, perderían su empleo. Como ha comentado Marc Mauer: «Los más de 700.000 guardias de cárceles y

---

[13] En 1972, el índice total de encarcelación fue aproximadamente de 160 por 100.000. A día de hoy, alcanza aproximadamente los 760 por 100.000. Para volver a la cifra de 160 (una tasa bastante alta, a juzgar por estándares internacionales), sería necesaria una reducción del 79%.

prisiones, administradores, trabajadores de servicios y otro personal representan una oposición política potencialmente poderosa a cualquier reducción del sistema. Solo hay que recordar la tremenda oposición al cierre de bases militares en los últimos años para saber cómo funcionarían estas fuerzas a lo largo del tiempo».[14]

Se podría decir que Mauer no aprecia en su justa medida el alcance del desafío al centrarse estrechamente en el complejo de prisiones, más que tener en cuenta a todas las personas empleadas en la burocracia del sistema de justicia penal. Según un informe hecho público por el Departamento de Estadísticas del Ministerio de Justicia en 2006, el país gastó una cifra récord de 185 mil millones de dólares en protección policial, detenciones, actividades legales y judiciales en 2003. Teniendo en cuenta la inflación, estas cifras reflejan el aumento por tres de los gastos de justicia desde 1982. En 2003, el sistema de justicia dio empleo a casi 2,4 millones de personas, el 58% de ellas a nivel local y el 31% a nivel estatal. Si se pusiera en libertad a cuatro de cada cinco personas, perderían su empleo bastante más de un millón de personas.

Además, hay que considerar la inversión del sector privado. Las prisiones son un gran negocio y se han convertido en un fenómeno muy arraigado en el sistema político y económico. Personas ricas y poderosas, incluyendo al antiguo vicepresidente Dick Cheney, han invertido millones en prisiones privadas.[15] Esas personas están muy interesadas en expandir el mercado, incrementando la oferta de prisioneros, no eliminando la reserva de personas a las que se puede mantener en cautividad para obtener beneficios. El informe anual de 2005 de la Corporación de Centros Correccionales de EEUU explicaba de una forma muy clara en un documento dirigido a la U.S. Securities and Exchange Commission, SEC (equivalente a la Comisión Nacional del Mercado de Valores en España) los intereses creados de las prisiones privadas:

---

[14] Marc Mauer, *Race to Incarcerate*, Nueva York, The New Press, 1999, p. 11.
[15] Christopher Sherman, «Cheney, Gonzales, Indicted Over Prisons», *Washington Times*, 19 de noviembre de 2008.

En líneas generales, nuestro crecimiento depende de nuestra habilidad para conseguir nuevos contratos para crear y gestionar nuevas instalaciones correccionales y de castigo. Este posible crecimiento depende de varios factores que no podemos controlar, incluyendo los índices de delincuencia y patrones de condenas en varias jurisdicciones, y la aceptación de la privatización. La demanda de nuestras instalaciones y servicios podría verse afectada de forma negativa por la relajación en los esfuerzos de aplicación de la ley, por la indulgencia en las prácticas de condenas y sentencias o por medio de la despenalización de ciertas actividades que en la actualidad están proscritas por nuestras leyes penales. Por ejemplo, cualquier cambio en relación con las drogas y sustancias controladas o con la inmigración ilegal podría afectar al número de personas arrestadas, condenadas y sentenciadas, con lo cual se reduciría potencialmente la demanda de instalaciones correccionales para albergarlas.[16]

Ese mismo año la presidenta de la Asociación Correccional Americana, Gwendolyn Chunn, lo expresó de modo más descarado, al comentar con tristeza que la expansión sin precedentes de prisiones que tuvo lugar en los noventa parecía estar ralentizándose: «Nos va a costar mantener lo que tenemos ahora», se lamentaba.[17] Como luego se vio, sus miedos carecían de base. Aunque en 2005 el crecimiento de las prisiones parecía frenarse, el mercado para los presos ha seguido expandiéndose. La población reclusa del país batió nuevos récords en 2008, sin que se vea el final de esta progresión. La ONG PEW Charitable Trusts informa de que se espera que las poblaciones reclusas de al menos diez estados crezcan en un 25% o más entre 2006 y 2011. En resumen, el mercado para las prisiones privadas es tan bueno como lo ha sido siempre. Damon Hininger, presidente y jefe de operaciones de Corrections Corporation de América, el mayor

---

[16] Comisión Nacional del Mercado de Valores de Estados Unidos, Corrections Corporation of America, Formulario 10K para el año fiscal que terminó el 31 de diciembre de 2005.

[17] Silja J. A. Talvi, «On the Inside with the American Correctional Association», en *Prison Profiteers: Who Makes Money from Mass Incarceration*, Tara Herivel y Paul Wright (eds.), Nueva York, The New Press, 2007.

operador de prisiones privadas del país, es totalmente optimista. Su compañía aumentó su renta neta en un 14% en 2008 y él espera totalmente que ese crecimiento continúe: «Va a haber más oportunidades para nosotros en el futuro», comentó.[18]

Incluso más allá de las empresas de prisiones privadas, si queremos plantearnos acabar con el internamiento masivo, hay que tener en cuenta a una amplia gama de entidades que lucran con las prisiones, incluyendo a las empresas telefónicas que atracan a las familias de los presos cobrándoles unas tarifas abusivas para poder comunicarse con sus personas queridas; los fabricantes de armas que venden pistolas *Taser*, rifles y pistolas a los guardias de prisiones y a la policía; los proveedores de sanidad privada contratados por el Estado para proporcionar cuidado sanitario, típicamente de pésima calidad, a los presos; el Ejército, que depende del trabajo recluso para proporcionar equipos militares a las tropas en Irak; corporaciones que usan la mano de obra reclusa para evitar pagar sueldos decentes; y los políticos, abogados y banqueros que negocian los contratos para construir nuevas prisiones, a menudo en comunidades rurales predominantemente blancas, contratos que a menudo prometen mucho más a las comunidades locales de lo que luego cumplen.[19] Todos estos intereses corporativos y políticos tienen interés en la expansión, no en la eliminación, del sistema de encarcelamiento masivo.

Tengamos en cuenta, además, la larga lista de tareas para los reformistas. Si nos ponemos serios en cuanto a desmantelar el sistema de encarcelamiento masivo, tenemos que acabar con la Guerra contra la Droga. No hay otro modo. La Guerra contra la Droga es en gran medida responsable del incremento de las prisiones y de la creación de la nueva casta inferior y no hay otro camino hacia la liberación de las comunidades de color más que incluir esta guerra continuada. Mientras las personas de color en los guetos sean detenidas en grandes

---

[18] Stephanie Chen, «Larger Inmate Population Is Boon to Private Prisons», *Wall Street Journal*, 28 de noviembre de 2008.

[19] Para una idea general, véase Herivel y Wright, *Prison Profiteers*. Para un excelente ensayo sobre cómo la plusvalía, el trabajo y la tierra facilitaron el nacimiento de la industria de las prisiones en las áreas rurales de Estados Unidos, véase Ruth Wilson Gilmore, *Golden Gulag*, Berkeley, University of California Press, 2007.

números en redadas por delitos de drogas, transportadas a las prisiones y luego al ser puestas en libertad pasen a engrosar una casta inferior permanente, el sistema de encarcelamiento masivo seguirá funcionando bien como estructura de control.

Sin embargo, acabar la Guerra contra la Droga no es una tarea sencilla, no se puede lograr por medio de un fallo judicial que siente jurisprudencia, un decreto ley o una sencilla firma presidencial. Desde 1982 la guerra ha ardido como un incendio forestal provocado con unas pocas cerillas y unos litros de gasolina. Lo que comenzó como un audaz programa federal se ha extendido a todos los estados y casi a todas las ciudades. Ha infectado la aplicación de la ley en carreteras, aceras, autopistas, estaciones de tren, aeropuertos y las fronteras de la nación. De hecho, la guerra ha hecho pedazos partes de la Constitución, eliminando protecciones de la Cuarta Enmienda que antaño se consideraban inviolables y ha militarizado las prácticas policiales en los barrios deprimidos de todo el país. Las prácticas policiales antinarcóticos centradas en objetivos racialmente definidos, junto con leyes que discriminan de forma concreta a los delincuentes de drogas en temas de empleo, vivienda y acceso a prestaciones han relegado a la mayor parte de los hombres negros en las zonas urbanas de todo el país a un estatus permanente de segunda clase.

Si queremos acabar con este sistema de control, no podemos contentarnos con unas cuantas reformas. Todos los incentivos económicos que se conceden a las fuerzas del orden para detener a las personas pobres negras y de color por delitos de drogas deben ser revocados. Deben terminarse las subvenciones federales para las brigadas antivicio; hay que abolir las leyes de confiscación en tema de drogas; el uso de perfiles raciales deber ser erradicado; tiene que acabar la concentración de las redadas de drogas en comunidades pobres de color; y tiene que parar la transferencia de equipos militares y ayuda a los cuerpos de policía local que se ocupan de la Guerra contra la Droga. Y eso es solo el principio.

Igualmente importante, debe producirse un cambio en la cultura de las fuerzas del orden. Ya no se puede seguir viendo a las personas negras y de color en las comunidades del gueto como al enemigo señalado y no se puede seguir tratando a los guetos como zonas ocupadas. Las fuerzas del orden deben adoptar un enfoque humano y

compasivo hacia los problemas de los pobres urbanos, un enfoque
que vaya más allá de la retórica de «la policía es tu amiga», hacia un
método de intervención que promueva la confianza, la sanación y
una colaboración verdadera. La recogida de datos por parte de la
policía y los fiscales debería seguir directrices unificadas a nivel nacional para asegurar que ya no se vuelva a producir una aplicación
selectiva de la ley. Deben adoptarse estudios de impacto racial que
analicen el impacto racial y étnico de la legislación penal.[20] Las oficinas de los abogados de oficio deberían recibir fondos al mismo
nivel que las de los fiscales para acabar con la injusta ventaja que se
concede a la maquinaria de encarcelamiento. Y la lista continúa: hay
que abolir las leyes de condenas obligatorias. Habría que legalizar la
marihuana (y quizá otras drogas también). Hay que adoptar programas de reinserción con contenido, programas que proporcionen una
forma no solo para que las personas consigan trabajos sin futuro
donde ganen solo el salario mínimo, sino también formación y educación para que las personas a quienes se ha etiquetado como delincuentes puedan aspirar de modo realista a empleos de sueldos altos
y a trayectorias profesionales viables y gratificantes. El personal de
prisiones debe recibir nueva formación para trabajos y trayectorias
profesionales que no tengan que ver con enjaular a seres humanos.
Se debe ofrecer tratamiento de deshabituación para todos los ciudadanos que lo demanden, una inversión mucho mejor del dinero de
los contribuyentes que celdas de prisión para los delincuentes de drogas. Hay que eliminar todas las barreras para la reinserción, en
especial la multitud de leyes que operan para discriminar a los
delincuentes de drogas durante el resto de su vida en cada aspecto
de su vida social, económica y política.

Podría continuar enumerando medidas, claro, pero creo que queda claro. La pregunta central de los defensores de la justicia racial es:
¿queremos acabar de verdad con esta estructura de control o no? Si
de verdad lo queremos, hay mucho trabajo que hacer. La idea de que
todas estas reformas se pueden abordar poco a poco, de una en una,

---

[20] Para más información acerca de declaraciones de impacto racial, véase
Marc Mauer, «Racial Impact Statements as a Means of Reducing Unwarranted
Sentencing Disparities», *Ohio State Journal of Criminal Law*, vol. 5, 2007, p. 19.

por medio de estrategias de defensa sin conexión, parece profundamente equivocada. Todas las reformas que se necesitan tienen menos que ver con políticas fallidas que con un consenso general profundamente defectuoso, un consenso que en el mejor de los casos es indiferente a la experiencia de las personas pobres de color. Como explicaba Martin Luther King Jr. en 1965 al comentar por qué era más importante centrarse en las movilizaciones masivas que iniciar demandas judiciales: «Estamos intentando conseguir el derecho al voto y tenemos que centrar la atención del mundo en eso. Eso no se puede conseguir por medio de querellas en los tribunales. Tenemos que ganar el caso en el tribunal de la opinión pública».[21] King desde luego apreciaba la contribución de los abogados de derechos civiles (confió en ellos para que le sacaran de la cárcel), pero se oponía a la tendencia de estos a identificar a un grupo de personas que podrían ser buenos demandantes en un juzgado y luego dedicarse a presentar casos aislados. Creía que era necesario movilizar a miles de personas para que presentaran su caso en el juzgado de la opinión pública. Desde su punto de vista, lo que subyacía a la opresión racial era un consenso público erróneo, no solo una política defectuosa.

Hoy día, al igual que hace treinta años, en la base del sistema dominante de castas hay un consenso equivocado. Cuando la gente piensa en la delincuencia, en especial la relacionada con drogas, no piensa en amas de casas de los barrios residenciales que violan las leyes que regulan las recetas médicas o en chavales blancos de colegio mayor que toman éxtasis. En este país los delitos de drogas se entienden como algo negro y de color, y *dado que* la delincuencia de drogas está definida en la conciencia pública de modo racial, al electorado no le ha importado lo que les pase a los delincuentes de drogas, al menos no de la forma en que les habría importado si se pensara que los delincuentes eran blancos. Es esta indiferencia, de verdad, a través de las líneas de color raciales, lo que se halla en el núcleo de este sistema de control y de todas las estructuras de castas raciales que han existido en Estados Unidos o en cualquier otro lugar del mundo.

Los que creen que desafiar al sistema de encarcelamiento masivo por medio de los tribunales puede tener éxito sin cambiar el consenso

---

[21] Guinier, *Lift Every Voice*, p. 223.

público que lo creó se engañan, practican una forma de negación. Se pueden conseguir victorias aisladas, incluso una serie de ellas, pero mientras no se produzca un cambio fundamental en la conciencia pública, el modelo como tal en su conjunto seguirá intacto. En la medida en que se consigan alteraciones importantes sin un cambio de raíz, el sistema volverá a recuperarse. La estructura de castas volverá a emerger con una *nueva modalidad*, de igual modo que el uso de convictos sustituyó a la esclavitud, o *volverá a nacer*, al igual que el encarcelamiento masivo sustituyó a las leyes Jim Crow.

Los sociólogos Michael Omi y Howard Winant mantienen algo similar en su libro *Racial Formation in the United States* (Formación racial de Estados Unidos). Atribuyen el carácter cíclico del progreso racial al «equilibrio inestable» que caracteriza el orden racial de Estados Unidos.[22] En condiciones «normales», alegan, las instituciones estatales pueden normalizar la organización y aplicación del orden racial dominante y el modelo funciona de forma relativamente automática. Los desafíos contra la estructura racial durante estos periodos son marginalizados o suprimidos fácilmente y el sistema dominante de significados, identidades e ideologías raciales parece «natural». Estas condiciones claramente imperaron durante la esclavitud y el Jim Crow. Sin embargo, cuando se trastoca ese equilibrio, como sucedió durante la Reconstrucción y el Movimiento de Derechos Civiles, el estado inicialmente se resiste, luego intenta absorber el desafío por medio de una serie de reformas «que son, si no enteramente simbólicas, al menos no críticas para el funcionamiento del orden racial». En ausencia de un consenso racial verdaderamente igualitario, estos ciclos predecibles inevitablemente dan paso a nuevos sistemas extraordinariamente completos de control social racializados.

Un ejemplo de cómo un orden racial bien establecido puede absorber sin dificultad desafíos legales son los tristes sucesos que tuvieron lugar a raíz del fallo en el caso Brown contra la Junta de Educación. Cuando el Tribunal Supremo declaró en 1954 que las escuelas separadas son inherentemente no igualitarias, la segregación se mantuvo sin cambios. Un periodista observa: «Las estadísticas de los

---

[22] Michael Omi y Howard Winant, *Racial Formation in the United States from the 1960s to the 1990s*, Nueva York, Routledge, 1994, pp. 84-88.

estados del Sur son verdaderamente asombrosas. Durante diez años, de 1954 a 1964 prácticamente *no pasó nada*».[23] En el curso académico 1962-1963 ni un solo niño negro asistió a una escuela pública integrada en Primaria en los estados de Carolina del Sur, Alabama o Misisipi. En todo el Sur en su conjunto, apenas un 1% de los niños negros en edad escolar asistía con los blancos en 1964, diez años después del veredicto de Brown.[24] Ese caso no acabó con la legislación Jim Crow. Hubo de emerger primero un movimiento de masas, un movimiento que trataba de crear un nuevo consenso opuesto a las maldades del sistema Jim Crow. Eso no significa que el caso Brown contra la Junta careciera de significado, como han afirmado algunos comentaristas.[25] Este caso proporcionó una legitimidad esencial a las demandas de los activistas de derechos civiles que pusieron en peligro su vida para acabar con el sistema Jim Crow y contribuyó a inspirar al movimiento (al igual que inspiró un violento movimiento de rechazo).[26] Pero, por sí solo, Brown consiguió para los afroamericanos poco más que la *Proclamación de Emancipación* de Abraham Lincoln. Tuvo que producirse una guerra civil para acabar con la esclavitud; hizo falta un movimiento masivo para que se produjera el final oficial de Jim Crow. Los que piensen que hace falta menos para desmantelar el encarcelamiento masivo y construir un nuevo consenso racial igualitario que refleje un impulso compasivo más que punitivo hacia la gente pobre de color no se dan cuenta de la distancia que hay entre el sueño de Martin Luther King Jr. y la continuada pesadilla para los que están encerrados y aquellos a quienes se mantiene al margen de la sociedad.

---

[23] Gerald Rosenberg, *The Hollow Hope: Can Courts Bring About Social Change?*, Chicago, University of Chicago Press, 1991, p. 52.

[24] Michael Klarman, «Brown, Racial Change, and the Civil Rights Movement», *Virginia Law Review* 80, 1994, pp. 7, 9.

[25] Véase *ibid.*, que defiende que Brown fue «apenas una pequeña ola» que tuvo solo un «efecto nimio» en la defensa de los derechos en el Sur y en el movimiento de derechos civiles.

[26] Véase David Garrow, «Hopelessly Hollow History: Revisionist Devaluing of Brown v. Board of Education», *Virginia Law Review* 80, 1994, p. 151, que argumenta que Brown fue una fuente de inspiración importante para los activistas del movimiento por los derechos civiles y provocó una reacción blanca feroz.

Lo anterior no debería entenderse como una llamada a construir un movimiento que excluya el trabajo de reforma legal. Al contrario, la tarea de reforma *es* el trabajo de construcción de un movimiento, siempre que se haga de modo consciente *como* trabajo de construcción de movimiento. Si se adoptaran de verdad todas las reformas mencionadas más arriba, se produciría una transformación radical en nuestra sociedad. La pregunta relevante no es si hay que emprender un trabajo de reforma, sino cómo hacerlo. No faltan objetivos y esfuerzos válidos. Es inevitable que haya diferencias de opinión sobre qué reformas son más importantes y en qué orden de prioridad habría que proceder. Esos debates son interesantes, pero es esencial no olvidar que la pregunta de cómo abordamos el trabajo de reforma es incluso más importante que las reformas concretas que buscamos. Si la forma en que llevamos a cabo esta tarea no contribuye a construir un movimiento que sirva para desmantelar el encarcelamiento masivo, entonces nuestro sistema de defensa no trastoca el consenso imperante que apoya la nueva estructura de castas y entonces ninguna reforma, ni siquiera los casos ganados, conseguirá alterar con éxito el equilibrio racial del país. Los desafíos contra el sistema serán absorbidos o anulados fácilmente y los pequeños cambios que se produzcan como resultado servirán sobre todo para legitimar al sistema, no para minarlo. Corremos el riesgo de ganar batallas aisladas, pero de perder la guerra en su conjunto.

Hablemos de raza: resistir la tentación de una defensa neutra para los colores

Entonces ¿cómo deberíamos abordar la construcción de este movimiento para acabar con el encarcelamiento masivo? ¿Cuál debería ser la filosofía fundadora, los principios básicos? Sobre este tema se podría escribir otro libro, pero destacan algunos principios clave que pueden ser comentados brevemente a continuación. Estos principios se basan en la idea de que cualquier movimiento para acabar con la reclusión masiva debe abordarla como un sistema de castas raciales, no como una estructura de control de la delincuencia. Esto no significa que la delincuencia no sea importante, es muy importante.

Necesitamos un sistema efectivo de prevención de la delincuencia y de control en nuestras comunidades, pero el modelo actual no es eso. Este sistema está mejor diseñado para *generar* delincuencia y una clase perpetua de personas etiquetadas como delincuentes, que para eliminar el delito o reducir el número de delincuentes.

Sin embargo, no resulta raro oír a gente que alega que el solo hecho de que tengamos las más bajas tasas de delincuencia, al mismo tiempo que tenemos las más altas de internamiento es la prueba que se necesitaba de que este sistema funciona bien para controlar el delito. Pero si usted cree que este sistema efectivamente controla la delincuencia, piense en esto: las estimaciones habituales del porcentaje de reducción de delincuencia que se pueden atribuir al encarcelamiento masivo van desde el 3 al 25%.[27] Algunos expertos creen que se ha llegado ya a un punto de no retorno en que el efecto de la reclusión masiva es contraproducente. El encarcelamiento, explican, genera en la actualidad más delincuencia de la que previene, al desgarrar redes sociales frágiles, destrozar familias y crear una clase permanente de personas no aptas para el mercado laboral.[28] Aunque resulta normal pensar en la pobreza y la falta de empleo como elementos que conducen a la delincuencia y al encarcelamiento, estas investigaciones sugieren que en la actualidad la Guerra contra la Droga es una *causa* principal de pobreza, desempleo crónico, familias rotas y delincuencia. El libro de Todd R. Clear, *Imprisoning Communities: How Mass Incarceration Makes Disadvantaged Communities Worse*, demuestra de forma contundente que la reclusión ha alcanzado niveles tan extremos en muchas comunidades urbanas que una sentencia de prisión y una etiqueta de delincuente grave suponen una amenaza mucho mayor para las familias urbanas que la delincuencia misma. Esto no quiere decir que la delincuencia, en especial la violenta, no suponga una amenaza grave para las comunidades de los

---

[27] Western, *Punishment and Inequality in America*, pp. 5 y 187; William Spelman, «The Limited Importance of Prison Expansion», *The Crime Drop in America*, Alfred Blumstein y Joel Wallman (eds.), Nueva York, Cambridge University Press, 2000, pp. 97-129; y Todd R. Clear, *Imprisoning Communities: How Mass Incarceration Makes Disadvantaged Neighborhoods Worse*, Nueva York, Oxford University Press, 2007, pp. 41-48.

[28] Véase, por ejemplo, Clear, *Imprisoning Communities*, p. 3.

guetos en la actualidad; de hecho, lo es. En realidad, aunque las tasas de delitos violentos han decrecido por todo el país, entre los hombres negros el delito violento está en ascenso, en concreto en ciudades como Chicago, donde la Guerra contra la Droga se ha librado con la mayor ferocidad. Lo que un número creciente de sociólogos han descubierto debería ser un tema de sentido común: al excluir a millones de personas de la economía legal general, al hacer difícil o imposible que la gente encuentre casa o pueda alimentarse y al destruir los lazos familiares por haber encerrado a millones de personas por delitos menores, hacemos que el delito sea más probable, no menos, en las comunidades más vulnerables. El éxito de programas piloto como *Operación Ceasefire* y el programa *Lifeline* de Oakland (que conecta con pandilleros para ofrecerles empleo y oportunidades, más que sentencias de prisión, a cambio de que abandonen sus actividades ilegales) a la hora de reducir las tasas de delitos violentos no debería enfrentarse con indignación y asombro.[29] Cuando se le da opción, la mayor parte de la gente del gueto, como en cualquier otro lugar, preferiría poder trabajar, mantener a sus familias y vivir sin miedo de sufrir daño o violencia, si se les da la oportunidad.

Pero incluso asumiendo que el país ha conseguido hasta un 25% de reducción en la tasa general de delincuencia por medio del encarcelamiento masivo, aun así significa que el mayor porcentaje de reclusión, el 75%, no ha tenido ningún impacto en la delincuencia, a pesar de que cuesta casi doscientos mil millones de dólares cada año. Como estrategia para reducir la delincuencia, el internamiento masivo es un fracaso estrepitoso. Resulta en gran medida ineficaz y es extremadamente caro.

Claro, decir que el encarcelamiento en masa es una estrategia desastrosa tiene sentido solo si se asume que el sistema de justicia penal está diseñado para prevenir y controlar el delito. Pero si se entiende el sistema de internamiento masivo como una estructura de control social, en concreto control racial, entonces el modelo ha tenido un

---

[29] Véase, por ejemplo, Chris Smith, «On the Block», *American Prospect*, enero-febrero de 2011, pp. 6-8.

éxito fabuloso.[30] En menos de veinte años, la población reclusa se ha multiplicado por cuatro y amplias mayorías de personas pobres de color en zonas urbanas de todo el país han sido colocadas bajo control del sistema de justicia penal o se les han endilgado antecedentes penales de por vida. Casi de la noche a la mañana, enormes sectores de comunidades de los guetos se han visto relegados de forma permanente a un estatus de segunda clase, privados de derechos y sometidos a continua vigilancia y control por parte de las fuerzas del orden. Se podría alegar que este resultado es un error trágico, impredecible, y que el objetivo fue siempre el control de la delincuencia, no la creación de una casta inferior de base racial. Pero, a juzgar por el discurso político y las normas legales usadas en la Guerra contra la Droga, este resultado no es un accidente inesperado.

Para poder formular este argumento, tenemos que hablar de raza de forma abierta y con sinceridad. Tenemos que dejar de debatir la política en materia de delincuencia como si solo tuviera que ver con la delincuencia. La gente tiene que llegar a comprender la historia racial y los orígenes del internamiento masivo, las muchas formas en que nuestros prejuicios conscientes e inconscientes han distorsionado nuestros juicios a lo largo de los años sobre lo que es justo, apropiado y constructivo cuando se trata de reaccionar ante el consumo de drogas y la delincuencia relacionada con las drogas. También tenemos que llegar a comprender cómo nuestras inseguridades económicas y los resentimientos raciales han sido explotados para conseguir beneficios políticos y cómo esta manipulación ha provocado el sufrimiento para personas de todos los colores. Por último, tenemos que admitir, en voz alta, que fue por causa de la raza por lo que no nos importó demasiado lo que le sucedía a «esa gente» y que nos imaginamos lo peor sobre ellos. El hecho de que nuestra falta de interés y de preocupación pueda haber sido, en ocasiones, inconsciente o involuntaria, no mitiga nuestro delito, si nos negamos a corregir la injusticia cuando tenemos la oportunidad de hacerlo.

---

[30] Jeffrey Reiman argumentó algo similar en *The Rich Get Richer and the Poor Get Prison*, 8ª edición, Nueva York, Allyn & Bacon, 2006, aunque ignora en su mayor parte el papel que juega la raza en la estructura del sistema de justicia penal.

Aunque, claro, la tentación de ignorar el tema de la raza en nuestra defensa puede ser irresistible. La raza hace que la gente se sienta incómoda. Un estudio mostró que algunos blancos odian tanto hablar del tema de la raza y les da tanto miedo violar el protocolo racial que muestran una preferencia por evitar todo contacto con personas negras.[31] En particular, la desgana de los blancos a la hora de hablar e incluso reconocer el tema de la raza ha llevado a muchos estudiosos y abogados defensores a concluir que nos iría mejor no hablando de raza en absoluto. Esta opinión se ve respaldada por el hecho de que los liberales blancos, casi en la misma proporción que los conservadores, parecen haber perdido la paciencia con los debates sobre la igualdad racial. Barack Obama tomó nota de este fenómeno en su libro *The Audacity of Hope*: «Con razón o sin ella, la culpabilidad blanca se ha agotado a sí misma en EEUU, incluso los blancos de mente más justa, esos a quienes les gustaría de verdad que se acabara la desigualdad racial y que se aliviara la pobreza, tienden a defenderse de las alegaciones concretas de victimización racial basadas en la historia de la discriminación racial en este país».

Además de la tentación de evitar la raza, está el hecho de que nunca ha habido tantas oportunidades para desafiar el encarcelamiento masivo con argumentos puramente neutrales en cuestión de raza. Con la quiebra de los presupuestos, más de veinte Estados han reducido o eliminado las severas condenas mínimas obligatorias, han reinstaurado los programas de puesta en libertad temprana y han ofrecido tratamiento en lugar de encarcelamiento para algunos delincuentes de drogas.[32] La crisis financiera que envuelve a los estados grandes y pequeños ha llevado a una conversión entre algunos legisladores que antes eran verdaderos creyentes en una política de «mano dura». Los índices de delincuencia en declive, junto a una reducción en la preocupación pública en torno a la delincuencia, también han contribuido a generar una extraña

---

[31] Véase «Study Finds Whites Anxious About Race», *Bryant Park Project*, National Public Radio, 3 de diciembre de 2007.

[32] Fox Butterfield, «With Cash Tight, States Reassess Long Jail Terms», *The New York Times*, 10 de noviembre de 2003.

oportunidad para una conversación pública productiva en torno a la Guerra contra la Droga. Un indicador prometedor de la receptividad de la opinión pública en torno a un cambio de rumbo es la Proposición 36 de California, que prescribía tratamiento para la adicción, más que condenas de prisión para delincuentes primerizos, y que fue aprobada por más del 60% del electorado en 2000.[33] Algunos Estados han despenalizado la marihuana, incluyendo Massachusetts, donde el 65% de los votantes del Estado votó a favor de esta medida.[34] En conjunto, estos elementos sugieren que, si se produjera una movilización masiva, no solo serían posibles enormes cambios en las leyes y las políticas sobre drogas en nuestro país, sino que serían probables sin decir ni una palabra sobre la raza.

Esto supone un cebo tentador, para decirlo suavemente, pero los abogados defensores de la justicia racial no deberían entrar al trapo/morder el anzuelo. No se puede desmantelar con éxito el sistema de castas imperante siguiendo un enfoque puramente neutral en cuanto a la raza. En primer lugar, es muy improbable que una estrategia basada puramente en los costes, los índices de delincuencia y la conveniencia de proporcionar tratamiento para las adicciones nos pudiera llevar de vuelta incluso a los preocupantes índices de encarcelamiento de los años setenta. Como se ha dicho antes, cualquier esfuerzo de reducir de forma dramática la población reclusa inspiraría una resistencia enorme por parte de quienes tendrían que enfrentarse a la pérdida de su empleo, sus inversiones y otros beneficios que ofrece el sistema actual. La emoción y la alta ansiedad seguramente se expresarían en forma de un debate cargado racialmente sobre los valores, la moral y la responsabilidad personal, más que un debate en torno a la economía carcelaria. Pocos defenderían abiertamente que tenemos que encarcelar a millones de personas pobres simplemente para que otras personas

---

[33] Marc Mauer, «State Sentencing Reforms: Is the "Get Tough" Era Coming to a Close?», *Federal Sentencing Reporter*, vol. 15, núm. 1, octubre de 2002.

[34] Abby Goodnough, «Relaxing Marijuana Law Has Some Nervous», *The New York Times*, 18 de diciembre de 2008, señalaba que once Estados han despenalizado la posesión de marihuana para personas sin condenas previas por ese delito.

puedan tener trabajo o reciban buenos dividendos por sus inversiones particulares. Por el contrario, volverían a aparecer argumentos familiares sobre la necesidad de aplicar «mano dura» con los delincuentes, no mimarlos o darles «carta blanca». Inevitablemente, el debate público se volvería al tema de la raza, aunque nadie hablara de forma explícita sobre ella. Como muestra la historia, la prevalencia de poderosos estereotipos raciales no cuestionados, junto a la extendida aprensión en torno a cambios estructurales, podrían crear un ambiente político en el que volverían a usarse una vez más llamamientos implícitamente raciales, con gran éxito. No anticipar y prevenir tales llamamientos prepararía el escenario para las mismas tácticas de «divide y vencerás» que han preservado de forma eficaz la jerarquía racial en los Estados Unidos durante siglos.

Incluso si se consiguieran cambios dramáticos ignorando el tema de la raza, los resultados serían muy contingentes y temporales. En caso de que mejore la economía, cuando esto suceda, la justificación para un enfoque «más suave» dejaría de existir. A menos que se forjara un nuevo consenso más compasivo sobre la raza, lo más probable es que los Estados volvieran a verse atraídos por sus viejos modos. Igualmente, si se produjera un aumento en los índices de delincuencia, lo que parece probable si la economía del país sigue en una situación negativa, nada impediría que los políticos volvieran a convertir una vez más a los delincuentes negros y de color en su chivo expiatorio favorito. Desde los años de la esclavitud se ha mostrado y construido a los hombres de raza negra como delincuentes, y su «naturaleza» criminal ha estado entre las justificaciones para todos los modelos de castas que han existido hasta ahora. La criminalización y demonización de los hombres negros es un hábito que a Estados Unidos seguramente le cueste romper sin abordar frontalmente las dinámicas raciales que han originado los sucesivos sistemas de castas. Aunque los enfoques neutros para abordar los problemas de la gente pobre de color parecen prácticos a corto plazo, a la larga resultan contraproducentes. La neutralidad para el color, aunque se invoque a menudo como la solución, en realidad es el problema.

Contra la neutralidad para el color

Afirmar que la neutralidad cromática es el problema puede alarmar a algunas personas en la comunidad de derechos civiles, en especial los encuestadores y asesores políticos que tienen cada vez más peso en la defensa de derechos civiles. Durante décadas, los líderes de derechos civiles han afirmado cosas como «todos queremos una sociedad neutra para los colores, solo estamos en desacuerdo sobre cómo llegar a conseguirla» en defensa de programas sensibles a la raza como los de acción afirmativa o la recogida de datos raciales.[35] La acción afirmativa se ha conceptualizado como una excepción legítima al principio de la neutralidad cromática, un principio que ahora apoya la abrumadora mayoría del electorado. Los líderes de derechos civiles se apresuran a asegurar al público que cuando se alcance el nirvana de la neutralidad cromática, la conciencia de raza ya no será necesaria ni apropiada.

Sin embargo, lejos de ser un objetivo valioso, la neutralidad cromática ha resultado ser catastrófica para los afroamericanos. No es una exageración afirmar que el encarcelamiento masivo sistemático de la personas de color en Estados Unidos no habría sido posible en la época posterior a los derechos civiles si el país no hubiera caído bajo el encanto de una cruel neutralidad cromática. La frase, en apariencia inocente, «No me importa que sea negro» capta a la perfección la perversión del sueño de Martin Luther King Jr. de que algún día fuéramos capaces de ver más allá de la raza para conectar espiritualmente cruzando líneas raciales. Decir que a una persona no le importa la raza se ofrece como una virtud exculpatoria, cuando en realidad puede ser una forma de crueldad. Es precisamente porque, como nación, no nos hemos preocupado mucho por los afroamericanos por lo que hemos permitido que nuestro sistema de justicia penal haya generado una nueva casta inferior racial.

---

[35] Por ejemplo, un argumento de voto propuesto por los grupos de derechos civiles que se oponían a la *Proposition 54*, una iniciativa de votación del estado de California en 2003 para prohibir la recogida de información racial por parte del Gobierno del Estado, decía así: «Todos queremos una sociedad que ignore el color de piel. Pero no la alcanzaremos a base de prohibir la información».

El carácter profundamente defectuoso de la neutralidad cromática, como principio regulador, se evidencia en el hecho de que el consenso en apoyo del encarcelamiento masivo es oficialmente neutro para los colores. Afirma ver a los hombres negros y de piel oscura no como negros y de piel oscura, sino simplemente como hombres, sin raza, que han fracasado miserablemente a la hora de jugar respetando las reglas que el resto de nosotros respetamos de modo bastante natural. No se ve el hecho de que se detiene a tantos hombres negros y de piel oscura por delitos de drogas que en gran medida se ignoran cuando son cometidos por blancos. Nuestra neutralidad cromática colectiva nos impide advertir este hecho básico. Nuestra ceguera nos impide también ver las divisiones estructurales y raciales que persisten en la sociedad: las escuelas desiguales y segregadas, los guetos segregados y sin empleos y el discurso público segregado, un debate público que excluye a la actual casta de parias. Nuestro compromiso con la neutralidad cromática se extiende más allá de las personas, hasta las instituciones y los acuerdos sociales. Nos hemos vuelto ciegos, no tanto ante la raza, sino ante la existencia de castas raciales en Estados Unidos.

Hace más de cuarenta y cinco años, Martin Luther King Jr. advirtió de este peligro. Insistió en que la ceguera y la indiferencia ante los grupos raciales son en realidad más importantes que la hostilidad racial para la creación y el mantenimiento de sistemas de control racializados. Quienes apoyaban la esclavitud y el sistema Jim Crow, argumentaba, no eran habitualmente malos o malas personas, solo estaban ciegos. Incluso los jueces que fallaron en el tristemente célebre caso Dred Scott, en que se dictaminó que «los negros no tienen derechos que los blancos tengan que respetar», no eran hombres malvados, decía Luther King. Por el contrario, eran hombres decentes y dedicados. Pero, se apresuraba a añadir: «Eran víctimas de una ceguera espiritual e intelectual. No sabían lo que hacían. Todo el sistema de la esclavitud fue perpetuado en gran medida por personas ignorantes espiritualmente». Continuaba:

> Esta ceguera trágica también se encuentra en la segregación racial, ese primo no muy lejano de la esclavitud. Algunos de los defensores más enérgicos de la segregación son sinceros en sus creencias y serios en sus motivaciones. Aunque algunos hombres

son segregacionistas meramente por motivos de conveniencia política y beneficio propio, no toda la resistencia a la integración es la retaguardia de fanáticos profesionales. Algunas personas piensan que intentar preservar la segregación es mejor para ellos mismos, para sus hijos y su país. Muchos son buenas personas que asisten a la iglesia, que están anclados en la fe religiosa de sus madres y padres. ¡Qué tragedia! Millones de negros han sido crucificados por una ceguera de conciencia. Jesús tenía razón sobre quienes le crucificaron. No sabían lo que estaban haciendo. Sufrían de una terrible ceguera.[36]

¿No se podría hacer el mismo discurso hoy en día sobre el encarcelamiento masivo? Una vez más, los afroamericanos han sido «crucificados por una ceguera de conciencia». La gente de buena voluntad no ha querido ver a los hombres negros y de color en su humanidad, como merecedores del mismo cuidado, compasión y preocupación que debería darse a los amigos, vecinos y a todas las personas a las que amamos. King reconoció que era esta *indiferencia* hacia el sufrimiento de otras razas lo que sustentaba las instituciones de la esclavitud y el Jim Crow. En sus palabras, «Una de las grandes tragedias del hombre en su largo recorrido por la autopista de la historia ha sido el limitar su preocupación por los demás a la tribu, la raza, la clase, la nación». La consecuencia de esta actitud pacata y estrecha de miras «es que a uno no le importa en verdad lo que le sucede a las personas fuera de su grupo».[37] La indiferencia y la ceguera raciales, más que la hostilidad entre razas, conforman los cimientos sólidos de todos los sistemas de castas raciales.

Abandonar la búsqueda de una sociedad neutra para los colores es algo más fácil de decir que de hacer, claro. A los defensores de la justicia racial, si eligieran este camino, se les exigiría que ofrecieran respuestas incómodas a preguntas que se formulan a menudo. Por ejemplo, a los abogados se les pregunta frecuentemente:: ¿cuándo llegaremos (por fin) a ser una sociedad neutra en términos de color? La búsqueda

---

[36] Martin Luther King Jr., *Strength to Love*, Filadelphia, Fortress Press, 1963, pp. 45-48.
[37] *Ibid.*, pp. 31-32.

de la neutralidad cromática hace que la gente se impaciente. Con valentía, deberíamos responder: «Con suerte, nunca». O, si cuesta demasiado pronunciar estas palabras, «No en el futuro predecible».

Hará falta un poco de paciencia a la hora de explicar este cambio de postura. Probablemente, el mismo número de personas piensan que la Tierra es redonda que quienes piensan que la conciencia de raza debería ser la regla a perpetuidad, más que la excepción. Sin embargo, sería un error asumir que la gente no es capaz de comprometerse permanentemente con la conciencia de color. De hecho, el cambio puede proporcionar cierto alivio, en la medida en que reorienta el foco colectivo alejándolo de un objetivo totalmente carente de realismo hacia otro que se encuentra al alcance de cualquiera en este momento. Después de todo, aspirar a la ceguera para los colores es aspirar a un estado de cosas en el que se es incapaz de ver la diferencia racial, una imposibilidad práctica para la mayor parte de nosotros. El cambio también invita a una visión más optimista de la capacidad humana. El concepto de ceguera para los colores se basa en la premisa de que no se puede confiar en nosotros en absoluto, como sociedad, para ver la raza y tratarnos unos a otros de manera justa o con compasión sincera. Por el contrario, el compromiso con la conciencia de color coloca la fe en nuestra capacidad como humanos para mostrar cuidado y preocupación por otros, aunque seamos totalmente conscientes de las diferencias de raza y de las posibles diferencias entre razas.

Sin embargo, si la ceguera para los colores es una idea tan mala, ¿por qué ha habido gente de todo el espectro político que se ha aferrado tanto a ella? Para los conservadores, el ideal de la ceguera cromática está vinculada a un compromiso con el individualismo. Desde su punto de vista, la sociedad debería preocuparse por los individuos, no por los grupos. Las enormes disparidades raciales en sanidad, educación y oportunidades no deberían interesar a nuestro Gobierno y la identidad racial debería ser un asunto privado, un asunto que es mejor reservarse para sí mismos. Para los liberales, el ideal de la ceguera cromática está vinculado al sueño de la igualdad racial. La esperanza es que algún día ya no podremos ver la raza porque la raza perderá todo su significado. En esta fantasía, al final la raza ya no será un factor en las tasas de mortalidad, la extensión de la enfermedad, las oportunidades educativas o económicas, o la distribución de la riqueza. La raza no tendrá correlación con nada, no significará nada, ni siquiera la notaremos. Quienes son menos idealistas apoyan la idea de la neutralidad cromática simplemente porque les resulta difícil imaginar una sociedad en que veamos la raza y las diferencias entre razas y al mismo tiempo actuemos sistemáticamente de forma positiva y constructiva. Es más fácil imaginar un mundo en que toleremos las diferencias raciales que un mundo en que seamos ciegos ante esas diferencias.

Sin embargo, la incómoda verdad es que las diferencias raciales seguirán existiendo entre nosotros. Incluso si el legado de la esclavitud, el Jim Crow y el encarcelamiento masivo estuviera totalmente superado, seguiríamos siendo una nación de inmigrantes (y de pueblos indígenas) en un mundo más amplio dividido por la raza y la etnicidad. Es un mundo en el que existe una extraordinaria desigualdad racial y étnica, y nuestro país tiene unos límites porosos. Para el futuro predecible, la desigualdad racial y étnica van a seguir siendo un rasgo de la vida americana.

Esta realidad no es causa de desesperanza. La idea de que puede que no alcancemos nunca una igualdad racial perfecta, un perfecto equilibrio racial, no es razón para alarmarse. Lo que es preocupante es la posibilidad real de que nosotros, como sociedad, elijamos que no nos importe. Que elijamos ser ciegos ante la injusticia y el sufrimiento de otras personas. Que miremos hacia otro lado y neguemos a nuestros departamentos públicos los recursos, datos y herramientas necesarios para resolver los problemas. Que nos neguemos a celebrar lo que es bello en nuestras distintas historias y culturas, incluso mientras nos mezclamos y evolucionamos. Esto es razón para la desesperanza.

Ver la raza no es el problema. Negarse a que nos importe la gente que vemos, es el problema. El hecho de que el significado de la raza pueda evolucionar o perder mucha de su carga no es razón para quedarse ciego. Deberíamos esperar no una sociedad ciega para los colores, sino por el contrario un mundo en el que podamos vernos unos a otros al completo, aprender unos de otros y hacer lo que podamos para reaccionar unos ante otros con amor. Eso era el sueño de Martin Luther King Jr., una sociedad que sea capaz de ver a cada uno de nosotros, como somos, con amor. Ese es un objetivo por el que vale la pena luchar.

El soborno racial: devolvámoslo

Lo anterior se podría leer como un apoyo incondicional a la acción afirmativa y otras iniciativas de apoyo a la diversidad. Hasta cierto punto, lo es. Resulta difícil imaginar un momento, en el futuro predecible, en que se pueda confiar en el mercado libre y las políticas de partido para generar la inclusión de forma equitativa en todos los aspectos de la vida social, política y económica del país, sin que nadie piense, ni le importe en absoluto, el tema de la raza. Puede que siempre tengamos, como sociedad, que seguir prestando atención cuidadosa al impacto de nuestras leyes, políticas y prácticas sobre los grupos raciales y étnicos, y que tengamos que seguir luchando de modo consciente para asegurarnos de que los prejuicios, estereotipos y condiciones estructurales no provocan un daño innecesario o sufrimiento a ningún individuo o grupo por razones relacionadas con la raza.

Sin embargo, hay una advertencia esencial. Los defensores de la justicia racial deberían considerar, con un grado de franqueza que aún no se ha puesto de manifiesto, si los programas de acción afirmativa, como se ha pensado y defendido durante los últimos treinta años, han funcionado más como un soborno racial que como una herramienta de la justicia racial. Uno podría preguntarse qué tienen que ver esos programas con el encarcelamiento masivo. Bueno, tal vez tengan más relación de lo que pensamos. Deberíamos preguntarnos si los esfuerzos por conseguir una diversidad racial «cosmética», es decir esfuerzos de reforma que hacen que las instituciones parezcan presentables sobre el papel pero sin los necesarios cambios estructurales, en realidad han contribuido a facilitar el surgimiento del encarcelamiento masivo y han interferido con el surgimiento de una conciencia de raza más compasiva. En capítulos anteriores hemos visto que, a lo largo de la historia de nuestra nación, los blancos pobres y de clase trabajadora han sido comprados por medio de sobornos raciales. La pregunta que se plantea aquí es si los programas de acción afirmativa han tenido un funcionamiento similar, ofreciendo a la gente de color ventajas materiales relativamente exiguas pero con beneficios psicológicos significativos, a cambio de que se abandonara un movimiento más radical que prometía alterar la estructura social y económica del país.

Para dejarlo claro: esto *no* es un argumento en el sentido de que las políticas de acción afirmativa entren en conflicto con el sueño de Luther King de que un día podamos ser «juzgados por nuestro carácter, no por el color de nuestra piel». Casi con seguridad, el propio Luther King habría apoyado los programas de acción afirmativa como un remedio, al menos en ciertas circunstancias. De hecho, King manifestó de modo concreto en numerosas ocasiones que creía que el tratamiento especial, incluso preferente, para los afroamericanos estaba justificado a la luz de sus condiciones únicas.[38] Y esto no quiere decir que los programas no hayan cambiado la vida de los afroamericanos pobres o de clase trabajadora, como dicen algunas personas. Los cuerpos de bomberos, departamentos de policía y otros cuerpos públicos se han transformado, en parte gracias a la acción afirmativa.[39] Por último, esto no quiere decir que la acción afirmativa debería ser reconsiderada sencillamente sobre la base de que resulta «injusta» para los hombres blancos como grupo. La evidencia empírica apoya de modo categórico la conclusión de que la posición de los hombres blancos se ha visto mucho más amenazada por el descenso en los jornales, las reducciones de plantilla, la desindustralización, la globalización y los recortes en los servicios públicos que por la llamada discriminación en reverso.[40]

Lo que se defiende aquí es una idea menos habitual. No se debate a menudo en los medios de masas, ni, si a eso vamos, en las organizaciones de derechos civiles. La cuestión es que los defensores de la justicia racial deberían repensar el enfoque tradicional de la acción afirmativa debido a que (a) ha ayudado a hacer el nuevo sistema de castas prácticamente invisible; (b) ha contribuido a perpetuar el mito de que cualquiera puede conseguirlo si lo intenta; (c) ha animado a que se asuma una «teoría de la justicia racial en que los beneficios gotean de arriba hacia abajo»; (d) ha facilitado enormemente la

---

[38] Véase Mary Frances Berry, «Vindicating Martin Luther King, Jr.: The Road to a Color-Blind Society», *Journal of Negro History*, vol. 81, núm. 1-4, invierno-otoño de 1996, pp. 137 y 140.

[39] Stephen Steinberg, *Turning Back: The Retreat from Racial Justice in American Thought and Policy*, Boston, Beacon Press, 1995, p. 167.

[40] Fred L. Pincus, *Reverse Discrimination: Dismantling the Myth*, Boulder, CO, Lynne Rienner, 2003.

táctica de «divide y vencerás» que dio origen al internamiento masivo, y (e) ha generado tal polarización y atención mediática que el público en general asume ya (de manera equivocada) que la acción afirmativa es el principal campo de batalla en EEUU en cuanto a las relaciones de raza.

Puede que no resulte sencillo que la comunidad de derechos civiles mantenga una conversación franca sobre todo esto. Las organizaciones de derechos civiles están llenas de beneficiarios de la acción afirmativa (como yo misma) y sus amigos y aliados. Acabar con la acción afirmativa hace surgir miedos de aniquilación. La realidad de que tantos de nosotros desapareceríamos de la noche a la mañana de las universidades y colegios de todo el país si se acabara con los programas de acción afirmativa, y que nuestros hijos y nietos no podrían seguir nuestros pasos, genera una especie de pánico que no resulta fácil describir. En algunos aspectos, podría ser similar al pánico que sintieron una vez los blancos pobres y de clase trabajadora al tener que enfrentarse a la desegregación, el miedo a la degradación repentina en la jerarquía racial del país. El libro de Mari Matsuda y Charles Lawrence *We Won't Go Back* capta la determinación de los beneficiarios de la acción afirmativa de no permitir que se dé marcha atrás al reloj en la justicia racial, que se regrese a los días de las castas raciales en este país. El problema, claro, es que ya se ha vuelto.

La acción afirmativa, en particular cuando se justifica sobre la base de la diversidad más que sobre la igualdad o sobre la idea de compensación, enmascara lo severo de la desigualdad racial en este país y conduce a alegaciones enormemente exageradas de progreso racial así como a análisis desmesuradamente optimistas del futuro para los afroamericanos. Ver a personas negras que se gradúan en Harvard y Yale y que se convierten en consejeros delegados o abogados corporativos, por no mencionar en presidentes de EEUU, nos hace maravillarnos a todos de lo lejos que hemos llegado. Sin embargo, como demuestran datos recientes, gran parte del progreso negro es un mito. Aunque a algunos afroamericanos les va muy bien, se matriculan en universidades y centros de posgrado en cifras récord gracias a la acción afirmativa, en muchos aspectos a los afroamericanos como grupo no les está yendo mejor que cuando Martin Luther King fue asesinado y los disturbios raciales arrasaron los barrios bajos del centro de las ciudades por todo el país. En realidad, la tasa de pobreza infantil es hoy día más alta que en 1968.[41] Las tasas de desempleo en las comunidades negras rivalizan con las de países del Tercer Mundo. ¡Y esto *con* la acción afirmativa!

Cuando apartamos la cortina y echamos un vistazo a lo que nuestra llamada sociedad sin colores de raza crea sin acción afirmativa, vemos una estructura social, política y económica conocida, la de las castas raciales. Cuando se tiene en cuenta a quienes están entre rejas, las instituciones del país siguen generando casi tanta desigualdad racial como la que existía durante la legislación Jim Crow.[42] Nuestras universidades de élite, que ahora se parecen mucho a América, se blanquearían de repente si la acción afirmativa desapareciera de un plumazo. Un estudio reciente indica que la eliminación de políticas de admisión basadas en la raza llevaría a una reducción del 63% en la matriculación de estudiantes negros en las escuelas de Derecho y del 90% en las facultades de élite.[43] El sociólogo Stephen Steinberg describe así la desoladora realidad: «En la medida en que esta clase media negra es un resultado de las políticas de acción afirmativa, no se puede decir que sea el resultado del funcionamiento autónomo de las fuerzas del mercado. En otras palabras, la clase media negra no refleja un descenso de las barreras racistas en los trabajos sino lo contrario: el racismo está tan arraigado que sin una intervención gubernamental habría muy poco "progreso" del que presumir».[44]

A la vista de todo esto, debemos preguntar hasta qué punto la acción afirmativa nos ha ayudado a seguir negando la existencia de una casta inferior racial y a seguir ciegos ante su existencia. Y hasta qué punto las batallas sobre la acción afirmativa nos han distraído

---

[41] Eisenhower Foundation, *What Together We Can Do: A Forty Year Update of the National Advisory Commission on Civil Disorder: Executive Summary, Preliminary Findings and Recommendations*, Washington DC, Eisenhower Foundation, 2008.

[42] Para un análisis del impacto de la encarcelación sobre el empleo, la pobreza y la educación, véase Western, *Punishment and Inequality in America*, pp. 83-131.

[43] Jesse Rothstein y Albert Yoon, «Affirmative Action in Law School Admissions: What Do Racial Preferences Do?», National Bureau of Economic Research, Cambridge, MA, agosto de 2008, disponible en: www.nber.org/papers/w14276.

[44] Steinberg, *Turning Back*, pp. 195-196.

y nos han forzado a desviar recursos y energías esenciales del desmantelamiento de las estructuras de la desigualdad racial.

La respuesta predecible es que los defensores de los derechos civiles están tan comprometidos con el cuestionamiento del encarcelamiento en masa y otras formas de racismo estructural como lo están con la preservación de la acción afirmativa. ¿Pero dónde están las pruebas de esto? Los activistas de derechos civiles han generado un *movimiento* nacional para salvar la acción afirmativa, con manifestaciones, activismo y campañas mediáticas, además de incesantes reuniones para planear estrategias, congresos y demandas judiciales. ¿Dónde está el movimiento para acabar con el internamiento en masa? Y ya que hablamos, ¿dónde está el movimiento por la igualdad educativa? Parte de la respuesta es que es más fácil generar un movimiento cuando se tiene la sensación de estar siendo atacados. También es más fácil cuando lo que se cuestiona es una sola política, más que algo tan enorme (y en apariencia tan difícil de abordar) como la desigualdad educativa o la reclusión masiva. Estas son explicaciones aceptables, pero no sirven como excusa. Intente decirle a un joven negro de dieciséis años de Louisiana que se enfrenta a diez años de cárcel y a toda una vida de exclusión social, económica y política que tu organización de derechos civiles no está haciendo mucho para acabar con la Guerra contra la Droga, pero ¿le interesaría oír todas las grandes cosas que se están haciendo para preservar la acción afirmativa? Existe hoy día una desconexión elemental entre el mundo de los defensores de los derechos civiles y la realidad a la que se enfrentan quienes están atrapados en la nueva casta inferior racial.

La acción afirmativa tiene otro resultado, más siniestro: la apariencia cuidadosamente orquestada de gran progreso racial fortalece el consenso «neutro cromáticamente» de que son los rasgos personales y culturales, no los elementos estructurales, quienes son en gran medida responsables de que la mayoría de hombres negros jóvenes en zonas urbanas por todo el país estén actualmente bajo el control del sistema de justicia penal o se les haya etiquetado de por vida como autores de delitos graves. En otras palabras, la acción afirmativa contribuye a hacer que el surgimiento de una nueva estructura de castas raciales parezca poco plausible. Genera un entorno en el que resulta razonable preguntar cómo puede existir algo parecido a un sistema racial de castas cuando personas como Condoleezza Rice, Colin Powell y Barack Obama han sido capaces de ascender casi desde la nada hasta los pináculos del poder y de la riqueza. A la vista de la clase media negra, ¿cómo puede existir un sistema de castas?

Hay respuestas para estas preguntas, pero son difíciles de aceptar cuando millones de compatriotas han mostrado su disposición a elegir a un hombre negro como presidente del país. Sin embargo, la verdad es esta: lejos de minar el actual modelo de control, el nuevo sistema de castas depende, y no poco, de la excepcionalidad negra. El consenso neutro para los colores que sustenta el nuevo sistema de castas insiste en que la raza ya no importa. Ahora que EEUU ha aceptado oficialmente el sueño de Martin Luther King Jr. (reduciéndolo al lugar común de «deberíamos ser juzgados por nuestro carácter, no por el color de nuestra piel»), el internamiento masivo de las personas de color se puede justificar solo en la medida en que la tragedia de quienes están encerrados y excluidos se entienda como algo que ha sido cosa suya, no algo determinado por quienes son.

En resumen, el encarcelamiento masivo se basa en la idea de que un número extraordinario de afroamericanos (pero no todos) ha elegido libremente una vida de delincuencia y por lo tanto merece estar entre rejas. Creer que todos los negros tienen que estar en prisión sería incompatible con el consenso social de que «hemos superado» el tema de la raza y que este asunto ya carece de relevancia. Pero el convencimiento muy extendido de que una mayoría de hombres negros y de piel oscura tiene que estar en la cárcel es compatible con el nuevo credo del país, siempre y cuando su encarcelamiento pueda ser interpretado como culpa suya. Si la etiqueta carcelaria que se les impone puede ser atribuida a su cultura, a su falta de una ética de trabajo o incluso a su familia, entonces la sociedad es absuelta de la responsabilidad de hacer algo por su condición.

Aquí es donde interviene la excepcionalidad negra. Ejemplos muy visibles de éxito negro son esenciales para mantener un sistema de castas raciales en la era de la neutralidad cromática. Las historias de éxito por parte de personas negras aportan credibilidad a la idea de que cualquiera, por muy pobre o muy negro que sea, puede llegar hasta arriba, con solo intentarlo tenazmente. Esas historias «demuestran» que la raza ya no cuenta. Mientras que las historias de éxito de personas negras minaban el sistema de Jim Crow, en realidad vienen a reforzar el sistema de internamiento en masa. El encarcelamiento masivo depende para su legitimidad de la extendida creencia de que quienes parecen atrapados en la parte más baja en realidad han elegido su destino.

Vista desde esta perspectiva, la acción afirmativa ya no aparece como algo enteramente liberal. Siempre que a algunos afroamericanos fácilmente identificables les vaya bien, el sistema está en gran medida inmunizado contra la crítica racial. Personas como Barack Obama, que son verdaderamente excepcionales según todos los estándares, juntos con otros a quienes se han concedido oportunidades excepcionales, legitiman un sistema que sigue plagado de prejuicios raciales, en especial cuando no desafía, ni siquiera reconoce, el orden racial imperante. En la época actual, los americanos blancos a menudo están deseosos de abrir los brazos a afroamericanos excepcionales o de cuota, en especial cuando hacen todo lo que pueden para no hablar de raza o de desigualdades raciales.

La acción afirmativa puede resultar contraproducente también en otro sentido: le presta credibilidad a una teoría de la justicia racial basada en el efecto de goteo de arriba abajo. La idea de que conceder a un número relativamente pequeño de personas de color acceso a instituciones o posiciones clave inevitablemente redundará en beneficio de los grupos más amplios se ve desmentida por la evidencia. También parece ignorar las serias advertencias de Martin Luther King Jr. de que la justicia racial requiere la transformación integral de las instituciones sociales y una reestructuración de raíz de nuestra economía, no alteraciones superficiales que pueden ser adquiridas a bajo costo. En 1968, King defendía: «Los cambios [que han tenido lugar hasta la fecha] se han producido básicamente en los aspectos sociales y políticos; los problemas a los que nos enfrentamos en este momento: proporcionar empleos, mejores viviendas y mejor educación a los pobres de todo el país, van a requerir dinero para ser solucionados, un hecho que hace que esas soluciones sean mucho más difíciles».[45] King hizo hincapié en

---

[45] Martin Luther King Jr., «A Testament of Hope», *A Testament of Hope: The Essential Writings and Speeches of Martin Luther King, Jr.,* Nueva York, Harper Collins, 1986, p. 321.

que «la mayor parte de los avances de los últimos diez años se obtuvieron a precio de ganga», pues la desegregación de las instalaciones públicas y la elección y nombramiento de unos pocos funcionarios negros apenas tienen coste alguno. «La América blanca tiene que reconocer que la justicia para las personas negras no se puede lograr sin cambios radicales en la estructura de nuestra sociedad. Los cómodos, los atrincherados, los privilegiados no pueden seguir temblando ante la perspectiva de cambios en el statu quo».[46]

En este contexto, los programas de acción afirmativa orientados a la diversidad parecen ser el epítome de la justicia racial obtenida a bajo precio. Dan la impresión de equidad racial sin que sea verdad y lo consiguen sin un gran coste, sin alterar de forma esencial ninguna de las estructuras que generan la desigualdad racial en primer lugar. Quizá el mejor ejemplo de esto es que, gracias en parte a la acción afirmativa, los departamentos de policía y las fuerzas del orden reflejan más que nunca la composición racial del país, precisamente en el momento en que han lanzado una guerra contra los pobres de los guetos y han desempeñado un papel protagonista en el internamiento masivo y sistemático de personas de color. Ha cambiado el color de jefes de policía por todo el país, pero no lo ha hecho el papel de la policía en nuestra sociedad.

Gerald Torres y Lani Guinier ofrecen una crítica similar de la acción afirmativa en *The Miner's Canary*. Apuntan al hecho de que «las estrategias convencionales para el cambio social proceden como si un cambio en quien administra el poder alterara de modo esencial la estructura del propio poder».[47] Este enfoque estrecho del cambio social se refleja en las justificaciones que se ofrecen para la acción afirmativa, sobre todo el argumento de que «personas que estaban previamente fuera, cuando se les da la oportunidad, ejercerán el poder *de modo distinto*».[48] Sin embargo, la realidad es que la jerarquía existente disciplina a los recién llegados y les exige que ejerzan el poder de las mismas formas que siempre y que jueguen con las

---

[46] *Ibid.*, p. 315.

[47] Lani Guinier y Gerald Torres, *The Miner's Canary: Enlisting Race, Resisting Power, Transforming Democracy*, Cambridge, MA, Harvard University Press, 2002, p. 114.

[48] *Ibid.*

mismas reglas de siempre para poder sobrevivir. A los recién llegados, explican estos autores, se les coopta con facilidad, pues tienen mucho que perder y muy poco que ganar si desafían las reglas del juego.

Su argumento es particularmente pertinente para el dilema de los agentes de policía de las minorías que se ocupan de la Guerra contra la Droga. Se producen profundas injusticias raciales cuando los agentes de policía de las minorías *obedecen las reglas*. Cuando el público se entera de que han desobedecido las normas, se produce un escándalo, pero no hay que desobedecer ninguna norma para que el encarcelamiento sistemático de las personas de color continúe sin cesar. Este hecho incómodo crea numerosos incentivos para que los agentes de las minorías nieguen, racionalicen o se muestren deliberadamente ciegos ante el papel de las fuerzas del orden en la creación de una casta racial inferior. Los informes de que los agentes de las minorías pueden usar los perfiles raciales tanto como los blancos han sido recibidos con asombro, pero la sorpresa real es que algunos agentes de policía de minorías se han mostrado dispuestos a hablar en contra de esa práctica, dada la ferocidad de la Guerra contra la Droga. Se ha declarado una guerra contra las comunidades pobres de color y se espera que la policía libre esa guerra. ¿Esperamos que los agentes de minorías, cuyo sustento depende de los propios departamentos responsables de hacer esa guerra, desempeñen el papel de pacifistas opuestos a esa contienda? Esa expectativa parece poco razonable, y sin embargo el dilema para los defensores de la justicia racial es muy real. La complicidad callada de los agentes de las minorías en la Guerra contra la Droga sirve para legitimar el sistema y aislarlo de la crítica. En un país atrapado aún en una mentalidad Jim Crow, donde el racismo se iguala con el fanatismo blanco y se considera la diversidad racial como prueba de que el problema está resuelto, un departamento de policía racialmente diverso invita a formular preguntas tales como: «¿Cómo pueden decir ustedes que las redadas antidroga del Departamento de Policía de Oakland son racistas? El jefe de policía es negro y la mayor parte de los agentes que participan en las redadas, también». Si se entendieran mejor las dimensiones de casta del encarcelamiento masivo y se comprendieran mejor las limitaciones de la diversidad racial puramente cosmética, la existencia de jefes de policía y agentes negros no sería más alentadora en la actualidad de lo que era la presencia de tratantes de esclavos y dueños de plantaciones negros hace cientos de años.

Cuando no se consigue hacer realidad cambios sustanciales tras haber logrado una diversidad superficial, quienes siguen excluidos pueden sentirse muy desmoralizados y desanimados, lo que acaba produciendo cinismo y resignación. Sin embargo, quizá resulte más preocupante el hecho de que la inclusión de personas de color en estructuras de poder, en especial en la cumbre, puede paralizar los esfuerzos de reforma. A menudo, las personas de color se muestran renuentes a desafiar instituciones lideradas por personas que tienen su mismo aspecto, pues sienten una preocupación personal por el éxito de esa persona concreta. Después de siglos en que se les ha negado el acceso a posiciones de liderazgo en instituciones sociales clave, es bastante comprensible que las personas de color vacilen en provocar circunstancias que podrían detonar la caída de «uno de los suyos». A un incidente de brutalidad policial que podría ser entendido como innegablemente racista si los agentes implicados fueran blancos, se le puede dar un tratamiento mediático más favorable si los agentes son negros. De igual modo, residentes de comunidades negras que habrían podido sentirse inspirados para desafiar las políticas agresivas de dar el alto y registrar de un departamento de policía en gran medida blanco pueden preocuparse por «dañar» a un jefe de policía negro. Las personas de color, por su historia de dominación y exclusión raciales, a menudo viven el éxito y el fracaso de forma vicaria a través de los pocos que alcanzan posiciones de poder, fama y fortuna. Como resultado, la diversidad puramente cosmética que se centra en ofrecer oportunidades para miembros individuales de grupos infrarrepresentados, reduce la posibilidad de que se desafíen las reglas injustas a la vez que legitima todo el sistema.

Obama, la promesa y el riesgo

Esta dinámica presenta riesgos especiales para la defensa de la justicia racial durante la presidencia de Obama. Por un lado, la elección de Barack Obama como presidente abre una oportunidad extraordinaria para quienes persiguen el fin del sistema de encarcelamiento masivo en el país. Las opiniones manifestadas por Obama sobre la reforma de la justicia penal sugieren que se opone a la Guerra contra la Droga y a la selección sistemática de los afroamericanos como objetivos del internamiento masivo.[49] ¿No deberíamos confiar en él, ahora que tiene en su mano las riendas del poder, para que haga lo que tiene que hacer?

Es tentador confiar, en especial porque el propio Obama violó las leyes de drogas de nuestro país y casi con seguridad sabe que su vida no se habría desarrollado como lo ha hecho si le hubieran arrestado por delitos de drogas y le hubieran tratado como a un delincuente común. Como comentaba en sus memorias hablando sobre su juventud descarriada, «La marihuana ayudaba, y la priva, igual un poco de farlopa si te lo podías permitir». A diferencia de Bill Clinton, con sus famosas declaraciones en las que admitió que había probado la marihuana ocasionalmente «pero sin tragar el humo», Obama nunca ha minimizado su consumo de drogas. Como declaró en un discurso en 2006 ante la Sociedad Norteamericana de Editores de revistas, «Miren, saben, cuando yo era un chaval, yo me tragaba el humo. A menudo. De eso se trataba».[50] Esas «malas decisiones», ha reconocido Obama, podrían haberle llevado por el mal camino. «Yonqui. Marigüanero. Podría haber ido por ese camino: el papel final, horroroso del joven negro que quiere ser hombre.» Sin duda, si Obama hubiera sido arrestado y se le hubiera tratado como a un delincuente común, podría haber sido condenado a años de prisión y se le podría haber impuesto la etiqueta de delincuente grave de drogas para toda la vida. ¿Qué probabilidad habría tenido de asistir a la Facultad de Derecho de Harvard, y mucho menos de convertirse en presidente de Estados Unidos, si hubiera sucedido eso? Parece lógico asumir que Obama, que sabe un poco de la pobreza y de las tentaciones de las drogas, podría tener una actitud más de «Me podría haber pasado a mí de no haber sido por la gracia de Dios»,

---

[49] The Sentencing Project, «2008 Leading Presidential Candidates Platforms on Criminal Justice Policy», 24 de marzo de 2008, disponible en: www.sentencingproject.org/doc/publications/publications/Presidential%20Candidates%27%20Platforms%20-%20Spreadsheet%207%2018%2008.pdf.

[50] Drew Harwell, «Obama's Drug Use Debated», CBS News, UWIRE.com, 12 de febrero de 2008.

respecto a los millones de hombres afroamericanos y latinos encarcelados por delitos de drogas comparables a los suyos y que cargan toda la vida con antecedentes penales como delincuentes graves.

Pero antes de que nos echemos hacia atrás, nos relajemos y esperemos que la justicia racial caiga goteando desde arriba, pensemos en esto: Obama eligió a Joe Biden, uno de los guerreros antidrogas más estridentes del Senado, como su vicepresidente. El hombre al que eligió para que fuera su jefe de Gabinete en la Casa Blanca, Rahm Emanuel, fue uno de los defensores principales de la expansión de la Guerra contra la Droga y de los tremendos recortes en el Estado del bienestar durante la Administración Clinton. Y el nombre al que tanteó para dirigir el Ministerio de Justicia, la agencia que lanzó y sigue supervisando la guerra federal contra las drogas, es un antiguo fiscal afroamericano del distrito de Columbia que luchó denodadamente para intensificar la Guerra contra la Droga en la capital y peleó contra la mayoría negra en el Ayuntamiento del distrito de Columbia en un esfuerzo por imponer severos mínimos obligatorios por posesión de marihuana. Es más, durante la campaña, Obama dio un dramático paso atrás desde una posición anterior en contra de la pena de muerte, anunciando que pasaba a apoyar la pena de muerte para violadores de niños, incluso cuando la víctima no había sido asesinada, aunque el Tribunal Supremo de EEUU dictaminó que la pena de muerte para casos sin homicidio es inconstitucional y la legislación internacional desaprueba esta práctica de forma enérgica. Los únicos países que comparten la opinión de Obama son países como Arabia Saudí, Egipto y China, que permiten la pena de muerte para cosas como el adulterio y la evasión fiscal. Entonces, ¿por qué Obama dio ese paso desacostumbrado de anunciar su desacuerdo con un fallo del Tribunal Supremo que declara que la pena de muerte para violadores de niños es inconstitucional? Claramente, estaba intentando inmunizarse contra cualquier intento de mostrarlo «blando» con la delincuencia, una estrategia que recuerda la decisión de Bill Clinton de hacer una visita relámpago a Arkansas durante la campaña presidencial de 1992 para supervisar la ejecución de un hombre negro que sufría discapacidad intelectual.

Activistas veteranos pueden responder que todo esto es «solo política», pero como hemos visto en capítulos anteriores, son las mismas políticas que dieron origen al nuevo Jim Crow. Obama ha revivido el Programa de Servicios Policiales Orientados a la Comunidad de Clinton (COPS por sus siglas en inglés) y ha incrementado los fondos del programa de subvenciones de Byrne, dos de los peores programas federales de lucha anti-droga de la época de Clinton.[51] Estos programas, a pesar de lo suave de su nombres, son los culpables de la militarización de las fuerzas del orden, de los equipos SWAT, de las fuerzas especiales antidroga Pipeline y de la lista de horrores de la guerra antidroga descritos en el capítulo 2.

En concreto, el Gobierno de Obama decidió multiplicar por doce los fondos para los programas de Byrne, no en respuesta a ningún aumento repentino en los índices de delincuencia ni a ninguna investigación reciente que apuntara a la eficacia de esos programas, sino porque otorgar miles de millones de dólares en metálico a las fuerzas del orden es una manera fácil y eficaz de crear empleos en medio de una crisis económica.[52] El tremendo aumento en los fondos de las subvenciones Byrne se incluyó como parte de la ley *Economic Reinvestment Act* (Ley de Reinversión Financiera) de 2009. Aunque canalizar los dólares del estímulo económico hacia las fuerzas del orden puede ayudar a que algunos agentes conserven su empleo en un momento en que los presupuestos estatales y locales están sufriendo severos recortes, se paga un precio. Como comentaba el periodista del *New York Times* Charles Blow, «es un cálculo político cruel. El hecho de que estén echando a perder la vida a cientos de miles de hombres negros o hispanos y, por extensión, a

---

[51] Obama, en su campaña presidencial, prometió aumentar los fondos Byrne. Véase David Hunt, «Obama Fields Questions on Jacksonville Crime», *Florida-Times Union*, 22 de septiembre de 2008. Una vez en el Gobierno, cumplió su promesa, aumentando radicalmente la financiación para la Guerra contra la droga. Véase «Federal Budget: Economic Stimulus Bill Stimulates Drug War, Too», *Drug War Chronicle*, núm. 573, 20 de febrero de 2009; Michelle Alexander, «Obama's Drug War», *The Nation*, 9 de diciembre de 2010 (que señala que el paquete de estímulo económico incluía un aumento doce veces mayor en la financiación para los programas de Byrne).

[52] Véase Charles Blow, «Smoke and Horrors», *The New York Times,* 22 de octubre de 2010, disponible en: www.nytimes.com/2010/10/23/opinion/23blow.html.

las comunidades a las que pertenecen parece que no tiene la menor importancia».[53]

Clinton presumió una vez de que el programa COPS, que puso a decenas de miles de agentes en las calles, fue el responsable de la dramática caída del 15% en la delincuencia violenta que comenzó en los noventa. Sin embargo, investigaciones recientes han mostrado que eso no es así. Un informe de 2005 de la Oficina de Transparencia del Gobierno concluyó que quizá el programa contribuyera a la reducción de la delincuencia en un 1%, con un gasto de ocho mil millones de dólares.[54] Un estudio revisado por pares en la publicación *Criminology* concluyó que el programa COPS, a pesar del bombo que se le dio, «apenas había tenido repercusiones en los índices de delincuencia».[55] Y aunque el zar de la droga de Obama, el antiguo jefe de policía de Seattle Gil Kerlikowske, ha declarado que la Guerra contra la Droga ya no debería *llamarse* guerra, el presupuesto de Obama para las fuerzas del orden es en realidad peor que el de la administración Bush en términos de la proporción de fondos destinados a la prevención y tratamiento de las adicciones, en vez de a la aplicación de la ley antinarcóticos.[56] Obama, a quien se aclama como prueba del triunfo del país sobre la raza, propone nada menos que reavivar la Guerra contra la Droga por medio de las mismas políticas y programas fallidos que han encarcelado sistemáticamente a hombres jóvenes de color condenándolos a perpetuidad a una casta racial inferior permanente.

La situación inédita y preocupante a la que se enfrentan hoy en día los abogados de derechos civiles es que la propia gente que se

---

53 *Ibid.*

54 United States Government Accountability Office, Report to the Chairman, Committee on the Judiciary, House of Representatives, *Community Policing Grants: COPS Grants Were a Modest Contribution to Decline in Crime in 1990s*, GAO-06-104, octubre de 2005, disponible en: www.gao.gov/new/items/do6104.pdf.

55 John L. Worrall y Tomislav V. Kovandzic, «COPS Grants and Crime Revisited», *Criminology*, vol. 45, núm. 1, febrero de 2007, pp. 159-190.

56 Gary Fields, «White House Czar Calls for End of "War on Drugs"», *Wall Street Journal*, 24 de mayo de 2009; véase también Office of National Drug Control Policy, *White House Drug Control Budget, FY2010 Funding Highlights*, mayo de 2009.

encuentra más oprimida por el actual sistema de castas, los afroamericanos, puede que sea quien menos lo cuestione, ahora que hay una familia negra viviendo en la Casa Blanca. Si Obama fuera blanco, no se vacilaría en recordarle su consumo juvenil de drogas a la hora de argumentar que debería acabar con la Guerra contra la Droga y cumplir sus promesas de terminar con las injustas condenas mínimas obligatorias. ¿Pero los afroamericanos quienen que los medios de comunicación hablen del consumo de drogas de Obama? ¿Los afroamericanos quienes presionar a Obama en cualquier tema, por no hablar de temas de raza? Para ir un paso más allá, ¿podría ser que muchos afroamericanos en realidad preferirían ignorar temas raciales durante la presidencia de Obama, para ayudarle a que tenga una travesía suave y una presidencia triunfante, por muy mal que estén las cosas mientras tanto para los afroamericanos?

El hecho de que plausiblemente se pueda contestar la última pregunta en afirmativo genera graves preguntas para la comunidad de derechos civiles. ¿Habremos exagerado sin querer la importancia de que los individuos tengan éxito dentro de estructuras de poder preexistentes y por lo tanto habremos minado lo que Luther King llamaba «una reestructuración completa» de nuestra sociedad? ¿Habremos contribuido al desempoderamiento y la pasividad de la comunidad negra, no solo permitiendo que los abogados se hicieran con el liderazgo, sino también al transmitir el mensaje de que el mejor camino, quizá el único, hacia la tierra prometida es infiltrar las instituciones de élite y hacernos con el poder de arriba, para que la justicia racial llegue hasta abajo goteando?

Torres y Guinier sugieren que la respuesta a estas preguntas puede que sea sí. Observan que «curiosamente, tanto estrategas de derechas como de izquierdas, a pesar de sus diferencias, coinciden en que el individuo es la unidad de poder».[57] Los conservadores cuestionan la legitimidad de los derechos de grupo o la conciencia de raza y alegan que la mejor estrategia de empoderamiento es el emprendimiento y la iniciativa individual. Los defensores de derechos civiles argumentan que los miembros individuales de un grupo «representan» a la raza y que las jerarquías de poder que carecen de diversidad

---

[57] Guinier y Torres, *Miner's Canary*, p. 118.

no son legítimas. La teoría es que, cuando los individuos negros consiguen el poder para sí mismos, se benefician las personas negras como grupo, al igual que la sociedad en su conjunto. «Aquí vemos que tanto los liberales como los conservadores apoyan la misma meta-narrativa del individualismo estadounidense: cuando los individuos progresan, el grupo triunfa. Cuando los individuos tienen éxito, la democracia americana impera».[58]

La ausencia de una crítica estructural exhaustiva del orden racial imperante explica por qué tantos defensores de los derechos civiles reaccionaron ante la victoria electoral de Obama con oronda satisfacción, combinada con apresurados recordatorios de que «aún nos falta mucho camino por recorrer». La respuesta predecible de un observador indiferente sería: bueno, ¿cuánto más? Acaban de elegir como presidente a un hombre negro. ¿Cuánto más lejos quiere llegar la gente negra? Si una persona negra puede ser elegida presidente, ¿no puede ya una persona negra hacer prácticamente cualquier cosa?

Todos o ninguno

Al mismo tiempo que muchos defensores de derechos civiles han seguido estrategias de protagonismo de los abogados que buscan el efecto de goteo desde arriba en su lucha por la justicia racial, un número cada vez mayor de hombres y mujeres que ha pasado por prisión en algún momento ha empezado a organizarse en las grandes ciudades del país para proporcionar asistencia a los que acaban de salir de la cárcel y para llevar a cabo una lucha por los derechos civiles fundamentales desde la base. Una organización de este tipo, con sede en Oakland, California, se llama «All of Us or None» (Todos o ninguno). El nombre cuestiona de forma explícita una política que concede la inclusión y la aceptación a unos pocos, pero garantiza la exclusión de muchos. En espíritu, manifiesta la solidaridad con «los más pequeños de entre nosotros».

La acción afirmativa en nombre de la diversidad, como se describe y se aplica hoy en día, envía un mensaje distinto, que «algunos de

---

[58] *Ibid.*

nosotros» conseguirán ser incluidos. Como política, hace oídos sordos a quienes se hallan fuera de su alcance, los rostros de color en el fondo del pozo. Una política por sí sola no puede salvar al mundo, podría alegar un escéptico. Eso es cierto. Pero ¿y si la acción afirmativa, tal como se ha conceptualizado y debatido, hiciera más mal que bien, vista desde la perspectiva del «todos nosotros juntos»?

Esto nos lleva a la pregunta crítica: ¿quién es ese *nosotros* por el que luchan los defensores de los derechos civiles? A juzgar por la plétora de grupos que se han embarcado en sus propias campañas de derechos civiles desde el asesinato de Martín Luther King —mujeres, gays, inmigrantes, latinos, asiático-americanos—, la respuesta parece ser que *nosotros* incluye a todo el mundo excepto a los hombres blancos.

Esta conclusión no carece de lógica. Cuando Malcolm X condenó al «hombre blanco» y le declaró el enemigo, no estaba hablando, por supuesto, de ningún hombre blanco en concreto, sino más bien del orden patriarcal blanco que caracterizó tanto a la esclavitud como al periodo Jim Crow. Malcolm X comprendió que Estados Unidos se creó por y para hombres blancos privilegiados. Eran los hombres blancos los que dominaban la política, controlaban la riqueza de la nación y redactaban las normas por las cuales de veían obligados a vivir todos los demás. No hay ningún otro grupo en Estados Unidos de quien se pueda decir que ha disfrutado de tantos privilegios y que ha llegado tan lejos para protegerlos como «el hombre blanco».

Y sin embargo, resulta que el hombre blanco también ha sufrido. El hecho de que este sufrimiento haya sido menos extremo, y que no haya estado vinculado a una creencia en su inherente inferioridad, no lo hace menos real. No obstante, los defensores de los derechos civiles han tratado el dolor del hombre blanco como algo en gran medida irrelevante para la búsqueda de la tierra prometida. Cuando los abogados de derechos humanos desvelaban planes para desagregar escuelas, eran los blancos pobres y de clase trabajadora de quienes se esperaba que cargaran con el peso de este profundo cambio social, a pesar de que muchos de ellos estaban tan desesperados por lograr una movilidad social hacia arriba y una educación de calidad como los afroamericanos. Según el censo de 1950, entre los habitantes del Sur que tenían unos veintitantos años, los porcentajes de analfabetos funcionales (es decir, personas con menos de cinco años de escolarización), estado por estado, para los blancos de granjas se solapaban con los de los negros de las ciudades. La mayor parte de los blancos del Sur estaban mejor económicamente que los negros del Sur, pero no todos eran prósperos ni tenían una buena instrucción en absoluto. Eran semianalfabetos (con menos de doce años de escolarización). Solo una minoría muy pequeña de blancos era próspera y con una buena instrucción. Estos destacaban entre el resto de los blancos y prácticamente entre todos los negros.[59]

Lo que *tenían los* blancos de clase más baja era lo que W. E. B. Du Bois describía como «el jornal público y psicológico» que se pagaba a los trabajadores blancos, que dependían de su estatus y privilegios como blancos para compensar lo bajo de su paga y lo duro de sus condiciones de trabajo.[60] Como se describe en el capítulo 1, una y otra vez se persuadía a los blancos pobres y de clase trabajadora para que eligieran sus intereses de estatus racial por encima de sus intereses económicos comunes con los de los negros, lo que tuvo como resultado el surgimiento de nuevas estructuras de castas que solo beneficiaban a los blancos de forma marginal pero que resultaron devastadoras para los afroamericanos.

En retrospectiva, está claro que nada podría haber sido más importante en los setenta y ochenta que encontrar un modo para crear una coalición duradera, interracial desde abajo para la justicia social y económica, con el fin de asegurar que de las cenizas de Jim Crow no surgiera otro sistema de castas. Se tendría que haber dado prioridad a imaginar una forma en que los blancos pobres y de clase trabajadora sintieran que tenían un interés, un interés tangible, en el orden racial integrado naciente. Como apunta Lani Guinier, sin embargo, el progresismo racial mostrado en el dictamen del caso de

[59] Véase Lani Guinier, «From Racial Liberalism to Racial Literacy: Brown v. Board of Education and the Interest-Divergence Dilemma», *Journal of American History*, vol. 92, junio de 2004, p. 103, citando a C. Arnold Anderson, «Social Class Differentials in the Schooling of Youth Within the Regions and Community-Size Groups of the United States», *Social Forces,* vol. 25, mayo de 1947, pp. 440 y 436; y C. Arnold Anderson, «Inequalities in Schooling in the South», *American Journal of Sociology*, vol. 60, mayo de 1955, pp. 549, 553 y 557.

[60] W. E. B. Du Bois, *Black Reconstruction in America, 1860-1880*, Nueva York, Free Press, 1935, p. 700.

Brown contra la Junta de Educación, que contó con el apoyo de los abogados de derechos civiles, «no ofrecía a los blancos pobres ni siquiera un marco elemental para comprender qué podrían ganar ellos como resultado de la integración».[61] Nada en la opinión ni en la estrategia legal subsiguiente manifestó de forma clara que la segregación había proporcionado a las élites un medio fundamental para ejercer el control social sobre los blancos pobres y de clase trabajadora, además de sobre los negros. La élite blanca del Sur, tanto si eran plantadores como si eran dueños de industrias, se había esforzado con éxito para hacer que todos los blancos pensaran en términos de raza más que de clase, lo que hizo de forma predecible que los blancos vivieran la desegregación como una clara «pérdida», en palabras de Derrick Bell.[62]

Dado que los blancos pobres y de clase trabajadora (no las élites blancas) eran quienes habían visto cómo su mundo se volvía del revés debido a la desegregación, no hay que dar un salto muy grande en empatía para comprender que la acción afirmativa podría ser vivida como echar sal a la herida. Du Bois comentó una vez que el jornal psicológico de la condición de blanco le ponía «un rostro indeleblemente negro al fracaso».[63] Y, sin embargo, con la llegada de la acción afirmativa, de repente los afroamericanos progresaban, saltaban por delante de los blancos pobres y de clase trabajadora para acceder a Harvard y Yale, y a trabajos en departamentos de policía y en cuerpos de bomberos que antaño habían estado reservados para los blancos. Los defensores de derechos civiles no ofrecieron ningún bálsamo para la herida, pues en público se resistieron a hacer un

---

[61] Guinier, «Racial Liberalism», p. 102. Véase también Beth Roy, *Bitters in the Honey: Tales of Hope and Disappointment Across Divides of Race and Time*, Fayetteville, University of Arkansas Press, 1999, p. 318; y Pete Daniel, *Lost Revolutions: The South in the 1950s*, Chapel Hill, University of North Carolina Press, 2000, p. 270.

[62] Véase Derrick Bell, «Brown v. Board of Education and the Interest-Convergence Dilemma», *Harvard Law Review*, 93, 1980, pp. 518 y 525; David J. Armor, *Forced Justice, School Desegregation and the Law*, Nueva York, Oxford University Press, 1996, pp. 174-193 y 206-207; y Robert J. Norrell, «Labor at the Ballot Box: Alabama Politics from the New Deal to the Dixiecrat Movement», *Journal of Southern History*, 57, mayo de 1991, pp. 201, 227, 233 y 234.

[63] W. E. B. Du Bois, *The Souls of Black Folk*, 1903, Nueva York, Bantam, 1989.

llamamiento a programas de acción afirmativa *basados en la clase social* y rechazaron alegaciones de injusticia, sobre la base de que los blancos habían disfrutado de la preferencia racial durante cientos de años. El resentimiento, la frustración y el enfado expresados por los blancos pobres y de clase trabajadora se atribuyeron al racismo, lo que llevó a un discurso subterráneo sobre la raza y a llamamientos políticos implícitamente raciales, pero a poco diálogo sincero.

Quizá haya llegado el momento de abandonar los sobornos raciales y comenzar una conversación franca sobre la raza en este país. El tema de la conversación tendría que ser cómo podemos hacer que *nosotros* incluya a *todos nosotros*. Conseguir ese grado de unidad puede significar renunciar a una defensa vehemente de políticas y estrategias que exacerban las tensiones raciales y generan beneficios fundamentalmente psicológicos o cosméticos para grupos racialmente definidos.

Por supuesto, si queremos conseguir un progreso verdadero, los blancos también tienen que renunciar a sus sobornos raciales y deben estar dispuestos a sacrificar su privilegio racial. Algunas personas podrían argumentar que en este juego de ¡a ver quién es más valiente!, los blancos deberían dar el primer paso. Los blancos deberían poner de manifiesto que no se puede comprar su silencio en torno a la Guerra contra la Droga a base de garantías tácitas de que sus hijos e hijas no serán sometidos a redadas masivas y encerrados. Los blancos deberían probar su compromiso con el desmantelamiento no solo del encarcelamiento masivo, sino de todas las estructuras de la desigualdad racial que garantizan para los blancos la pervivencia de los privilegios blancos. Después de todo, ¿por qué deberíamos «nosotros» renunciar a nuestros sobornos raciales si los blancos no han estado dispuestos a renunciar a los suyos? A la vista de la historia racial de nuestra nación, eso parece profundamente injusto. Pero si tu estrategia para la justicia racial implica esperar que los blancos sean justos, la historia sugiere que vamos a tener que esperar mucho. No es que los blancos sean más injustos que otras personas. Es más bien que un rasgo de la naturaleza humana es la tendencia a aferrarse férreamente a los privilegios y ventajas de las que se disfruta y racionalizar el sufrimiento y la exclusión de otros. Esta tendencia es lo que hizo que Frederick Douglass declarara que «el poder no concede nada sin una exigencia; nunca lo ha hecho y nunca lo va a hacer».

Así que ¿qué es lo que hay que exigir en este momento de la historia de nuestra nación? Si la respuesta es más poder, más puestos directivos, más plazas en escuelas pijas para «nosotros», un *nosotros* estrecho, racialmente definido que excluye a muchos, seguiremos con las mismas luchas de poder y podemos esperar conseguir los mismos resultados. Sí, puede que en mitad de una crisis económica seamos capaces de persuadir a los votantes del público en general de que hemos dependido demasiado del internamiento, que las cárceles son demasiado caras y que el consumo de drogas es un problema de salud pública, no un delito. Pero si el movimiento que surja para acabar con el encarcelamiento masivo no aborda de forma sustancial las divisiones y resentimientos raciales que dieron origen a esa situación de reclusión en masa, y si no consigue crear una ética de compasión, de empatía sincera y de preocupación por todos los seres humanos, de todas las clases, razas y nacionalidades, dentro de las fronteras de nuestro país, incluyendo a los blancos pobres, a quienes a menudo se azuza contra la gente de color pobre, el colapso del encarcelamiento masivo no implicará la muerte de las castas raciales en este país. Inevitablemente, volverá a surgir un nuevo modelo de control social racializado, uno que no podemos prever, al igual que la actual estructura de encarcelamiento en masa no la predijo nadie hace treinta años. Ninguna tarea es más urgente actualmente para los abogados defensores de la justicia racial que asegurarse de que el actual sistema de castas raciales es el último.

Dado lo que está en juego en este punto de la historia, se requiere una acción más audaz e inspirada de lo que hemos visto hasta la fecha. Una reforma política desde arriba y fragmentada de los temas de justicia penal, combinada con un discurso de justicia racial que gire en gran medida en torno al significado de la elección de Barack Obama y del «posrracialismo» no nos va a sacar de la ciénaga racial. Tenemos que cambiar el guión. Tomando como modelo a los valientes defensores de derechos civiles que descaradamente renunciaron a defenderse a sí mismos, manifestándose sin armas junto a muchedumbres blancas que amenazaban con lincharlos, también nosotros debemos ser el cambio que esperamos generar. Si queremos hacer algo más que acabar con el encarcelamiento masivo, si queremos poner fin a la historia de las castas raciales en nuestro país, debemos dejar a un lado nuestros sobornos raciales, tomarnos de la mano con personas de todos los colores que no se conforman con que el cambio descienda gota a gota desde arriba y decirle a quien se ponga en nuestro camino: «Acéptanos a todos o a ninguno».

Ese es el mensaje fundamental que Martin Luther King quería transmitir por medio del Movimiento de la Gente Pobre en 1968. Argumentaba que había llegado el momento de que los defensores de la justicia racial cambiaran de un paradigma de derechos civiles a uno de derechos humanos, y que el verdadero trabajo de construir un movimiento acababa de empezar.[64] Él creía que un enfoque de derechos humanos podía ofrecer mayor esperanza para algunos de nosotros empeñados en crear una democracia floreciente, multi-rracial y multiétnica, libre de la jerarquía racial, que el modelo de derechos civiles ha proporcionado hasta la fecha. Ofrecería una visión positiva de eso *por lo que luchamos*: una sociedad en la cual todos los seres humanos de todas las razas sean tratados con dignidad y que tengan derecho a la alimentación, el cobijo, la sanidad, la educación y la seguridad.[65] Esta visión expansiva podría abrir la puerta a alianzas tangibles entre la gente pobre y de clase trabajadora de todos los colores, que podrían empezar a ver sus intereses en conexión, más que en conflicto, pues ya no se compite por recursos escasos en un juego de suma cero.

Luther King pensaba que un movimiento de derechos humanos contenía un potencial revolucionario. En un discurso durante un retiro del personal del Congreso de Líderes Cristianos del Sur, en mayo de 1967, le dijo a su público, que estaban preocupados porque el Movimiento de Derechos Civiles había perdido fuelle y rumbo: «Tenemos que darnos cuenta de que hemos pasado de la era de los

---

[64] Para un relato más detallado de la trayectoria de Martin Luther King Jr. de los derechos civiles a los derechos humanos, véase Thomas F. Jackson, *From Civil Rights to Human Rights: Martin Luther King, Jr. and the Struggle for Economic Justice*, Filadelfia, University of Pennsylvania Press, 2006; y Stewart Burns, *To the Mountaintop: Martin Luther King Jr.'s Sacred Mission to Save America*, Nueva York, Harper One, 2005.

[65] Para profundizar en los antecedentes de la naturaleza, estructura e historia de los derechos humanos, véase Cynthia Soohoo *et al.* (eds.), *Bringing Human Rights Home*, vol. 1, Nueva York, Praeger, 2007.

derechos civiles a la era de los derechos humanos». Los esfuerzos por lograr reformas políticas ya no eran adecuados para la tarea que se tenía entre manos, comentó. «Durante los últimos doce años, hemos sido un movimiento de reforma. [Pero] después de las Marchas de Selma y de la ley de derecho al voto, hemos entrado en una nueva era, que debe ser una era de revolución. Tenemos que ver la enorme diferencia entre un movimiento de reforma y un movimiento revolucionario. Estamos llamados a plantear ciertas cuestiones básicas sobre toda la sociedad».[66]

Más de cuarenta años después, la defensa de derechos civiles sigue anclada en un modelo de defensa que Luther King estaba empeñado en dejar atrás. Más que cuestionar la estructura total de la sociedad y hacer el trabajo duro de construir un movimiento, la tarea con la que Luther King seguía comprometido al final de su vida, demasiado a menudo nos hemos sentido tentados por la oportunidad de que la gente de color sea incluida en la estructura política y económica tal como está, incluso si eso significa alienar a quienes son aliados necesarios. Nos hemos permitido estar deliberadamente ciegos ante el surgimiento de un nuevo modelo de castas, un sistema de desconexión social que ha negado a millones de afroamericanos la dignidad humana elemental. No se puede exagerar el significado de esto, pues el fallo a la hora de reconocer la humanidad y la dignidad de cada persona ha estado en la base de cada estructura de castas raciales. Esta amenaza común explica por qué, en la década de 1780, la Sociedad Británica para la Abolición de la Esclavitud adoptó como sello oficial un grabado sobre madera de un esclavo de rodillas sobre un letrero que decía «¿No soy yo un hombre y un hermano?». Ese símbolo fue seguido más de cien años después por letreros que llevaban en torno al cuello trabajadores del servicio de basuras durante la Campaña de la Gente Pobre, respondiendo a la pregunta del esclavo con una simple afirmación: «Soy un hombre».

El hecho de que los hombres negros podrían llevar hoy día el mismo letrero en protesta por el nuevo sistema de castas sugiere que el modelo de defensa de derechos civiles que se ha usado en las últimas

---

[66] Stewart Burns, «America, You Must Be Born Again», *Sojourners,* vol. 33, núm. 1, enero de 2004, p. 14.

décadas es, como predijo Luther King, inadecuado para la tarea que tenemos ante nosotros. Si podemos ponernos de acuerdo en que lo que hace falta en este momento, en esta coyuntura crítica, es dejar de enredar y abandonar las cuotas, sino como Luther King insistió hace cuarenta años, «una reestructuración integral de nuestra sociedad», entonces quizá podemos también coincidir en que es necesaria una reestructuración integral de nuestro enfoque de la defensa de la justicia racial.

Claro que todo esto es más fácil de decir que de llevar a la práctica. El cambio en las organizaciones de derechos civiles, como el cambio en la sociedad en su conjunto, no va a llegar fácilmente. Un compromiso pleno con una visión de la justicia racial que incluya una defensa desde la base hacia arriba en nombre de «todos nosotros» va a requerir un cambio fundamental de prioridades, personal, estrategias y mensajes. Los egos, las agendas encontradas, los objetivos de éxito personal y la inercia se van a poner por medio para obstaculizar el avance. Puede ser que las organizaciones tradicionales de derechos civiles no puedan, o no quieran, cambiar. Ante esto, solo se puede decir, con todo respeto: adaptarse o morir.

Si Martin Luther King tiene razón en que el arco de la historia es largo, pero se dobla hacia la justicia, surgirá un nuevo movimiento; y si las organizaciones de derechos civiles no están a la altura de los tiempos, se verán echadas a un lado a medida que otra generación de defensores salga a la palestra. Es de esperar que esa nueva generación esté liderada por quienes mejor conocen la brutalidad del nuevo sistema de castas, un grupo con mayor visión, valentía y determinación que los que puede movilizar la vieja guardia, atrapados como pueden estar en un paradigma obsoleto. Esta nueva generación de activistas no debería faltar el respeto a sus mayores o criticar sus contribuciones y logros; por el contrario, deberían inclinar la cabeza en señal de respeto, pues quienes les han precedido han dedicado horas sin número y han hecho grandes sacrificios en una búsqueda de la elusiva justicia. Pero, una vez se hayan presentado los debidos respetos, deberían marchar a su lado, alentados, como comentó Luther King una vez, por la tremenda urgencia del ahora.

Aquellos de nosotros que esperamos ser sus aliados no deberíamos sorprendernos si, cuando llegue ese día, cuando quienes han sido encerrados y aislados por fin tienen la oportunidad de hablar y ser oídos de verdad, todo lo que oigamos es rabia. Puede que esa rabia nos asuste, puede que nos recuerde disturbios, levantamientos y edificios en llamas. Puede que nos sintamos tentados de controlarla, o de extinguirla con cubos de duda, consternación y falta de fe. Pero no deberíamos hacer tal cosa. Por el contrario, cuando un hombre joven que nació en el gueto y que sabe poco de la vida más allá de los muros de una prisión y de la celda invisible en que se ha convertido su vida, se vuelve hacia nosotros con rabia y desconcierto, no deberíamos hacer nada más que mirarlo a los ojos y decirle la verdad. Deberíamos contarle la misma verdad que el gran escritor afroamericanos James Baldwin le contó a su sobrino en una carta publicada en 1962, en uno de los libros más extraordinarios que se hayan escrito nunca, *The Fire Next Time*. Con gran pasión y ardiente convencimiento, Baldwin le dijo esto a su joven sobrino:

> Este es el crimen del que acuso a mi país y a mis conciudadanos, por el cual ni yo ni el tiempo ni la historia les podrá perdonar nunca, que hayan destruido y sigan destruyendo cientos de miles de vidas y no lo sepan y no quieran saberlo… Es su ingenuidad lo que constituye el crimen… Este país ingenuo te colocó en un gueto en el cual, efectivamente, tenía intención de que perecieras. De esa forma, se esperaba que los límites de tu ambición estuvieran definidos para siempre. Naciste en una sociedad que marcaba con una claridad brutal y de todas las maneras posibles que tú eras un ser humano sin valor. No se esperaba que aspirases a la excelencia, se esperaba que te contentases con la mediocridad… Tú, y muchos de nosotros, has derrotado esta intención y, por una ley terrible, una horrenda paradoja, esos ingenuos que creían que tu encarcelamiento los ponía a salvo están perdiendo su conexión con la realidad. Pero estos hombres son tus hermanos, tus hermanos perdidos, los más jóvenes. Y si la palabra integración significa algo, esto es lo que quiere decir: que nosotros, con amor, forzaremos a nuestros hermanos a verse como son, a dejar de huir de la realidad y a empezar a aceptarla. Dado que este es tu hogar, amigo mío, que no te echen de él. Grandes hombres han hecho grandes cosas aquí, y

las volverán a hacer, y nosotros podemos hacer de este país lo que debe ser. Será duro, pero tú vienes de una gente fuerte, de campesinos, de hombres que han recogido algodón y construido presas en ríos y construido carreteras y, frente a las probabilidades más aterradoras, han conseguido una dignidad monumental e inexpugnable. Procedes de una larga lista de poetas desde Homero. Uno de ellos dijo: *En el mismo momento en que pensé que estaba perdido, mi mazmorra se agitó y cayeron mis cadenas...* No podemos ser libres hasta que ellos sean libres. Dios te bendiga y buena suerte.[67]

[67] James Baldwin, *The Fire Next Time*, Nueva York, Vintage, 1962, 1993, pp. 5-10. Edición en castellano: *La próxima vez el fuego*, Buenos Aires, Editorial Sudamericana, 1964.

Michelle Alexander es una aclamada defensora de los derechos civiles, abogada y jurista. Durante más de una década ha enseñado en importantes universidades y pronunciado conferencias por Estados Unidos. Como profesora asociada de la Facultad de Derecho de Stanford, dirigió el Seminario de Derechos Civiles, centrando el programa de investigación en la interrelación entre raza y justicia criminal. En 2005 ganó la Soros Justice Fellowship, que financió la escritura de *The New Jim Crow* (*El color de la justicia*), un *bestseller* que terminó de escribir durante su residencia en el Instituto Kirwan para la Raza y la Etnicidad de la Universidad Estatal de Ohio. Alexander fue nombrada miembro principal de la Fundación Ford en 2015. Actualmente es profesora visitante en el Seminario Teológico Unión en Nueva York. Al principio de su carrera, Alexander participó en diferentes litigios por los derechos civiles tanto en el ámbito privado como en el sector sin ánimo de lucro. Luego fungió como directora del Proyecto por la Justicia Racial para el Sindicato Estadounidense de Libertades Civiles (ACLU) del norte de California, donde ayudó a lanzar una campaña nacional contra el perfil racial. Alexander ha recibido numerosos premios por sus publicaciones y su trabajo, entre ellos el Premio al Comentario Constitucional en 2010; el Premio a la Imagen de la Asociación Nacional para el Progreso de la Gente de Color (NAACP) en la categoría de no ficción en 2011 y el Premio Heinz por política pública en 2016. Alexander es licenciada por la Facultad de Derecho de Stanford y la Universidad de Vanderbilt. Al terminar sus studios trabajó para el juez Harry A. Blackmun en el Tribunal Supremo de Estados Unidos y para el juez decano Abner Mikva en el Distrito de Columbia del Tribunal de Apelación de Estados Unidos. Ha aparecido como comentarista en CNN, NPR y MSNBC, entre otros medios. *El color de la justicia* es su primer libro. Para mayor información, visite www.newjimcrow.com. (Fotografía cortesía de Zócalo Public Square, zocalopublicsquare.org).

Juan Cartagena es un líder prominente que aboga por la igualdad y utiliza el derecho para efectuar cambios positivos que benefician a comunidades marginalizadas. Hoy día es presidente de LatinoJustice PRLDEF, una organización que representa a latinas y latinos en el país y promueve su entrada a la profesión de abogacía.